norma

Write it Right!

The instant SPELLING DICTIONARY

TWO BOOKS IN ONE!

Turn this book over and you will have a modern spelling dictionary of the SPANISH LANGUAGE.

Barcelona, Bogotá, Buenos Aires, Caracas,
Guatemala, México, Miami, Panamá, Quito, San José,
San Juan, San Salvador, Santiago de Chile.

Primera edición, 1993
Primera reimpresión, 1996
Segunda reimpresión, 1997
Tercera reimpresión, 1998
Cuarta reimpresión, 1998
Quinta reimpresión, 2000
Sexta reimpresión, 2001
Septima reimpresión, 2001

Diseño de cubierta, Inés Téllez M.

Editorial Norma S.A.
Apartado Aéreo 53550, Bogotá D.C., Colombia.

Impreso por Editora Géminis Ltda.
Carrera 37 No. 12-42 Bogotá
Noviembre de 2001
Impreso en Colombia - Printed in Colombia

ISBN del libro: 959-04-2602-3

CONTENTS

How to use this book to your advantage 5

20,000 English words frequently used,

with syllabic divisions and accents...7

List of English irregular verbs 175

Punctuation and capitalization 179

Spanish part ....(see opposite cover)

Abbreviations used in the word list

adj.	adjective		*intj.*	interjection
adv.	adverb		*m.*	masculine
Arch.	architecture		*n.*	noun
def.	defective verb		*pl.*	plural
f.	feminine		*s.*	singular
imp.	impersonal verb		*sing.*	singular
irr.	irregular verb		*v.*	verb

HOW TO USE THIS BOOK TO YOUR ADVANTAGE

If you are among those who are expected to write flawlessly, we hope you will find this book helpful in your work: it contains more than 20,000 words frequently used in contemporary English (and more than 20,000 words frequently used in today's Spanish) alphabetically arranged for quick reference. The every-day annoying spelling doubts that gnaw at you and interrupt the flow of your writing will be dispelled by a brief glance at the pages of this book.

Unlike a standard dictionary, this book contains neither definitions nor other typographical encumbrances: on each page you will see only three neat rows of words in fairly large type — which will help you do your hunting in half the time. You will find exactly what you are looking for at the moment of writing: how a word is spelled, how it should be divided at the end of a line, and where the accent falls. Words are divided according to their syllables, and these are shown here separated by centered dots or «bullets». The accented syllables appear in bold-face type: **val**.i.date. A word of caution: as a matter of style, such words as a.**bove** and **dair**.y are never broken by a hyphen, because one-letter syllables do not look well at the end of one line or the beginning of the next. For a similar reason, even such words as **pa**.per and **chap**.el are seldom divided.

The main list contains over 20,000 words considered to be those most likely to need looking up by today's writers, journalists, professional men, teachers, students, proofreaders, businessmen, typists and secretaries. To avoid unnecessary swelling of the list, derivative words have been omitted in many cases.

Other features of the book

Homonyms. Words that sound alike but are spelled differently have been briefly defined, thus:

rout *(defeat)* · route *(way)*

Words spelled the same but accented differently have been identified:

re.**fuse** *(verb)*   **re**.fuse *(adj. & n.)*

Irregular verbs. A separate list of irregular verbs has been added as a practical aid, although most of the irregular forms appear in the main word list.

Punctuation and capitalization. Simple rules on these subjects, reflecting contemporary usage, also are included among the aids to better writing.

The Spanish part of this book represents a unique effort. For the first time a list of the words most frequently used in the Spanish language is presented with words divided into syllables and tonic accents clearly indicated. The Introduction to the Spanish section explains how the 20,000 Spanish words were chosen. For the student of Spanish, this list —which includes the main irregular verb forms— will prove invaluable.

Always at your finger tips

This pocket-size book has been designed to be kept, always handy, in a drawer of your desk. Examine it carefully and you will see how it can help you in your daily work and eliminate the embarrassment of mistakes. As time goes on, it will become so useful —solving your spelling problems in a matter of seconds— that you will consider it indispensable and will want to recommend it to your friends.

A

ab.a.cus
a.**baft**
a.**ban**.don
a.**ban**.don.ment
a.**base**
a.**bash**
a.**bas**.ing
a.**bat**.a.ble
a.**bate**
a.**bate**.ment
a.**bat**.ing
ab.at.**toir**
ab.bey
ab.bot
ab.**bre**.vi.ate
ab.**bre**.vi.at.ing
ab.**bre**.vi.a.tion
ab.di.cate
ab.di.**cat**.ing
ab.di.**ca**.tion
ab.**do**.men
ab.**dom**.i.nal
ab.**duct**
ab.**duc**.tion
ab.**duc**.tor
a.**beam**
ab.**er**.rance
ab.**er**.rant
ab.er.**ra**.tion
a.**bet**
a.**bet**.tor
a.**bey**.ance
ab.**hor**
ab.**horred**
ab.**hor**.rence
ab.**hor**.rent
a.**bide**
a.**bid**.ing

a.**bil**.i.ties
a.**bil**.i.ty
a.bi.o.**gen**.e.sis
ab.ject
ab.**jure**
a.**blaze**
a.ble
a.**ble**.**bod**.ied
ab.**lu**.tion
a.bly
ab.ne.**ga**.tion
ab.**nor**.mal
ab.nor.**mal**.i.ties
ab.**nor**.**mal**.i.ty
ab.**nor**.mal.ly
a.**board**
a.**bode**
a.**bol**.ish
ab.o.**li**.tion
ab.o.**li**.tion.ism
ab.o.**li**.tion.ist
A.**bomb**
a.**bom**.i.na.ble
a.**bom**.i.nate
a.**bom**.i.**na**.tion
ab.o.**rig**.i.nal
ab.o.**rig**.i.nes
a.**bort**
a.**bor**.tion
a.**bor**.tive
a.**bound**
a.**bout**
a.**bove**
a.**bove**.**board**
a.**bra**.dant
ab.**rade**
ab.**rad**.ing
ab.**ra**.sion

ab.**ra**.sive
a.**breast**
a.**bridge**
a.**bridg**.ing
a.**bridg**.ment
a.**broad**
ab.ro.gate
ab.ro.**gat**.ing
ab.ro.**ga**.tion
ab.**rupt**
ab.scess
ab.**scond**
ab.sence
ab.sent, *adj*
ab.**sent**, *v.*
ab.sen.**tee**
ab.sent-**mind**.ed
ab.sinthe
ab.so.lute
ab.**so**.lute.ly
ab.**so**.**lu**.tion
ab.**so**.lut.ism
ab.**so**.lut.ist
ab.**solve**
ab.**solv**.ing
ab.sorb
ab.**sorb**.en.cy
ab.**sorb**.ing
ab.**sorp**.tion
ab.**sorp**.tive
ab.**stain**
ab.**satin**.er
ab.**ste**.mi.ous
ab.**sten**.tion
ab.sti.nence
ab.sti.nent
ab.stract, *n.*
ab.**stract**, *v.*

ab.**strac**.tion
ab.**struse**
ab.**surd**
ab.**surd**.i.ty
a.**bun**.dance
a.**bun**.dant
a.**buse**
a.**bus**.ing
a.**bu**.sive
a.**but**
a.**but**.ment
a.**but**.ter
a.**but**.ting
a.**bysm**
a.**bys**.mal
a.**byss**
ac.a.**dem**.ic
a.**cad**.e.**mi**.cian
a.**cad**.e.my
ac.**cede**
ac.**ced**.ing
ac.**cel**.er.ate
ac.**cel**.er.**a**.tion
ac.**cel**.er.**a**.tor
ac.cent, *n.*
ac.**cent**, *v.*
ac.**cen**.tu.ate
ac.**cen**.tu.**a**.tion
ac.**cept**
ac.**cept**.a.**bil**.i.ty
ac.**cept**.a.ble
ac.**cept**.ance
ac.cep.**ta**.tion
ac.cess
ac.**ces**.si.**bil**.i.ty
ac.**ces**.si.ble
ac.**ces**.sion
ac.**ces**.so.ry
ac.ci.dent
ac.ci.**den**.tal
ac.ci.**den**.tal.ly
ac.**claim**
ac.**cla**.**ma**.tion

ac.**cli**.mate
ac.**cli**.ma.tize
ac.co.**lade**
ac.**com**.mo.date
ac.**com**.mo.**dat**.ing
ac.**com**.mo.**da**.tion
ac.**com**.pa.nies
ac.**com**.pa.ni.ment
ac.**com**.pa.nist
ac.**com**.pa.ny
ac.**com**.plice
ac.**com**.plish
ac.**com**.plish.ment
ac.**cord**
ac.**cord**.ance
ac.**cord**.ing
ac.**cor**.di.on
ac.**cost**
ac.**count**
ac.**count**.a.**bil**.i.ty
ac.**count**.a.ble
ac.**count**.an.cy
ac.**count**.ant
ac.**count**.ing
ac.**cou**.ter.ment
ac.**cred**.it
ac.**crete**
ac.**cre**.tion
ac.**cru**.al
ac.**crue**
ac.**cru**.ing
ac.**cu**.mu.late
ac.**cu**.mu.**lat**.ing
ac.**cu**.mu.**la**.tion
ac.**cu**.mu.**la**.tive
ac.**cu**.mu.**la**.tor
ac.cu.ra.cy
ac.cu.rate
ac.cu.**sa**.tion
ac.cu.sa.tive
ac.cu.sa.**to**.ry
ac.**cuse**
ac.**cus**.ing

ac.**cus**.tom
ac.**cus**.tomed
a.**cer**.bi.ty
ac.e.tate
a.**ce**.tic
ac.**e**.tone
a.**cet**.y.lene
ache
a.**chieve**
a.**chieve**.ment
a.**chiev**.ing
ach.ing
ach.ro.**mat**.ic
ac.id
a.**cid**.i.fied
a.**cid**.if.y
a.**cid**.i.ty
ac.i.**do**.sis
ac.id.**proof**
a.cid test **ra**.tio
a.**cid**.u.late
a.**cid**.u.lous
ac.**knowl**.edge
ac.**knowl**.edg.ing
ac.**knowl**.edg.ment
ac.me
ac.ne
ac.o.lyte
ac.o.nite
a.corn
a.**cous**.tic
a.**cous**.ti.cal
a.**cous**.tics
ac.**quaint**
ac.**quaint**.ance
ac.qui.**esce**
ac.qui.**es**.cence
ac.**quire**
ac.**quire**.ment
ac.**quir**.ing
ac.qui.**si**.tion
ac.**quis**.i.tive
ac.**quit**

ac.**quit**.tal
ac.**quit**.ted
ac.**quit**.ting
a.cre
a.cre.age
ac.rid
ac.ri.**mo**.ni.ous
ac.ri.**mo**.ny
ac.ro.bat
ac.ro.**bat**.ic
ac.ro.nym
a.**crop**.o.lis
a.**cross**
a.**cros**.tic
a.**cryl**.ic
act.ing
ac.**tin**.ic
ac.tion
ac.tion.a.ble
ac.ti.vate
ac.ti.**va**.ting
ac.tive
ac.ti.ve.ly
ac.**tiv**.i.ties
ac.**tiv**.i.ty
ac.tor
ac.tress
ac.tu.al
ac.tu.**al**.i.ty
ac.tu.al.ly
ac.tu.**ar**.i.al
ac.tu.**ar**.ies
ac.tu.**ar**.y
ac.tu.ate
ac.tu.at.ing
a.**cu**.i.ty
a.**cu**.men
a.**cute**
a.**cute**.ness
ad.age
a.**da**.gio
ad.a.mant
a.**dapt**

a.**dapt**.a.**bil**.i.ty
a.**dapt**.a.ble
ad.ap.**ta**.tion
a.**dapt**.er
ad.**den**.dum
ad.der
ad.**dict**, *v.*
ad.dict, *n.*
ad.**dict**.ed
ad.**dic**.tion
ad.**di**.tion
ad.**di**.tion.al
ad.di.ti.ve
ad.**dress**, *v.*
ad.**dress**, *n.*
ad.dress.**ee**
Ad.**dres**.so.graph
ad.**duce**
ad.**duc**.ing
ad.e.noid
ad.ept, *n.*
a.**dept**, *adj.*
ad.e.qua.cy
ad.e.quate
ad.e.quate.ly
ad.**here**
ad.**her**.ence
ad.**her**.ing
ad.**he**.sion
ad.**he**.sive
a.**dieu**
ad.i.pose
ad.**ja**.cent
ad.jec.tive
ad.**join**
ad.**journ**
ad.**journ**.ment
ad.**judge**
ad.**judg**.ing
ad.**ju**.di.cate
ad.**ju**.di.**cat**.ing
ad.**ju**.di.**ca**.tion
ad.**ju**.di.**ca**.tor

ad.junct
ad.ju.**ra**.tion
ad.**jure**
ad.**jur**.ing
ad.**just**
ad.**just**.a.ble
ad.**just**.ment
ad.ju.tant
ad-lib
ad.**min**.is.ter
ad.**min**.is.trate
ad.**min**.is.**tra**.tion
ad.**min**.is.**tra**.tive
ad.**min**.is.**tra**.tor
ad.mi.ra.ble
ad.mi.ral
ad.mi.ral.ty
ad.mi.**ra**.tion
ad.**mire**
ad.**mir**.ing
ad.**mis**.si.**bil**.i.ty
ad.**mis**.si.ble
ad.**mis**.sion
ad.**mit**
ad.**mit**.tance
ad.**mit**.ted
ad.**mit**.ting
ad.**mix**.ture
ad.**mon**.ish
ad.mo.**ni**.tion
ad.**mon**.i.**to**.ry
a.**do**
a.**do**.be
ad.o.**les**.cence
ad.o.**les**.cent
a.**dopt**
a.**dop**.tion
a.**dop**.tive
a.**dor**.a.ble
ad.o.**ra**.tion
a.**dore**
a.**dor**.ing
a.**dorn**

a.**dorn**.ment
ad.**re**.nal
ad.**ren**.al.ine
a.**drift**
a.**droit**
ad.**sorp**.tion
ad.u.late
ad.u.**la**.tion
a.**dult**
a.**dul**.ter.ant
a.**dul**.ter.ate
a.**dul**.ter.**a**.tion
a.**dul**.ter.er
a.**dul**.ter.ous
a.**dul**.ter.y
ad va.**lo**.rem
ad.**vance**
ad.**vance**.ment
ad.**vanc**.ing
ad.**van**.tage
ad.van.**ta**.geous
ad.vent
ad.ven.**ti**.tious
ad.**ven**.ture
ad.**ven**.tur.er
ad.**ven**.tur.ous
ad.verb
ad.**ver**.bi.al
ad.ver.**sar**.ies
ad.ver.**sar**.y
ad.**verse**
ad.**ver**.si.ty
ad.vert
ad.ver.tise
ad.ver.tise.ment
ad.ver.**tis**.er
ad.**vice** *n.*
ad.**vis**.a.**bil**.i.ty
ad.**vis**.a.ble
ad.**vise** *v.*
ad.**vise**.ment
ad.**vis**.ing
ad.**vi**.so.ry

ad.vo.ca.cy
ad.vo.cate
ae.on
a.er.ate
a.er.**at**.ing
a.er.**a**.tion
a.**e**.ri.al
aer.**o**.bic
aer.**o**.bics
aero.bi.**ol**.o.gy
a.er.o.dy.**nam**.ics
a.er.o.**em**.bo.lism
aero.mag.**net**.ic
a.er.o.**sol**
aero.**space**
aes.**thet**.ic
aes.**thet**.i.cal.ly
aes.**thet**.i.cism
aes.**thet**.ics
af.fa.**bil**.i.ty
af.fa.ble
af.**fair**
af.**fect**
af.fec.**ta**.tion
af.**fec**.tion
af.**fec**.tion.ate
af.**fi**.ant
af.fi.**da**.vit
af.**fil**.i.ate
af.**fil**.i.**a**.tion
af.**fin**.i.ties
af.**fin**.i.ty
af.**firm**
af.fir.**ma**.tion
af.**firm**.a.tive
af.**firm**.a.to.ry
af.**fix,** *v.*
af.**flict**
af.**flic**.tion
af.flu.ence
af.flu.ent
af.**ford**
af.**fray**

af.**front**
a.**field**
a.**fire**
a.**float**
a.**foot**
a.**fore**.said
a.**fore**.thought
a.**fore**.time
a.**fraid**
a.**fresh**
Af.ri.can
aft.er
aft.er.**burn**.er
aft.er.**care**
aft.er.ef.**fect**
aft.er.**glow**
aft.er.math
aft.er.**noon**
aft.er.**taste**
aft.er.**thougt**
aft.er.ward
a.**gain**
a.**gainst**
ag.ate
a.**gen**.cies
a.**gen**.cy
a.**gen**.da
a.gent
ag.**glom**.er.**a**.tion
ag.gran.dize
ag.**gran**.dize.ment
ag.gra.vate
ag.gra.**vat**.ing
ag.gra.**va**.tion
ag.gre.gate
ag.gre.**gat**.ing
ag.gre.**ga**.tion
ag.**gres**.sion
ag.**gres**.sor
ag.**grieve**
ag.**grieved**
a.**ghast**
ag.ile

ag.ile.ly
a.**gil**.i.ty
ag.ing
ag.i.tate
ag.i.tat.ing
ag.i.**ta**.tion
ag.i.**ta**.tor
a.**glow**
ag.**nos**.tic
ag.o.nize
ag.o.**niz**.ing
ag.o.ny
a.**grar**.i.an
a.**gree**
a.**gree**.a.**bil**.i.ty
a.**gree**.a.ble
a.**gree**.ing
a.**gree**.ment
ag.ri.**cul**.tur.al
ag.ri.**cul**.ture
ag.ri.**cul**.tur.ist
a.gro.**in**.dus.tries
a.**gron**.o.mist
a.**gron**.o.my
a.**ground**
a.gue
a.**head**
a.**hoy**
aid, *v.*
aide, *n.*
ai.ler.on
ail.ment
air base
air brake
air.**brush**
air-con.**di**.tion
air.**craft**
air.**drome**
air.**drop**
air express
air.**field**
air.**foil**
air force

air.**freight**
air.lift
air.line
air.**mail**
air.**man**
air-mind.ed
air.**plane**
air.**port**
air.**proof**
air raid
air.**ship**
air.**strip**
air.**tight**
air.**way**
air.**wor**.thy
aisle
a.**jar**
a.**kin**
al.a.**bas**.ter
a.**lac**.ri.ty
a.la.**mode**
a.**larm**
a.**larm**.ist
al.ba.tross
al.**be**.it
al.**bi**.no
al.**bi**.nos
al.bum
al.**bu**.men
al.che.my
al.co.hol
al.co.**hol**.ic
al.cove
al.der.man
al.**fal**.fa
al.ge.bra
al.ge.**bra**.ic
al.ge.**bra**.i.cal
a.li.as
al.i.bi
al.ien
al.ien.ate
al.ien.at.ing

al.ien.**a**.tion
al.ien.ist
a.**lign**
a.**lign**.ment
a.**like**
al.i.**men**.ta.ry
al.i.men.**ta**.tion
al.i.**mo**.ny
al.i.quot
al.ka.li
al.ka.line
al.ka.loid
al.**lay**
al.**lay**.ing
al.le.**ga**.tion
al.**lege**
Al.le.**ghe**.nies
al.**le**.giance
al.**leg**.ing
al.le.**gor**.i.cal
al.le.go.ries
al.le.go.ry
al.**lele**
al.ler.**gy**
al.**ler**.gic
al.**le**.vi.ate
al.**le**.vi.**a**.tion
al.ley
al.leys
al.**li**.ance
al.**lied**
al.**lies**
al.li.**ga**.tor
al.**lit**.er.**a**.tion
al.lo.ca.te
al.lo.**cat**.ing
al.lo.**ca**.tion
al.lo.**path**.ic
al.**lop**.a.thy
al.**lot**
al.**lot**.ment
al.**lot**.ted
al.**lot**.ting

al.**low**
al.**low**.a.ble
al.**low**.ance
al.**low**.ed.ly
al.**loy**
all right
al.**lude**
al.**lure**
al.**lu**.sion
al.**lu**.vi.al
al.**ly**
al.**ly**.ing
al.ma.nac
al.**might**.y
al.mond
al.most
al.ni.co
a.**loft**
a.**lone**
a.**long**
a.**loof**
a.**loud**
al.**pac.a**
al.pha.bet
al.pha.bet.ize
al.**read**.y
al.tar
al.ter
al.ter.**a**.tion
al.ter.**ca**.tion
al.ter.nate
al.ter.nat.ing
al.ter.**na**.tion
al.**ter**.na.tive
al.**though**
al.**tim**.e.ter
al.ti.tude
al.to.**geth**.er
al.tru.ism
al.tru.ist
al.tru.**is**.tic
al.um
a.**lu**.mi.num

a.**lum**.na, *s.f.*
a.**lum**.nae, *pl. f.*
a.**lum**.ni, *pl. m.*
a.**lum**.nus, *s. m.*
al.ways
a.**mal**.gam
a.**mal**.gam.ate
a.**mal**.gam.**a**.tion
a.**man**.u.**en**.sis
a.**mass**
am.a.**teur**
am.a.**to**.ry
a.**maze**
a.**maze**.ment
a.**maz**.ing
Am.a.zon
am.**bas**.sa.dor
am.bi.**dex**.trous
am.bi.**gu**.i.ty
am.**big**.u.ous
am.**bi**.tion
am.**bi**.tious
am.ble
am.**bro**.si.a
am.bu.lance
am.bus.**cade**
am.bush
a.**mel**.io.rate
a.**mel**.io.**ra**.tion
a.**me**.na.ble
a.**mend**
a.**mend**.ment
a.**men**.i.ties
a.**men**.i.ty
A.**mer**.i.can
am.e.thyst
a.mi.a.**bil**.i.ty
a.mi.a.ble
am.i.ca.ble
a.**mid**.ships
a.**midst**
a.**mi**.no **a**.cid
a.**miss**

am.i.ty
am.**me**.ter
am.**mo**.ni.a
am.mu.**ni**.tion
am.**ne**.si..a
am.nes.ty
a.**moe**.ba
a.**mong**
a.**mongst**
a.**mor**.al
am.o.rous
a.**mor**.phous
a.**mor**.ti.**za**.tion
a.**mor**.tize
a.**mor**.tiz.ing
a.**mount**
am.**per**.age
am.pere
am.**phib**.i.an
am.**phib**.i.ous
am.phi.**the**.a.ter
am.pho.ra
am.ple
am.pli.fi.**ca**.tion
am.pli.fied
am.pli.**fi**.er
am.pli.fy
am.pli.**fy**.ing
am.pli.tude
am.ply
am.pu.tate
am.pu.**ta**.tion
am.u.let
a.**muse**
a.**muse**.ment
a.**mus**.ing
a.**nach**.ro.nism
a.**nach**.ro.**nis**.tic
an.a.**con**.da
an.**aer**.o.bic
an.a.gram
an.al.**ge**.sic
an.a.**log**.i.cal

a.**nal**.o.gies
a.**nal**.o.gous
an.a.logue
a.**nal**.o.gy
a.**nal**.y.ses, *pl.*
a.**nal**.y.sis
an.a.lyst
an.a.**lyt**.i.cal
an.a.lyze
an.a.lyz.ing
an.arch.ism
an.arch.ist
an.arch.y
an.**as**.tig.**mat**.ic
a.**nath**.e.ma
an.a.**tom**.i.cal
a.**nat**.o.mist
a.**nat**.o.my
an.ces.tor
an.**ces**.tral
an.ces.try
an.chor
an.chor.age
an.**cho**.vies
an.**cho**.vy
an.cient
an.cil.**lar**.y
and.**i**.ron
an.ec.dote
a.**ne**.mia
a.**ne**.mic
an.e.**mom**.e.ter
a.**nem**.o.ne
an.er.oid
an.es.**the**.si.a
an.es.**the**.si.**ol**.o.gist
an.es.**thet**.ic
an.**es**.the.tist
an.**es**.the.tize
an.gel
an.**gel**.ic
an.ger
an.gle

an.gler
an.gri.ly
an.gry
an.guish
an.gu.lar
an.gu.**lar**.i.ty
an.i.line
an.i.mad.**ver**.sion
an.i.mal
an.i.mal **hus**.band.ry
an.i.**mal**.ity
an.i.mate
an.i.**ma**.tion
an.i.**mos**.i.ty
an.ise
an.kle
an.klet
an.nal.ist
an.nals
an.**neal**
an.**nex**,*v.*
an.nex, *n.*
an.nex.a.tion
an.**ni**.hi.late
an.**ni**.hi.**la**.tion
an.**ni**.hi.**la**.tor
an.ni.**ver**.sa.ries
an.ni.**ver**.sa.ry
an.no.tate
an.no.**ta**.tion
an.**nounce**
an.**nounce**.ment
an.**nounc**.ing
an.**noy**
an.**noy**.ance
an.**noyed**
an.**noy**.ing
an.nu.al
an.**nu**.i.ty
an.**nul**
an.nu.lar
an.**nulled**
an.**nul**.ling

an.**nul**.ment
an.**nun**.ci.a.tion
an.o.dyne
a.**noint**
a.**nom**.a.lous
a.**nom**.a.lies
a.**nom**.a.ly
an.o.**nym**.i.ty
a.**non**.y.mous
a.**noph**.e.les
an.**oth**.er
an.swer
an.swer.a.ble
ant:**ac**.id
an.**tag**.o.nism
an.**tag**.o.nist
an.**tag**.o.**nis**.tic
an.**tag**.o.nize
ant.**arc**.tic
Ant.**arc**.ti.ca
an.te.**ced**.ent
an.te.**cham**.ber
an.te.**date**
an.te.di.**lu**.vi.an
an.te.lope
an.**ten**.na
an.te.**pe**.nult
an.**te**.ri.or
an.te.**room**
an.them
an.**thol**.o.gy
an.thra.cite
an.thrax
an.thro.poid
an.thro.**pol**.o.gy
an.ti-**air**.craft
an.ti.bi.**ot**.ic
an.ti.**bod**.ies
an.tic
an.**tic**.i.pate
an.**tic**.i.pat.ing
an.**tic**.i.**pa**.tion
an.**tic**.i.pa.**to**.ry

an.ti.cli.**mac**.tic
an.ti.**cli**.max
an.ti.dote
an.ti.**freeze**
an.ti.gen
an.ti.**mo**.ny
an.**tip**.a.thy
an.**tiph**.o.nal
an.**tip**.o.des
an.ti.**quar**.i.an
an.ti.**quar**.y
an.ti.**quat**.ed
an.**tique**
an.**tiq**.ui.ty
an.ti-**Sem**.i.tism
an.ti.**sep**.tic
an.ti.**so**.cial
an.**tith**.e.sis
an.ti.**tox**.in
ant.ler
an.to.nym
ant.**proof**
an.trum
an.vil
anx.**i**.e.ty
anx.ious
an.y
an.y.**bod**.y
an.y.how
an.y.one
an.y.thing
an.y.way
an.y.ways
an.y.where
a.**orta**
a.**pace**
a.**part**
a.**part**.heid
a.**part**.ment
ap.a.**thet**.ic
ap.a.thy
ap.er.ture
a.pex

a.**pha**.si.a
aph.o.rism
Aph.ro.**di**.te
a.pi.**ar**.y
ap.i.cal
a.**piece**
a.**plomb**
a.**poc**.a.lypse
a.**poc**.ry.phal
ap.o.gee
a.**pol**.o.**get**.ic
a.**pol**.o.**get**.ics
a.**pol**.o.gies
a.**pol**.o.gize
a.**pol**.o.**giz**.ing
ap.o.logue
a.**pol**.o.gy
ap.o.**plec**.tic
ap.o.**plex**.y
a.**pos**.ta.sy
a.**pos**.tate
a pos.**te**.ri.**o**.ri
a.**pos**.tle
a.**pos**.to.late
ap.os.**tol**.ic
a.**pos**.tro.phe
a.**poth**.e.**car**.ies
a.**poth**.e.**car**.y
a.**poth**.e.o.sis
Ap.pa.**lach**.i.an
ap.**pall**
ap.**palled**
ap.**pall**.ing
ap.pa.**ra**.tus
ap.**par**.el
ap.**par**.ent
ap.pa.**ri**.tion
ap.**peal**
ap.**pear**
ap.**pear**.ance
ap.**pease**
ap.**pel**.lant
ap.**pel**.late

ap.pel.**la**.tion
ap.**pend**
ap.**pend**.age
ap.pen.**dec**.to.my
ap.**pen**.di.**ci**.tis
ap.**pen**.dix
ap.per.**ceive**
ap.per.**cep**.tion
ap.per.**tain**
ap.pe.tite
ap.pe.**tiz**.ing
ap.**plaud**
ap.**plause**
ap.ple
ap.ple.**jack**
ap.ple.**sauce**
ap.**pli**.ance
ap.**pli**.ca.**bil**.i.ty
ap.**pli**.ca.ble
ap.**pli**.cant
ap.**pli**.**ca**.tion
ap.**plied**
ap.**pli**.**qué**
ap.**ply**
ap.**ply**.ing
ap.**point**
ap.**point**.ee
ap.**point**.ment
ap.**por**.tion
ap.**por**.tion.ment
ap.po.site
ap.po.**si**.tion
ap.**prais**.al
ap.**praise**
ap.**praise**.ment
ap.**prais**.ing
ap.**pre**.ci.a.ble
ap.**pre**.ci.ate
ap.**pre**.ci.a.tion
ap.**pre**.ci.a.tive
ap.pre.**hend**
ap.pre.**hen**.si.ble
ap.pre.**hen**.sion

ap.pre.**hen**.sive
ap.**pren**.tice
ap.**pren**.tice.ship
ap.**prise**
ap.**pris**.ing
ap.**proach**
ap.pro.**ba**.tion
ap.pro.**ba**.tive
ap.pro.ba.**to**.ry
ap.**pro**.pri.ate
ap.**pro**.pri.ate.ly
ap.**pro**.pri.ate.ness
ap.**pro**.pri.**a**.tion
ap.**prov**.al
ap.**prove**
ap.**prov**.ing
ap.**prox**.i.mate
ap.**prox**.i.**ma**.tion
ap.**pur**.te.nance
ap.**pur**.te.nant
a.pri.cot
a pri.**o**.ri
a.pron
ap.ro.**pos**
ap.ti.tude
apt.ly
apt.ness
aq.ua.**cade**
aq.ua.**lung**
aq.ua.ma.**rine**
a.**quar**.i.um
a.**quat**.ic
aq.ua.**tint**
aq.ue.duct
a.que.ous
aq.ui.line
ar.a.**besque**
A.**ra**.bi.an
Ar.a.bic
ar.a.ble
a.**rach**.noid
ar.bi.ter
ar.bi.tra.ble

ar.**bit**.ra.ment
ar.bi.**trar**.y
ar.bi.trate
ar.bi.**tra**.tion
ar.bi.**tra**.tive
ar.bi.**tra**.tor
ar.bor
ar.**bo**.re.al
ar.bo.**re**.tum
ar.**bu**.tus
ar.**cade**
arc.ing
ar.chae.o.**log**.i.cal
ar.chae.**ol**.o.gist
ar.chae.**ol**.o.gy
ar.**cha**.ic
arch.**an**.gel
arch.**bish**.op
arch.**dea**.con
arch.**di**.o.cese
arch.**du**.cal
arch.**duch**.ess
arch.**duke**
arch.er
arch.er.y
arch.**fiend**
ar.chi.e.**pis**.co.pal
ar.chi.**pel**.a.go
ar.chi.**pel**.a.goes
ar.chi.tect
ar.chi.**tec**.tur.al
ar.chi.**tec**.ture
ar.chi.trave
ar.chives
arch.**priest**
arch.**way**
arc.tic
ar.dent
ar.dor
ar.du.ous
a.re.a
a.**re**.na
Ar.gen.tine

ar.gon
ar.go.naut
ar.go.sy
ar.gue
ar.gued
ar.gu.ing
ar.gu.ment
ar.gu.men.**ta**.tion
ar.gu.**men**.ta.tive
a.ri.a
ar.id
a.**rid**.i.ty
a.**rio**.so
ar.is.**toc**.ra.cy
a.**ris**.to.crat
a.**ris**.to.**crat**.ic
Ar.is.to.**te**.li.an
a.**rith**.me.tic
ar.ith.**met**.i.cal
ar.ith.**met**.i.cian
ar.**ma**.da
ar.ma.**dil**.lo
ar.ma.ment
ar.ma.ture
arm.**chair**
arm.ful
arm.**hole**
ar.mies
ar.mi.stice
ar.mor
ar.**mo**.ri.al
ar.mor.ies
ar.mor.y
arm.**pit**
ar.my
a.**ro**.ma
ar.o.**mat**.ic
a.**round**
a.**rouse**
a.**rous**.ing
ar.**peg**.gio
ar.**raign**
ar.**raign**.ment

ar.**range**
ar.**range**.ment
ar.**rang**.ing
ar.rant
ar.**ray**
ar.**rayed**
ar.**ray**.ing
ar.**rear**
ar.**rear**.age
ar.**rest**
ar.**riv**.al
ar.**rive**
ar.**riv**.ing
ar.ro.gance
ar.ro.gant
ar.ro.gate
ar.row
ar.row.**head**
ar.row.**root**
ar.roy.o
ar.se.nal
ar.se.nate
ar.se.nic
ar.son
ar.son.ist
ar.**te**.ri.al
ar.ter.ies
ar.**te**.ri.o.scle.**ro**.sis
ar.ter.y
ar.**te**.sian
art.ful
art.ful.ly
ar.**thrit**.ic
ar.**thri**.tis
ar.ti.choke
ar.ti.cle
ar.**tic**.u.late
ar.**tic**.u.**la**.tion
ar.ti.fi.ce
ar.**tif**.i.cer
ar.ti.**fi**.cial
ar.ti.**fi**.ci.**al**.i.ty
ar.**til**.ler.y

ar.ti.san
art.ist
ar.**tis**.tic
art.ist.ry
art.less
Ar.y.an
as.**bes**.tos
as.**cend**
as.**cend**.an.cy
as.**cend**.ant
as.**cend**.ing
as.**cen**.sion
as.**cent**
as.cer.**tain**
as.cer.**tain**.ment
as.**cet**.ic
as.**cet**.i.cism
as.**cribe**
as.**crib**.ing
as.**crip**.tion
a.**sep**.sis
a.**sep**.tic
a.**shamed**
ash cart
ash.en
ash-free
ash.i.er
ash.y
ash.man
A.sian
A.si.at.ic
a.**side**
as.i.nine
as.i.**nin**.i.ty
a.**skance**
a.**skew**
a.**sleep**
as.**par**.a.gus
as.pect
as.pen
as.**per**.i.ty
as.**perse**
as.**per**.sion

as.phalt
as.**phyx**.i.a
as.**phyx**.i.ate
as.**phyx**.i.**at**.ing
as.**phyx**.i.**a**.tion
as.pic
as.pir.ant
as.pi.rate
as.pi.**rat**.ing
as.pi.**ra**.tion
as.pi.**ra**.tor
as.**pir**.a.**to**.ry
as.**pire**
as.pi.rin
as.**pir**.ing
as.**sail**
as.**sail**.ant
as.**sas**.sin
as.**sas**.si.nate
as.**sas**.si.**na**.tion
as.**sault**
as.**say**
as.**sayed**
as.**say**.ing
as.**sem**.blage
as.**sem**.ble
as.**sem**.bling
as.**sem**.bly
as.**sem**.bly.man
as.**sent**
as.**sert**
as.**ser**.tion
as.**ser**.tive
as.**sess**
as.**sess**.a.ble
as.**sess**.ment
as.**ses**.sor
as.set
as.**sev**.er.ate
as.**sev**.er.**a**.tion
as.si.**du**.i.ty
as.**sid**.u.ous
as.**sign**

as.**sign**.able
as.sig.**na**.tion
as.**sign**.ee
as.**sign**.er
as.**sign**.ment
as.**sim**.i.la.ble
as.**sim**.i.la.te
as.**sim**.i.**lat**.ing
as.**sim**.i.**la**.tion
as.**sim**.i.**la**.tive
as.**sim**.i.**la**.to.ry
as.**sist**
as.**sist**.ance
as.**sist**.ant
as.**size**
as.**so**.ciate
as.**so**.ci.**at**.ing
as.**so**.ci.**a**.tion
as.**so**.ci.**a**.tive
as.**so**.nance
as.**so**.nant
as.sort
as.**sort**.ment
as.**suage**
as.**suag**.ing
as.**sua**.sive
as.**sume**
as.**sum**.ing
as.**sump**.tion
as.**sur**.ance
as.**sure**
as.**sured**
as.**sur**.ing
as.ter
as.ter.isk
as.ter.oid
as.**the**.ni.a
asth.ma
asth.**mat**.ic
as.tig.**mat**.ic
a.**stig**.ma.tism
as.**ton**.ish
as.**ton**.ish.ment

as.**tound**
as.tral
a.**stride**
as.**trin**.gen.cy
as.**trin**.gent
as.tro.labe
as.**trol**.o.ger
as.**trol**.o.gy
as.tro.naut
as.**tron**.o.mer
as.tro.**nom**.ic
as.tro.**nom**.i.cal
as.**tron**.o.my
as.**tute**
a.**sun**.der
a.**sy**.lum
a.**sym**.me.try
at.a.vism
at.el.ier
a.the.ism
a.the.ist
a.the.**is**.tic
ath.lete
ath.**let**.ics
a.**thwart**
At.**lan**.tic
at.las
at.mos.phere
at.mos.**pher**.ic
at.oll
at.om
a.**tom**.ic
at.om.ize
a.**tone**.ment
a.**ton**.ing
a.**tri**.um
a.**tro**.cious
a.**troc**.i.ty
at.ro.phied
at.ro.phy
at.**tach**
at.ta.**ché**
at.**tach**.ment

at.**tack**
at.**tain**
at.**tain**.a.ble
at.**tain**.der
at.**tain**.ment
at.tar
at.**tempt**
at.**tend**
at.**tend**.ance
at.**tend**.ant
at.**ten**.tion
at.**ten**.tive
at.**ten**.u.ate
at.**ten**.u.**a**.tion
at.**test**
at.tes.**ta**.tion
at.tic
at.**tire**
at.ti.tude
at.**tor**.ney
at.**tract**
at.**trac**.tion
at.**trac**.tive
at.**trib**.ute, *v.*
at.**trib**.ute, *n.*
at.**trib**.u.tive
at.**tri**.tion
at.**tune**
au.burn
auc.tion
auc.tion.**eer**
au.**da**.cious
au.**dac**.i.ty
au.di.**bil**.i.ty
au.di.ble
au.di.ence
au.di.o.phile
au.di.o -**vis**.u.al
au.dit
au.**di**.tion
au.di.tor
au.di.**to**.ri.um
au.di.**to**.ry

au.ger
aught
aug.**ment,** *v.*
aug.ment, *n.*
aug.men.**ta**.tion
au.gur
au.gu.ry
au.**gust,** *adj.*
Au.gust, *n.*
au.ra
au.ral
au.re.ate
au.re.ole
au.re.o.**my**.cin
au.**ric**.u.lar
au.**rif**.er.ous
au.**ro**.ra
aus.cul.tate
aus.cul.**ta**.tion
aus.pice
aus.pi.ces
aus.**pi**.cious
aus.**tere**
aus.**ter**.i.ty
Aus.**tral**.ian
Aus.tri.an
au.**then**.tic
au.**then**.ti.cate
au.then.**tic**.i.ty
au.thor
au.thor.ess
au.**thor**.i.**tar**.i.an
au.**thor**.i.**ta**.tive
au.**thor**.i.ty
au.thor.i.**za**.tion
au.thor.ize
au.thor.**iz**.ing
au.thor.ship
au.to.**bi**.o.**graph**.i.cal
au.to.bi.**og**.ra.phy
au.**toch**.tho.nous
au.**toc**.ra.cy

au.to.crat
au.to.**crat**.ic
au.to.graph
au.to.**graph**.ic
au.to.in.**fec**.tion
au.to.mat
au.to.**mat**.ic
au.to.**ma**.tion
au.**tom**.a.tism
au.**tom**.a.ton
au.to.mo.**bile**
au.to.**mo**.tive
au.**ton**.o.mous
au.**ton**.o.my
au.top.sy
au.to.sug.**ges**.tion
au.tumn
au.**tum**.nal
aux.**il**.ia.ry
a.**vail**
a.**vail**.a.**bil**.i.ty
a.**vail**.a.ble
av.a.lanche
av.a.rice
av.a.**ri**.cious
a.**venge**
a.**veng**.ing
av.e.nue
a.**ver**
av.er.age
a.**ver**.ment
a.**verred**
a.**ver**.ring
a.**verse**
a.**ver**.sion
a.**vert**
a.vi.**ar**.y
a.vi.**a**.tion
a.vi.**a**.tor
a.vi.**a**.trix
a.vi.**cul**.ture
av.id

a.**vid**.i.ty
av.o.**ca**.do
av.o.**ca**.dos
av.o.**ca**.tion
a.**void**
a.**void**.a.ble
a.**void**.ance
av.oir.du.**pois**
a.**vow**
a.**vow**.al
a.**vowed**
a.**wait**
a.**wake**
a.**wak**.en
a.**ward**
a.**ware**
a.**ware**.ness
a.**wash**
a.**way**
a.**weigh**
awe.some
aw.ful
aw.ful.ly
a.**while**
aw.ing
awk.ward
awl
awn.ing
a.**woke**
a.**wry**
ax.es
ax.i.al
ax.i.om
ax.i.o.**mat**.ic
ax.is
ax.le
ax.on
aye
a.**zal**.e.a
az.i.muth
Az.tec
az.ure

B

bab.bitt
bab.ble
bab.bling
ba.bies
ba.boon
ba.by
ba.by.hood
ba.by.ing
bac.ca.lau.re.ate
bac.ca.rat
bac.cha.nal
bac.chant
Bac.chus
bach.e.lor
ba.cil.li, *pl.*
ba.cil.lus
back.bite
back.bone
back.break.ing
back.door
back.drop
back.gam.mon
back.ground
back.hand
back.hand.ed
back.lash
back.log
back.stairs
back.stitch
back.stop
back.stroke
back.ward
back.ward.ly
back.ward.ness
back.wash
back.wa.ter
back.woods

ba.con
bac.te.ri.a
bac.te.ri.al
bac.te.ri.cide
bac.te.ri.o.log.i.cal
bac.te.ri.ol.o.gist
bac.te.rio.ol.o.gy
badg.er
bad.i.nage
bad.min.ton
baf.fle
baf.fle.ment
baf.fling
bag.a.telle
bag.gage
bag.gage.mas.ter
bag.ging
bag.gy
bag.pipe
bailed *(set free)*
bail.ee
bail.iff
bail.i.wick
bail.ment
bail.or
ba.ke.lite
bak.er.y
bak.ing
bal.ance
bal.anc.ing
bal.ance of
   pay.ments
bal.co.nies
bal.co.ny
bal.der.dash
baled
bale.ful

bal.ing
balk
Bal.kan
bal.lad
bal.last
bal.let
bal.lis.tics
bal.loon
bal.lot
ball.room
bal.ly.hoo
balm
balm.i.ness
bal.sa
bal.sam
Bal.tic
bal.us.trade
bam.boo
bam.boo.zle
ba.nal
ba.nal.i.ty
ba.nan.a
band.age
band.ag.ing
ban.dan.na
band.box
ban.deau
ban.de.role
ban.dit
band.mas.ter
ban.do.leer
band.stand
ban.dy
bane.ful
ban.gle
ban.ish
ban.is.ter

ban.jo
ban.jos
bank.**book**
bank.er
bank note
bank.rupt
bank.rupt.cy
ban.ner
ban.ner.et
ban.nock
ban.quet
ban.shee
ban.tam
ban.ter
ban.yan
ban.**zai**
bap.tism
Bap.tist
bab.tis.ter.y
bap.**tize**
bar.**bar**.i.an
bar.**bar**.ic
bar.ba.rism
bar.**bar**.i.ty
bar.ba.rize
bar.ba.rous
bar.be.cue
barbed wire
bar.ber
bar.ber.shop
bar.**bette**
bar.bi.**tu**.rate
bar.ca.role
bard.ic
bare
bare.**back**
bare.**faced**
bare.**foot**
bare.**head**.ed
bare.ly
bar.gain
barge
barge.**load**

barge.man
barge.**mas**.ter
barg.ing
bar.ing
bar.i.tone
bar.i.um
bark
bar.**keep**.er
bark.en.tine
bark.er
bar.ley
bar.ley.**corn**
bar.**maid**
bar.na.cle
barn.**storm**.er
barn.**yard**
bar.o.graph
ba.**rom**.e.ter
bar.o.**met**.ric
bar.on
bar.on.age
bar.on.ess
bar.on.et
bar.on.et.cy
ba.**ro**.ni.al
bar.o.ny
ba.roque
bar.o.scope
ba.**rouche**
bar.quen.tine
bar.rack
bar.ra.**cu**.da
bar.**rage**
bar.rel
bar.ren
bar.ri.**cade**
bar.ri.er
bar.ris.ter
bar.**room**
bar.row
bar.tend.er
bar.ter
ba.sal me.**tabo**.lism

ba.**salt**
bas.cule
base.**ball**
base.**board**
base.**born**
base.less
base.ment
base-mind.ed
base.ness
ba.ses, *pl.*
bash.ful
bash.ful.ly
bas.ic
bas.i.cal.ly
ba.**sil**.i.ca
bas.i.lisk
ba.sin
bas.i.net *(helmet)*
ba.sis
bas.ket
bas.ket.**ball**
bas.ket.ful
bas.ket.ry
bas.ket.**work**
bas-re.**lief**
bas.si.**net** *(cradle)*
bas.**soon**
bas.so-re.**lie**.vo
bass.**wood**
bas.tion
ba.**teau**
bat.**fish**
bath
bathe
ba.**thet**.ic
bath.**house**
bath.ing
ba.thos
bath.**robe**
bath.**room**
bath.**tub**
ba.**tiste**
ba.ton

bat.**tal**.ion
bat.ten
bat.ter
bat.ter.ies
bat.ter.y
bat.tle
battle cry
bat.tle.**field**
bat.tle flag
bat.tle.**ground**
bat.tle.ment
bat.tle-scarred
bat.tle.**ship**
Ba.**var**.i.an
bay.**ber**.ry
bay.o.net
bay.ou
ba.**zaar**
ba.**zoo**.ka
beach.**comb**.er
bea.con
bea.dle
bead.**work**
bea.gle
bea.ker
bear.a.ble
beard
bear.**skin**
be.a.**tif**.ic
be.**at**.i.fi.**ca**.tion
bc.**at**.i.tude
beau.te.ous
beau.**ti**.cian
beau.ties
beau.ti.fied
beau.ti.ful
beau.ti.fy
beau.ti.**fy**.ing
beau.ty
beaux-arts
bea.ver
be.**calm**
be.**came**

be.**cause**
beck.on
be.**cloud**
be.**come**
bed.**cham**.ber
bed.**clothes**
bed.ding
be.**deck**
be.**dev**.il
bed.fel.low
be.**dight**
be.**diz**.en
bed.lam
bed.post
be.**drag**.gle
bed.**rid**.den
bed.**rock**
bed.**room**
bed sheet
bed.**side**
bed.**sore**
bed.**spread**
bed.**staff**
bed.stead
bed.time
bed.warm.er
beech.**nut**
beef.**eat**.er
beef.**steak**
bee.**hive**
bee.tle
bee.tle-**browed**
be.**fall**
be.**fit**
be.**fog**
be.**fool**
be.**fore**
be.**fore**.**hand**
be.**fore**.**time**
be.**friend**
be.**fud**.dle
beg.gar
beg.gar.**weed**

beg.gar.y
be.**gin**
be.**gin**.ning
be.**go**.ni.a
be.**grime**
be.**grudge**
be.**guile**
be.**gum**
be.**gun**
be.**half**
be.**have**
be.**hav**.ing
be.**hav**.ior
be.**hav**.ior.ism
be.**head**
be.**held**
be.**he**.moth
be.**hest**
be.**hind**
be.**hind**.**hand**
be.**hold**
be.**hoof**
be.**hoove**
bcigc
be.ing
be.**la**.bor
be.**lat**.ed
be.**lay**
be.**lea**.guer
bel.fry
Bel.gi.an
Bcl.gi.um
be.**lie**
be.**lief**
be.**liev**.a.ble
be.**lieve**
be.**liev**.ing
be.**lit**.tle
bel.la.**don**.na
belles-let.tres
bell.**flow**.er
bell.**hop**
bel.li.cose

bel.**lig**.er.ence
bel.**lig**.er.ent
bel.lows
bell-shaped
bell.**weth**.er
bel.ly
be.**long**
be.**lov**.ed
be.**low**
belt
bel.ve.**dere**
be.**moan**
be.**mus**.ing
bench.mark
be.**neath**
ben.e.**dic**.tion
ben.e.**fac**.tion
ben.e.**fac**.tor
ben.e.fice
be.**nef**.i.cence
be.**nef**.i.cent
be.**nef**.i.cent.ly
ben.e.**fi**.cial
ben.e.**fi**.ci.**ar**.ies
be.e.**fi**.cia.**ar**.y
ben.e.fit
ben.e.**fit**.ed
ben.e.**fit**.ing
be.**nev**.o.lence
be.**nev**.o.lent
be.**night**.ed
be.**nign**
be.**nig**.nan.cy
be.**nig**.nant
be.**nig**.nant.ly
be.**nig**.ni.ty
be.**nign**.ly
be.**numb**
ben.**zine**
be.**queath**
be.**quest**
be.**rate**
be.**reave**

be.**reave**.ment
ber.i.**ber**.i
ber.**line**
ber.ries
ber.ry
ber.serk
berth
ber.yl
be.**ryl**.li.um
be.**seech**
be.**set**
be.**side**
be.**sides**
be.**siege**
be.**smear**
be.**smirch**
be.**speak**
bes.tial
bes.ti.**al**.i.ty
best-known
best-liked
best man
be.**stow**
best-paid
best **sel**.ler
best-**sell**.ing
be.**tide**
be.**times**
be.**to**.ken
be.**tray**
be.**tray**.al
be.**troth**
be.**troth**.al
bet.ter
bet.ter.ment
be.**tween**
be.**twixt**
bev.el
bev.eled
bev.el.ing
bev.er.age
bev.ies
bev.y

be.**wail**
be.**ware**
be.**wil**.der
be.**wil**.dered
be.**wil**.der.ment
be.**witch**
be.**yond**
bi.**an**.gu.lar
bi.**an**.nu.al
bi.as
bi.ased
Bib.li.cal
bib.li.**og**.ra.pher
bib.li.**og**.ra.phy
bib.li.o.phile
bib.u.lous
bi.**cam**.er.al
bi.**car**.bon.ate
bi.**cen**.te.**nar**.y
bi.cen.**ten**.ni.al
bi.ceps
bi.**chlo**.ride
bi.**chro**.mate
bick.er.ing
bi.**cus**.pid
bi.cy.cle
bi.cy.clist
bid
bid.der
bid.ding
bide
bid.ing
bi.**en**.ni.al
bi.**fo**.cal
big.a.mist
big.a.mous
big.a.my
big.**heart**.ed
bight
big.ot.ed
big.ot.ry
big.**wig**
bi.jou

bi.**ki**.ni
bi.**la**.bi.al
bi.**lat**.er.al
bi.**lat**.er.al
   sym.me.try
bilge
bi.**lin**.gual
bil.ious
bill.**board**
bil.let
bil.let-**doux**
bill.**fish**
bill.fold
bill.**head**
bil.liards
bil.lings.**gate**
bil.lion
bil.lion.**aire**
bil.lionth
bill of **fare**
bill of **lad**.ing
bill of **rights**
bill of **sale**
bil.low
bil.low.y
bill.**post**.er
bill.**stick**.er
bi.me.**tal**.lic
bi.**met**.at.lism
bi.**met**.al.list
bi.**month** ly
bi.na.ry
bin.**au**.ral
bind.er
bind.er.y
bind.ing
bin.na.cle
bin.**oc**.u.lar
bi.**no**.mi.al
bi.o.**chem**.is.try
bio.en.gi.**neer**.ing
bio.**gen**.e.sis
bio.ge.**og**.ra.phy

bi.**og**.ra.pher
bi.o.**graph**.ic
bi.o.**graph**.i.cal
bi.**og**.ra.phy
bi.o.**log**.i.cal
bi.**ol**.o.gy
bio.mass
bi.ome
bi.o.**nom**.ics
bi.o.**phys**.ics
bi.o.scope
bi.o.**syn**.the.sis
bio.tech.**nol**.o.gy
bi.**par**.ti.san
bi.ped
bi.plane
bi.**po**.lar
birch
bird.**call**
bird.ie
bird.**lime**
bird.**man**
bird's-**eye**
birth
birth con.**trol**
birth.**day**
birth.**mark**
birth.**place**
birth rate
birth.**right**
birth.**stone**
bis.cuit
bi.sect
bi.**sex**.u.al
bish.op
bish.op.ric
bis.muth
bi.son
bisque
bis.**sex**.tile
bit.ing
bit.**stock**
bit.ten

bit.ter
bit.tern
bit.ter.ness
bit.ter.**root**
bit.ter.**sweet**
bit.ter.**weed**
bi.**tu**.mi.nous
bi.**va**.lent
bi.**valve**
biv.ou.ac
biv.ou.acked
bi.**week**.ly
bi.**zarre**
black.**a**.moor
black.**ball**
back.**ber**.ry
black.**bird**
black.**board**
black.**cap**
black.ened
black.guard
black.**head**
black.**jack**
black.**leg**
black list, *n.*
black-list, *v.*
black.**mail**
black **mar**.ket
black.ness
black.**out**
black.**smith**
black.**thorn**
blad.der
blade
blam.a.ble
blame.ful
blame.less
blame.**wor**.thy
blam.ing
blanc.**mange**
blan.dish
blank.**book**
blan.ket

blank.ness
blar.ney
bla.sé
blas.pheme
blas.phem.ing
blas.phe.mous
blas.phe.my
bla.tan.cy
bla.tant
blath.er.skite
blaze
blaz.er
blaz.ing
bla.zon
bla.zon.ry
bleach.er
blear.y
bleed
blem.ish
bless.ed.ness
blight
blind.er
blind.fish
blind.fold
blind.ing
blind.ly
blink.er
bliss.ful
blis.ter
blithe
blithe.ly
blithe.some
blitz.krieg
bliz.zard
bloat.er
block.ade
block.bust.er
block.head
block.house
blood
blood.ed
blood.hound
blood.i.est

blood.i.ly
blood.i.ness
blood.less
blood.let.ting
blood poi.son.ing
blood.root
blood.shed
blood.shot
blood.stain
blood.stone
blood.suck.er
blood.thirst.y
blood vessel
blood.y
bloom.er
blos.som
blot.ter
blot.ting
blouse
blow.er
blow.fish
blow.fly
blow.gun
blow.hole
blow.out
blow.pipe
blow.torch
blow.tube
blow.up
blowz.y
blub.ber
blub.ber.y
blu.cher
bludg.eon
blue.bell
blue.ber.ry
blue.bird
blue.bon.net
blue.book
blue.bot.tle
blue.coat
blue-eyed
blue.fish

blue.grass
blue.jack.et
blue.jay
blue-pen.cil, v.
blue.print
blue.stock.ing
blu.et
blu.ing
blu.ish
blun.der
blun.der.buss
blunt.ly
blunt.ness
blurb
blus.ter
blus.ter.ous
bo.a
boar
board.er
board.ing.house
board.walk
boast.ful
boast.ing.ly
boat.build.er
boat.house
boat.man
boat.swain
bob.bin
bob.bi.net
bob.by.socks
bob.by.sox.er
bob.cat
bob.o.link
bob.sled
bob.stay
bob.tail
bode
bod.ice
bod.ies
bod.i.less
bod.i.ly
bod.ing
bod.kin

bod.y
bod.y.guard
bo.gey
bog.gle
bo.gus
bo.gy
Bo.he.mi.an
boil.er
boil.ing point
bois.ter.ous
bold-faced
bold.ly
bold.ness
bo.le.ro
Bo.liv.i.an
boll weevil
boll.worm
bo.lo.ney
Bol.she.vik
bol.ster
bolt.er
bolt.head
bolt.rope
bo.lus
bomb
bom.bard, *n.*
bom.bard, *v.*
bom.bard.ier
bom.bard.ment
bom.bast
bom.bas.tic
bomb.proof
bomb.shell
bomb.sight
bo.na fi.de
bo.nan.za
bon.bon.niere
bond.age
bond.ed
bond.ed ar.e.a
bond.hold.er
bond.maid
bond servant

bonds.man
bond.wom.an
bon.fire
bo.ni.to
bon.net
bon.ny
bo.nus
bo.ny
bonze
boo.bies
boo.by
boo.dle
book
book.bind.er
book.case
book.deal.er
book end
book.ie
book.ing
book.ish
book.keep.er
book.keep.ing
book.let
book.mak.er
book.mark
book.plate
book.rack
book.shelf
book.shop
book.store
book.worm
boom.er.ang
boon.dog.gle
boor.ish
boost.er
boot.black
boot.ed
boot.ee
booth
boot.jack
boot.leg
boot.less
boot.lick.er

boo.ty
booze
booz.y
bo.rac.ic
bo.rate
bo.rax
bor.der
bo.re.al
bore.dom
bor.er
bor.ing
born (*given birth*)
borne (*carried*)
bo.ron
bor.ough
bor.row
bosk.y
bos.om
boss
boss.i.ness
boss.y
bo.tan.i.cal
bot.a.nist
bot.a.nize
bot.a.ny
botch
both
both.er
both.er.some
bot.tle
bot.tled
bot.tle-fed
bot.tle.neck
bot.tle.nose
bot.tler
bot.tling
bot.tle wash.er
bot.tom
bot.tom.less
bot.tom line
bot.u.lism
bou.doir
bough

bought
bouil.la.**baisse**
bouil.lon *(soup)*
boul.der
bou.le.vard
bounce
bounc.er
bounc.ing
bound
bound.a.ries
bound.a.ry
bound.en
bound.less
boun.te.ous
boun.ti.ful
boun.ty
bou.**quet**
Bour.bon
bour.**geois**
bour.geoi.sie
bourse
bou.ton.**niere**
bo.vine
bowd.ler.ize
bow.el
bow.er
bow.er.y
bow.fin
bow.knot
bow.leg.ged
bow.ler
bow.line
bowl.ing
bow.man
bow.shot
bow.sprit
bow.string
box.car
box coat
box.er
box.ing
box kite
box.wood

boy.cott
boy.hood
boy.ish
brace.let
brac.er
brac.ing
brack.et
brack.et.ing
brack.ish
brag
brag.ga.**do**.ci.o
brag.gart
brag.ging
brain.less
brain.pan
brain.sick
brain storm
brain.**storm**.ing
brain.wash.ing
brain.work
brake
brake.man
brak.ing
bram.ble
bran.died
bran.dish
brand name
brand-new
bran.dy
bras.sard
brass.i.ness
brass.ware
brass-work
bra.**va**.do
brav.er.y
brav.est
bra.vo
bra.**vu**.ra
brawl
brawn.i.est
brawn.y
bra.zen
bra.zen.**faced**

bra.zier
Bra.**zil**.ian
bra.**zil**.wood
breach
bread.fruit
bread.root
bread.stuff
breadth
bread.win.ner
break.a.ble
break.age
break.down
break.er
break-**e**.ven
break.fast
break.neck
break.through
break.up
break.wa.ter
breast
breast.bone
breast.pin
breast.plate
breast.work
breath
breath.a.ble
breathe
breath.er
breath.ing
breath.less
breech
breech.es
breed
breed.er
breed.ing.
breeze
breeze.way
breez.y
breth.ren
bre.**vet**
bre.vi.**ar**.y
brev.i.ty
brew

brew.er.y
brew.ing
bribe
brib.er.y
brib.ing
bric-a-**brac**
brick
brick.bat
brick.kiln
brick.lay.er
brick.lay.ing
brick.work
brick.yard
brid.al
bride
bride.groom
brides.maid
bride.well
bridge
bridge.a.ble
bridge.head
bridge.work
bridg.ing
bri.dle
brief
brief case
brief.less
bri.er
bri.er.**root**
bri.er.**wood**
bri.**gade**
brig.a.**dier**
brig.and
brig.an.tine
bright
bright.en
bright-eyed
bright.ly
bright.ness
bril.liance
bril.lian.cy
bril.liant
bril.lian.tine

bril.liant.ly
brim
brim.ful
brimmed
brim.ming
brim.stone
brin.dle
brine
bring
brink
brin.y
bri.**quette**
brisk
bris.ket
bris.tle
bris.tle.**tail**
bris.tling
Brit.ish
Brit.ish.er
Brit.on
brit.tle
broach
broad
broad.ax
broad.brim
broad.cast
broad.cloth
broad.en
broad.en.ing
broad.ly
broad-mind.ed
broad.mind.ed.ness
broad.side
broad.sword
broad.tail
bro.**cade**
broc.co.li
bro.**chette**
bro.**chure**
brogue
broi.der
broil
broil.er

broke
bro.ken
bro.ken.**heart**.ed
bro.ker
bro.ker.age
bro.mide
bro.mine
bron.chi.al
bron.**chi**.tis
bron.cho
bron.cho.**bust**.er
bron.co
bron.co.**bust**.er
bronze
brooch
brood
brood.er
brook
brook.let
broom.stick
broth
broth.el
broth.er
broth.er.hood
broth.er-in-**law**
broth.er.ly
broth.ers-in-**law**
brougham
brought
brow
brow.beat
brown bread
brown.ie
brown.ish
brown.out
brown.stone
browse
brows.ing
bru.in
bruise
bruis.er
bruis.ing
bruit

bru.**nette**
brunt
brush
brush.off
brush.wood
brush.work
brusque
bru.tal
bru.**tal**.i.ty
bru.tal.ize
brute
brut.ish
bub.ble
bu.**bon**.ic
buc.ca.**neer**
buck.board
buck.et
buck.eye
buck.hound
buck.le
buck.ler
buck.ling
buck.ram
buck.saw
buck.shot
buck.skin
buck.thorn
buck.wheat
bu.**col**.ic
Bud.dhism
budge
budg.et
budg.et.ed
budg.et.ing
budg.ing
buf.fa.lo
buf.fa.loes
buf.fer state
buf.**fet**
buf.**foon**
buf.**foon**.er.y
bug.a.**boo**
bug.bear

bug.gy
bu.gle
bu.gling
bug.proof
build.er
build.ing
bulb.ous
Bul.**gar**.i.an
bulge
bulg.ing
bulk.head
bulk.y
bull.dog
bull.doze
bull.doz.er
bull.doz.ing
bul.let
bul.le.tin
bul.let.**proof**
bull.fight
bull.finch
bull.frog
bull.head
bul.lion *(metal)*
bull.ock
bull pen
bull.pout
bull's-eye
bul.ly
bul.ly.**rag**
bul.rush
bul.wark
bum.ble.**bee**
bum.boat
bump.er
bump.kin
bump.tious
bump.y
bunch
bun.combe
bun.dle
bun.ga.low
bun.gle

bun.gled
bun.gling
bun.ion
bunk
bunk.er
bun.ting
buoy
buoy.an.cy
buoy.ant
bur.den
bur.den.some
bu.reau
bu.**reauc**.ra.cy
bu.reau.crat
bu.**rette**
bur.geon
burgh.er
bur.glar
bur.gla.ries
bur.**glar**.i.ous
bur.glar.ize
bur.glar.proof
bur.gla.ry
bur.go.**mas**.ter
bur.i.al
bur.ied
bur.ies
bur.lap
bur.**lesque**
bur.ly
Bur.mese
burn.er
bur.nish
bur.**noose**
burn.sides
burnt
bur.ro
bur.row
bur.sar
burst
bur.weed
bur.y
bur.y.ing

bush.el
bush.man
bush.mas.ter
bush.rang.er
bush.y
bus.ied
bus.i.er
bus.i.est
bus.i.ly
busi.ness
busi.ness cycle
busi.ness.like
busi.ness.man
bus.kin
bus.tle
bus.tled
bus.tling
bus.y
bus.y.bod.y
bus.y.work
butch.er
butch.er.y

butte
but.ter
but.ter.cup
but.ter.fat
but.ter.fish
but.ter.fly
but.ter.milk
but.ter.nut
but.ter.scotch
but.ter.weed
but.ter.y
but.tock
but.ton
but.ton.hole
but.ton.hook
but.ton.mold
but.ton.wood
but.tress
bux.om
buy.er
buy.ing
buzz

buz.zard
buzz.er
buzz saw
by-and-by
bye-bye
by-e.lec.tion
by.gone
by.law
by-line
by.name
by.pass
by.path
by.play
by-prod.uct
by.road
by.stand.er
by.street
by.way
by.word
By.zan.tine

C

ca.bal
cab.a.lis.tic
cab.a.ret
cab.bage
cab.in
cab.i.net
cab.i.net.mak.er
cab.i.net.work
ca.ble
ca.ble.gram
ca.bling
cab.man
cab.o.chon
ca.boose
cab.ri.o.let
cab.stand

caca.o
cach.a.lot
cache
ca.chet
cach.in.na.tion
cack.le
ca.coph.o.ny
cac.ti, *pl.*
cac.tus
ca.dav.er
ca.dav.er.ous
cad.die
ca.dence
ca.den.za
ca.det
cad.mi.um

ca.du.ce.us
Cae.sar
Cae.sar.e.an
cae.su.ra
ca.fé
caf.e.te.ri.a
caf.fe.ine
cage.y
cag.i.ness
cais.son
ca.jole
ca.jol.er.y
cake.box
cake pan
cake.walk
cal.a.bash

cal.a.boose
ca.**lam**.i.tous
ca.**lam**.i.ty
cal.**car**.e.ous
cal.ci.fi.ca.**tion**
cal.ci.fy
cal.ci.mine
cal.ci.**na**.tion
cal.**cine**
cal.ci.um
cal.cu.la.ble
cal.cu.late
cal.cu.**lat**.ing
cal.cu.**la**.tion
cal.cu.**la**.tor
cal.cu.lus
cal.dron
cal.en.dar *(almanac)*
cal.en.der *(machine)*
calf *(pl.calves)*
calf.skin
cal.i.ber
cal.i.brate
cal.i.co
cal.i.per
ca.liph
cal.is.**then**.ics
calk
call.er
cal.**lig**.ra.phy
call.ing
cal.**los**.i.ty
cal.lous, *adj.*
cal.low
cal.lus, *n.*
calm
calm.ly
calm.ness
çal.o.mel
ca.**lor**.ic
cal.o.rie
cal.o.ries
cal.o.**rim**.e.ter

ca.**lum**.ni.ate
ca.**lum**.ni.a.tion
ca.**lum**.ni.**a**.tor
cal.um.nies
ca.**lum**.ni.ous
cal.um.ny
calves
Ca.**lyp**.so
ca.lyx
ca.ma.**ra**.de.rie
cam.ber
cam.bric
cam.el
ca.**mel**.li.a
ca.**mel**.o.pard
cam.e.o
cam.e.os
cam.er.a
cam.er.a.**man**
cam.i.sole
cam.o.mile
cam.ou.flage
cam.**paign**
cam.pa.**ni**.le
camp.fire
camp.ground
cam.phor
cam.pus
cam.shaft
Ca.**na**.di.an
ca.**naille**
ca.**nal**
ca.**nal.boat**
ca.**nal**.i.za.tion
ca.na.pé
ca.nard
ca.**nar**.ies
ca.**nar**.y
can.cel
can.celed
can.cel.er
can.cel.ing
can.cel.**la**.tion

can.cer
can.cer.ous
can.de.**la**.bra, *pl.*
can.de.**la**.brum
can.did
can.di.da.cy
can.di.date
can.did.ly
can.did.ness
can.died
can.dies
can.dle
can.dle.**ber**.ry
can.dle.**fish**
can.dle.**light**
Can.dle.mas
can.dle.**nut**
can.dle.**pin**
can.dle.**stick**
can.dle.**wood**
can.dor
can.dy
ca.nine
can.is.ter
can.ker
can.ker.ous
can.ker.**worm**
can.ner
can.ner.y
can.ni.bal
can.ni.bal.ism
can.ni.ly
can.ni.ness
can.ning
can.non *(gun)*
can.non.**ade**
can.non.**eer**
can.not
ca.**noe**
ca.**noe**.ing
ca.**noe**.ist
ca.**noes**
can.on *(rule)*

ca.**non**.i.cal
can.on.ize
can.o.pies
can.o.py
can.ta.loupe
can.**tan**.ker.ous
can.**ta**.ta
can.**teen**
cant.er
can.ti.cle
can.ti.**le**.ver
can.to
can.ton
can.ton.al
can.**ton**.ment
can.tor
can.vas *(cloth)*
can.**vas**.**back**
can.**vass,** *v.*
can.yon
ca.pa.**bil**.i.ties
ca.pa.**bil**.i.ty
ca.pa.ble
ca.pa.bly
ca.**pa**.cious
ca.**pac**.i.ty
cap-a-pie
ca.**par**.i.son
ca.per
cap.il.**lar**.i.ty
cap.il.**lar**.y
cap.i.tal
cap.it.al turn.**o**.ver
cap.i.tal.ism
cap.i.tal.ist
cap.i.tal.ize
cap.i.tol *(building)*
ca.**pit**.u.late
ca.**pit**.u.**la**.tion
ca.pon
ca.**price**
ca.**pri**.cious
cap.**size**

cap.**siz**.ing
cap.stan
cap.sule
cap.tain
cap.tion
cap.tious
cap.ti.vate
cap.ti.**va**.tion
cap.tive
cap.**tiv**.i.ty
cap.tor
cap.ture
cap.tur.ing
ca.ra.**ba**.o
car.a.mel
car.at *(weight)*
car.a.van
car.a.**van**.sa.ry
car.a.vel
car.a.way
car.bide
car.bine
car.bo.**hy**.drate
car.**bol**.ic
car.bon
car.bo.**na**.ceous
car.bon.ate
car.bon.**a**.tion
car.**bon**.ic
car.**bon**.**if**.er.ous
car.**bon**.ize
car.bo.**run**.dum
car.**box**.yl
car.boy
car.bun.cle
car.bu.**ret**.or
car.cass
car.ci.**no**.ma
car.da.mom
card.**board**
card.**case**
car.di.ac
car.di.gan

car.di.nal
car.di.nal.ate
car.di.o.**graph**
car.di.**ol**.o.gy
car.**di**.tis
card.play.er
card.room
ca.**reer**
care.ful
care.fu.ly
care.less
ca.**ress**
car.et *(sign)*
care.**worn**
car.go
car.goes
Car.ib.**be**.an
car.i.bou
car.i.ca.ture
car.i.es
car.il.lon
car.**min**.a.tive
car.mine
car.nage
car.nal
car.**nal**.i.ty
car.**na**.tion
car.**nel**.ian
car.ni.val
car.**niv**.o.rous
car.ol
car.om
car.o.tene
ca.**rot**.id
ca.**rous**.al
ca.**rouse**
car.pen.ter
car.pen.try
car.pet
car.pet.**bag**
car.pet.**bag**.ger
carp.ing
car.port

car.riage
car.ri.er
car.ri.on
car.rot
car.rou.sel
car.ry
car.ry.all
car.ry-on
car.ry-o.ver
cart.age
car.tel
car.ti.lage
car.ti.lag.i.nous
car.tog.ra.phy
car.ton
car.toon
car.toon.ist
car.touche
car.tridge
carve
carv.ing
car.y.at.id
cas.cade
case.hard.en
ca.se.in
case.mate
case.ment
ca.se.ous
ca.sern
cas.sette
cash.book
ca.shew
cash.ier
cash.mere
ca.si.no
cas.ket
casque
cas.sa.tion
cas.se.role
cas.si.a
cas.sock
cas.so.war.y
cast *(throw)*

cas.ta.net
cast.a.way
caste
cas.tel.lat.ed
cast.er
cas.ti.gate
cas.ti.ga.tion
Cas.til.ian
cas.tle
cast.off
cas.tor
cas.trate
cas.u.al
cas.u.al.ty
cas.u.ist
cas.u.ist.ry
cat.a.clysm
cat.a.comb
cat.a.falque
Cat.a.lan
cat.a.lep.sy
cat.a.lep.tic
cat.a.log
cat.a.logue
ca.tal.pa
ca.tal.y.sis
cat.a.lyst
cat.a.lyt.ic
cat.a.ma.ran
cat.a.mount
cat.a.pult
cat.a.ract
ca.tarrh
ca.tarrh.al
ca.tas.ta.sis
ca.tas.tro.phe
cat.a.stroph.ic
cat.bird
cat.boat
cat.call
catch.all
catch.er
catch.pen.ny

catch.up
catch.word
cat.e.chism
cat.e.chist
cat.e.chize
cat.e.chu.men
cat.e.gor.i.cal
cat.e.go.ry
cat.e.nar.y
cat.er-cor.nered
ca.ter.er
cat.er.pil.lar
cat.er.waul
cat.fish
cat.gut
ca.thar.sis
ca.thar.tic
ca.the.dral
cath.e.ter
cath.ode
cath.ode rays
cath.o.lic
ca.thol.i.cism
cath.o.lic.i.ty
ca.thol.i.cize
cat.like
cat.nip
cat-o'-nine.tails
cat's-eye
cat's-paw
cat.sup
cat.tail
cat.tle
cat.tle.man
cat.walk
Cau.ca.sian
cau.cus
cau.dal
caught
caul.dron
cau.li.flow.er
caus.al
cau.sal.i.ty

cau.**sa**.tion
caus.a.tive
cau.se.**rie**
cause.way
caus.ing
caus.tic
cau.ter.i.**za**.tion
cau.ter.ize
cau.ter.y
cau.tion
cau.tion.**ar**.y
cau.tious
cav.al.**cade**
cav.a.**lier**
cav.a.**lier**.ly
cav.al.ry
cav.ern
cav.ern.ous
cav.i.ar
cav.ing
cav.i.ties
cav.i.ty
ca.**vort**
cay.man
cease
ceased
cease.less
ceas.ing
ce.dar
cede *(yield)*
ced.ed
ce.**dil**.la
ced.ing
ceil.ing
cel.e.brant
cel.e.brate
cel.e.**brat**.ed
cel.e.**bra**.tion
cel.e.**bra**.tor
ce.**leb**.ri.ty
ce.**ler**.i.ty
cel.er.y
ce.**les**.ta

ce.**les**.tial
cel.i.ba.cy
cel.i.bate
cell
cel.lar
cel.lar.er
cel.lar.**et**
cel.list
cel.lo
cel.lo.phane
cel.lu.lar
cel.lu.loid
cel.lu.lose
ce.**ment**
ce.men.**ta**.tion
cem.e.**ter**.ies
cem.e.**ter**.y
cen.o.bite
cen.o.taph
cen.sor
cen.**so**.ri.al
cen.**so**.ri.ous
cen.**sor**.ship
cen.sur.a.ble
cen.sure
cen.sur.ing
cen.sus
cen.taur
cen.te.**nar**.i.an
cen.te.**nar**.y
ccn.**ten**.ni.al
cen.ter.**board**
cen.ter.**piece**
cen.ti.grade
cen.ti.gram
cen.ti.**li**.ter
cen.time
cen.ti.**me**.ter
cen.ti.pede
cen.tral
cen.tral.i.**za**.tion
cen.tral.ize
cen.**trif**.u.gal

cen.**trip**.e.tal
cen.tro.some
cen.tu.ries
cen.**tu**.ri.on
cen.tu.ry
ce.**phal**.ic
ce.**ram**.ic
ce.**ram**.ics
ce.re.al
cer.e.**bel**.lum
cer.e.bral
cer.e.bro.**spi**.nal
cer.e.**mo**.ni.al
cer.e.mo.nies
cer.e.**mo**.ni.ous
cer.e.**mo**.ny
ce.**rise**
ce.ri.um
cer.tain
cer.tain.ly
cer.tain.ties
cer.tain.ty
cer.**tif**.i.cate
cer.ti.fi.**ca**.tion
cer.ti.fied
cer.ti.fies
cer.ti.fy
cer.ti.**fy**.ing
cer.ti.o.**ra**.ri
cer.ti.tude
ce.**ru**.le.an
cer.vi.cal
cer.vix
ce.**si**.um
ces.**sa**.tion
ces.sion *(yielding)*
cess.pit
cess.pool
chaff
chaf.finch
cha.**grin**
cha.**grined**
chain gang

chain mail
chain re.**ac**.tion
chain stitch
chain.**work**
chair.man
chair.wom.an
chal.**ced**.o.ny
cha.**let**
chal.ice
chal.lenge
cham.ber
cham.ber.lain
cham.ber.**maid**
cha.**me**.le.on
cham.fer
cham.ois
cham.**pagne**
cham.per.ty
cham.pi.on
cham.pi.on.**ship**
chance.ful
chan.cel
.**chan**.cel.ler.y
chan.cel.lor
chan.cer.y
chan.de.**lier**
chan.dler
chan.dler.y
change.a.**bil**.i.ty
change.a.ble
changed
change.less
change.ling
chang.ing
chan.nel
chan.neled
chan.nel.ing
chan.ti.cleer
cha.os
cha.**ot**.ic
chap.ar.**ral**
chap.**book**
chap.el

chap.er.on
chap.**fall**.en
chap.lain
chap.let
chap.ter
char.ac.ter
char.ac.ter.**is**.tic
char.ac.ter.i.**za**.tion
char.ac.ter.ize
cha.**rade**
char.coal
charge.a.ble
char.**gé**.d'af.**faires**
charg.ing
char.i.ly
char.i.ot
char.i.ot.**eer**
char.is.**mat**.ic
char.i.ta.ble
char.i.ties
char.i.ty
char.la.tan
charm.ing
char.nel
char.ter
char.**treuse**
chart.**room**
char.**wom**.an
char.y
chasm
chasse.**pot**
chas.sis
chaste.ly
chas.ten
chas.**tise**
chas.tise.ment
chas.ti.ty
chas.u.ble
chat.e.laine
chat.tel
chat.ter
chat.ter.**box**
chat.ter.er

chat.ting
chat.ty
cheap.en
cheap.ened
cheat.er
check.**book**
check.er.**ber**.ry
check.er.**board**
check.ered
check.mate
check.rein
check.room
cheek.y
cheer.ful
cheer.ful.ness
cheer.less
cheer.y
cheese.**cake**
cheese.**cloth**
cheese.**par**.ing
chee.tah
chef
chef-d'oeu.vre
chem.i.cal
che.**mise**
chem.ist
chem.is.try
che.mo.**ther**.a.py
che.**nille**
cher.ish
che.**root**
cher.ries
cher.ry
cher.ub
chess.board
chess.man
chest.nut
chev.a.**lier**
chev.ron
chi.**can**.er.y
chick.a.dee
chick.en
chick.en.**heart**.ed

chick.en pox
chick-pea
chick.weed
chi.cle
chic.o.ry
chid.ing
chief.ly
chief.tain
chif.fon
chif.fo.nier
chig.ger
chi.gnon
chil.blain
child.bed
child.hood
child.ish
child.less
child.like
chil.dren
Chil.e.an
chill
chill.ing
chill.y
chi.me.ra
chi.mer.i.cal
chim.ney
chim.pan.zee
chi.na.ber.ry
Chi.na.town
chi.na.ware
chin.chil.la
Chi.nese
chip
chip.munk
chip.ping
chi.rog.ra.phy
chi.rop.o.dist
chi.ro.prac.tor
chis.el
chis.el.er
chit.chat
chiv.al.ric
chiv.al.rous

chiv.al.ry
chlo.ral
chlo.rate
chlo.ric
chlo.ride
chlo.rin.ate
chlo.rine
chlo.rite
chlo.ro.form
chlo.ro.phyll
chlo.rous
chock-full
choc.o.late
choir
choir.boy
choke.ber.ry
choke.bore
choke.cher.ry
choke.damp
chok.er
chok.ing
chol.er
chol.er.a
chol.er.ic
choose
choos.ing
chop.house
chop.per
chop.ping
chop.stick
chop su.ey
cho.ral
chord (music)
chore
cho.re.a
cho.re.og.ra.phy
chor.is.ter
chor.tle
cho.rus
cho.sen
chow.der
chrism
chris.ten

Chris.ten.dom
Chris.tian
Chris.ti.an.i.ty
Chris.tian.ize
Christ.mas
chro.mate
chro.mat.ic
chro.ma.tid
chro.ma.tin
chro.mat.o.graph
chrome
chro.mite
chro.mi.um
chro.mo.some
chron.ic
chron.i.cle
chron.o.graph
chron.o.log.i.cal
chro.nol.o.gy
chro.nom.e.ter
chron.o.met.ric
chrys.a.lis
chrys.an.the.mum
chrys.o.ber.yl
chrys.o.lite
chrys.o.prase
chub.bi.ness
chub.by
chuck.le
chuck.le.head
chuk.ker
chum.my
chump
chunk.y
church.go.er
church.man
church.ward.en
church.yard
churl
churl.ish
churn
chut.ney
chyle

chyme
ci.**bo**.ri.um
ci.**ca**.da
cic.a.trix
ci.der
ci.**gar**
cig.a.**rette**
ci.**gar**-shaped
cin.**cho**.na
cinc.ture
cin.der
Cin.der.**el**.la
cin.e.**mat**.o.graph
cin.na.bar
cin.na.mon
cin.que.**cen**.to
cinque.foil
ci.pher
cir.ca
cir.cle
cir.cled
cir.clet
cir.cling
cir.cuit
cir.**cu**.i.tous
cir.cu.lar
cir.cu.lar.ize
cir.cu.late
cir.cu.**lat**.ing
cir.cu.**la**.tion
cir.cu.**la**.tive
cir.cu.**la**.tor
cir.cu.la.**to**.ry
cir.cum.**am**.bi.ent
cir.cum.cise
cir.cum.**ci**.sion
cir.**cum**.fer.ence
cir.cum.flex
cir.cum.lo.**cu**.tion
cir.cum.**nav**.i.gate
cir.cum.**scribe**
cir.cum.**scrip**.tion
cir.cum.spect

cir.cum.**spec**.tion
cir.cum.stance
cir.cum.**stan**.tial
cir.cum.**stan**.ti.ate
cir.cum.**vent**
cir.cum.**vent**.er
cir.cum.**ven**.tion
cir.cus
cir.**rho**.sis
cir.ro-**cu**.mu.lus
cir.ro-**stra**.tus
cir.rus
cis.tern
cit.a.del
ci.**ta**.tion
cite
cit.ies
cit.ing
cit.i.zen
cit.i.zen.ry
cit.i.zen.**ship**
cit.rate
cit.ric
cit.ron
cit.ron.**el**.la
cit.rus
cit.y
civ.et
civ.ic
civ.il
ci.**vil**.ian
ci.**vil**.i.ty
civ.i.li.**za**.tion
civ.i.lize
civ.i.**liz**.ing
civ.il.ly
claim.ant
clair.**voy**.ance
clair.**voy**.ant
clam.bake
clam.ber
clam.mi.ness
clam.my

clam.or
clam.or.ous
clam.shell
clan.**des**.tine
clan.**gor**
clan.**nish**
clans.man
clap.board
clap.per
claque
clar.et
clar.i.fi.**ca**.tion
clar.i.fied
clar.i.**fi**.er
clar.i.fy
clar.i.**fy**.ing
clar.i.**net**
clar.i.on
clar.i.ty
clas.sic
clas.si.cal
clas.si.cism
clas.si.**fi**.a.ble
clas.si.**fi**.**ca**.tion
clas.si.fied
clas.si.fy
clas.si.**fy**.ing
class.mate
class.room
clat.ter
clat.tered
clause
claus.tro.**pho**.bi.a
clav.i.chord
clav.i.cle
cla.vi.er
clean.er
clean.li.ness
clean.ly
clean.ness
cleanse
cleans.ing
clear.ance

clear-cut
clear-eyed
clear.head.ed
clear.ing
clear.ing.house
clear.ly
clear.ness
clear-sight.ed
cleav.age
cleav.er
clem.a.tis
clem.en.cy
clem.ent
clep.sy.dra
clere.sto.ry
cler.gy
cler.gy.man
cler.ic
cler.i.cal
clev.er
clew
cli.ché
cli.ent
cli.en.tele
cliff
cli.mac.ter.ic
cli.mate
cli.mat.ic
cli.ma.tol.o.gy
cli.max
climb.ing
clime
clin.ic
clin.i.cal
cli.ni.cian
clink.er
clip.per
clip.ping
clique
cloak.room
clock.wise
clock.work
clod.hop.per

clog.ging
cloi.son.né
clois.ter
clone
close.fist.ed
close-hauled
close-lipped
close.ness
clos-et
close-up
clos.ing
clo.sure
cloth, *n.*
clothe, *v.*
clothes.pin
cloth.ier
cloth.ing
cloud.burst
cloud.less
cloud.y
clout
clo.ven-foot.ed
clo.ver
clown.ish
club.bing
club.foot
club.room
clue
clum.si.er
clum.si.ly
clum.si.ness
clum.sy
clus.ter
clutch
clut.ter
coach.man
co.ad.ju.tant
co.ad.ju.tor
co.ag.u.late
co.ag.u.la.tion
co.ag.u.la.tive
co.a.lesce
co.a.les.cence

co.a.les.cent
co.a.lesc.ing
coal.bin
coal.box
coal.deal.er
coal field
coal gas
coal.hole
co.a.li.tion
coal mine
coal tar
coal.yard
coarse *(rough)*
coars.en
coast.al
coast.er
coast guard
coast wise
coat.i
coat.room
coat.tail
co.au.thor
coax
co.ax.i.al
co.balt
cob.bler
cob.ble.stone
co.bra
cob.web
co.caine
coc.cyx
coch.i.neal
cock.a.too
cock.a.trice
cock.boat
cock.chaf.er
cock.eyed
cock.ney
cock.pit
cock.roach
cock.spur
cock.tail
cock.y

co.coa
co.co.bo.lo
co.co.nut
co.coon
cod.dle
co.de.fend.ant
co.dex
cod.fish
cod.i.cil
cod.i.fi.ca.tion
cod.i.fied
cod.i.fy
co.ed
co.ef.fi.cient
co.en.zyme
co.e.qual
co.erce
co.er.cion
co.er.cive
co.e.val
co.ex.ist.ence
cof.fee
cof.fee.house
cof.fee.pot
cof.fer
cof.fer.dam
cof.fin
co.gen.cy
co.gent
cog.i.tate
cog.i.ta.tion
cog.i.ta.tive
co.gnac
cog.nate
cog.ni.zance
cog.ni.zant
cog.no.men
cog.wheel
co.hab.it
co.heir
co.here
co.her.ence
co.her.en.cy

co.her.ent
co.he.sion
co.he.sive
co.hort
coif.feur
coif.fure
coin
coin.age
co.in.cide
co.in.cidence
co.in.ci.den.tal
co.in.sure
co.i.tion
col.an.der
cold-blood.ed
cold cream
cold.proof
cold sore
cold stor.age
cold war
co.le.op.ter.ous
cole.slaw
col.ic
col.ic.root
col.ic.weed
co.li.tis
col.lab.o.rate
col.lab.o.ra.tion
col.lab.o.ra.tor
col.lapse
col.lapsed
col.laps.ible
col.lar
col.lar.band
col.lar.bone
col.late
col.lat.er.al
col.lat.ing
col.la.tion
col.league, *n.*
col.league, *v.*
col.lect
col.lect.ed

col.lect.i.ble
col.lec.tion
col.lec.tive
col.lec.tive.ly
col.lec.tiv.ism
col.lec.tor
col.lege
col.le.gi.ate
col.lide
col.lie
col.lier
col.lier.y
col.li.sion
col.lo.di.on
col.loid
col.lo.qui.al
col.lo.qui.al.ism
col.lo.qui.al.ly
col.lo.quy
col.lu.sion
col.lu.sive
co.logne
Co.lom.bi.an
co.lon
colo.nel
colo.nel.cy
co.lo.ni.al
col.o.nies
col.o.nist
col.o.ni.za.tion
col.o.nize
col.on.nade
col.o.ny
col.o.phon
col.or
col.or.a.tion
col.o.ra.tu.ra
col.or-blind
col.ored
col.or.less
co.los.sal
co.los.sus
col.umn

co.**lum**.nar
col.um.nist
co.ma
com.a.tose
com.**bat,** *v.*
com.bat, *v. & n.*
com.bat.ant
com.bat.ing
com.ba.tive
com.bi.**na**.tion
com.**bine**
com.**bin**.ing
com.**bus**.ti.ble
com.**bus**.tion
come.back
co.**me**.di.an
co.**me**.di.**enne**
com.e.dies
come.down
com.e.dy
come.li.ness
come.ly
co.**mes**.ti.ble
com.et
com.fit
com.fort
com.fort.a.ble
com.ic
com.i.cal
com.ing
com.i.ty
com.ma
com.**mand**
com.man.**dant**
com.man.**deer**
com.**mand**.er
com.**mand**.ing
com.**mand**.ment
com.**man**.do
com.**man**.dos
com.**mem**.o.rate
com.**mem**.o.**ra**.tion
com.**mem**.o.**ra**.tive

com.**mence**
com.**mence**.ment
com.**menc**.ing
com.**mend**
com.**mend**.a.ble
com.**men**.**da**.tion
com.**mend**.a.**to**.ry
com.**men**.su.ra.ble
com.**men**.su.rate
com.ment
com.men.**tar**.y
com.men.**ta**.tor
com.merce
com.**mer**.cial
com.**mer**.cial.ize
com.**mer**.cial.ized
com.**min**.gle
com.mi.**nute**
com.**mis**.er.ate
com.**mis**.er.**a**.tion
com.mis.**sar**
com.mis.**sar**.i.at
com.mis.**sar**.y
com.**mis**.sion
com.**mis**.sion.er
com.**mit**
com.**mit**.ment
com.**mit**.ted
com.**mit**.tee
com.**mit**.ting
com.**mode**
com.**mo**.di.ous
com.**mod**.i.ties
com.**mod**.i.ty
com.mo.**dore**
com.**mon**
com.**mon**.al.ty
com.**mon**.er
com.**mon**.**place**
com.mon sense, *n.*
com.mon-**sense,** *adj.*
com.mon.**weal**
com.mon.**wealth**

com.**mo**.tion
com.mu.nal
com.mune, *n.*
com.**mu**.ni.ca.ble
com.**mu**.ni.cant
com.**mu**.ni.cate
com.**mu**.ni.**ca**.tion
com.**mu**.ni.**ca**.tive
com.**mu**.ni.**ca**.tor
com.**mun**.ion
com.**mu**.ni.**qué**
com.mu.nism
com.mu.nist
com.**mu**.ni.ties
com.**mu**.ni.ty
com.mu.**nize**
com.mu.**ta**.tion
com.mu.**ta**.tor
com.**mute**
com.**mut**.er
com.**mut**.ing
com.**pact,** *v. & adj.*
com.pact, *n.*
com.pa.nies
com.**pan**.ion
com.**pan**.ion.a.ble
com.**pan**.ion.ship
com.**pan**.ion.**way**
com.pa.ny
com.pa.ra.ble
com.**par**.a.tive
com.**pare**
com.**par**.ing
com.**par**.i.son
com.**part**.ment
com.pass
com.**pas**.sion
com.**pas**.sion.ate
com.**pat**.i.**bil**.i.ty
com.**pat**.i.ble
com.**pa**.tri.ot
com.**pel**
com.**pelled**

com.**pel**.ling
com.**pen**.di.ous
com.**pen**.di.um
com.pen.sate
com.pen.**sa**.tion
com.pen.**sa**.tive
com.**pen**.sa.**to**.ry
com.**pete**
com.pe.tence
com.pe.ten.cy
com.pe.tent
com.**pet**.ing
com.**pe**.**ti**.tion
com.**pet**.i.tive
com.**pet**.i.tive.ness
com.**pet**.i.tor
com.pi.**la**.tion
com.**pile**
com.**pil**.er
com.**pil**.ing
com.**pla**.cen.cy
com.**pla**.cense
com.**pla**.cent
com.**plain**
com.**plain**.ant
com.**plaint**
com.**plai**.sance
com.**plai**.sant
com.ple.ment
   (quantity)
com.ple.**men**.tal
com.ple.**men**.tar.i.ty
com.ple.**ment**.ta.ry
com.**plete**
com.**ple**.tion
com.**plex,** *adj.*
com.plex, *n.*
com.**plex**.ion
com.**plex**.ioned
com.**plex**.i.ty
com.**pli**.ance
com.**pli**.ant
com.pli.cate

com.pli.**ca**.tion
com.**plic**.i.ty
com.**plied**
com.pli.ment
   (flattery)
com.pli.**men**.ta.ry
com.**ply**
com.**ply**.ing
com.**po**.nent
com.**port**
com.**port**.ment
com.**pose**
com.**posed**
com.**pos**.er
com.**pos**.ite
com.**po**.**si**.tion
com.**pos**.i.tor
com.post
com.**po**.sure
com.pound, *n.*
com.**pound,** *v.*
com.pre.**hend**
com.pre.**hen**.sible
com.pre.**hen**.sion
com.press, *n,*
com.**press,** *v.*
com.**pressed**
com.**press**.i.ble
com.**pres**.sion
com.**pres**.sor
com.**prise**
com.pro.mise
comp.**tom**.e.ter
comp.**trol**.ler
com.**pul**.sion
com.**pul**.sive
com.**pul**.so.ry
com.**punc**.tion
com.**put**.a.ble
com.pu.**ta**.tion
com.**pute**
com.**put**.er
com.**put**.ing

com.rade
con.**cat**.e.**na**.tion
con.cave
con.**cav**.i.ty
con.**ceal**
con.**ceal**.ment
con.**ced**.ed
con.**ced**.ing
con.**ceit**
con.**ceit**.ed
con.**ceiv**.a.ble
con.**ceive**
con.cen.trate
con.cen.trat.ing
con.cen.**tra**.tion
con.cen.**tra**.tor
con.**cen**.tric
con.cept
con.**cep**.tion
con.**cep**.tu.al
con.**cern**
con.cert, *n.*
con.**cert** *v.*
con.cer.**ti**.na
con.**cer**.to
con.**ces**.sion
con.**ces**.sion.**aire**
conch
con.**cil**.i.ate
con.**cil**.i.**a**.tion
con.**cil**.i.a.**to**.ry
con.**cise**
con.clave
con.**clude**
con.**clud**.ing
con.**clu**.sion
con.**clu**.sive
con.**coct**
con.**coc**.tion
con.**com**.i.tant
con.cord
con.**cord**.ance
con.**cor**.dat

con.course
con.**crete**
con.**crete**.ly
con.**cu**.bine
con.**cu**.pis.cent
con.**cur**
con.**curred**
con.**cur**.rence
con.**cur**.rent
con.**cur**.ring
con.**cus**.sion
con.**demn**
con.**dem**.**na**.tion
con.**dem**.na.**to**.ry
con.**demned**
con.**demn**.ing
con.**den**.**sa**.tion
con.**dense**
con.**dens**.er
con.**dens**.ing
con.de.**scend**
con.de.**scen**.sion
con.**dign**
con.di.ment
con.**di**.tion
con.**di**.tion.al
con.**di**.tioned
  re.**ac**.tion
con.**dole**
con.**do**.lence
con.do.**na**.tion
con.**done**
con.**don**.ing
con.dor
con.**duce**
con.**du**.cive
con.duct, *n.*
con.**duct**, *v.*
con.**duc**.tion
con.**duc**.tive
con.**duc**.tor
con.duit
con.fab

con.**fab**.u.**la**.tion
con.**fec**.tion
con.**fec**.tion.er
con.**fec**.tion.**er**.y
con.**fed**.er.a.cy
con.**fed**.er.ate
con.**fed**.er.**a**.tion
con.**fer**
con.**fer**.**ee**
con.**fer**.ence
con.**ferred**
con.**fer**.ring
con.**fess**
con.**fess**.ed.ly
con.**fes**.sion
con.**fes**.sion.al
con.**fes**.sor
con.**fet**.ti
con.fi.**dant** *(friend)*
con.fi.**dante**, *f.*
con.**fide**
con.**fid**.ed
con.**fi**.dence
con.fi.dent *(sure)*
con.fi.**dent**.tial
con.**fid**.ing
con.**fig**.u.**ra**.tion
con.fine, *n.*
con.**fine**, *v.*
con.**fine**.ment
con.**fin**.ing
con.firm
con.**fir**.**ma**.tion
con.**fis**.cate
con.**fis**.cat.ing
con.**fis**.**ca**.tion
con.**fis**.ca.**to**.ry
con.**fla**.**gra**.tion
con.**flict**, *n,*
con.**flict**, *v.*
con.**flu**.ence
con.**form**
con.**form**.a.ble

con.**for**.**ma**.tion
con.**form**.ist
con.**form**.i.ty
con.**found**
con.**found**.ed.ly
con.fra.**ter**.ni.ty
con.frere
con.**front**
con.**fron**.**ta**.tion
con.**fuse**
con.**fus**.ed.ly
con.**fus**.ing
con.**fu**.sion
con.fu.**ta**.tion
con.**fute**
con.**geal**
con.**gen**.ial
con.**ge**.ni.**al**.i.ty
con.**gen**.i.tal
con.ger
con.**gest**
con.**ges**.tion
con.**glom**.er.ate
con.**glom**.er.a.tion
con.**grat**.u.late
con.**grat**.u.**la**.tion
con.**grat**.u.la.**to**.ry
con.gre.gate
con.gre.**ga**.tion
con.gress
con.**gres**.sion.al
con.gress.man
con.gru.ent
con.**gru**.i.ty
con.gru.ous
con.ic
con.i.cal
co.ni.fer
co.**nif**.er.ous
con.**jec**.tur.al
con.**jec**.ture
con.ju.gal
con.ju.gate

con.ju.**ga**.tion
con.**junc**.tion
con.junc.**ti**.va
con.**junc**.tive
con.**junc**.ture
con.jur.**a**.tion
con.**jure**
con.jur.er
con.**nect**
con.**nect**.ed.ly
con.**nec**.tion
con.**nec**.tive
con.**niv**.ance
con.**nive**
con.**niv**.er
con.no.**ta**.tion
con.**not**.a.tive
con.**note**
con.**nu**.bi.al
con.quer
con.quer.or
con.quest
con.san.**guin**.e.ous
con.san.**guin**.i.ty
con.science
con.science.less
con.sci.**en**.tious
con.scious
con.scious.ness
con.script
con.**scrip**.tion
con.se.crate
con.se.**crat**.ing
con.se.**cra**.tion
con.**sec**.u.tive
con.**sen**.sus
con.**sent**
con.se.quence
con.se.quent
con.se.**quen**.tial
con.se.quent.ly
con.ser.**va**.tion
con.**serv**.a.tism

con.**serv**.a.tive
con.**serv**.a.**to**.ry
con.**serve**
con.**serv**.ing
con.**sid**.er
con.**sid**.er.a.ble
con.**sid**.er.ate
con.**sid**.er.**a**.tion
con.**sign**
con.**sign**.ee
con.**sign**.ment
con.**sist**
con.**sist**.en.cy
con.**sist**.ent
con.**sis**.to.ry
con.so.**la**.tion
con.**sol**.a.**to**.ry
con.**sole**, *n.*
con.**sole**, *v.*
con.**sol**.i.date
con.**sol**.i.**dat**.ing
con.**sol**.i.**da**.tion
con.**sol**.ing
con.som.**mé**
con.**so**.nance
con.**so**.nant
con.**sort**, *n.*
con.**sort**, *v.*
con.**spec**.tus
con.**spic**.u.ous
con.**spir**.a.cy
con.**spir**.a.tor
con.**spire**
con.**spir**.ing
con.**sta**.ble
con.**stab**.u.**lar**.y
con.**stan**.cy
con.**stant**
con.**stel**.**la**.tion
con.**ster**.**na**.tion
con.**sti**.**pa**.tion
con.**stit**.u.en.cy
con.**stit**.u.ent

con.**sti**.tute
con.**sti**.**tu**.tion
con.**sti**.**tu**.tion.al
con.**sti**.**tu**.tion.**al**.i.ty
con.**strain**
con.**strained**
con.**straint**
con.**strict**
con.**stric**.tion
con.**stric**.tor
con.**struct**
con.**struc**.tion
con.**struc**.tive
con.**strue**
con.**strued**
con.**stru**.ing
con.sul
con.su.lar
con.su.late
con.**sult**
con.**sult**.ant
con.**sul**.**ta**.tion
con.**sul**.ta.tive
con.**sume**
con.**sum**.er goods
con.**sum**.er.ism
con.**sum**.ing
con.**sum**.mate, *adj.*
con.sum.mate, *v.*
con.sum.**ma**.tion
con.**sump**.tion
con.**sump**.tive
con.tact
con.**ta**.gion
con.**ta**.gious
con.tain.er
con.tain.er.**iza**.tion
con.**tam**.i.nate
con.**tam**.i.**na**.tion
con.tem.plate
con.tem.plat.ing
con.tem.**pla**.tion
con.**tem**.pla.tive

con.**tem**.po.**ra**.ne.ous
con.**tem**.po.**rar**.y
con.**tempt**
con.**tempt**.i.ble
con.**temp**.tu.ous
con.**tend**
con.**tend**.er
con.**tent**, *adj.*
con.tent, *n.*
con.**tent**.ed
con.**ten**.tion
con.**ten**.tious
con.**tent**.ment
con.test, *n.*
con.**test**, *v.*
con.**test**.ant
con.text
con.**tex**.tu.al
con.**tex**.ture
con.ti.**gu**.i.ty
con.**tig**.u.ous
con.ti.nence
con.ti.nent
con.ti.**nen**.tal
con.**tin**.gen.cy
con.**tin**.gent
con.**tin**.u.al
con.**tin**.u.ance
con.**tin**.u.a.tion
con.**tin**.ue
con.**tin**.u.ing
con.ti.**nu**.i.ty
con.**tin**.u.ous
con.**tin**.u.um
con.**tort**
con.**tor**.tion
con.**tor**.tion.ist
con.tour
con.tra.band
con.tra.**cep**.tion
con.tract, *n.*
con.**tract**, *v.*
con.**tract**.ed

con.**tract**.tion
con.**trac**.tor
con.**trac**.tu.al
con.tra.**dict**
con.tra.**dic**.tion
con.tra.**dic**.to.ry
con.tra.dis.**tinc**.tion
con.trail
con.tra.**in**.di.cant
con.tra.**in**.di.cate
con.**tral**.to
con.tra.**pun**.tal
con.tra.ri.ness
con.tra.ri.**wise**
con.tra.ry
con.trast, *n.*
con.**trast**, *v.*
con.tra.**vene**
con.tra.**ven**.tion
con.**trib**.ute
con.tri.**bu**.tion
con.**trib**.u.tor
con.**trib**.u.**to**.ry
con.trite
con.**tri**.tion
con.**triv**.ance
con.**trive**
con.**triv**.ing
con.**trol**
con.**trolled**
con.**trol**.ler
con.**trol**.ling
con.tro.**ver**.sial
con.tro.**ver**.sy
con.tro.vert
con.tu.**ma**.cious
con.tu.ma.cy
con.tu.**me**.li.ous
con.tu.**me**.ly
con.**tuse**
con.**tu**.sion
con.**nun**.drum
con.va.**lesce**

con.va.**les**.cence
con.va.**les**.cent
con.va.**lesc**.ing
con.**vec**.tion
con.**vene**
con.**ven**.ience
con.**ven**.ient
con.**ven**.ing
con.vent
con.**ven**.ti.cle
con.**ven**.tion
con.**ven**.tion.al
con.**ven**.tu.al
con.**verge**
con.**ver**.gence
con.**verg**.ing
con.ver.sant
con.ver.**sa**.tion
con.ver.**sa**.tion.al
con.ver.**sa**.tion.al.ist
con.verse, *n.*
con.**verse**, *v.*
con.**vers**.ing
con.**ver**.sion
con.vert, *n.*
con.**vert**, *v.*
con.**vert**.i.ble
con.vex
con.**vex**.i.ty
con.**vey**
con.**vey**.ance
con.**vey**.ing
con.**vey**.or
con.vict, *n.*
con.**vict**, *v.*
con.**vic**.tion
con.**vince**
con.**vinc**.ing.ly
con.**viv**.i.al
con.**viv**.i.**al**.i.ty
con.vo.**ca**.tion
con.**voke**
con.vo.**lu**.tion

con.voy, *n.*
con.**voy,** *v.*
con.**voyed**
con.**voy**.ing
con.**vulse**
con.**vul**.sion
con.**vul**.sive
cook.book
cook.er.y
cool.ant
cool.er
coo.lie
coo.ly
coon.skin
co-op
coop.er
coop.er.age
co.**op**.er.ate
co.**op**.er.a.tion
co.**op**.er.a.tive
co-**opt**
co.**or**.di.nate
co.pi.ous
cop.per
cop.per.as
cop.per.**head**
cop.per.**plate**
cop.per.**smith**
cop.per.**ware**
cop.ra
cop.u.**la**.tion
cop.u.**la**.tive
cop.y
cop.y.**book**
cop.y.**hold**.er
cop.y.ing
cop.y.ist
cop.y.**right**
co.quet.ry
co.**quette**
cor.al
cor.al.line
cord *(string)*

cord.age
cor.dial
cor.dial.ly
cor.**dial**.i.ty
cor.don
cor.du.roy
co.re.**spond**.ent
   (legal term)
co.ri.**an**.der
cork-lined
cork.screw
cork.wood
cor.mo.rant
corn bread
corn.cob
cor.ne.a
cor.ner
cor.ner.**stone**
cor.ner.**wise**
cor.net
cor.**net**.tist
corn.field
corn meal
cor.nice
corn pone
corn.stalk
corn.starch
cor.nu.co.pia
co.**rol**.la
cor.ol.**lar**.y
co.**ro**.na
cor.o.**nar**.y
   throm.**bo**.sis
cor.o.**na**.tion
cor.o.ner
cor.o.net
cor.po.ral
cor.po.rate
cor.po.**ra**.tion
cor.po.ra.tive
cor.**po**.re.al
corps
corpse

cor.pu.lence
cor.pu.lent
cor.pus
cor.pus.cle
cor.**ral**
cor.**rect**
cor.**rec**.tion
cor.**rec**.tive
cor.**rec**.tor
cor.re.late
cor.re.**lat**.ing
cor.re.**la**.tion
cor.**rel**.a.tive
cor.re.**spond**
cor.re.**spond**.ence
cor.re.**spond**.ent
   (writer of letters)
cor.ri.dor
cor.**rob**.o.rate
cor.**rob**.o.**ra**.tion
cor.**rob**.o.**ra**.tive
cor.**rode**
cor.**ro**.sion
cor.**ro**.sive
cor.ru.gate
cor.ru.**ga**.tion
co.**rupt**
cor.**rupt**.i.ble
cor.**rup**.tion
cor.**sage**
cor.sair
corse.let
cor.set
cor.**tege**
cor.tex
cor.ti.sone
co.**run**.dum
cor.us.cate
cor.us.**ca**.tion
cor.**vette**
co.**ry**.za
cos.**met**.ic
cos.mic

cos.**mog**.o.ny
cos.**mol**.o.gy
cos.mo.**pol**.i.tan
cos.**mop**.o.lite
cos.mos
Cos.sack
Cos.ta Ri.can
cost-ef.**fec**.tive
cost.ly
cos.tume, *n*
cos.**tume, v.**
cos.**tum**.er
co.te.rie
cot.tage
cot.ton
cot.ton.**tail**
cot.ton.**wood**
cot.y.**le**.don
cou.gar
cough
cou.**lomb**
coun.cil *(assembly)*
coun.cil.man
coun.ci.lor
coun.sel *(advice)*
coun.se.lor
count.a.ble
count.down
coun.te.nance
count.ter.**act**
coun.ter.**bal**.ance
coun.ter.**claim**
coun.ter.**clock**.wise
coun.ter.feit
count.ter.**feit**.er
coun.ter.**foil**
coun.ter.**ir**.ri.tant
coun.ter.**mand**
coun.ter.**pane**
coun.ter.**part**
coun.ter.**point**
coun.ter.**rev**.o.**lu**.tion
coun.ter.**sign**

count.ess
coun.ties
coun.tries
coun.try
coun.try.man
coun.try.**side**
coun.ty
cou.ple
cou.pler
cou.plet
cou.pling
cou.pon
cour.age
cou.**ra**.geous
cour.i.er
course
cour.te.ous
cour.te.san
cour.te.sy
court.**house**
cour.ti.er
court.li.ness
court-**mar**.tial
court.room
court.ship
court.**yard**
cous.in
cov.e.nant
cov.er
cov.er.age
cov.ered
cov.cr.let
cov.ert
cov.er.ture
cov.et
cov.et.ous
cov.ey
cow.ard
cow.ard.ice
cow.**bell**
cow.**bird**
cow.**boy**
cow.**catch**.er

cow.hand
cow.**herd**
cow.**hide**
co-**work**.er
cow.path
cow.**pox**
cow.shed
cow.slip
cox.**comb**
cox.swain
coy.ly
coy.ness
coy.ote
co.zy
crab apple
crack.**er**
crack.er.**jack**
crack.le
crack.pot
crack.up
cra.dle
craft.i.ly
crafts.man
crag.gi.ness
crammed
cra.ming
cram.pon
cran.ber.ry
cra.ni.al
cra.ni.um
crank.case
crank.i.ness
crank.shaft
crank.y
cran.ny
cra.ter
crat.ing
cra.vat
cra.ven
crav.ing
crawl.ing
cray.fish
cray.on

cra.zi.ly
cra.zi.ness
cra.zy
creak *(sound)*
cream.er.y
creas.ing
cre.ate
cre.a.tion
cre.a.tive
cre.a.tor
crea.ture
cre.dence
cre.den.tial
cred.i.bil.i.ty
cred.i.ble
cred.it
cred.it.a.ble
cred.i.tor
cre.do
cre.dos
cre.du.li.ty
cred.u.lous
creek
creep.er
cre.mate
cre.ma.tion
cre.ma.to.ry
cre.ole
cre.o.sote
crepe
crept
cre.pus.cu.lar
cre.scen.do
cre.scen.dos
cres.cent
crest.fall.en
cre.tin
cre.tonne
cre.vasse
crev.ice
crib.bage
crib.work
crick.et

cried
cri.er
crim.i.nal
crim.i.nal.i.ty
crim.i.nal.ly
crim.i.nol.o.gy
crim.son
cringe
cring.ing
crin.kle
crin.o.line
crip.ple
crip.pling
cri.ses, *pl*
cri.sis
crisp.y
criss.cross
cri.te.ri.on
crit.ic
crit.i.cal
crit.i.cism
crit.i.cize
cri.tique
cro.chet
crock.er.y
croc.o.dile
cro.cus
cro.nies
crook.ed
croon.er
crop
cro.quet
cro.quette
cross.bar
cross.bow
cross.bred
cross.breed.ing
cross.cut
cross-ex.am.ine
cross-eyed
cross-fer.ti.li.za.tion
cross-grained
cross.ing

cross.o.ver
cross-pol.i.nate
cross-ques.tion
cross ref.er.ence
cross.road
cross.tree
cross.walk
cross.wise
cross.word puz.zle
crotch.et
crotch.et.y
crou.pi.er
crou.ton
crow.bar
cru.cial
cru.ci.ble
cru.ci.fied
cru.ci.fix
cru.ci.fix.ion
cru.ci.form
cru.ci.fy
crude.ly
cru.di.ty
cru.el
cru.el.ly
cru.el.ty
cru.et
cruis.er
crul.ler
crumb
crum.ble
crum.bling
crum.pet
crum.ple
crum.pling
crunch.ing
crup.per
cru.sade
crush
crus.ta.ceous
crust.y
crutch
crux

cry.ing
crypt
cryp.tic
cryp.to.gram
crys.tal
crys.tal.line
crys.tal.li.za.tion
crys.tal.lize
Cu.ban
cu.bi.cal
cu.bi.cle
cuck.old
cuck.oo
cu.cum.ber
cud.dle
cudg.el
cue
cuff link
cui.rass
cui.sine
cu.li.nar.y
cull
cul.mi.nate
cul.mi.na.tion
cul.pa.bil.i.ty
cul.pa.ble
cul.prit
cul.ti.vate
cul.ti.va.tion
cul.ti.va.tor
cul.tur.al
cul.ture
cul.vert
cum.ber.some
cum.brous
cu.mu.la.tive
cu.mu.lus
cu.ne.i.form
cun.ning.ly
cup.bear.er
cup.board
cup.ful
cu.pid.i.ty

cu.po.la
cur.a.ble
cu.rate
cur.a.ble
cur.a.tive
cu.ra.tor
curb.stone
cur.dle
cu.rette
cur.few
cur.ing
cu.ri.o
cu.ri.os.i.ty
cu.ri.ous
curl.i.cue
curl.i.ness
curl.y
cur.mudg.eon
cur.rant *(berry)*
cur.rent
cur.ric.u.lum
cur.ried
cur.ry
curs.ing
cur.sive
cur.so.ry
cur.tail
cur.tain
curt.sy
cur.va.ture
curve
curv.ing
cush.ion
cus.pi.dor
cus.tard
cus.to.di.an
cus.to.dy
cus.tom
cust.tom.ar.y
cus.tom.er
cus.tom.house
cu.ta.ne.ous
cut.a.way

cut.back
cu.ti.cle
cut.lass
cut.ler.y
cut.let
cut.off
cut.out
cut-rate, *adj.*
cut.throat
cut.ting
cut.tle.fish
cut.wa.ter
cy.an.am.ide
cy.an.ic
cy.a.nide
cy.an.o.gen
cy.a.no.sis
cy.cle
cy.cloid
cy.clone
cy.clo.pe.di.a
cy.clo.ra.ma
cy.clo.tron
cyg.net
cyl.in.der
cy.lin.dri.cal
cym.bal
cyn.ic
cyn.i.cal
cyn.i.cism
cy.no.sure
cy.pher
cy.press
cyst
cyst.ic
cyst.oid
cys.to.scope
cy.tol.o.gy
cy.to.plasm
czar
czar.e.vitch
cza.ri.na
Czech

D

dab.ble
dachs.hund
da.cron
dac.tyl
daf.fo.dil
dag.ger
da.guerre.o.type
dahl.ia
dai.lies
dai.ly
dain.ties
dain.ti.ly
dain.ti.ness
dain.ty
dair.ies
dair.y
da.is
dai.sies
dai.sy
dal.li.ance
dal.ly
dam.age
dam.ag.ing
dam.a.scene
dam.ask
dammed *(blocked)*
dam.ming
dam.na.ble
dam.na.tion
damned *(cursed)*
damn.ing
damp.en
damp.er
dam.sel
dance
danc.ing
dan.de.li.on
dan.druff
dan.ger

dan.ger.ous
dan.gle
Dan.ish
dap.per
dare.dev.il
dar.ing
dark.en
dark.ness
dark.room
darl.ling
dash.board
das.tard.ly
da.ta, *pl.*
da.ta base
da.ta pro.cess.ing
date
dat.ed
dat.ing
da.tum, *(pl, data)*
daub.er.y
daugh.ter
daugh.ter-in-law
daunt.less.ly
dau.phin
dav.en.port
dav.it
daw.dle
dawn
day.book
day.break
day.dream
day.light
day.star
day.time
daz.zle
dea.con
dead.en
dead.eye
dead.fall

dead.head
dead.light
dead.line
dead.li.ness
dead.lock
dead.wood
deaf.en
deal.er
deaf-mute
dearth
death.bed
death.blow
death.less
death.like
death.ly
death.watch
de.ba.cle
de.bar.ment
de.bark
de.base
de.bat.a.ble
de.bate
de.bauch
de.bauch.er.y
de.ben.ture
de.bil.i.tate
de.bil.i.ty
deb.it
deb.o.nair
de.bris
debt.or
de.bunk
de.but
deb.u.tante
dec.ade
de.ca.dence
de.ca.dent
dec.a.gon
de.cal.co.ma.ni.a

Dec.a.logue
de.**camp**
de.**cant**
de.**cant**.er
de.**cap**.i.tate
de.**cath**.lon
de.**cay**
de.**cayed**
de.**cease**
de.**ce**.dent
de.**ceit**.ful
de.**ceive**
de.**cel**.er.ate
De.**cem**.ber
de.**cen**.cy
de.**cent**
de.**cen**.tral.ize
de.**cep**.tion
de.**cep**.tive
dec.i.bel
de.**cide**
de.**cid**.u.ous
dec.i.mal
dec.i.mate
de.**ci**.pher
de.**ci**.sion
de.**ci**.sive
de.**claim**
dec.la.**ma**.tion
de.**clam**.a.**to**.ry
dec.la.**ra**.tion
de.**clar**.a.tive
de.**clare**
de.**clen**.sion
dec.li.**na**.tion
de.**cline**
de.**cliv**.i.ty
de.**code**
de.**cod**.ing
de.com.**pose**
de.com.po.**si**.tion
de.com.**press**
dec.o.rate

dec.o.**ra**.tion
dec.o.**ra**.tive
dec.o.**ra**.tor
dec.o.rous
de.**co**.rum
de.**coy**
de.**coy**.ing
de.**crease**
de.**cree**
de.**cree**.ing
de.**crep**.it
de.**cry**
ded.i.cate
ded.i.**cat**.ing
ded.i.**ca**.tion
de.**duce**
de.**duc**.i.ble
de.**duc**.ing
de.**duct**
de.**duc**.tion
de.**duc**.tive
deep.en
deep-freeze
deep-sea, *adj.*
deer.hound
deer.meat
deer.skin
de.**face**
de.**fac**.ing
de **fact**.to
de.**fal**.**ca**.tion
def.a.**ma**.tion
de.**fam**.a.**to**.ry
de.**fame**
de.**fault**.er
de.**feat**
def.e.cate
de.**fect**
de.**fec**.tion
de.**fec**.tive
de.**fend**
de.**fend**.ant
de.**fense**

de.**fen**.si.ble
de.**fen**.sive
de.**fer**
def.er.ence
def.er.**en**.tial
de.**fer**.ment
de.**ferred**
de.**fer**.ring
de.**fi**.ance
de.**fi**.ant
de.**fi**.cien.cy
de.**fi**.cient
def.i.cit
de.**fied**
de.**file**
de.**file**.ment
de.**fin**.a.ble
de.**fine**
de.**fin**.ing
def.i.nite
def.i.**ni**.tion
de.**fin**.i.tive
de.**flate**
de.**fla**.tion
de.**flect**
de.**flect**.ion
de.**fo**.li.**a**.tion
de.**for**.es.**ta**.tion
de.**form**
de.for.**ma**.tion
de.**form**.i.ty
de.**fraud**
de.**fray**
de.**fray**.ing
de.**frost**
de.**funct**
de.**fy**
de.**fy**.ing
de.**gen**.er.a.cy
de.**gen**.er.ate
de.gen.er.**a**.tion
deg.ra.**da**.tion
de.**grade**

de.**grad**.ing
de.**gree**
de.hu.**mid**.i.fy
de.**hy**.drate
de.hy.**dra**.tion
de.i.fy
deing
de.i.ties
de.i.ty
de.**ject**.ed
de.**jec**.tion
de.**lay**
de.**lay**.ing
de.**lect**.ta.ble
de.**lec**.**ta**.tion
del.e.gate
del.e.**ga**.tion
de.**lete**
del.e.**te**.ri.ous
de.**le**.tion
delft.**ware**
del.**lib**.er.ate
de.**lib**.er.**a**.tion
de.**lib**.er.**a**.tive
del.i.ca.cies
del.i.ca.cy
del.i.cate
del.i.ca.**tes**.sen
de.**li**.cious
de.**light**
de.**light**.ful
de.**lim**.it
de.**lin**.e.ate
de.**lin**.e.**a**.tion
de.**lin**.e.**a**.tor
de.**lin**.quen.cy
de.**lin**.quent
del.i.**ques**.cent
de.**lir**.i.ous
de.**lir**.i.um
de.**liv**.er
de.**liv**.er.ance
de.**liv**.er.ies

de.**liv**.er.y
de.**lude**
del.uge
del.**ug**.ing
de.**lu**.sion
de **luxe**
delve
delv.ing
de.**mag**.net.ize
dem.a.**gog**.ic
dem.a.gogue
de.**mand**
de.mar.**ca**.tion
de.**mean**
de..**mean**.or
de.**ment**.ed
de.**men**.ti.a
de.**mer**.it
de.**mesne**
dem.i.**god**
dem.i.john
de.**mil**.i.ta.rize
de.**mise**
dem.i.**tasse**
dem.i.urge
de.**mo**.bi.lize
de.**moc**.ra.cy
dem.o.crat
dem.o.**crat**.ic
de.**mol**.ish
dem.o.**li**.tion
de.mon
de.**mon**.e.ti.**za**.tion
de.**mon**.e.tize
de.**mon**.ic
de.**mon**.stra.ble
dem.on.strate
dém.on.**stra**.tion
de.**mon**.stra.tive
dem.on.**stra**.tor
de.**mor**.al.ize
de.**mote**
de.**mot**.ing

de.**mo**.tion
de.**mount**.a.ble
de.**mur** *(delay)*
de.**mure** *(modest)*
de.**mur**.rage
de.**murred**
de.**na**.ture
de.**ni**.al
de.**nied**
de.**nies**
den.i.grate
den.im
den.i.zen
de.**nom**.i.**na**.tion
de.**nom**.i.**na**.tor
de.**note**
de.**noue**.ment
de.**nounce**
de.**nounc**.ing
dense.ly
den.si.ty
den.tal
den.ti.frice
den.tist
den.ture
de.**nude**
de.**nun**.ci.**a**.tion
de.**nun**.ci.a.**to**.ry
de.**ny**
de.**o**.dor.ant
de.**o**.dor.ize
de.**oxy**.ri.bo.nu.cleic
   a.cid (DNA)
de.**part**
de.**part**.ment
de.part.**men**.tal
de.**par**.ture
de.**pend**.a.ble
de.**pend**.en.cy
de.**pend**.ent
de.**pict**
de.**pic**.tion
de.**pil**.a.**to**.ry

de.**plete**
de.**ple**.tion
de.**plor**.a.ble
de.**plore**
de.**ploy**
de.**po**.nent
de.**pop**.u.late
de.**port**
de.**por**.**ta**.tion
de.**por**.**tee**
de.**port**.ment
de.**pose**
de.**pos**.it
de.**pos**.i.**tar**.y
dep.o.**si**.tion
de.**pos**.i.tor
de.**pos**.i.**to**.ry
de.pot
dep.ra.**va**.tion
de.**prave**
de.**prav**.i.ty
dep.re.cate
dep.re.**cat**.ing
dep.re.**ca**.tion
de.**pre**.ci.ate
de.**pre**.ci.**a**.tion
dep.re.**da**.tion
de.**press**
de.**pressed**
de.**pres**.sion
dep.ri.**va**.tion
de.**prive**
depth
dep.u.**rate**
dep.u.**ta**.tion
de.**pute**
dep.u.ties
dep.u.tize
dep.u.ty
de.**rail**
de.**range**
de.**range**.ment
de.reg.u.**la**.tion

der.e.lict
der.e.**lic**.tion
de.**ride**
de.**ri**.sion
de.**ri**.sive
der.i.**va**.tion
de.**riv**.a.tive
de.**rive**
der.ma.**tol**.o.gy
der.o.gate
de.**rog**.a.**to**.ry
der.rick
der.vish
de.**scend**
de.**scend**.ant
de.scent
de.**scrib**.a.ble
de.**scribe**
de.**scrip**.tion
de.**scrip**.tive
des.e.crate
des.e.**cra**.tion
de.**seg**.re.gate
de.**sen**.si.tize
des.ert *(land)*
de.**sert,** *v.*
de.**ser**.tion
de.**serve**
de.**serv**.ed.ly
de.**serv**.ing
des.ic.cate
des.ic.**ca**.tion
de.**sid**.er.**a**.ta, *pl.*
de.**sid**.er.**a**.tum
de.**sign**
des.ig.nate
des.ig.**na**.tion
de.**sign**.er
de.**sir**.a.**bil**.i.ty
de.**sir**.a.ble
de.**sire**
de.**sir**.ous
de.**sist**

des.o.late
des.o.**la**.tion
de.**spair**
des.per.**a**.do
des.per.ate
des.per.**a**.tion
des.pi.ca.ble
de.**spise**
de.**spis**.ing
de.**spite**
de.**spoil**
de.**spond**
de.**spond**.en.cy
de.**spond**.ent
des.pot
des.**pot**.ic
des.**pot**.i.cal
des.**pot**.ism
des.**sert** *(food)*
des.ti.**na**.tion
des.tine
des.ti.nies
des.ti.ny
des.ti.tute
des.ti.**tu**.tion
de.**stroy**
de.**struct**.i.ble
de.**struc**.tion
de.**struc**.tive
des.ue.**tude**
des.ul.**to**.ry
de.**tach**
de.**tach**.ment
de.**tail**
de.**tain**
de.**tect**
de.**tec**.tion
de.**tec**.tive
de.**tec**.tor
de.**ten**.tion
de.**ter**
de.**ter**.gent
de.**ter**.ment

de.**te**.ri.o.rate
de.**te**.ri.o.**ra**.tion
de.**ter**.mi.na.ble
de.**ter**.mi.nate
de.**ter**.mi.**na**.tion
de.**ter**.mine
de.**ter**.min.**ism**
de.**terred**
de.**ter**.rent
de.**test**
de.**test**.a.ble
de.tes.**ta**.tion
de.**throne**
det.o.nate
det.o.**na**.tion
det.o.**na**.tor
de.tour
de.**tract**
de.**trac**.tion
det.ri.ment
det.ri.**men**.tal
de.**val**.u.ate
de.**val**.u.**a**.tion
dev.as.tate
dev.as.ta.**tion**
de.**vel**.op
de.**vel**.oped
de.**vel**.op.ing
de.**vel**.op.ment
de.vi.ate
de.vi.**at**.ing
de.vi.**a**.tion
de.**vice**, *n.*
dev.il.**fish**
dev.il.ish
dev.il.ment
dev.il.try
de.vi.ous
de.**vise**, *v.*
de.**void**
de.**volve**
de.**volv**.ing
de.**vote**

dev.o.**tee**
de.**vo**.tion
de.**vo**.tion.al
de.**vour**
de.**vout**
dew.**drop**
dew.**lap**
dew point
dew.y
dex.ter
dex.**ter**.i.ty
dex.ter.ous
dex.trose
di.a.**be**.tes
di.a.**bet**.ic
di.a.**bol**.i.cal
di.**ab**.o.lism
di.a.**crit**.i.cal
di.a.dem
di.**aer**.e.sis
di.ag.**nose**
di.ag.**no**.sis
di.ag.**nos**.tic
di.ag.nos.**ti**.cian
di.**ag**.o.nal
di.**a**.gram
di.**a**.gram.**mat**.ic
di.al
di.a.lect
di.a.**lec**.tic
di.al.ing
di.a.logue
di.**am**.e.ter
di.a.**met**.ric
di.a.mond
di.a.**pa**.son
di.a.per
di.**aph**.a.nous
di.a.phragm
di.ar.**rhe**.a
di.a.ries
di.a.ry
di.a.**ton**.ic

di.a.tribe
dice, *pl.*
di.**chot**.o.my
dick.ey
dic.ta.phone
dic.tate
dic.**ta**.tion
dic.**ta**.tor
dic.ta.**to**.ri.al
dic.tion
dic.tion.**ar**.ies
dic.tion.**ar**.y
di.**dac**.tic
died *(perished)*
di.e.**lec**.tric
die.sel
di.et
di.e.**tar**.y
di.e.**tet**.ic
di.e.**tet**.ics
di.e.**ti**.tian
dif.fer
dif.fer.ence
dif.fer.ent
dif.fer.**en**.tial
dif.fer.**en**.ti.ate
dif.fer.**en**.ti.**a**.tion
dif.fi.cult
dif.fi.cul.ties
dif.fi.cul.ty
dif.fi.dence
dif.fi.dent
dif.**frac**.tion
dif.**fuse**
dif.**fu**.sion
di.gest, *n.*
di.**gest,** *v.*
di.**gest**.i.ble
di.**ges**.tion
di.**ges**.tive
dig.it
dig.i.**tal**.is
dig.ni.fied

dig.ni.fy
dig.ni.fy.ing
dig.ni.tar.ies
dig.ni.tar.y
dig.ni.ties
dig.ni.ty
di.gress
di.gres.sion
dike
di.lap.i.date
di.lap.i.dat.ed
di.lap.i.da.tion
dil.a.ta.tion
di.late
di.la.tion
dil.a.to.ry
di.lem.ma
dil.et.tante
dil.i.gence
dil.i.gent
dil.ly.dal.ly
di.lute
di.lu.tion
di.men.sion
di.min.ish
dim.i.nu.tion
di.min.u.tive
dim.i.ty
dim.ness
dim.ple
din.cr
din.ghy *(boat)*
din.gy *(grimy)*
din.ing room
din.ner
din.ner.time
din.ner.ware
di.no.saur
di.oc.e.san
di.o.cese
di.ox.ide
diph.the.ri.a
diph.thong

dip.loid
di.plo.ma
di.plo.ma.cy
dip.lo.mat
dip.lo.mat.tic
di.pole
dip.per
dip.so.ma.ni.a
di.rect
di.rec.tion
di.rect.ly
di.rec.tor
di.rec.to.rate
di.rec.to.ry
dire.ful
dire.ness
dirge
dir.i.gi.ble
dirt.i.ly
dirt.i.ness
dirt.y
dis.a.bil.i.ty
dis.a.ble
dis.a.buse
dis.ad.van.tage
dis.ad.van.taged
dis.ad.van.ta.geous
dis.af.fect.ed
dis.af.fec.tion
dis.a.gree
dis.a.gree.a.ble
dis.a.gree.ment
dis.al.low
dis.ap.pear
dis.ap.pear.ance
dis.ap.point
dis.ap.point.ment
dis.ap.pro.ba.tion
dis.ap.prov.al
dis.ap.prove
dis.ar.ma.ment
dis.ar.range
dis.ar.ray

dis.as.sem.ble
dis.as.so.ci.ate
dis.as.ter
dis.as.trous
dis.a.vow
dis.a.vow.al
dis.band
dis.bar
dis.bar.ring
dis.be.lief
dis.be.lieve
dis.be.liev.er
dis.burse.ment
dis.burs.ing
dis.card, *v.*
dis.card, *n.*
dis.cern
dis.cern.i.ble
dis.cern.ment
dis.charge
dis.ci.ple
dis.ci.pli.nar.i.an
dis.ci.pli.nar.y
dis.ci.pline
dis.claim
dis.claim.er
dis.close
dis.clos.ing
dis.clo.sure
dis.col.or
dis.col.or.a.tion
dis.com.fit
dis.com.fi.ture
dis.com.fort
dis.com.pose
dis.com.po.sure
dis.con.cert
dis.con.nect
dis.con.so.late
dis.con.tent
dis.con.tin.u.ance
dis.con.tin.ue
dis.con.tin.u.ous

dis.cord, *n.*
dis.**cord**, *n.*
dis.**cord**.ance
dis.**cord**.ant
dis.count
dis.**cour**.age
dis.**course**
dis.**cour**.te.ous
dis.**cour**.te.sy
dis.**cov**.er
dis.**cov**.er.ies
dis.**cov**.er.y
dis.**cred**.it
dis.**cred**.it.a.ble
dis.**creet** *(prudent)*
dis.**crep**.an.cy
dis.**crete** *(separate)*
dis.**cre**.tion
dis.**cre**.tion.**ar**.y
dis.**crim**.i.nate
dis.**crim**.i.**na**.tion
dis.**cur**.sive
dis.**cuss**
dis.**cus**.sion
dis.**dain**
dis.**dain**.ful
dis.**ease**
dis.em.bar.**ka**.tion
dis.em.**bar**.rass
dis.em.**bod**.y
dis.em.**bow**.el
dis.en.**chant**.ment
dis.en.**gage**
dis.en.**tan**.gle
dis.es.**teem**
dis.**fa**.vor
dis.**fig**.ure
dis.**fig**.ure.ment
dis.**fran**.chise
dis.**gorge**
dis.**grace**
dis.**grace**.ful
dis.**grun**.tle

dis.**guise**
dis.**gust**
dis.ha.**bille**
dish.cloth
dis.**heart**.en
di.**shev**.el
dis.**hon**.est
dis.**hon**.or
dis.**hon**.or.a.ble
dish.pan
dish.wash.er
dish.wa.ter
dis.il.**lu**.sion
dis.**in**.cli.**na**.tion
dis.in.**fect**
dis.in.**fect**.ant
dis.in.**fec**.tion
dis.in.**gen**.u.ous
dis.in.**her**.it
dis.**in**.te.grate
dis.**in**.te.**gra**.tion
dis.**in**.ter.est.ed
dis.**join**
dis.**joint**.ed
dis.**junc**.tion
dis.**junc**.tive
disk (disc)
dis.kette
dis.**like**
dis.**lik**.ing
dis.lo.cate
dis.lo.**ca**.tion
dis.**lodge**
dis.**loy**.al
dis.**loy**.al.ty
dis.mal
dis.**man**.tle
dis.**man**.tling
dis.**may**
dis.**mem**.ber
dis.**miss**
dis.**miss**.al
dis.**mount**

dis.o.**be**.di.ence
dis.o.**be**.di.ent
dis.o.**bey**
dis.o.**beyed**
dis.o.**blig**.ing
dis.**or**.der
dis.**or**.dered
dis.**or**.der.ly
dis.**or**.gan.i.**za**.tion
dis.**or**.gan.ize
dis.**o**.ri.ent.ed
dis.**own**
dis.**par**.age
dis.**par**.age.ment
dis.pa.rate
dis.**par**.i.ty
dis.**pas**.sion.ate
dis.patch
dis.**pel**
dis.**pelled**
dis.**pel**.ling
dis.**pen**.sa.ry
dis.pen.**sa**.tion
dis.**pense**
dis.**peo**.ple
dis.**per**.sal
dis.**per**.sion
dis.**pir**.it
dis.**place**
dis.**place**.ment
dis.**play**
dis.**please**
dis.**pleas**.ure
dis.**port**
dis.**pos**.a.ble **in**.come
dis.**pos**.al
dis.**pose**
dis.po.**si**.tion
dis.pos.sess
dis.**proof**
dis.pro.**por**.tion
dis.**prove**
dis.pu.tant

dis.pu.**ta**.tion
dis.pu.**ta**.tious
dis.**pute**
dis.**qual**.i.fi.**ca**.tion
dis.**qual**.i.fied
dis.**qual**.i.fy
dis.**qui**.et.ing
dis.**qui**.**si**.tion
dis.re.**gard**
dis.re.**pair**
dis.**rep**.u.ta.ble
dis.**re**.pute
dis.re.**spect**
dis.**robe**
dis.**rupt**
dis.**rup**.tion
dis.sat.is.**fac**.tion
dis.**sat**.is.fied
dis.**sect**
dis.**sec**.tion
dis.**sem**.ble
dis.**sem**.i.nate
dis.**sen**.sion
dis.**sent**
dis.**sent**.er
dis.sen.**tient**
dis.ser.**ta**.tion
dis.**serv**.ice
dis.**si**.dence
dis.**si**.dent
dis.**sim**.i.lar
dis.**sim**.i.**lar**.i.ty
dis.**sim**.i.la.tion
dis.**sim**.u.late
dis.**si**.pate
dis.**si**.**pat**.ed
dis.**si**.**pa**.tion
dis.**so**.ci.ate
dis.**so**.ci.**a**.tion
dis.**sol**.u.ble
dis.**so**.lute
dis.**so**.**lu**.tion
dis.**solve**

dis.**solv**.ing
dis.**so**.nance
dis.**so**.nant
dis.**suade**
dis.**suad**.ing
dis.**sua**.sion
dis.**taff**
dis.**tance**
dis.**tant**
dis.**taste**
dis.**taste**.ful
dis.**tem**.per
dis.**tend**
dis.**ten**.tion
dis.**till**
dis.**til**.late
dis.**til**.**la**.tion
dis.**till**.er
dis.**till**.er.y
dis.**tinct**
dis.**tinc**.tion
dis.**tinc**.tive
dis.**tinct**.ly
dis.**tin**.guish
dis.**tin**.guished
dis.**tort**
dis.**tor**.tion
dis.**tract**
dis.**trac**.tion
dis.**traught**
dis.**tress**
dis.**trib**.ute
dis.tri.**bu**.tion
dis.**trib**.u.tor
dis.**trict**
dis.**trust**
dis.**trust**.ful
dis.**turb**
dis.**turb**.ance
dis.**un**.ion
dis.**use**
ditch
dit.ties

dit.to
di.**ur**.nal
di.va.gate
di.van, di.**van**
di.**verge**
di.**ver**.gence
di.**ver**.gent
di.vers (*several*)
di.**verse** (*different*)
di.**ver**.si.fi.**ca**.tion
di.**ver**.si.fy
di.**ver**.sion
di.**ver**.si.ty
di.**vert**
di.**vest**
di.**ves**.ti.ture
di.**vide**
div.i.dend
di.**vid**.ing
div.i.**na**.tion
di.**vine**
di.**vin**.i.ty
di.**vis**.i.**bil**.i.ty
di.**vi**.sion
di.**vorce**
div.ot
di.**vulge**
di.**vulg**.ing
diz.zi.ly
diz.zi.ness
doc.ile
do.**cil**.i.ty
dock.et
dock hand
dock.house
dock.man
dock.**mas**.ter
dock.side
dock.yard
doc.tor
doc.tor.ate
doc.tri.**naire**
doc.tri.nal

doc.trine
doc.u.ment
doc.u.**ment**.ta.ry
doc.u.men.**ta**.tion
dod.der.ing
dodg.ing
do.er
doe.skin
dog.**ber**.ry
dog.**bite**
dog.**cart**
dog.**catch**.er
dog.**fight**
dog.**fish**
dog.**ged**
dog.ger.el
dog.ging
dog.**house**
dog.ma
dog.**mat**.ic
dog.**mat**.i.cal
dog.ma.tism
dog.ma.tize
do.**good**.er
dog.**trot**
dog.**watch**
dog.**wood**
doi.lies
doi.ly
dol.drums
dole.full
dol.lar
doll.ies
dol.man *(cloak)*
dol.men
do.lor
dol.or.ous
dol.phin
do.**main**
domes.**day**
do.**mes**.tic
do.**mes**.ti.cate
do.mes.**tic**.i.ty

dom.i.cile
dom.i.nant
dom.i.nate
dom.i.**na**.tion
dom.i.**neer**.ing
Do.**min**.i.can
do.**min**.ion
dom.i.no
dom.i.noes
do.nate
do.**na**.tion
don.key
do.nor
don't
doo.dle
dooms.**day**
door.**nail**
door.**plate**
door.**sill**
door.**step**
door.**way**
door.**yard**
dope.y
dor.mant
dor.mer
dor.mi.**to**.ries
dor.mi.**to**.ry
dor.**mouse**
dor.sal
dos.age
dot.age
do.tard
dou.ble
dou.ble-**cross**
dou.ble-**deal**.ing
dou.blet
dou.**bloon**
doubt.ful
doubt.less
dough.**boy**
dough.**nut**
dous.ing
dove.**tail**

dow.a.ger
dow.dy
dow.el
dow.er
down.**cast**
down.**fall**
down.**grade**
down.**heart**.ed
down.**hill**
down.**pour**
down.**right**
down.**stairs**
down.**throw**
down.**trod**.den
down.ward
down.y
dow.ries
dow.ry
dox.**ol**.o.gy
doz.en
doz.ing
draft
drafts.man
drag
dragged
drag.ging
drag.net
drag.o.man
drag.on
drag.on.et
drag.on.**fly**
dra.**goon**
drag.rope
drain.age
drain.er
drain.less
drain.pipe
dra.**mat**.ic
dram.a.tist
dram.a.tize
dra.ma.**tur**.gy
dra.per.y
dras.tic

draw.back
draw.bar
draw.bridge
draw.ee
draw.er
drawl.er
dray.age
dread.ful
dread.nought
dream.i.ly
dream.i.ness
dream.land
drear.i.ly
drear.y
dredg.ing
drench
dress.er
dress.ing room
dress.mak.er
drib.ble
dri.er
drift.wood
drilled
drill.ing
drill.mas.ter
drink.a.ble
dripped
drip.ping
driv.el
drive.way
driv.ing
driz.zle
droll.er.y
drom.e.dar.y
dron.ing
droop.i.ness
drop
dropped
drop.ping
drop.sy
drought
drown.ing
drow.sy

drudg.er.y
drug
drug ad.dict
drug deal.er
drugged
drug.ging
drug.gist
drug.store
drug traf.fic
drum
drummed
drum.ming
drum.stick
drunk.ard
drunk.en
dry
dry.ad
dry.ly
dry.ness
du.al.ism
dub.bing
du.bi.e.ty
du.bi.ous
du.cal
duc.at
duch.ess
duch.y
duck.ling
duc.tile
duct.less
dudg.eon
due bill
du.el
du.el.ist
du.en.na
du.et
dug.out
duke.dom
dul.cet
dul.ci.mer
dull.ard
dull.ness
dul.ly

du.ly
dumb.bell
dumb-wait.er
dum.found
dum.my
dump.ling
dun.ga.rees
dun.geon
du.o.dec.i.mal
du.o.dec.i.mo
du.o.de.nal
du.o.de.num
dup.ing
du.plex
du.pli.cate
du.pli.ca.tion
du.pli.ca.tor
du.plic.i.ty
du.ra.bil.i.ty
du.ra.ble
du.ra.tion
du.ress, du.ress
dur.ing
dusk.y
dust.bin
dust.cloth
dust.er
dust jack.et
dust.man
dust.pan
dust.proof
dust.y
du.te.ous
du.ti.a.ble
du.ties
du.ti.ful
du.ty
du.ty-free
dwarf.ish
dwell.ing
dwin.dle
dyed (colored)
dye.ing (coloring)

dye.stuff
dy.ing (*expiring*)
dy.nam.ic
dy.na.mite
dy.na.mo

dy.na.mom.e.ter
dy.na.mos
dy.nast
dy.nas.ty
dys.en.ter.y

dys.pep.sia
dys.pep.tic
dysp.ne.a
dys.pro.si.um
dys.tro.phy

E

ea.ger
ea.gle
ea.gle-eyed
ear.ache
ear.drop
ear.drum
earl.dom
ear.li.er
ear.li.est
ear.ly
ear.mark
ear.nest
ear.phone
ear.ring
ear.shot
earth.born
earth.en.ware
earth.li.ness
earth.ly
earth.quake
earth.ward
earth.work
earth.worm
ear.wax
ea.sel
ease.ment
eas.i.er
eas.i.est
eas.i.ly
eas.ing
East.er
east.ern
east.ward

eas.y.go.ing
eat.a.ble
eaves.drop
ebbed
ebb.ing
eb.on.y
e.bul.li.ent
eb.ul.li.tion
ec.cen.tric
ec.cen.tric.i.ty
ec.chy.mo.sis
ec.cle.si.as.ti.cal
ech.e.lon
ech.o.
ech.oes
é.clair
ec.lec.tic
e.clipse
e.col.o.gy
e.co.nom.ic
e.co.nom.i.cal
e.con.o.mies
e.con.o.mies of scale
e.con.o.mist
e.con.o.my
ec.o.sys.tem
ec.sta.sies
ec.sta.sy
ec.stat.ic
Ec.ua.do.ri.an
ec.u.men.i.cal
ec.ze.ma, ec.ze.ma
ed.died

ed.dies
ed.dy
ed.dying
edg.ing
ed.i.ble
e.dict
ed.i.fi.ca.tion
ed.i.fice
ed.i.fied
ed.i.fies
ed.i.fy
ed.it
e.di.tion
ed.i.tor
ed.i.to.ri.al
ed.u.cate
ed.u.ca.tion
ed.u.ca.tion.al
ed.u.ca.tor
ee.rie
ef.face
ef.face.ment
ef.fac.ing
ef.fect
ef.fec.tive
ef.fec.tu.al
ef.fec.tu.ate
ef.fem.i.nate
ef.fer.vesce
ef.fer.ves.cence
ef.fer.ves.cent
ef.fete
ef.fi.ca.cious

ef.fi.ca.cy
ef.**fi**.cien.cy
ef.**fi**.cient
ef.**fi**.gies
ef.**fi**.gy
ef.flo.**res**.cent
ef.**flu**.vi.um
ef.fort
ef.**fron**.ter.y
ef.**ful**.gence
ef.**fu**.sion
ef.**fu**.sive
egg.**head**
egg.**nog**
egg.**plant**
egg-**shaped**
e.go
e.go.ism
e.go.ist
e.go.tism
e.go.tist
e.**gre**.gious
e.gress
E.**gyp**.tian
ei.der
eight.een
eighth
eight.ies
eight.i.eth
ei.ther
e.**jac**.u.late
e.**jac**.u.**la**.tion
e.**ject**
e.**jec**.tion
ek.ing
e.**lab**.o.rate
e.**lab**.o.**ra**.tion
e.**lapse**
e.**las**.tic
e.**las**.**tic**.i.ty
e.**lat**.ed
e.**la**.tion
el.bow

el.bow.**room**
eld.er
el.der.**ber**.ry
eld.est
e.**lect**
e.**lec**.tion
e.**lec**.tion.**eer**
e.**lec**.tive
e.**lec**.tor
e.**lec**.tor.al
e.**lec**.tor.ate
e.**lec**.tric
e.**lec**.tri.cal
e.**lec**.**tri**.cian
e.**lec**.**tric**.i.ty
e.**lec**.tri.fi.**ca**.tion
e.**lec**.tri.fied
e.**lec**.tri.fy
e.**lec**.tro
e.**lec**.tro.**car**.di.o.gram
e.**lec**.tro.cute
e.**lec**.trode
e.**lec**.**trol**.y.sis
e.**lec**.tro.**mag**.net
e.**lec**.tro.mag.**net**.ic
e.**lec**.tron
elec.**tron**.ic mail
elec.**tron**.ics
e.**lec**.tro.**plate**
e.**lec**.tro.scope
e.**lec**.tro.type
e.**lec**.tu.**ar**.y
el.ee.**mos**.y.nar.y
el.e.gance
el.e.gant
el.e.**gi**.ac
el.e.gy
el.e.ment
el.e.**men**.tal
el.e.**men**.ta.ry
el.e.phant
el.e.phan.**ti**.a.sis
el.e.**phan**.tine

el.e.vate
el.e.**vat**.ing
el.e.**va**.tor
e.**lic**.it
e.**lide**
el.i.gi.**bil**.i.ty
el.i.gi.ble
e.**lim**.i.nate
e.**lim**.i.**na**.tion
e.**li**.sion
e.**lite**
e.**lix**.ir
el.**lipse**
el.**lip**.sis
el.**lip**.tic
el.**lip**.ti.cal
el.o.**cu**.tion
e.**lon**.gate
e.**lon**.**ga**.tion
e.**lope**
e.**lop**.ing
el.o.quence
el.o.quent
else.where
e.**lu**.ci.date
e.**lu**.ci.**da**.tion
e.**lude**
e.**lu**.sive
e.**ma**.ci.ate
e.**ma**.ci.**a**.tion
em.a.nate
em.a.**na**.tion
e.**man**.ci.pate
e.**man**.ci.**pa**.tion
e.**mas**.cu.late
em.**balm**
em.**bank**.ment
em.**bar**.**ca**.tion
em.**bar**.go
em.**bar**.goes
em.**bar**.**ka**.tion
em.**bar**.rass
em.**bar**.rassed

em.**bar**.rass.ing
em.**bar**.rass.ment
em.bas.sies
em.bas.sy
em.**bat**.tled
em.**bel**.lish
em.**bez**.zle
em.**bit**.ter
em.**bla**.zon
em.blem
em.blem.**at**.ic
em.**bod**.i.ment
em.**bod**.y
em.**bold**.en
em.bo.lism
em.**boss**
em.**bossed**
em.**boss**.ing
em.**brace**
em.**bra**.sure
em.**broi**.der.y
em.**broil**
em.bry.o
em.bry.**on**.ic
em.bry.os
em.cee
e.**mend**
e.men.**da**.tion
em.er.ald
e.**merge**
e.**mer**.gen.cies
e.**mer**.gen.cy
e.**merg**.ing
e.**mer**.i.tus
em.er.y
e.**met**.ic
em.i.grant
em.i.grate
em.i.**gra**.tion
e.**mi**.**gré**
em.i.nence
em.i.nent
em.is.**sar**.ies

em.is.**sar**.y
e.**mis**.sion
e.**mit**
e.**mit**.ted
e.**mit**.ting
e.**mol**.li.ent
e.**mol**.u.ment
e.**mo**.tion
e.**mo**.tion.al
e.**mo**.tive
em.pa.thy
em.per.or
em.pha.ses, *pl.*
em.pha.sis
em.pha.size
em.**phat**.ic
em.pire
em.**pir**.ic
em.**pir**.i.cal
em.**ploy**
em.**ploy**.ee
em.**ploy**.er
em.**ploy**.ment
em.**po**.ri.um
em.**pow**.er
em.press
emp.tied
emp.ties
emp.ty
emp.ty-**hand**.ed
emp.ty-**head**.ed
emp.ty.ing
em.py.**re**.an
e.mu
em.u.late
em.u.**lat**.ing
em.u.**la**.tion
em.u.lous
e.**mul**.si.fy
e.**mul**.sion
en.**a**.ble
en.**act**
en.**act**.ment

en.**am**.el
en.**am**.el.**ware**
en.**am**.or
en.**camp**.ment
en.**caus**.tic
en.**ceinte**
en.**ceph**.a.lo.**gram**
en.**chant**.er
en.**chant**.ment
en.**chant**.ress
en.**cir**.cle
en.clave
en.**clit**.ic
en.**close**
en.**clos**.ing
en.**clo**.sure
en.**co**.mi.**as**.tic
en.**co**.mi.um
en.**com**.pass
en.core
en.**coun**.ter
en.**cour**.age
en.**cour**.age.ment
en.**cour**.ag.ing
en.**croach**
en.**crust**
en.**cum**.ber
en.**cum**.brance
en.**cy**.cli.cal
en.cy.clo.**pe**.di.a
en.**dan**.ger
en.**dear**
en.**deav**.or
en.**dem**.ic
end.ing
en.dive
end.less
end.**long**
end.most
en.do.crine
en.**dorse**
en.**dorse**.ment
en.**dors**.ing

en.**dow**
en.**dow**.ment
en.**dur**.a.ble
en.**dur**.ance
en.**dure**
en.**dur**.ing
end.ways
en.e.ma
en.e.mies
en.e.my
en.er.**get**.ic
en.er.gies
en.er.gize
en.er.gy
en.er.vate
en.er.**vat**.ing
en.er.**va**.tion
en.**face**
en.**fee**.ble
en.**fet**.ter
en.**fold**
en.**force**
en.**force**.a.ble
en.**force**.ment
en.**forc**.er
en.**fran**.chise
en.**fran**.chise.ment
en.**gage**
en.**gaged**
en.**gage**.ment
en.**gag**.ing
en.**gen**.der
en.gine
en.gi.**neer**
en.gi.**neer**.ing
Eng.lish.man
eng.lish.**wom**.an
en.**graft**
en.**grave**
en.**grav**.er
en.**grav**.ing
en.**gross**
en.**gross**.ing

en.**gross**.ment
en.**gulf**
en.**hance**
en.**hance**.ment
en.**hanc**.ing.
e.**nig**.ma
e.nig.**mat**.ic
en.**join**
en.**joy**
en.**joy**.a.ble
en.**joy**.ment
en.**large**
en.**large**.ment
en.**larg**.ing
en.**light**.en
en.**light**.en.ment
en.**list**
en.**list**.ment
en.**liv**.en
en.**mesh**
en.mi.ties
en.mi.ty
en.**no**.ble
e.**nor**.mi.ty
e.**nor**.mous
e.**nough**
en.**plan**.ing
en.**rage**
en.**rap**.ture
en.**rich**
en.**rich**.ment
en.**robe**
en.**roll**
en.**rolled**
en.**roll**.ing
en.**roll**.ment
en **route**
en.**sconce**
en.**sem**.ble
en.**shrine**
en.**shroud**
en.sign
en.**slave**

en.**slave**.ment
en.**slav**.er
en.**snare**
en.**sue**
en.**sure**
en.**tab**.la.ture
en.**tail**
en.**tan**.gle
en.**tan**.gle.ment
en.ter
en.ter.prise
en.ter.**pris**.ing
en.ter.**tain**
en.ter.**tain**.er
en.ter.**tain**.ment
en.**thrall**
en.**throne**
en.**thuse**
en.**thu**.si.asm
en.**thu**.si.ast
en.**thu**.si.**as**.tic
en.**thu**.si.**as**.ti.cal.ly
en.**tice**
en.**tice**.ment
en.**tire**
en.**tire**.ty
en.ti.ties
en.**ti**.tle
en.ti.ty
en.**tomb**
en.to.**mol**.o.gy
en.tou.**rage**
en.trails
en.train
en.trance, *n.*
en.**trance,** *v.*
en.trant
en.**trap**
en.**treat**
en.**treat**.ies
en.**treat**.y
en.tree
en.tre.mets

en.tre.pre.**neur**
en.tre.pre.**neur**.ship
en.tries
en.tro.py
en.**trust**
en.try
en.try.**way**
en.**twine**
e.**nu**.mer.ate
e.**nu**.mer.**a**.tion
e.**nu**.mer.**a**.tor
e.**nun**.ci.ate
e.**nun**.ci.**a**.tion
e.**nun**.ci.**a**.tor
en.**vel**.op, *v.*
en.ve.lope, *n.*
en.**vel**.oped
en.**vel**.op.ing
en.**vel**.op.ment
en.**ven**.om
en.vi.a.ble
en.vied
en.vies
en.vi.ous
en.**vi**.ron.ment
en.**vi**.ron.**men**.tal
en.**vis**.age
en.voy
en.vy
en.zy.**mat**.ic
en.zyme
e.o.lith.ic
e.on
ep.au.let
e.**phem**.er.a
e.**phem**.er.al
ep.ic
ep.i.cal
ep.i.cen.ter
ep.i.cure
ep.i.cu.**re**.an
ep.i.**dem**.ic
e.pi.**der**.mic

ep.i.**der**.mis
ep.i.gram
ep.i.graph
ep.i.**lep**.sy
ep.i.**lep**.tic
ep.i.logue
e.**pis**.co.pal
E.**pis**.co.**pa**.li.an
ep.i.sode
ep.i.**sod**.ic
ep.i.**sod**.i.cal
e.**pis**.tle
e.**pis**.to.**lar**.y
ep.i.taph
ep.i.thet
e.**pit**.o.me
e.**pit**.o.mize
ep.och
ep.och.al
eq.ua.ble
e.qual
e.qualed
e.qual.ing
e.**qual**.i.ty
e.qual.ize
e.qual.**iz**.er
e.qual.ly
e.qua.**nim**.i.ty
e.**quate**
e.**qua**.tion
e.**qua**.tor
e.**qua**.**to**.ri.al
e.**ques**.tri.an
e.qui.**dis**.tance
e.qui.**dis**.tant
e.qui.**lat**.er.al
e.qui.**lib**.ri.um
e.qui.**noc**.tial
e.qui.nox
e.**quip**
e.**quip**.ment
e.**quipped**
e.**quip**.ping

eq.ui.ta.ble
eq.ui.ty
e.**quiv**.a.lence
e.**quiv**.a.lent
e.**quiv**.o.cal
e.**quiv**.o.cate
e.**quiv**.o.**ca**.tion
e.ra
e.**rad**.i.ca.ble
e.**rad**.i.cate
e.**rad**.i.**ca**.tion
e.**rad**.i.**ca**.tive
e.**ras**.a.ble
e.**rase**
e.**ras**.er
e.**ra**.sure
e.**rect**
e.**rec**.tile
e.**rec**.tion
e.**rect**.ly
e.**rect**.ness
er.go
er.mine
e.**rode**
e.**rod**.ing
e.**ro**.sion
e.**ro**.sive
e.**rot**.ic
er.rand
er.rant
er.rant.ry
er.**ra**.ta, *pl.*
er.**rat**.ic
er.**ra**.tum, *sing.*
err.ing.ly
er.**ro**.ne.ous
er.ror
er.satz
erst.**while**
e.**ruct**
e.**ruc**.**ta**.tion
er.u.dite
er.u.**di**.tion

e.**rupt**
e.**rup**.tion
e.**rup**.tive
er.y.**sip**.e.las
es.ca.**lade**
es.ca.**la**.tor
es.ca.**pade**
es.**cape**
es.**cape**.ment
es.**carp**.ment
es.**cheat**
es.**chew**
es.**chew**.al
es.**cort**, *n.*
es.**cort**, *v.*
es.**crow**
es.**cutch**.eon
Es.ki.mo
es.o.**ter**.ic
es.**pe**.cial
es.**pied**
es.pi.o.nage
es.pla.**nade**
es.**pous**.al
es.**pouse**
es.**prit**
es.**py**
es.**quire**
es.say, *n.*
es.**say**, *v.*
es.say.ist
es.sence
es.**sen**.tial
es.**sen**.ti.**al**.i.ty
es.**tab**.lish
es.**tab**.lish.ment
es.tate
es.teem
es.ti.ma.ble
es.ti.mate
es.ti.**ma**.tion
es.**top**
es.**top**.page

es.**topped**
es.**top**.ping
es.**trange**
es.**trange**.ment
es.**trang**.ing
es.tro.gen
es.tu.**ar**.y
et.**cet**.er.a
etch.ing
e.**ter**.nal
e.**ter**.ni.ty
e.ther
e.**the**.re.al
e.**the**.re.al.ize
e.ther.ize
eth.i.cal
eth.ics
E.thi.**o**.pi.an
eth.nic
eth.ni.cal
e.thos
eth.yl
eth.yl.ene
e.ti.**ol**.o.gy
et.i.quette
et.y.mo.**log**.i.cal
et.y.**mol**.o.gy
eu.chre
Eu.**clid**.e.an
eu.**gen**.ic
eu.lo.gies
eu.lo.gist
eu.lo.gize
eu.lo.gy
eu.nuch
eu.phe.mism
eu.pho.ny
eu.**pho**.ri.a
Eu.ro.**dol**.lar
Eu.ro.**pe**.an
Eu.ro.**pe**.an
   Cur.ren.cy **U**.nit
   (ECU)

Eu.ro.**pe**.an
  Eco.**nom**.ic
  Com.**mu**.ni.ty
eu.tha.**na**.si.a
e.**vac**.u.ate
e.**vac**.u.**a**.tion
e.**vade**
e.**val**.u.ate
e.**val**.u.**a**.tion
ev.a.**nesce**
ev.**a**.nes.**cence**
e.van.**gel**.ic
e.van.**gel**.i.cal
e.**van**.ge.list
e.**van**.ge.lize
e.**vap**.o.rate
e.**vap**.o.**ra**.tion
e.va.sion
e.va.sive
e.ven
e.ven.**fall**
e.ven-**hand**.ed
eve.ning
e.ven.ly
e.ven.ness
e.**vent**
e.**vent**.ful
e.ven.**tide**
e.**ven**.tu.al
e.**ven**.tu.**al**.i.ty
e.**ven**.tu.al.ly
e.**ven**.tu.ate
ev.er
ev.er.glade
ev.er.**green**
ev.er.**last**.ing
ev.er.**more**
e.**vert**
ev.er.y
ev.er.y.**bod**.y
ev.er.y.**day**
ev.er.y.**one**
ev.er.y.**thing**

ev.**er**.**y**.**where**
e.**vict**
e.**vic**.tion
ev.i.dence
ev.i.dent
ev.i.**den**.tial
e.vil.**do**.er
e.vil.ly
e.vil.ness
e.**vince**
e.**vis**.cer.ate
ev.o.**ca**.tion
e.**voc**.a.tive
ev.o.**ca**.tor
e.**voke**
e.**vok**.ing
ev.o.**lu**.tion
ev.o.**lu**.tion.**ar**.y
e.**volve**
e.**vul**.sion
ex.**ac**.er.bate
ex.**ac**.er.**ba**.tion
ex.**act**
ex.**act**.ing
ex.**act**.i.tude
ex.**act**.ly
ex.**act**.ness
ex.**ag**.ger.ate
ex.**ag**.ger.**a**.tion
ex.**alt**
ex.al.**ta**.tion
ex.**alt**.ed
ex.**am**.i.**na**.tion
ex.**am**.ine
ex.**am**.ple
ex.**as**.per.ate
ex.**as**.per.**at**.ing
ex.**as**.per.**a**.tion
ex.ca.vate
ex.ca.**va**.tion
ex.ca.**va**.tor
ex.**ceed**
ex.**ceed**.ing

ex.**cel**
ex.**celled**
ex.**cel**.lence
ex.**cel**.len.cy
ex.**cel**.lent
ex.**cel**.ling
ex.**cel**.si.or
ex.**cept**
ex.**cept**.ing
ex.**cep**.tion
ex.**cep**.tion.a.ble
ex.**cep**.tion.al
ex.**cerpt**, *n.*
ex.**cerpt, *v.***
ex.**cess**
ex.**ces**.sive
ex.**change**
ex.**cheq**.uer
ex.**cise**
ex.**ci**.sion
ex.**cit**.a.**bil**.i.ty
ex.**cit**.a.ble
ex.**ci**.**ta**.tion
ex.**cite**
ex.**cit**.ed.ly
ex.**cite**.ment
ex.**cit**.ing
ex.**claim**
ex.cla.**ma**.tion
ex.**clam**.a.**to**.ry
ex.**clude**
ex.**clud**.ing
ex.**clu**.sion
ex.**clu**.sive
ex.com.**mu**.ni.cate
ex.com.**mu**.ni.ca.tion
ex.**co**.ri.ate
ex.cre.ment
ex.**cres**.cence
ex.**crete**
ex.**cre**.tion
ex.**cru**.ci.ate
ex.**cru**.ci.**at**.ing

ex.**cru**.ci.**a**.tion
ex.**cul**.pate
ex.**cul**.**pa**.tion
ex.**cur**.sion
ex.**cur**.sive
ex.**cus**.a.ble
ex.**cuse**
ex.**cus**.ing
ex.e.crate
ex.e.**cra**.tion
ex.e.cute
ex.e.**cu**.tion
ex.e.**cu**.tion.er
ex.**ec**.u.tive
ex.**ec**.u.tor
ex.e.**ge**.sis
ex.**em**.plar
ex.**em**.pla.ry
ex.**em**.pli.fi.**ca**.tion
ex.**em**.pli.fy
ex.**empt**
ex.**emp**.tion
ex.er.cise
ex.**ert** (*exercise*)
ex.**er**.tion
ex.e.unt
ex.ha.**la**.tion
ex.**hale**
ex.**hal**.ing
ex.**haust**
ex.**haust**.ed
ex.**haust**.i.ble
ex.**haus**.tion
ex.**haus**.tive
ex.**hib**.it
ex.hi.**bi**.tion
ex.hi.**bi**.tion.er
ex.**hib**.i.tor
ex.**hib**.i.to.ry
ex.**hil**.a.rant
ex.**hil**.a.rate
ex.**hil**.a.**rat**.ing
ex.**hil**.a.**ra**.tion

ex.**hort**
ex.**hor**.**ta**.tion
ex.hu.**ma**.tion
ex.**hume**
ex.i.gen.cies
ex.i.gen.cy
ex.**ig**.u.ous
ex.ile
ex.**ist**
ex.**ist**.ence
ex.is.**ten**.tial.ism
ex.**ist**.ent
ex.it
ex.o.dus
ex.**on**.er.ate
ex.**on**.er.**a**.tion
ex.**on**.er.**a**.tive
ex.o.ra.ble
ex.**or**.bi.tan.cy
ex.**or**.bi.tant
ex.or.cise
ex.os.**mo**.sis
ex.o.**sphere**
ex.o.**ter**.ic
ex.ot.ic
ex.**pand**
ex.**panse**
ex.**pan**.si.ble
ex.**pan**.sion
ex.**pan**.sive
ex.**pa**.ti.ate
ex.**pa**.tri.ate
ex.**pa**.tri.**a**.tion
ex.**pect**
ex.**pect**.an.cy
ex.**pect**.ant
ex.**pec**.**ta**.tion
ex.**pec**.to.rate
ex.**pec**.to.**ra**.tion
ex.**pe**.di.en.cy
ex.**pe**.di.ent
ex.pe.**dite**
ex.pe.**di**.ter

ex.pe.**di**.tion
ex.pe.**di**.tion.**ar**.y
ex.pe.**di**.tious
ex.**pel**
ex.**pelled**
ex.**pel**.ing
ex.**pend**
ex.**pend**.a.ble
ex.**pend**.i.ture
ex.**pense**
ex.**pen**.sive
ex.**pe**.ri.ence
ex.**per**.i.ment
ex.**per**.i.**men**.tal
ex.**per**.i.**men**.**ta**.tion
ex.**pert,** *adj.*
ex.pert, *n.*
ex.per.**tise**
ex.**pert**.ly
ex.**pert**.ness
ex.**pi**.a.ble
ex.**pi**.ate
ex.**pi**.**a**.tion
ex.**pi**.a.**to**.ry
ex.**pi**.**ra**.tion
ex.**pire**
ex.**plain**
ex.**plain**.a.ble
ex.pla.**na**.tion
ex.**plan**.a.**to**.ry
ex.**ple**.tive
ex.**pli**.ca.ble
ex.**plic**.it
ex.**plode**
ex.**ploit,** *n.*
ex.**ploit,** *v.*
ex.**ploi**.**ta**.tion
ex.**ploi**.ter
ex.**plo**.**ra**.tion
ex.**plor**.a.**to**.ry
ex.**plore**
ex.**plor**.er
ex.**plor**.ing

ex.**plo**.sion
ex.**plo**.sive
ex.**po**.nent
ex.**port,** *v.*
ex.port, *n.*
ex.**por**.**ta**.tion
ex.**port**.er
ex.po.**sé,** *n.*
ex.**pose,** *v.*
ex.**pos**.er
ex.**po**.**si**.tion
ex.**pos**.i.tive
ex post **fac**.to
ex.**pos**.tu.late
ex.**pos**.tu.**la**.tion
ex.**po**.sure
ex.**pound**
ex.**press**
ex.**press**.age
ex.**press**.ing
ex.**pres**.sion
ex.**pres**.sive
ex.**press**.ly
ex.**press** way
ex.**pro**.pri.ate
ex.**pro**.pri.**a**.tion
ex.**pul**.sion
ex.**pul**.sive
ex.**punge**
ex.pur.gate
ex.pur.**ga**.tion
ex.qui.site
ex.**sert** *(protrude)*
ex.**ser**.tion
ex.tant
ex.**tem**.po.**ra**.ne.ous
ex.**tem**.po.**rar**.y
ex.**tem**.po.re
ex.**tem**.po.rize
ex.**tend**
ex.**tend**.ed **fam**.i.ly
ex.**ten**.si.ble
ex.**ten**.sion

ex.**ten**.sive
ex.**tent**
ex.**ten**.u.ate
ex.**ten**.u.**at**.ing
ex.**ten**.ua.tion
ex.**te**.ri.or
ex.**ter**.mi.nate
ex.**ter**.mi.**na**.tion
ex.**ter**.mi.**na**.tor
ex.**ter**.mi.na.**to**.ry
ex.**ter**.nal
ex.**ter**.nal.ize
ex.**ter**.nal.ly
ex.**tinct**
ex.**tinc**.tion
ex.**tin**.guish
ex.**tir**.pate
ex.**tol**
ex.**tolled**
ex.**tol**.ling
ex.**tort**
ex.**tor**.tion
ex.**tra**
ex.**tract,** *n.*
ex.**tract,** *v,*
ex.**tract**.a.ble
ex.**trac**.tion
ex.**trac**.tive

ex.**trac**.tor
ex.**tra**.cur.**ric**.u.lar
ex.**tra**.dite
ex.**tra**.**di**.tion
ex.**tra**.**mar**.i.tal
ex.**tra**.ne.ous
ex.**traor**.di.**nar**.i.ly
ex.**traor**.di.**nar**.y
ex.**trap**.o.late
ex.**tra**.**sen**.so.ry
ex.**trav**.a.gance
ex.**trav**.a.gant
ex.**trav**.a.**gan**.za
ex.**trav**.a.**sa**.tion
ex.**treme**
ex.**trem**.ist
ex.**trem**.i.ty
ex.**tri**.ca.ble
ex.**tri**.cate
ex.**tri**.**ca**.tion
ex.**trin**.sic
ex.**tro**.**ver**.sion
ex.**tro**.**vert**
ex.**trude**
ex.**trud**.ing
ex.**tru**.sion
ex.**tru**.sive
ex.**u**.ber.ance

ex.**u**.ber.an.cy
ex.**u**.ber.ant
ex.u.**da**.tion
ex.**ude**
ex.**ult**
ex.ul.**ta**.tion
eye.ball
eye.brow
eye.cup
eye.glass
eye.hole
eye.ing (eying)
eye.lash
eye.less
eye.let
eye.lid
eye.piece
eye.sight
eye.some
eye.sore
eye.spot
eye.stalk
eye.strain
eye.tooth
eye.wash
eye.wink
eye.wit.ness
ey.ing (eyeing)

F

fa.ble
fa.bled
fab.ric
fab.ri.cate
fab.ri.**ca**.tion
fab.u.lous
fa.**cade**
face-hard.en
fac.er
fac.et

fac.**ce**.tious
fa.cial
fac.ile
fa.**cil**.i.tate
fa.**cil**.i.ties
fa.**cil**.i.ty
fac.ing
fac.sim.i.le
fac.tion
fac.tion.al

fac.tious
fac.**ti**.tious
fac.tor
fac.tor.ies
fac.to.ry
fac.**to**.tum
fac.tu.al
fac.ul.**ta**.tive
fac.ul.ties
fac.ul.ty

fad
fad.dist
fade
fag.ot
fag.ot.ing
Fahr.en.heit
fail.ing
fail.ure
faint.heart.ed
faint.ly
faint.ness
fair.ies
fair.ly
fair-mind.ed
fair.ness
fair-sized
fair-spo.ken
fair.way
fair.y
fair.y.**land**
faith.ful
faith.less
fak.er
fa.**kir**
fal.con
fal.la.cies
fal.**la**.cious
fal.la.cy
fall.en
fal.li.**bil**.i.ty
fal li.ble
fall.ing
fall-out
fal.low
fal.low land
false.heart.ed
false.hood
false.ly
false.ness
fal.**set**.to
fal.si.fi.**ca**.tion
fal.si.fied
fal.si.**fi**.er

fal.si.fy
fal.si.fy.ing
fal.si.ty
fal.ter
fa.**mil**.iar
fa.**mil.iar**.i.ty
fa.**mil**.iar.ize
fam.i.lies
fam.i.ly
fam.i.ly **plan**.ning
fam.ine
fam.ish
fa.mous
fa.**nat**.ic
fa.**nat**.i.cal
fa.**nat**.i.cism
fan.ci.er
fan.cies
fan.ci.ful
fan.cy
fan.cy-**free**
fan.cy.**work**
fan.fare
fanned
fan.ning
fan.tail
fan.ta.sies
fan.**tas**.tic
fan.**tas**.ti.cal
far.a.**way**
farce
far.ci.cal
fare.well
far.**fetched**
fa.**ri**.na
farm.er
farm hand
farm.house
farm.ing
farm.yard
far-off
far.row
far.see.ing

far.sight.ed
far.ther
far.ther.most
far.thest
fas.ci.nate
fas.ci.**nat**.ing
fas.ci.**na**.tion
fas.cism
fash.ion
fash.ion.a.ble
fas.ten
fas.ten.ing
fas.**tid**.i.ous
fast.ness
fa.tal
fa.tal.ist
fa.tal.**is**.tic
fa.**tal**.i.ty
fa.tal.ly
fat.ed
fate.**ful**
fat.head
fa.ther
fa.ther.hood
fa.ther-in-law
fa.ther.**land**
fa.ther.less
fa.ther.ly
fath.om
fath.om.a.ble
fath.om.less
fa.**tigue**
fat.ness
fat.ten
fat.tish
fat.ty
fa.**tu**.i.tous
fa.**tu**.i.ty
fat.u.ous
fau.cet
fault.find.ing
fault.i.ly
fault.i.ness

fault.less
fault.y
faun
faux pas
fa.vor
fa.vor.a.ble
fa.vored
fa.vor.ite
fa.vor.it.ism
fawn *(deer)*
fax
faze
fe.al.ty
fear.ful
fear.less
fear.some
fea.si.bil.i.ty
fea.si.bil.i.ty stud.y
fea.si.ble
feat
feath.er
feath.er.bed.ding
feath.er.brain
feath.ered
feath.er.edge
feath.er.head
feath.er.weight
feath.er.y
fea.ture
fea.tured
fea.ture.less
feb.ri.fuge
Feb.ru.ar.y
fe.cun.di.ty
fed.er.al
fed.er.al.ist
fed.er.al.ize
fed.er.ate
fed.er.a.tion
fee.ble
fee.ble-mind.ed
feed.back
feed.bag

feed.er
feed.stuff
feel.er
feel.ing
feel.ing.ly
feign
feigned
feint
fe.lic.i.tate
fe.lic.i.ta.tion
fe.lic.i.tous
fe.lic.i.ty
fe.line
fel.low
fel.low.ship
fel.low trav.el.er
fel.on
fe.lo.ni.ous
fel.o.ny
felt.ing
fe.male
fem.i.nine
fem.i.nin.i.ty
fe.mur
fence
fence.less
fenc.er
fenc.ing
fend.er
fe.ra.cious
fer.ment, *n.*
fer.ment, *v.*
fer.ment.a.ble
fer.men.ta.tion
fe.ro.cious
fe.roc.i.ty
fer.ret
fer.ried
fer.ries
fer.rous
fer.ry
fer.ry.boat
fer.ry.ing

fer.tile
fer.til.i.ty
fer.ti.li.za.tion
fer.ti.lize
fer.ti.liz.er
fer.ule *(rod)*
fer.vent
fer.vid
fer.vor
fes.ti.val
fes.tive
fes.tiv.i.ties
fes.tiv.i.ty
fes.toon
fetch.ing
fete
fet.id
fe.tish
fet.ter
fet.us
feu.dal
feu.dal.ism
feu.da.to.ry
feud.ist
fe.ver
fe.ver.ish
fi.an.cé, *m.*
fi.an.cée, *f.*
fi.as.co
fi.at
fi.ber
fi.ber.board
fi.ber.glass
fi.brous
fib.u.la
fick.le
fic.tion
fic.tion.al
fic.ti.tious
fid.dle
fid.dler
fid.dle.stick
fi.del.i.ty

fidg.et
fidg.et.y
fi.du.ci.ar.y
field.er
field glass
field.piece
fiend
fiend.ish
fierce
fi.er.y
fies.ta
fit.teen
fif.teenth
fifth
fif.ti.eth
fif.ty
fig.ment
fig.ur.a.tive
fig.ure
fig.ured
fig.ure.head
fil.a.ment
fil.a.ture
fil.i.al
fil.i.bus.ter
fil.i.gree
fil.ing
Fil.i.pi.no
fill.er
fil.let
fil.ly
film.y
fil.ter
filth.y
fil.tra.tion
fi.nal
fi.na.le
fi.nal.ist
fi.nal.i.ty
fi.nal.ize
fi.nance
fi.nan.cial
fin.an.cier

find.er
find.ing
fine.ly
fine.ness
fin.er.y
fine.spun
fi.nesse
fin.ger
fin.ger.nail
fin.ger.print
fin.i.cal.
fin.ick.y
fi.nis
fi.nish
fi.nite
Finn.ish
fiord
fire.arm
fire.bird
fire.box
fire.brand
fire.brick
fire.bug
fire.crack.er
fire.dog
fire-eat.er
fire.fly
fire.man
fire.place
fire.plug
fire.pow.er
fire.proof
fire.side
fire.stone
fire.trap
fire.wa.ter
fire.wood
fire.works
fir.ing
fir.ma.ment
firm.er
firm.ly
firm.ness

first aid
first-born
first-class
first.hand
first-rate
fis.cal
fish.er
fish.er.man
fish.er.y
fish.hook
fish.ing
fish.line
fish.tail
fish.y
fis.sion
fis.sure
fist.ic
fit.ful
fit.ness
fit.ted
fit.ing
five.fold
fix.a.ble
fix.ate
fix.a.tion
fix.a.tive
fix.ing
fix.ture
fiz.zle
flab.ber.gast
flab.by
flac.cid
flag.el.late
flag.el.la.tion
flag.ging
flag.man
flag.on
flag.pole
fla.grance
fla.grant
flag.ship
flag.staff
flag.stone

flair
flak.y
flam.boy.ant
fla.min.go
fla.min.gos
flan.nel
flap.jack
flapped
flap.per
flap.ping
flare-up
flash.back
flash.board
flash.i.ly
flash.i.ness
flash.ing
flash.light
flash.y
flat-foot.ed
flat.i.ron
flat.ten
flat.ter
flat.ter.er
flat.ter.y
flat.ware
flaunt
fla.vor
fla.vor.ing
flax.en
flax.seed
flax.y
flea.bite
flea-bit.ten
flec.tion
fledg.ling
fleece
flee.ing
fleet.ing
Flem.ish
flesh.i.ness
flew
flex.i.bil.i.ty
flex.i.ble

flex.time
flick.er
fli.er
flight
flight.i.ness
flight.less
flim.si.ly
flim.si.ness
flim.sy
flin.ders
flint.y
flip chart
flip.pan.cy
flip.pant
flipped
flip.ping
flir.ta.tion
flir.ta.tious
flit.ter
float.ing
flood.gate
flood.light
floor.ing
floor.walk.er
flop.py
flo.ral
flo.res.cence
flo.res.cent
flor.id
flor.in
flo.rist
flo.ta.tion
flo.til.la
flot.sam
flounce
flounc.ing
floun.der
flour.ish
flow.er
flow.er.pot
flow.er.y
flown
flu (*influenza*)

fluc.tu.ate
fluc.tu.a.tion
flue (*chimney*)
flu.en.cy
flu.ent
fluff.y
flu.id
flu.o.res.cent
flu.o.ri.date
flu.o.ri.nate
flu.o.rine
flu.o.ro.scope
flur.ries
flur.ry
flut.ter
fly-by-night
fly.catch.er
fly.er
fly.ing
fly.leaf
fly.pa.per
fly.speck
fly.trap
fly.wheel
foam.y
fo.cal
fo.cus
fod.der
fog.gi.ness
fog.gy
fo.gy
fold.er
fold.ing
fo.li.age
fo.li.ate
fo.li.a.tion
fo.li.o
folk.lore
folk.ways
fol.low
fol.low.er
fol.low-up
fol.ly

fo.**ment**
fo.men.**ta**.tion
fon.dant
fon.dle
fond.ly
fond.ness
food **poi**.son.ing
food.**stuff**
fool.er.y
fool.**hard**.dy
fool.ing
fool.ish
fool.proof
fools.**cap**
foot.age
foot.**ball**
foot.**board**
foot-**can**.dle
foot.**hill**
foot.**hold**
foot.ing
foot.less
foot.**lights**
foot-**loose**
foot.man
foot.**mark**
foot.**note**
foot.**path**
foot.**print**
foot.**sore**
foot.**step**
foot.**stool**
foot.**walk**
foot.**wear**
foot.**work**
foot.**worn**
fop.pish
for.age
for.ay
for.**bade**
for.**bear**
for.**bear**.ance
for.**bid**

for.**bid**.den
for.**bid**.ding
for.**bore**
forced
force.ful
for.ceps
for.ci.ble
forc.ing
fore.**arm**
fore.**bode**
fore.**bod**.ing
fore.**cast**, *v.*
fore.**cast**, *n.*
fore.cas.tle
fore.**close**
fore.**clo**.sure
fore.**fa**.ther
fore.**fin**.ger
fore.**foot**
fore.**front**
fore.**go**
fore.**gone**
fore.**ground**
fore.**hand**
fore.head
for.eign
for.eign.er
fore.**knowl**.edge
fore.man
fore.mast
fore.most
forc.**name**
fore.**noon**
fo.**ren**.sic
fore.or.**dain**
fore.**run**
fore.**run**.ner
fore.**see**
fore.**shad**.ow
fore.**sight**
for.est
fore.**stall**
for.est.**a**.tion

for.est.er
for.est.ry
fore.**tell**
fore.**thought**
for.**ev**.er
fore.**word**
for.feit
for.fei.ture
for.**gave**
forg.er
for.ger.y
for.**get**
for.**get**.ful
for.**get**-me-**not**
for.**get**.ta.ble
for.**get**.ting
forg.ing
for.**give**
for.**give**.ness
for.**giv**.ing
for.**go**
for.**got**
for.**got**.ten
for.**lorn**
for.mal
for.**mal**.i.ty
for.mal.ize
for.mat
for.**ma**.tion
form.a.tive
form.er, *n.*
for.mer, *adj.*
for.**mi**.da.ble
form.less
for.**mu**.la
for.**mu**.late
for.**mu**.**la**.tion
for.**sake**
for.**syth**.i.a
forth.**com**.ing
forth.**right**
forth.**with**
for.ties

for.ti.eth
for.ti.fi.**ca**.tion
for.ti.fied
for.ti.**fie**.er
for.ti.fy
for.**tis**.si.mo
for.ti.tude
fort.night
for.tress
for.**tu**.i.tous
for.**tu**.i.ty
for.tu.nate
for.tune
for.tune.**tell**.er
for.ty
fo.rum
for.ward
for.ward.er
for.wards
fos.sil
fos.ter
fought
foul.ness
found
foun.**da**.tion
found.er, *n.*
foun.der, *v.*
found.ling
found.ries
found.ry
foun.tain
foun.tain.**head**
four-dim.**en**.sio.nal
four.**flush**.er
four.**score**
four.some
four.teen
four.teenth
fowl *(poultry)*
fox.**glove**
fox.**hole**
fox.i.ness
fox.**tail**

fox.**ter**.ri.er
fox trot
fox.y
foy.er
fra.cas
frac.tion
frac.tion.al
frac.ture
frag.ile
fra.**gil**.i.ty
frag.ment
frag.men.**tar**.y
frag.men.**ta**.tion
fra.grance
fra.grant
frail.ties
frail.ty
frame-up
frame.**work**
fram.ing
fran.chise
Fran.**cis**.can
frank.furt.er
frank.in.cense
frank.ly
frank.ness
fran.tic
fra.**ter**.nal
fra.**ter**.ni.ty
frat.er.nize
fraud.u.lence
fraud.u.lent
fraught
freak.ish
freck.le
free.**board**
free.**born**
freed.man
free.dom
free.**hand**
free.ing
free.ly
free.man

fre.er
fre.est
free.way
freeze *(from cold)*
freez.er
freight.er
fren.zy
fre.quen.cy
fre.quent, *adj.*
fre.**quent**, *v.*
fres.co
fres.coes
fresh.en
fresh.ness
fresh-**wa**.ter
fret.ful
fret.ted
fret.**work**
fri.ar
fric.as.**see**
fric.tion
Fri.day
fried
friend.less
friend.li.ness
friend.ly
friend.ship
frieze *(arch.)*
frig.ate
fright
fright.ened
fright.ful
frig.id
fri.**gid**.i.ty
frisk.y
frit.ter
fri.**vol**.i.ty
friv.o.lous
frog.man
frol.ic.some
front.age
fron.tal
fron.**tier**

fron.**tiers**.man
fron.tis.piece
frost.bite
frost.ing
froth.y
froze
fro.zen
fru.gal
fru.**gal**.i.ty
fruit.er
fruit.ful
fru.**i**.tion
fruit.less
frus.trate
frus.**tra**.tion
fry.er
fuch.sia
fu.el
fu.gi.tive
fugue
ful.crum
ful.**fill**
ful.**fill**.ment
full.back
full-blood.ed
full-fledged
full.ness
full-sized

ful.ly
ful.mi.nate
ful.some
fum.ble
fu.mi.gate
fu.mi.**ga**.tion
fu.mi.**ga**.tor
func.tion
func.tion.al
func.tion.**ar**.y
fun.da.**men**.tal
fu.ner.al
fu.**ne**.re.al
fun.gi, *pl.*
fun.gous, *adj.*
fun.gus,
fun.nel
fun.nies
fun.ni.est
fun.ny
fur
fur.bish
fu.ri.ous
fur.long
fur.lough
fur.nace
fur.nish
fur.nish.ings

fur.ni.ture
fu.ror
fur.ri.er
fur.row
fur.ry
fur.ther
fur.ther.ance
fur.ther.**more**
fur.ther.**most**
fur.thest
fur.tive
fu.ry *(rage)*
fu.se.lage
fu.si.**bil**.i.ty
fu.si.ble
fus.ing
fu.sion
fuss.i.ly
fuss.y
fus.ti.**gate**
fu.tile
fu.**til**.i.ty
fu.ture
fu.tur.ist
fu.**tu**.ri.ty
fuz.zy

G

ga.ble
gad.fly
gadg.et
gai.e.ty
gain.ful
gain.say
gait
gai.ter
gal.ax.y
gal.lant

gal.lant.ry
gall **blad**.der
gal.ler.ies
gal.ler.y
gal.ley
gal.lon
gal.lop
gal.lop.ing
gal.loped
gal.lows

gall.stone
ga.**lore**
ga.**losh**
gal.**van**.ic
gal.va.ni.**za**.tion
gal.va.nize
gam.bit
gam.ble *(to bet)*
gam.bler
gam.bling

gam.bol
game.ness
game.ster
ga.mete (*or* ga.**mete**)
.**gam**.ut
gan.gli.on
gang.plank
gan.grene
gang.ster
gang.way
gant.let
gan.try
ga.**rage**
gar.bage
gar.den.er
gar.**de**.ni.a
gar.gle
gar.goyle
gar.land
gar.lic
gar.ment
gar.ner
gar.net
gar.nish
gar.nish.**ee**
gar.nish.ment
gar.ri.son
gar.**ru**.li.ty
gar.ru.lous
gar.ter
gas.e.ous
gas.house
gas.ket
gas.light
gas.o.line
gas.tight
gas.tric
gas.tro.**nom**.ic
gas.**tron**.o.my
gate.way
gath.er
gath.er.ing
gaud.y

gauge
gaunt.let
gauze
gav.el
gawk.i.ness
gay.ly
gay.ness
ga.**zelle**
ga.**zette**
gear.ing
gear.shift
gel.a.tin
ge.**lat.i**.nous
gen.**darme**
gene
gen.e.**al**.o.gy
gen.er.al
gen.er.al.**is**.si.mo
gen.er.al.i.**za**.tion
gen.er.al.ize
gen.er.al.ly
gen.er.al.**ship**
gen.er.ate
gen.er.a.tion
gen.er.a.tive
gen.er.a.tor
ge.**ner**.ic
gen.er.**os**.i.ty
gen.er.ous
gen.e.sis
ge.**net**.ics
gen.ial
ge.ni.**al**.i.ty
gen.ial.ly
gen.i.tal
gen.i.tive
gen.ius
gen.o.cide
ge.nome
gen.teel
gen.tile
gen.**til**.i.ty
gen.tle

gen.tle.man
gen.tle.ness
gen.tly
gen.try
gen.u.flect
gen.u.**flec**.tion
gen.u.ine
ge.nus
ge.**og**.ra.pher
ge.o.**graph**.ic
ge.**og**.ra.phy
ge.o.**log**.ic
ge.**ol**.o.gist
ge.**ol**.o.gy
ge.o.**met**.ric
ge.o.**met**.ri.cal
ge.**om**.e.try
ge.o.**phys**.ics
ge.o.**pol**.i.tics
ge.**ra**.ni.um
ger.i.**at**.rics
Ger.man
ger.**mane**
ger.mi.cide
ger.mi.nate
ger.mi.**na**.tion
germ plasm
germ.proof
ger.und
ges.**ta**.tion
ges.**tic**.u.late
ges.**tic**.u.**la**.tion
ges.ture
get.a.**way**
ghast.li.ness
ghast.ly
ghet.to
ghost.like
ghost.ly
ghoul.ish
gi.ant
gib.ber.ish
gib.let

gid.di.ness
gid.dy
gi.gan.tic
gig.gle
gilt-edged
gim.let
gim.mick
gin.ger
gin.ger.bread
gin.ger.ly
gin.ger.snap
ging.ham
gi.raffe
gird.er
gir.dle
girl.hood
girl.ish
girth
give.a.way
giv.en
giv.er
giz.zard
gla.cial
gla.cier
glad.den
glad.i.a.tor
glad.i.o.lus
glad.ly
glad.ness
glam.or.ous
glam.our
glance
glanc.ing
glan.du.lar
glar.ing
glass.ful
glass.ware
glass.y
gla.zier
gleam.y
glean.ing
glee.ful
glib.ness

glid.er
glid.ing
glim.mer
glimpse
glimps.ing
glis.ten
glit.ter
gloam.ing
gloat.ing
glob.al
globe.trot.ter
glob.u.lar
gloom.i.ly
gloom.i.ness
gloom.y
glo.ri.fi.ca.tion
glo.ri.fi.er
glo.ri.fy
glo.ri.ous
glo.ry
glos.sa.ry
gloss.i.ness
gloss.y
glow.er
glo.worm
glu.cose
glue
glu.ing
glum.ly
glum.ness
glu.ten
glu.ti.nous
glut.ton
glut.ton.ous
glut.ton.y
glyc.er.in
gnarl
gnarled
gnash
gnat
gnaw
gnaw.ing
gnome

goal.keep.er
goat.skin
gob.ble
gob.bler
gob.let
gob.lin
go.cart
god.child
god.daugh.ter
god.dess
god.fa.ther
god.less
god.like
god.ly
god.moth.er
god.par.ent
god.send
god.son
God.speed
go.get.ter
gog.gles
go.ing
goi.ter
gold brick, *n.*
gold.brick, *v.*
gold.en
gold.en.rod
gold.fish
gold.smith
golf.er
gon.do.lier
good-by
good-look.ing
good.ly
good.na.tured
good.ness
good-tem.pered
good will
goose.ber.ry
goose.foot
goose.herd
goose.neck
go.pher

gor.geous
go.ril.la
gos.pel
gos.sa.mer
gos.sip.ing
Goth.ic
got.ten
goug.ing
gou.lash
gourd
gour.mand
gour.met
gout
gov.ern
gov.ern.a.ble
gov.ern.ess
gov.ern.ment
gov.ern.men.tal
gov.er.nor
gov.er.nor.ship
grace.ful
grace.less
gra.cious
gra.da.tion
gra.di.ent
grad.u.al
grad.u.ate
grad.u.at.ing
grad.u.a.tion
graft.er
graft.ing
gram
gram.mar
gram.mar.i.an
gram.mat.i.cal
gram.o.phone
gran.a.ry
grand.aunt
grand.child
grand.daugh.ter
gran.dee
gran.deur
grand.fa.ther

gran.dil.o.quent
gran.di.ose
grand.moth.er
grand.neph.ew
grand.niece
grand.son
grand.stand
grand.un.cle
grang.er
gran.ite
gran.tee
grant.or
gran.u.lar
gran.u.late
gran.u.la.tion
grape.fruit
grape juice
grape.shot
grape.vine
graph.ic
graph.ite
graph.ol.o.gy
grap.nel
grap.ple
grasp.ing
grass.hop.per
grass.land
grass-roots
grass.y
grate.ful
grat.i.fi.ca.tion
grat.i.fied
grat.i.fi.er
grat.i.fy
grat.i.fy.ing
grat.ing
gra.tis
grat.i.tude
gra.tu.i.ties
gra.tu.i.tous
gra.tu.i.ty
grave.clothes
grav.el

grave.ness
grave.stone
grave.yard
gra.vies
grav.i.tate
grav.i.ta.tion
grav.i.ta.tion.al
mass
grav.i.ty
gra.vy
gray.beard
gray.ish
gray.ness
graz.ing
greas.er
greas.i.ness
greas.y
great.coat
great.heart.ed
greed.i.ly
greed.y
green.back
green.er.y
green-eyed
green.gage
green.gro.cer
green.horn
green.house
green.ing
green.ish
green mail
green.room
greet.ing
gre.gar.i.ous
Gre.go.ri.an
grem.lin
gre.nade
gren.a.dier
gren.a.dine
grey.hound
grid.dle
grid.dle.cake
grid.i.ron

grid.lock
griev.ance
griev.ous
grif.fon
grill.room
gri.mace
grim.ly
grim.mest
grim.ness
grin
grind.stone
grinned
grin.ning
grip *(grasp)*
grippe
grip.ping
gris.ly
gris.tle
grist.mill
grit.ty
griz.zle
griz.zly
gro.cer.ies
gro.cer.y
grog.gy
gross.ly
gro.tesque
grounch.y
ground.less
ground wa.ter
ground.work
grov.el
grow.er
growl.er
grown.up

growth
grudge
grudg.ing
gru.el
grue.some
grum.ble
grump.y
guar.an.tee
guar.an.tee.ing
guar.an.tor
guar.an.ty
guard.house
guard.i.an
guard.room
guards.man
Gua.te.ma.lan
gu.ber.na.to.ri.al
guer.ril.la
guess.work
guest room
guf.faw
guid.a.ble
guid.ance
guile.less
guil.lo.tine
guilt.i.ly
guilt.less
guilt.y
guimpe
guin.ea
gui.tar
gulden *(coin)*
gul.li.bil.i.ty
gul.li.ble
gul.lies

gul.ly
gum.bo
gum.drop
gum.my
gump.tion
gun.boat
gun.cot.ton
gun.fire
gun.lock
gun.man
gun.ner
gun.pow.der
gun.run.ner
gun.shot
gun.wale
gup.py
gur.gle
gush.er
gus.to
gust.y
gut.ter
gut.ter.snipe
gut.tur.al
guz.zle
gym.na.si.um
gym.nast
gym.nas.tic
gym.nas.tics
gyn.e.col.o.gy
gyp.sum
gyp.sy
gy.rate
gy.ra.tion
gy.ro.scope

H

hab.er.dash.er
hab.er.dash.er.y
hab.it

hab.it.a.ble
hab.it.ant
hab.i.tat

hab.i.ta.tion
ha.bit.u.al
ha.bit.u.ate

hab.i.tude
ha.bit.u.é
hack.le
hack.man
hack.ney
hack.neyed
had.dock
Ha.des
hag.gard
hag.gle
hag.i.ol.o.gy
hail.stone
hail.storm
hair.brush
hair.cut
hair.do
hair.dress.er
hair.i.ness
hair net
hair.pin
hair-rais.ing
hair.split.ting
hair.spring
hair.y
Hai.ti.an
hal.cy.on
half.back
half-breed
half broth.er
half-fin.ished
half.heart.ed
half-mast
half-moon
half.pen.ny
half.tone
half.track
half-truth
half.way
half-wit.ted
hal.i.but
hal.i.to.sis
hal.le.lu.jah
hall.mark

hal.low
Hal.low.een
hal.lu.ci.nate
hal.lu.ci.na.tion
hal.lu.ci.na.to.ry
hall.way
hal.ter
halt.ing
halves
ham.burg.er
ham.let
ham.mer
ham.mock
ham.per
ham.ster
ham.string
hand.bag
hand.ball
hand.bill
hand.book
hand.cart
hand.cuff
hand.ed
hand.ful
hand.i.cap
hand.i.capped
hand.i.craft
hand.i.ly
hand.i.ness
hand.i.work
hand.ker.chief
han.dle
han.dling
hand.made
hand.out
hand.rail
hand.saw
hand.some
hand.spike
hand.spring
hand-to-mouth
hand.work
hand-worked

hand.writ.ing
hand.y
hand.y. man
hang.ar
hang.er
hang.ing
hang.man
hang.nail
hang-o.ver
han.ker
hap.haz.ard
hap.less
hap.loid
hap.pen
hap.pen.ing
hap.pi.er
hap.pi.ly
hap.pi.ness
hap.py
hap.py-go-luck.y
ha.rangue
har.ass
har.ass.ing
har.bin.ger
har.bor
hard-boiled
hard.en
hard.ened
hard.fist.ed
hard.head
hard.head.ed
hard.heart.ed
har.di.hood
har.di.ly
har.di.ness
hard.ly
hard.ness
hard.ship
hard.tack
hard.ware
hard.wood
har.dy
hare.brained

hare.lip	**have**.lock	**health**.i.ness
ha.rem	**ha**.ven	**health**.y
Har.le.quin	**hav**.er.sack	**hear**.ing
har.lot	**hav**.oc	**heark**.en
harm.ful	**hawk-eyed**	**hear**.say
harm.less	**haw**.ser	hearse
har.**mon**.ic	**haw**.thorn	**heart.ache**
har.**mon**.i.ca	hay **fe**.ver	**heart.beat**
har.**mo**.ni.ous	**hay.fork**	**heart.break**
har.mo.ni.**za**.tion	**hay.mak**.er	**heart.bro**.ken
har.mo.nize	**hay.rack**	**heart.burn**
har.mo.ny	**hay.seed**	**heart**.ed
har.ness	**hay.stack**	**heart**.en
harp.ist	**hay.ward**	**heart.felt**
har.**poon**	**haz**.ard	hearth
harp.si.chord	**haz**.ard.ous	**hearth.stone**
har.ri.er	**ha**.zel	**heart**.i.ly
har.row	**ha**.zel.**nut**	**heart.land**
har.ry	**ha**.zi.ly	**heart**.less
Har.vard	**ha**.zy	**heart-rend**.ing
har.vest	H-bomb	**heart.scald**
har.vest.er	**head.ache**	**heart**.sick
has.sock	**head.band**	**heart.string**
has.ten	**head.dress**	**heart.throb**
hast.i.ly	**head.first**	**heart**.y
hast.y	**head.hunt**.er	**heat**.er
hat.band	**head**.i.ness	**hea**.then
hat.box	**head**.ing	**heath**.er
hat.brush	**head.land**	**heat.proof**
hatch.er	**head**.less	**heav**.en
hatch.er.y	**head.light**	**heav**.en.ly
hatch.et	**head**.line	**heav**.en.ward
hatch.ing	**head**.long	**heav**.i.er
hate.ful	**head.piece**	**heav**.i.ly
hat.er	**head.quar**.ters	**heav**.i.ness
hat.rack	**head.room**	**heav**.ing
ha.tred	**head.spring**	**heav**.y
hat.stand	**head**.strong	**heav**.y-**du**.ty
hat.**ter**	**head.wai**.ter	**heav**.y.-**fist**.ed
haugh.ti.ly	**head.wa**.ters	**heav**.y-**foot**.ed
haugh.ty	**head.way**	**heav**.y-**hand**.ed
haul.age	**head.work**	**heav**.y.**heart**.ed
haunch	**health**.ful	**heav**.y.**weight**

He.**bra**.ic
He.brew
heck.le
hec.tic
hec.to.graph
hedge.hog
he.don.ism
heed.ful
heed.less
heel.piece
he.**gem**.o.ny
height
height.en
hei.nous
heir
heir.ess
heir.loom
hel.i.**cop**.ter
he.li.o.**graph**
he.li.um
hell.cat
hell.ish
hel.met
hel.met.ed
help.er
help.ful
help.less
help.mate
he.ma.**to**.sis
hem.i.sphere
hem.i.**spher**.ic
hem.lock
he.mo.**glo**.bin
he.mo.**phil**.i.a
hem.or.rhage
hem.or.rhoid
hem.stitch
hence.forth
hence.for.ward
hench.man
hen.pecked
he.**pat**.ic
hep.a.**ti**.tis

hep.ta.gon
her.ald
he.**ral**.dic
her.ald.ry
her.**ba**.ceous
herb.age
herb.al
her.bi.cide
her.bi.vore
her.**biv**.o.rous
her.**cu**.le.an
herd.er
herds.man
here.a.**bout**
here.**aft**.er
her.**red**.i.**tar**.y
he.**red**.i.ty
here.**in**
here.in.aft.er
here.**in**.be.**fore**
her.e.sy
her.e.tic
he.**ret**.i.cal
here.to.**fore**
here.up.**on**
here.**with**
her.it.age
her.**met**.ic
her.mit
her.mit.age
her.ni.a
he.ro
he.roes
he.**ro**.ic
he.**ro**.i.cal
her.o.in *(drug)*
her.o.ism
her.on
her.ring
her.ring.**bone**
her.**self**
hes.i.tan.cy
hes.i.tant

hes.i.tate
hes.i.**ta**.tion
het.er.o.dox
het.er.o.ge.**ne**.i.ty
het.er.o.**ge**.ne.ous
het.er.o.**sex**.u.al
het.ero.**zy**.gous
hex.a.gon
hex.ag.o.nal
hex.am.e.ter
hex.an.gu.lar
hey.day
hi.**a**.tus
hi.ber.nate
hi.ber.**na**.tion
hi.**bis**.cus
hic.cup
hick.o.ry
hid.den
hide.bound
hid.e.ous
hi.er.arch
hi.er.**ar**.chal
hi.er.**arch**.y
hi.er.at.ic
hi.er.o.**glyph**.ic
hi-fi
high.ball
high.born
high.bred
high-brow
high-fi.**del**.i.ty
high-flown
high.hand.ed
high.land
high.land.er
high.light
high.ly
high- **mind.ed**
high.ness
high-pres.sure
high.road
high school

high sea
high-sound.ing
high-spir.it.ed
high-strung
high-ten.sion
high-test
high.way
hi.jack
hi.lar.i.ous
hi.lar.i.ty
hil.ding
hill.bil.ly
hill.i.ness
hill.ock
hill.side
hill.top
hill.y
him.self
hind.er, *adj.*
hin.der, *v.*
hind.quart.er
hin.drance
hind.sight
hinge
hing.ing
hin.ter.land
hip.bone
hip.po.drome
hip.po.pot.a.mus
hire-ling
hiss.ing
his.ta.mine
his.tol.o.gy
his.to.ri.an
his.tor.ic
his.tor.i.cal.
his.to.ries
his.to.ry
his.tri.on.ic
hit-and-run
hitch.hike
hith.er
hith.er.to

hives
hoard.ing
hoar.i.ness
hoarse
hoar.y
hob.bies
hob.ble
hob.by.horse
hob.gob.lin
hob.nail
hob.nob
ho.bo
hock.ey
hodge.podge
hoe.ing
hog.gish
hogs.head
hog.wash
hoist.er
hold.er
hold.fast
hold.ing
hold.o.ver
hold.up
hole.y
hol.i.day
ho.li.ness
Hol.land.er
hol.low
hol.o.caust
hol.ster
ho.ly
hom.age
home.bred
home e.co.nom.ics
home.less
home.like
home.li.ness
home.ly
home.made
home.mak.er
ho.me.o.path
ho.me.op.a.thy

home.own.er
Ho.mer.ic
home.sick
home.spun
home.stead
home.ward
home.work
home.y
hom.i.cide
hom.i.lies
hom.i.ly
hom.ing bea.con
hom.i.ny
ho.mo.ge.ne.i.ty
ho.mo.ge.ne.ous
ho.mog.e.nized
ho.mol.o.gous
hom.o.nym
ho.mo.sex.u.al
ho.mo.zy.gous
Hon.du.ran
hon.est
hon.es.ty
hon.ey
hon.ey.bee
hon.ey.comb
hon.ey.dew
hon.eyed
hon.ey.moon
hon.ey.suck.le
hon.or
hon.or.a.ble
hon.o.rar.i.um
hon.or.ar.y
hood.ed
hood.lum
hoo.doo
hood.wink
hoof.er
hook.up
hook.worm
hool.i.gan
hope.ful

hope.less
hop.per
hop.scotch
hore.hound
ho.ri.zon
hor.i.zon.tal
hor.mone
hor.net
horn.y
hor.o.scope
hor.ri.ble
hor.rid
hor.ri.fied
hor.ri.fy
hor.ror
horse.back
horse.flesh
horse.fly
horse.hair
horse.hide
horse.laugh
horse.less
horse.man
horse.play
horse.pow.er
horse.rad.ish
horse.shoe
horse.whip
horse.wom.an
hors.y
hor.ti.cul.tur.al
hor.ti.cul.ture
ho.sier
ho.sier.y
hos.pi.ta.ble
hos.pi.tal
hos.pi.tal.i.ty
hos.tage
hos.tel.ry
host.ess
hos.tile
hos.til.i.ty
hot.bed

hot dog
ho.tel
hot.foot
hot.head
hot.head.ed
hot.house
hot.ly
hot plate
hot rod
hot.spur
hour.glass
hour.ly
house.boat
house.break.ing
house.coat
house.dress
house.fly
house.ful
house.hold
house.hold.er
house.keep.er
house.maid
house.own.er
house.top
house.warm.ing
house.wife
house.work
hous.ing
hov.el
hov.er
how.ev.er
howl.er
hub.bub
huck.le.ber.ry
huck.ster
hud.dle
huff.i.ly
huff.y
huge.ness
hu.la-hu.la
hulk.ing
hul.la.ba.loo
hu.man

hu.mane
hu.man.ism
hu.man.ist
hu.man.is.tic
hu.man.i.tar.i.an
hu.man.i.ties
hu.man.i.ty
hu.man.ize
hu.man.kind
hu.man.ly
hum.ble
hum.ble.ness
hum.bly
hum.bug
hum.drum
hu.mid
hu.mid.i.fy
hu.mid.i.ty
hu.mi.dor
hu.mil.i.ate
hu.mil.i.a.tion
hu.mil.i.ty
hum.ming
hum.ming.bird
hum.mock
hu.mor
hu.mor.esque
hu.mor.ist
hu.mor.ous
hump.back
hu.mus
hunch.back
hun.dred
hun.dred.fold
hun.dredth
hun.dred.weight
Hun.gar.i.an
hun.ger
hun.gri.er
hun.gri.ly
hun.gry
hunt.er
hunt.ress

hunts.man
hur.dle
hur.dy-gur.dy
hur.ly-bur.ly
hur.rah
hur.ri.cane
hur.ried
hur.ry
hurt.ful
hur.tle
hus.band
hus.band.ry
hush mon.ey
husk.i.ly
husk.i.ness
husk.ing
husk.y
hus.sar
hus.sy
hus.tle
hy.a.cinth
hy.a.line
hy.brid
hy.dran.ge.a
hy.drant
hy.drate
hy.drau.lic
hy.dro.car.bon

hy.dro.chlo.ric
hy.dro.dy.nam.ics
hy.dro.e.lec.tric
hy.dro.gen
hy.drog.ra.phy
hy.drol.y.sis
hy.drom.e.ter
hy.dro.pho.bi.a
hy.dro.plane
hy.dro.pon.ic
hy.dro.scope
hy.dro.stat.ic
hy.dro.ther.a.py
hy.e.na
hy.giene
hy.gi.en.ic
hy.grom.e.ter
hy.gro.scope
hy.gro.scop.ic
hy.men
hy.me.ne.al
hymn
hy.per.bo.la *(curve)*
hy.per.bo.le
hy.per.crit.i.cal
hy.per.es.the.sia
hy.per.phys.i.cal
hy.per.sen.si.tive

hy.per.son.ic
hy.per.ten.sion
hy.phen
hy.phen.ate
hyp.no.sis
hyp.not.ic
hyp.no.tism
hyp.no.tist
hy.po.chon.dri.a
hy.po.chon.dri.ac
hy.poc.ri.sy
hyp.o.crite
hyp.o.crit.i.cal
hy.po.der.mic
hy.po.gas.tric
hy.pot.e.nuse
hy.poth.e.ca.te
hy.poth.e.ses, *pl.*
hy.poth.e.sis
hy.po.thet.i.cal
hys.sop
hys.ter.ec.to.my
hys.te.ri.a
hys.ter.i.cal
hys.ter.ics
hys.ter.ot.o.my

I

i.am.bic
i.am.bus
I.be.ri.an
i.bex *(goat)*
i.bis *(bird)*
ice bag
ice.berg
ice.boat
ice.bound
ice.box

ice.break.er
ice cream
ice.man
i.ci.cle
i.ci.ly
i.ci.ness
ic.ing
i.con
i.con.o.clast
i.de.a

i.de.al
i.de.al.ism
i.de.al.ist
i.de.al.is.tic
i.de.al.ize
i.de.al.ly
i.de.a.tion
i.den.ti.cal
i.den.ti.fi.ca.tion
i.den.ti.fies

i.**den**.ti.fy
id.e.o.**gram**
id.e.**ol**.o.gy
id.i.o.cy
id.i.om
id.i.o.**mat**.ic
id.i.o.**syn**.cra.sy
id.i.ot
id.i.**ot**.ic
i.dle
i.dle.ness
i.dly
i.dol
i.**dol**.a.ter
i.**dol**.a.trous
i.**dol**.a.try
i.**dol**.ize
i.dyl
i.**dyl**.lic
ig.loo
ig.ne.ous
ig.**nite**
ig.**nit**.i.ble
ig.**ni**.tion
ig.**no**.ble
ig.no.**min**.i.ous
ig.no.min.y
ig.no.**ra**.mus
ig.no.rance
ig.no.rant
ig.**nore**
i.**gua**.na
il.i.ac
ilk
ill-bred
il.**le**.gal
il.**le**.**gal**.i.ty
il.**leg**.i.**bil**.i.ty
il.**leg**.i.ble
il.le.**git**.i.ma.cy
il.le.**git**.i.mate
ill-fat.ed
ill-got.ten

il.**lib**.er.al
il.**lic**.it
il.**lim**.it.a.ble
il.**lit**.er.a.cy
il.**lit**.er.ate
ill.ness
il.**log**.i.cal
ill-starred
ill-tem.pered
ill-treat
il.**lu**.mi.nate
il.**lu**.mi.**na**.tion
il.**lu**.mine
ill.**us**.age
il.**lu**.sion
il.**lu**.sive
il.**lu**.so.ry
il.lus.trate
il.**lus**.**tra**.tion
il.**lus**.tra.tive
il.**lus**.**tra**.tor
il.**lus**.tri.ous
im.age
im.age.ry
im.**ag**.i.na.ble
im.**ag**.i.**nar**.y
im.**ag**.i.**na**.tion
im.**ag**.i.**na**.tive
im.**ag**.ine
im.**bal**.ance
im.be.cile
im.be.**cil**.i.ty
im.**bibe**
im.**bib**.er
im.bri.cate
im.bri.**cat**.ed
im.bri.**ca**.tion
im.**bro**.glio
im.**bue**
im.**bu**.ing
im.i.ta.ble
im.i.tate
im.i.**ta**.tion

im.i.**ta**.tive
im.i.**ta**.tor
im.**mac**.u.late
im.**ma**.nent
im.**ma**.**te**.ri.al
im.**ma**.**ture**
im.**meas**.ur.a.ble
im.**me**.di.a.cy
im.**me**.di.ate
im.**me**.di.ate.ly
im.me.**mo**.ri.al
im.**mense**
im.**men**.si.ty
im.**merge**
im.**merse**
im.**mer**.sion
im.mi.grant
im.mi.grate
im.mi.**gra**.tion
im.mi.nence
im.mi.nent
im.**mis**.ci.ble
im.**mo**.bile
im.**mo**.bi.li.**za**.tion
im.**mo**.bi.lize
im.**mod**.er.ate
im.**mod**.est
im.mo.late
im.mo.**la**.tion
im.**mor**.al
im.mo.**ral**.i.ty
im.**mor**.tal
im.mor.**tal**.i.ty
im.**mor**.tal.ize
im.**mov**.a.ble
im.**mov**.a.bly
im.**mune**
im.**mune** re.**sponse**
im.**mu**.ni.ty
im.**mu**.ni.**za**.tion
im.**mu**.nize
im.mu.no.**ther**.a.py
im.**mu**.ta.**bil**.i.ty

im.**mu**.ta.ble
im.**pact,** *v.*
im.pact, *n.*
im.**pair**
im.**pair**.ment
im.**pale**
im.**pal**.pa.ble
im.**pan**.el
im.**par**.i.ty
im.**part**
im.**par**.tial
im.par.ti.**al**.i.ty
im.**part**.i.ble
im.**pass**.a.**bil**.i.ty
im.**pass**.a.ble
im.**passe**
im.**pas**.si.**bil**.i.ty
im.**pas**.si.ble
im.**pas**.sion.ate
im.**pas**.sioned
im.**pas**.sive
im.**pa**.tience
im.**pa**.tient
im.**pav**.id
im.**peach**
im.**peach**.a.ble
im.**peach**.ment
im.**pec**.ca.**bil**.i.ty
im.**pec**.ca.ble
im.pe.**cu**.ni.ous
im.**ped**.ance
im.**pede**
im.**ped**.i.ment
im.**ped**.i.**men**.ta
im.**pel**
im.**pel**.lent
im.**pelled**
im.**pel**.ling
im.**pend**
im.**pend**.ing
im.**pen**.e.tra.**bil**.i.ty
im.**pen**.e.tra.ble
im.**pen**.i.tence

im.**per**.a.tive
im.per.**cep**.ti.ble
im.**per**.fect
im.**per**.**fec**.tion
im.**per**.fect.ly
im.**per**.fo.rate
im.**per**.fo.**rat**.ed
im.**pe**.ri.al
im.**pe**.ri.al.ism
im.**pe**.ri.al.ist
im.**per**.il
im.**pe**.ri.ous
im.**per**.ish.a.ble
im.**per**.me.a.ble
im.**per**.son.al
im.**per**.son.ate
im.**per**.son.**a**.tion
im.**per**.son.**a**.tor
im.**per**.ti.nence
im.**per**.ti.nen.cy
im.**per**.ti.nent
im.per.**turb**.a.ble
im.**per**.vi.ous
im.pe.**ti**.go
im.**pet**.u.**os**.i.ty
im.**pet**.u.ous
im.pe.tus
im.**pi**.e.ty
im.**pinge**
im.pi.ous
imp.ish
im.**pla**.ca.**bil**.i.ty
im.**pla**.ca.ble
im.**plant**
im.**plan**.**ta**.tion
im.ple.ment
im.**ple**.tion
im.pli.cate
im.pli.**ca**.tion
im.**plic**.it
im.**plied**
im.**plore**
im.**plor**.ing

im.**ply**
im.po.**lite**
im.**pol**.i.tic
im.**pon**.der.a.ble
im.**port,** *v.*
im.port, *n.*
im.**port**.a.ble
im.**por**.tance
im.**por**.tant
im.**por**.**ta**.tion
im.**por**.tu.nate
im.**por**.**tune**
im.**por**.**tu**.ni.ty
im.**pose**
im.**pos**.ing
im.po.**si**.tion
im.**pos**.si.**bil**.i.ty
im.**pos**.si.ble
im.**pos**.si.bly
im.post
im.**pos**.tor
im.**pos**.ture
im.po.tence
im.po.ten.cy
im.po.tent
im.**pound**
im.**pov**.er.ish
im.**prac**.ti.ca.ble
im.**prac**.ti.cal
im.pre.cate
im.pre.**ca**.tion
im.**preg**.na.ble
im.**preg**.nate
im.preg.**na**.tion
im.pre.**sa**.ri.o
im.**press,** *v.*
im.press, *n.*
im.**press**.i.ble
im.**pres**.sion
im.**pres**.sion.a.ble
im.**pres**.sion.**ism**
im.**pres**.sive
im.**pri**.mis

im.**print,** *v.*
im.print, *n.*
im.**pris**.on
im.**pris**.on.ment
im.**prob**.a.**bil**.i.ty
im.**prob**.a.ble
im.**promp**.tu
im.**prop**.er
im.**pro.pri**.e.ty
im.**prov**.a.ble
im.**prove**
im.**prove**.ment
im.**prov**.i.dence
im.**prov**.i.dent
im.**prov**.ing
im.**pro.vi.sa**.tion
im.**pro**.vise
im.**pru**.dence
im.**pru**.dent
im.pu.dence
im.pu.dent
im.**pugn**
im.**pugn**.a.ble
im.pulse
im.**pul**.sion
im.**pul**.sive
im..**pu**.ni.ty
im.**pure**
im.**pu**.ri.ty
im.**put**.a.ble
im.pu.**ta**.tion
im.**pute**
im.**put**.ing
in.a.**bil**.i.ty
in.ac.**ces**.si.**bil**.i.ty
in.ac.**ces**.si.ble
in.**ac**.cu.ra.cy
in.**ac**.cu.rate
in.**ac**.tion
in.**ac**.tive
in.**ac.tiv**.i.ty
in.a.**dapt**.a.ble
in.**ad**.e.qua.cy

in.**ad**.e.quate
in.ad.**mis**.si.ble
in.ad.**vert**.ence
in.ad.**vert**.ent
in.ad.**vis**.a.ble
in.**al**.ien.**a**.ble
in.**al**.ter.**a**.ble
in.**ane**
in.**an**.i.mate
in.**an**.i.ty
in.ap.**peas**.a.ble
in.**ap**.pe.tence
in.**ap**.pli.ca.ble
in.**ap**.po.site
in.ap.**pre**.ci.a.ble
in.ap.**pre**.ci.**a**.tive
in.ap.**pro**.pri.ate
in.**ar.tic**.u.late
in.**ar.tis**.tic
in.as.**much**
in.at.**ten**.tion
in.at.**ten**.tive
in.**au**.di.ble
in.**au**.gu.ral
in.**au**.gu.rate
in.**au**.gu.**rat**.ing
in.**au**.gu.ra.tion
in.aus.**pi**.cious
in.born
in.bred
in.breed
in.**cal**.cu.la.ble
in.can.**desce**
in.can.**des**.cence
in.can.**des**.cent
in.can.**ta**.tion
in.ca.pa.**bil**.i.ty
in.**ca**.pa.ble
in.ca.**pa**.cious
in.ca.**pac**.i.tate
in.ca.**pac**.i.**ta**.tion
in.ca.**pac**.i.ty
in.car.cer.ate

in.**car**.cer.**a**.tion
in.**car**.di.**nate**
in.**car**.na.**dine**
in.**car**.nate
in.car.**na**.tion
in.**case**.ment
in.**cau**.tious
in.**cen**.di.**ar**.y
in.**cense,** *v.*
in.cense, *n.*
in.**cen**.tive
in.**cep**.tion
in.**ces**.sant
in.**ces**.tu.ous
inch.meal
in.**cho**.ate
inch.worm
in.ci.dence
in.ci.dent
in.ci.**den**.tal
in.ci.**den**.tal.ly
in.**cin**.er.ate
in.**cin**.er.**a**.tor
in.**cip**.i.ent
in.**cise**
in.**ci**.sion
in.**ci**.sive
in.**ci**.sor
in.ci.**ta**.tion
in.**cite**
in.**cite**.ment
in.**cit**.ing
in.ci.**vil**.i.ty
in.**clem**.en.cy
in.**clem**.ent
in.cli.**na**.tion
in.**cline,** *v.*
in.cline, *n,*
in.**clined**
in.**clin**.ing
in.**clude**
in.**clud**.ed
in.**clud**.ing

in.**clu**.sion
in.**clu**.sive
in.**cog**.ni.to
in.co.**her**.ence
in.co.**her**.ent
in.com.**bus**.ti.ble
in.come
in.**com**.ing
in.com.**men**.su.ra.ble
in.com.**men**.su.rate
in.com.**mu**.ni.ca.ble
in.com.**mu**.ni.**ca**.do
in.**com**.pa.ra.ble
in.com.**pat**.i.**bil**.i.ty
in.com.**pat**.i.ble
in.**com**.pe.tence
in.**com**.pe.tent
in.com.**plete**
in.com.**pli**.ant
in.com.pre.**hen**.si.ble
in.con.**ceiv**.a.ble
in.con.**clu**.sive
In.con.**gru**.i.ty
in.**con**.gru.ous
in.**con**.se.quent
in.**con**.se.**quen**.tial
in.con.**sid**.er.ate
in.con.**sist**.en.cy
in.con.**sis**.ent
in.con.**sol**.a.ble
in.con.**spic**.u.ous
in.**con**.stan.cy
in.**con**.stant
in.con.**test**.a.ble
in.**con**.ti.nence
in.con.tro.**vert**.i.ble
in.con.**ven**.ience
in.con.**ven**.ient
in.con.**vert**.i.ble
in.**cor**.po.rate
in.**cor**.po.**ra**.tion
in.**cor**.po.**ra**.tor
in.**cor**.**po**.re.al

in.**cor**.**rect**
in.**cor**.ri.gi.**bil**.i.ty
in.**cor**.ri.gi.ble
in.**cor**.**rupt**
in.**cor**.**rupt**.i.ble
in.**crease,** *v.*
in.crease, *n..*
in.**creas**.ing.ly
in.**cred**.i.**bil**.i.ty
in.**cred**.i.ble
in.cre.**du**.li.ty
in.**cred**.u.lous
in.cre.ment
in.**crim**.i.nate
in.**crim**.i.**nat**.ing
in.crus.**ta**.tion
in.cu.bate
in.cu.**ba**.tion
in.cu.**ba**.tor
in.cu.bus
in.**cul**.cate
in.**cul**.**ca**.tion
in.cul.pate
in.cul.**pa**.tion
in.**cum**.ben.cy
in.**cum**.bent
in.**cum**.ber
in.cu.**nab**.u.la
in.cur
in.**cur**.a.ble
in.cu.ri.ous
in.**curred**
in.**cur**.ring
in.**cur**.sion
in.cur.**va**.tion
in.**debt**.ed.ness
in.**de**.cen.cy
in.**de**.cent
in.de.**ci**.pher.a.ble
in.de.**ci**.sion
in.de.**ci**.sive
in.de.**clin**.a.ble
in.**dec**.o.rous

in.de.**co**.rum
in.**deed**
in.de.**fat**.i.ga.ble
in.de.**fea**.si.ble
in.de.**fen**.si.ble
in.de.**fin**.a.ble
in.**def**.i.nite
in.**del**.i.ble
in.**del**.i.ca.cy
in.**del**.i.cate
in.**dem**.ni.fi.**ca**.tion
in.**dem**.ni.fies
in.**dem**.ni.fy
in.**dem**.ni.ties
in.**dem**.ni.ty
in.**dent**
in.**den**.**ta**.tion
in.**dent**.ed
in.**den**.tion
in.**den**.ture
in.de.**pend**.ence
in.de.**pend**.ent
in.de.**scrib**.a.ble
in.de.**struct**.i.ble
in.de.**ter**.mi.na.ble
in.de.**ter**.mi.nate
in.dex
in.dex.**a**.tion
in.dex.er
In.di.an
in.di.cate
in.di.**cat**.ing
in.di.**ca**.tion
in.**dic**.a.tive
in.di.**ca**.tor
in.di.ca.**to**.ry
in.di.ces, *pl.*
in.**dict**
in.**dict**.a.ble
in.**dic**.tion
in.**dict**.ment
In.dies
in.**dif**.fer.ence

in.**dif**.fer.ent
in.di.gence
in.**dig**.e.nous
in.di.gent
in.di.**gest**.i.ble
in.di.**ges**.tion
in.**dig**.nant
in.dig.**na**.tion
in.**dig**.ni.ties
in.**dig**.ni.ty
in.di.go
in.di.**rect**
in.di.**rec**.tion
in.dis.**cern**.i.ble
in.dis.**creet**
in.dis.**crete**
in.dis.**cre**.tion
in.dis.**crim**.i.nate
in.dis.**crim**.i.**na**.tion
in.dis.**pen**.sa.ble
in.dis.**posed**
in.dis.po.**si**.tion
in.dis.**pu**.ta.ble
in.dis.**so**.lu.ble
in.dis.**tinct**
in.dis.**tinct**.ly
in.dis.**tin**.guish.a.ble
in.di.um
in.di.**vid**.u.al
in.di.**vid**.u.al.ism
in.di.**vid**.u.al.ist
in.di.**vid**.u.**al**.i.ty
in.di.**vid**.u.al.ize
in.di.**vid**.u.al.ly
in.di.**vis**.i.ble
in.**doc**.ile
in.**doc**.tri.nate
in.**doc**.tri.**na**.tion
in.do.lence
in.do.lent
in.**dom**.i.ta.ble
in.**door**
in.**doors**

in.**dorse**
in.**drawn**
in.**du**.bi.ta.ble
in.**duce**
in.**duce**.ment
in.**duct**
in.**duc**.tile
in.**duc**.tion
in.**duc**.tive
in.**duc**.tor
in.**due**
in.**dulge**
in.**dul**.gence
in.**dul**.gent
in.du.rate
in.du.**ra**.tion
in.**dus**.tri.al
in.**dus**.tri.al.ism
in.**dus**.tri.al.ist
in.**dus**.tri.al.ize
in.dus.tries
in.**dus**.tri.ous
in.dus.try
in.**e**.bri.ate
in.**e**.bri.**at**.ed
in.**e**.bri.**a**.tion
in.**e**.**bri**.e.ty
in.**ed**.i.ble
in.**ef**.fa.ble
in.**ef**.**face**.a.ble
in.**ef**.**fec**.tive
in.**ef**.**fec**.tu.al
in.**ef**.fi.**ca**.cious
in.**ef**.fi.ca.cy
in.**ef**.**fi**.cienc.cy
in.**ef**.**fi**.cient
in.**el**.e.gance
in.**el**.e.gant
in.**el**.i.gi.**bil**.i.ty
in.**el**.i.gi.ble
in.e.**luc**.ta.ble
in.ept
in.**ept**.i.tude

in.e.**qual**.i.ty
in.**eq**.ui.ta.ble
in.**eq**.ui.ty
in.e.**rad**.i.ca.ble
in.e.**ras**.a.ble
in.**ert**
in.**er**.tia
in.es.**cap**.a.ble
in.es.**sen**.tial
in.**es**.ti.ma.ble
in.**ev**.i.ta.**bil**.i.ty
in.**ev**.i.ta.ble
in.ex.**act**
in.ex.**act**.i.tude
in.ex.**cus**.a.ble
in.ex.**haust**.i.ble
in.**ex**.o.ra.ble
in.ex.**pe**.di.ent
in.ex.**pen**.sive
in.ex.**pe**.ri.ence
in.ex.**pert**
in.ex.pi.a.ble
in.ex.**plain**.a.ble
in.**ex**.pli.ca.ble
in.ex.**plic**.it
in.ex.**press**.i.ble
in.ex.**pres**.sive
in.ex.**pug**.na.ble
in.ex.**ten**.si.ble
in.ex.**tin**.guish.a.ble
in.**ex**.tri.ca.ble
in.**fal**.li.**bil**.i.ty
in.**fal**.li.ble
in.fa.mous
in.fa.my
in.fan.cy
in.fant
in.**fan**.ti.cide
in.fan.tile
in.fan.try
in.**fat**.u.ate
in.**fat**.u.**a**.tion
in.**fect**

in.**fec**.tion
in.**fec**.tious
in.**fec**.tive
in.fe.**lic**.i.tous
in.fe.**lic**.i.ty
in.**fer**
in.**fer**.ence
in.**fer**.**en**.tial
in.**fe**.ri.or
in.**fe**.ri.**or**.i.ty
in.**fer**.nal
in.**fer**.no
in.**ferred**
in.**fer**.ring
in.**fest**
in.fes.**ta**.tion
in.fi.del
in.fi.**del**.i.ty
in.**field**
in.**fil**.trate
in.**fil**.**tra**.tion
in.fi.nite
in.fin.i.**tes**.i.mal
in.**fin**.i.tive
in.**fin**.i.ty
in.**firm**
in.**fir**.ma.ry
in.**fir**.mi.ty
in.**flame**
in.**flam**.ma.ble
in.**flam**.**ma**.tion
in.**flam**.ma.**to**.ry
in.**flate**
in.**flat**.ed
in.**flat**.ing
in.**fla**.tion
in.flec.tion
in.**flex**.i.**bil**.i.ty
in.**flex**.i.ble
in.**flict**
in.**flic**.tion
in.**flow**
in.**flu**.ence

in.**flu**.**en**.tial
in.**flu**.**en**.za
in.flux
in.**form**
in.**for**.mal
in.**for**.**mal**.i.ty
in.**for**.mal **sec**.tor
in.**for**.mant
in.**for**.**ma**.tion
in.**form**.a.tive
in.**form**.er
in.**frac**.tion
in.**fra**.**red**
in.**fra**.**struc**.ture
in.**fre**.quent
in.**fringe**
in.**fringe**.ment
in.**fu**.ri.ate
in.**fuse**
in.**fus**.ing
in.**fu**.sion
in.**gen**.ious
in.gé.**nue**
in.gc.**nu**.i.ty
in.**gen**.u.ous
in.**gest**
in.**ges**.tion
in.**glo**.ri.ous
in.got
in.**grained**
in.grate
in.**gra**.ti.ate
in.**gra**.ti.**at**.ing
in.**grat**.i.tude
in.**gre**.di.ent
in.gress
in.**grown**
in.**hab**.it
in.**hab**.it.ant
in.**hab**.it.ed
in.**ha**.**la**.tor
in.**hale**
in.har.**mo**.ni.ous

in.**her**.ence
in.**her**.ent
in.**her**.it
in.**her**.it.ance
in.**her**.i.tor
in.**hib**.it
in.hi.**bi**.tion
in.**hos**.pi.ta.ble
in.**hu**.man
in.hu.**mane**
in.hu.**man**.i.ty
in.hu.**ma**.tion
in.**hume**
in.**im**.i.cal
in.**im**.i.ta.ble
in.**iq**.ui.tous
in.**iq**.ui.ty
in.i.tial
in.**i**.ti.ate
in.i.ti.**a**.tion
in.i.ti.**a**.tive
in.**ject**
in.**jec**.tion
in.**jec**.tor
in.ju.**di**.cious
in.**junc**.tion
in.jure
in.ju.ries
in.jur.ing
in.**ju**.ri.ous
in.**ju**.ry
in.**jus**.tice
ink.ling
ink.stand
ink.well
in.**laid**
in.land
in-law
in.**lay**
in.**let**, *v*.
in.let, *n*.
in.mate
in.most

in.nards
in.nate
in.ner.most
in.ner.vate
in.ning
inn.keep.er
in.no.cence
in.no.cent
in.noc.u.ous
in.no.vate
in.no.va.tion
in.nu.en.do
in.nu.en.does
in.nu.mer.a.ble
in.oc.u.late
in.oc.u.la.tion
in.of.fen.sive
in.op.er.a.ble
in.op.por.tune
in.or.di.nate
in.or.gan.ic
in.put
in.quest
in.quire
in.quir.ies
in.quir.ing
in.quir.y
in.qui.si.tion
in.quis.i.tive
in.quis.i.tor
in.qui.si.to.ri.al
in.road
in.rush
in.sane
in.san.i.ty
in.sa.ti.a.ble
in.scribe
in.scrip.tion
in.scru.ta.ble
in.sect
in.sec.ti.cide
in.se.cure
in.se.cur.i.ty

in.sem.i.na.tion
in.sen.sate
in.sen.si.ble
in.sen.si.tive
in.sep.a.ra.ble
in.sert, *v.*
in.sert, *n.*
in.ser.tion
in.side
in.sid.i.ous
in.sight
in.sig.ne, *n.sing.*
in.sig.ni.a, *n. pl.*
in.sig.nif.i.cance
in.sig.nif.i.cant
in.sin.cere
in.sin.cer.i.ty
in.sin.u.ate
in.sin.u.a.tion
in.sip.id
in.sist
in.sist.ence
in.sist.ent
in.so.far
in.sole
in.so.lence
in.so.lent
in.sol.u.ble
in.sol.ven.cy
in.sol.vent
in.som.ni.a
in.sou.ci.ance
in.sou.ci.ant
in.spect
in.spec.tion
in.spec.tor
in.spi.ra.tion
in.spire
in.spir.ing
in.sta.bil.i.ty
in.stall
in.stal.la.tion
in.stalled

in.stall.ment
in.stance
in.stant
in.stan.ta.ne.ous
in.stant.ly
in.stead
in.step
in.sti.gate
in.sti.ga.tion
in.sti.ga.tor
in.still
in.stilled
in.still.ing
in.stinct
in.stinc.tive
in.sti.tute
in.sti.tut.ing
in.sti.tu.tion
in.sti.tu.tion.al
in.struct
in.struc.tion
in.struc.tion.al
in.struc.tive
in.struc.tor
in.stru.ment
in.stru.men.tal
in.sub.or.di.nate
in.sub.or.di.na.tion
in.suf.fer.a.ble
in.suf.fi.cient
in.su.lar
in.su.late
in.su.la.tion
in.su.la.tor
in.su.lin
in.sult, *v.*
in.sult, *n.*
in.su.per.a.ble
in.sup.port.a.ble
in.sur.a.ble
in.sur.ance
in.sure
in.sur.gent

in.sur.**mount**.a.ble
in.sur.**rec**.tion
in.**tact**
in.**tagl**.io
in.**take**
in.**tan**.gi.ble
in.te.ger
in.te.gral
in.te.grate
in.te.**grat**.ing
in.te.**gra**.tion
in.**teg**.ri.ty
in.**tel**.lect
in.**tel**.**lec**.tu.al
in.**tel**.li.gence
in.**tel**.li.gence
   quo.tient (IQ)
in.**tel**.li.gent
in.**tel**.li.**gent**.si.**a**
in.**tel**.li.gi.ble
in.**tem**.per.ance
in.**tem**.per.ate
in.**tend**
in.**tense**
in.**ten**.si.fied
in.**ten**.si.fy
in.**ten**.si.ty
in.**ten**.sive
in.**tent**
in.**ten**.tion
in.ter
in.ter.**ac**.tion
in.ter.**breed**
in.ter.**cede**
in.ter.**ced**.ing
in.ter.**cept**
in.ter.**ces**.sion
in.ter.change
in.ter.com
in.ter.course
in.ter.de.**pend**.ence
in.ter.dict, *n.*
in.ter.**dict, *v.***

in.ter.est
in.ter.face
in.ter.**fere**
in.ter.**fer**.ence
in.ter.im
in.te.ri.or
in.ter.**ject**
in.ter.**jec**.tion
in.ter.**leave**
in.ter.**lin**.e.ar
in.ter.**lock**
in.ter.**loc**.u.tor
in.ter.**lop**.er
in.ter.lude
in.ter.**mar**.riage
in.ter.**me**.di.**ar**.y
in.ter.**me**.di.ate
in.**ter**.ment
in.ter.**mi**.na.ble
in.ter.**mis**.sion
in.ter.**mit**.tent
in.tern
in.**ter**.nal
in.**ter**.nal.ize
in.ter.**na**.tion.al
in.ter.**ne**.cine
in.ter.phone
in.**ter**.po.late
in.ter.**pose**
in.**ter**.pret
in.**ter**.pre.**ta**.tion
in.**ter**.pret.er
in.ter.**ra**.cial
in.**terred**
in.ter.**reg**.num
in.**ter**.ring
in.ter.ro.gate
in.ter.ro.**ga**.tion
in.ter.**rog**.a.tive
in.ter.**rog**.a.**to**.ry
in.ter.**rupt**
in.ter.**rup**.tion
in.ter.sect

in.ter.**sperse**
in.ter.**state**
in.ter.**stel**.lar
in.**ter**.stice
in.ter.val
in.ter.**vene**
in.ter.**ven**.tion
in.ter.view
in.ter.**view**.er
in.ter.**wo**.ven
in.**tes**.tate
in.**tes**.ti.nal
in.**tes**.tine
in.ti.ma.cy
in.ti.mate
in.ti.**ma**.tion
in.**tim**.i.date
in.**tim**.i.**da**.tion
in.**tol**.er.a.ble
in.**tol**.er.ance
in.to.**na**.tion
in.**tone**
in.**tox**.i.cant
in.**tox**.i.cate
in.**tox**.i.**ca**.tion
in.**trac**.ta.ble
in.tra.**mu**.ral
in.**tran**.si.gent
in.**tran**.si.tive
in.**trep**.id
in.tri.ca.cy
in.tri.cate
in.**trigue**
in.**tri**.guing
in.**trin**.sic
in.tro.**duce**
in.tro.**duc**.ing
in.tro.**duc**.tion
in.tro.**duc**.to.ry
in.**tro**.it
in.tro.**spec**.tion
in.tro.**ver**.sion
in.tro.**vert**

in.**trude**
in.**trud**.ing
in.**tru**.sion
in.**tu**.i.tion
in.**tu**.i.tive
in.un.date
in.un.**da**.tion
in.**ure**
in.**vade**
in.**vad**.ing
in.**val**.id, *adj.*
in.va.lid, *n.*
in.**val**.i.date
in.**val**.u.a.ble
in.**var**.i.a.ble
in.**va**.sion
in.**vec**.tive
in.**veigh**
in.**vei**.gle
in.**vent**
in.**ven**.tion
in.**ven**.tive
in.**ven**.tor
in.**ven**.**to**.ries
in.**ven**.**to**.ry
in.**verse**
in.**ver**.sion
in.**vert**, *v.*
in.vert, *adj.*
in.**ver**.te.brate
in.**ves**.ti.gate
in.**ves**.ti.**ga**.tion
in.**ves**.ti.**ga**.tor
in.**ves**.ti.ture
in.**vest**.ment
in.**ves**.tor
in.**vet**.er.ate
in.**vid**.i.ous
in.**vig**.or.ate
in.**vin**.ci.ble
in.**vi**.o.la.ble
in.**vi**.o.late
in.**vis**.i.ble

in.vi.**ta**.tion
in.**vite**
in.**vit**.ing
in.vo.**ca**.tion
in.voice
in.voic.ing
in.**voke**
in.**vok**.ing
in.**vol**.un.**tar**.y
in.vo.**lu**.tion
in.**volve**
in.**volv**.ing
in.**vul**.ner.**a**.ble
in.ward
i.o.dine
i.on.ize
i.**on**.o.sphere
i.o.ta
I.**ra**.ni.an
I.**ra**.qi
i.**ras**.ci.ble
i.rate
ir.i.**des**.cence
ir.i.**des**.cent
i.**rid**.i.um
I.rish.man
irk.some
i.ron.**clad**
i.**ron**.i.cal
i.ron.**mas**.ter
i.ron.**ware**
i.ron.**work**
i.ro.ny
ir.**ra**.di.ate
ir.**ra**.tion.al
ir.**rec**.on.**cil**.a.ble
ir.re.**deem**.a.ble
ir.re.**duc**.i.ble
ir.**ref**.u.ta.ble
ir.**reg**.u.lar
ir.**rel**.e.vance
ir.**rel**.e.vant
ir.re.**li**.gious

ir.**rep**.a.ra.ble
ir.re.**place**.a.ble
ir.re.**press**.i.ble
ir.re.**proach**.a.ble
ir.re.**sist**.i.ble
ir.**res**.o.lute
ir.**res**.o.**lu**.tion
ir.re.**spec**.tive
ir.re.**spon**.si.ble
ir.re.**triev**.a.ble
ir.**rev**.er.ent
ir.re.**vers**.i.ble
ir.**rev**.o.ca.ble
ir.**ri**.gate
ir.**ri**.**gat**.ing
ir.**ri**.**ga**.tion
ir.**ri**.ta.ble
ir.**ri**.tant
ir.**ri**.tate
ir.**ri**.**tat**.ing
ir.**ri**.**ta**.tion
ir.**rup**.tion
i.sin.**glass**
is.land
is.let
i.so.late
i.so.**la**.tion
i.**sos**.ce.les
iso.ther.mal
iso.tope
Is.ra.el
Is.**rae**.li
is.sue
isth.mus
I.**tal**.ian
i.**tal**.i.cize
i.tem.ize
i.**tin**.er.ant
i.**tin**.er.**ar**.y
it.**self**
i.vo.ry
i.vy

J

ja.bot
jack.al
jack.et
jack.knife
jack-o'-lan.tern
jack pot
jack.straw
jag.ged
jag.uar
Ja.mai.can
jan.i.tor
Jan.u.ar.y
Jap.a.nese
jar.gon
jarred
jas.mine
jaun.dice
jaun.ty
jave.lin
jaw.bone
jazz.y
jeal.ous
Je.ho.vah
je.june
jel.lied.
jel.ly.fish
jeop.ard.ize
jeop.ard.y
jerk.i.ly
jerk.y
Jer.sey
jest.er
Jes.u.it
jet.sam
jet.ties
jet.ti.son
jet.ty

jew.el
jew.eled
jew.el.er
jew.el.ry
jif.fy
jig.ger
jin.gle
jin.go
jin.goes
jit.ney
job.ber
jock.ey
jo.cose
joc.u.lar
joc.u.lar.i.ty
joc.und
joint.ly
jok.er
jok.ing.ly
jol.li.ty
jon.quil
jos.tle
jour.nal
jour.nal.ism
jour.nal.ist
jour.ney
jor.ney.man
jour.neys
joust
jo.vi.al
jowl
joy.ful
joy.ous
ju.bi.lant
ju.bi.la.tion
ju.bi.lee
judge

judg.ing
judg.ment
ju.di.ca.ture
ju.di.cial
ju.di.ci.ar.y
ju.di.cious
jug.gle
jug.u.lar
juice
juic.i.ness
ju.jit.su
juke.box
ju.lep
Ju.ly
jum.ble
jum.bo
junc.tion
junc.ture
June
jun.gle
jun.ior
ju.ni.per
ju.rid.i.cal
ju.ries
ju.ris.dic.tion
ju.ris.pru.dence
ju.rist
ju.ror
ju.ry
jus.tice
jus.ti.fi.a.ble
jus.ti.fi.ca.tion
jus.ti.fied
jus.ti.fy
jus.ti.fy.ing
ju.ve.nile
jux.ta.po.si.tion

K

kai.ser
ka.**lei**.do.scope
kan.ga.**roo**
ka.o.lin
ka.pok
kar.a.kul
ka.ty.**did**
kay.ak
keel.**haul**
keen.ness
keep.**sake**
ken.nel
ker.nel
ker.o.**sene**
ke.tone
ket.tle.**drum**
key.**board**
Keynes.ian
key.**note**
key.**stone**
kha.ki
khe.**dive**
kib.itz.er
kid.nap
kid.naped
kid.**nap**.ing
kid.ney
kill.**deer**

kil.o.gram
kil.o.**me**.ter
kil.o.watt
kil.o.**watt-hour**
ki.**mo**.no
ki.**mo**.nos
kin.der.**gar**.ten
kind.**heart**.ed
kind.li.ness
kin.dling
kind.ly
kind.ness
kin.dred
ki.**net**.ic
king.dom
king.fish
king.pin
kins.folk
kin.ship
kins.man
ki.**osk**
kis.met
kitch.en
kitch.en.**ette**
kitch.en.ware
kit.ten
klep.to.**ma**.ni.a
knap.sack

knav.er.y
knead
knee.**cap**
knee-deep
knee-high
knick.ers
knick.**knack**
knife
knight.hood
knit
knit.ted
knit.ting
knives
knob.by
knock.**down**
knock.out
knot.hole
knot.ting
knot.ty
know.a.ble
know-how
know.ing.ly
knowl.edge
knuck.le
ko.sher
ku.dos
ku.**lak**

L

la.bel
la.beled
la.bi.al
la.bor
lab.o.ra.**to**.ry
la.bor.er

la.**bo**.ri.ous
lab.y.rinth
lac.er.ate
lac.er.**a**.tion
lace.**work**
lach.ry.mal

lach.ry.mose
lack.ey
lack.**lus**.ter
la.**con**.ic
lac.quer
la.**crosse**

lac.**ta**.tion
la.**cu**.na
lad.der
lad.en
la.dies
la.dy.**bird**
la.dy.**bug**
la.dy.**fin**.ger
la.dy-**kill**.er
la.dy.**like**
la.dy.ship
lag
lag.gard
la.**goon**
la.i.ty
lake.side
lam.**bast**.ing
lam.bent
lamb.kin
lam.bre.quin
lamb.skin
la.**ment**
lam.en.ta.ble
lam.en.**ta**.tion
lam.i.nate
lam.i.**na**.tion
lamp.black
lam.**poon**
lam.prey
lamp.stand
lan.cet
lan.ci.nate
land de.**vel**.op.ment
land.**fall**
land.grave
lan.guish
land.hold.er
land.la.dy
land.locked
land.lord
land.lub.ber
land.mark
land.own.er

land.scape
land.slip
lands.man
lan.guage
lan.guid
lan.guish
lan.guor
lank.y
lan.o.lin
lan.tern
lan.yard
La.o.tian
la.**pel**
lap.i.**dar**.y
lap.ping
laps.ing
lar.board
lar.ce.nous
lar.ce.ny
lar.gess
lar.**ghet**.to
lar.i.at
lark.spur
lar.va. *sing.*
lar.vae, *pl.*
lar.yn.**gi**.tis
lar.ynx
las.**civ**.i.ous
las.si.tude
las.so
latch.key
latch.string
late.ness
la.tent
lat.er.al
la.tex
lat.i.tude
la.**trine**
lat.tice
lat.tice.**work**
laud.a.ble
lau.da.num
laud.a.**to**.ry

laugh.a.ble
laugh.ing.**stock**
laugh.ter
launch.ing
laun.der
laun.dress
laun.dries
laun.dry
lau.re.ate
lau.rel
lav.a.**to**.ry
lav.en.der
lav.ish
law-a.**bid**.ing
law.ful
law.less
law.**mak**.er
lawn mow.er
law.suit
law.yer
lax.a.tive
lax.i.ty
lay.man
lay.off
lay.out
la.zi.er
la.zy
leach.ing
lead.en
lead.er
lead.er.ship
lcaf.let
league
leak.age
leak.proof
lean *(thin)*
lean.to
leap.frog
lease.hold.er
leas.ing
leath.er
leath.er.**work**
leav.en

Leb.a.**nese**
lech.er.ous
lec.tern
lec.ture
ledg.er
lee.ward
lee.**way**
leer.y
left-hand.ed
left.ist
leg.a.cies
leg.a.cy
le.gal
le.**gal**.i.ty
le.gal.ize
le.gal.ly
leg.ate
leg.a.**tee**
le.**ga**.tion
leg.end.**ar**.y
leg.er.de.**main**
leg.ging
leg.horn
leg.i.**bil**.i.ty
leg.i.ble
le.gion
leg.is.late
leg.is.**la**.tion
leg.is.**la**.tive
leg.is.**la**.tor
leg.is.**la**.ture
le.**git**.i.ma.cy
le.**git**.i.mate
le.**git**.i.ma.tize
leg.**man**
leg.ume
lei.sure
leit.mo.**tiv**
lem.on.**ade**
le.mur
length
length.en
length.wise

length.y
le.ni.ence
le.ni.en.cy
le.ni.ent
len.i.ty
lens.es
len.**tic**.u.lar
len.til
leop.ard
lep.er
lep.ro.sy
lep.rous
le.sion
les.**see**
less.en
less.er
les.son
let.**down**
le.thal
le.**thar**.gic
leth.ar.gy
let.tered
let.ter.**head**
let.ter-**per**.fect
let.ter.**press**
let.tuce
let.**up**
lev.ee
lev.el
lev.eled
le.**ver**.age
le.**vi**.a.than
lev.i.**ta**.tion
lev.i.ty
lev.y
lewd.ness
lex.i.**cog**.ra.phy
lex.i.con
li.a.**bil**.i.ty
li.a.ble
li.**ai**.**son**
li.ar
li.**ba**.tion

li.bel
li.bel.ant
li.bel.**ee**
li.bel.ing
li.bel.ous
lib.er.al
lib.er.**al**.i.ty
lib.er.al.ize
lib.er.al.ly
lib.er.ate
lib.er.**a**.tion
lib.er.**a**.tor
lib.er.tine
lib.er.ty
li.**bid**.i.nous
li.**bi**.do
li.**brar**.i.an
li.**brar**.y
li.**bret**.tist
li.**bret**.to
li.cense
li.cens.ing
li.**cen**.tious
li.chen
lic.it
lic.o.rice
li.en (claim)
lieu.**ten**.an.cy
lieu.**ten**.ant
life belt
life.**blood**
life.**boat**
life guard
life.less
life.**like**
life.line
life.**long**
life.**sav**.er
life.**sized**
life.**time**
lig.a.ment
li.**ga**.tion
lig.a.ture

light.en
light.er.age
light-fin.gered
light.heart.ed
light.house
light.ning
light.proof
light.ship
light.tight
light.weight
lig.nite
lik.a.ble
like.li.hood
like.ly
like.ness
like.wise
lik.ing
li.lac
lil.ies
lil.y
lim.ber
lime.light
lime.stone
lime.wa.ter
lim.i.nal
lim.it
lim.i.ta.tion
lim.it.less
lim.ou.sine
lim.pid
linch.pin
lin.e.age
lin.e.al
lin.e.a.ment
lin.e.ar
line.man
lin.en
lin.ge.rie
lin.guist
lin.i.ment
lin.ing
link.age
li.no.le.um

lin.seed
lin.tel
li.on.ess
li.on.heart.ed
li.on.ize
li.po.ma
liq.ue.fac.tion
liq.ue.fied
liq.ue.fy
liq.ue.fy.ing
li.ques.cent
li.queur
liq.uid
liq.ui.date
liq.ui.da.tion
liq.uor
lis.ten
list.less
lit.a.ny
lit.er
lit.er.a.cy
lit.er.al
lit.er.ar.y
lit.er.ate
lit.er.a.ture
lithe.ness
lith.o.graph
li.thog.ra.phy
lit.i.gant
lit.i.gate
lit.i.ga.tion
li.ti.gious
lit.mus
lit.ter
lit.tle
lit.to.ral
lit.ur.gy
liv.a.ble
live.li.hood
live.long
live.ly
liv.er.wurst
liv.e.ry

live.stock
liv.id
liv.ing room
liz.ard
loath.some
lob.by.ing
lob.ster
lob.ule
lo.cal.i.ty
lo.cal.ize
lo.cate
lo.ca.tion
lock.jaw
lock.out
lock.smith
lock.up
lo.co.mo.tion
lo.co.mo.tive
lo.cust
lo.cu.tion
lode.star
lode.stone
lodge.ment
lodg.ing
loft.y
log.a.rithm
log.ging
log.ic
log.i.cal
lo.gi.cian
log.o.type
log.roll.ing
loin.cloth
loi.ter.er
lol.li.pop
lone.li.ness
lone.some
long.bow
lon.gev.i.ty
long.hand
long.head.ed
long.horn
lon.gi.tude

long-range
long.shore.man
long-suf.fer.ing
long-wind-ed
look.ing glass
look.out
loom.ing
loon.y
loop.hole
loose.ly
loos.en
loot.er
lo.**qua**.cious
lor.gnette
lo.tion
lot.ter.y
lov.a.ble
love.less
love.li.ness
love.lorn
love.ly
love.sick
low.born
low.boy
low.bred
low-brow
low.land
low.li.ness

low.ly
low-priced
loy.al.ty
loz.enge
lu.bri.cant
lu.bri.cate
lu.bri.**ca**.tion
lu.cid
lu.**cid**.i.ty
luck.i.er
luck.i.est
luck.i.ly
luck.y
lu.cra.tive
lu.di.crous
lug.gage
lu.**gu**.bri.ous
luke.warm
lull.a.**by**
lum.**ba**.go
lum.ber
lum.ber.**jack**
lum.ber.**yard**
lu.mi.nar.y
lu.mi.nous
lump.y
lu.na.cy
lu.nar

lu.na.tic
lunch.eon
lunch.room
lurch
lu.rid
lus.cious
lus.ter
lus.ter.**ware**
lust.ful
lust.i.ly
lus.trous
lust.y
Lu.ther.an
lux.**u**.ri.ant
lux.**u**.ri.ate
lux.u.ries
lux.u.ri.ous
lux.u.ry
ly.**ce**.um
ly.ing
lymph
lym.**phat**.ic
lynch
lynx
ly.on.**naise**
lyr.ic
lyr.i.cal

M

ma.**ca**.bre
mac.**ad**.am
mac.a.**ro**.ni
mac.a.**roon**
ma.**caw**
mac.er.ate
mac.er.**a**.tion
mach.i.**na**.tion
ma.**chine**
ma.**chine** gun

ma.**chin**.er.y
ma.**chine** shop
ma.**chine** tool
ma.**chin**.ist
mack.er.el
mac.ro.eco.**nom**.ics
mad.den.ing
ma.de.**moi**.**selle**
mad.ri.gal
mael.strom

mag.a.**zine**
ma.**gen**.ta
mag.got
mag.ic
ma.**gi**.cian
mag.is.**te**.ri.al
mag.is.tra.cy
mag.is.trate
mag.is.tra.ture
mag.na.**nim**.i.ty

mag.**nan**.i.mous
mag.nate
mag.**ne**.sia
mag.**ne**.si.um
mag.net
mag.**net**.ic
mag.net.ism
mag.net.ize
mag.**ne**.tos
mag.ni.fi.**ca**.tion
mag.**nif**.i.cence
mag.**nif**.i.cent
mag.**nif**.i.co
mag.**ni**.**fi**.er
mag.ni.fy
mag.ni.**fy**.ing
mag.ni.tude
mag.**no**.li.**a**
mag.num
mag.pie
mag.uey
ma.ha.**ra**.ja
ma.**hog**.a.ny
maid.en
maid.en.ly
maid.**serv**.ant
mail.a.ble
mail.**bag**
mail.**box**
mail.er
mail.**man**
maim
main.land
main.ly
main.mast
main.sail
main.spring
main.stay
main.stream
main.**tain**
main.te.nance
maize *(corn)*
ma.**jes**.tic

maj.es.ty
ma.**jol**.i.ca
ma.jor
ma.jor-**do**.mo
ma.jor.**ette**
ma.**jor**.i.ty
ma.**jus**.cule
make-be.**lieve**
make.fast
make.shift
make-up
mak.ing
mal.a.chite
mal.a.dies
mal.ad.**just**.ment
mal.ad.**min**.is.ter
mal.a.**droit**
mal.a.dy
ma.**laise**
mal.ap.ro.**pos**
ma.**lar**.i.a
mal.as.**sim**.i.**la**.tion
Ma.**lay**.sia
mal.con.**tent**
mal.e.**dic**.tion
mal.e.**fac**.tion
mal.e.**fac**.tor
ma.**lef**.ic
ma.**lef**.i.cence
ma.**lef**.i.cent
ma.**lev**.o.lence
ma.**lev**.o.lent
mal.**fea**.sance
mal.for.**ma**.tion
mal.**formed**
mal.ice
ma.**li**.cious
ma.**lign**
ma.**lig**.nan.cy
ma.**lig**.nant
ma.**lig**.ni.ty
ma.**lin**.ger
ma.**lin**.ger.er

mal.lard
mal.le.a.**bil**.i.ty
mal.le.a.ble
mal.let
mal.low
mal.nu.**tri**.tion
mal.**o**.dor
mal.**o**.dor.ous
mal.**prac**.tice
malted milk
Mal.**thu**.sian
malt.ose
mal.**treat**
mal.ver.**sa**.tion
mam.mal
mam.ma.ry
mam.mon
mam.moth
man.a.cle
man.age
man.age.a.ble
man.age.ment
man.ag.er
man.a.**ge**.ri.al
man.ag.ing
man.a.**tee**
man.**da**.mus
man.da.rin
man.date
man.da.**to**.ry
man-**day**
man.di.ble
man.do.lin
man.drel
man.du.cate
mane
man-**eat**.er
ma.**neu**.ver
man.ful
man.ga.nese
man.ger
man.gi.ly
man.gle

man.go
man.goes
man.grove
man.gy
man.han.dle
man.hole
man.hood
man-hour
ma.ni.a
ma.ni.ac
ma.ni.a.cal
man.i.cure
man.i.fest
man.i.fes.ta.tion
man.i.fest.ly
man.i.fes.to
man.i.fes.toes
man.i.fold
man.i.fold.er
ma.nip.u.late
ma.nip.u.la.tion
ma.nip.u.la.tive
ma.nip.u.la.tor
ma.nip.u.la.to.ry
man.kind
man.like
man.li.ness
man.ly
man.na
manned
man.ne.quin
man.ner
man.ner.ism
man.nish
man-of-war
ma.nom.e.ter
man.or
man.pow.er
man.rope
man.serv.ant
man.sion
man.slaugh.ter
man.slay.er

man.stop.ping
man.sue.tude
man.teau
man.tel *(shelf)*
man.tel.et
man.tel.piece
man.tle *(cloak)*
man.u.al
man.u.fac.ture
man.u.fac.tur.er
man.u.mis.sion
ma.nure
man.u.script
man.y
ma.ple
mapped
ma.qui.la.do.ra
mar.a.schi.no
ma.ras.mus
mar.a.thon
ma.raud
mar.ble
mar.ble.ize
mar.bling
mar.ca.site
March
mar.chion.ess
mar.co.ni.gram
mar.ga.rine
mar.ga.rite
mar.gin
mar.gin.al
mar.gin.al cost
mar.i.gold
mar.i.nade
mar.i.nate
ma.rine
mar.i.ner
mar.i.o.nette
mar.i.tal
mar.i.time
mark.ed.ly
mar.ket

mar.ket.a.ble
mar.ket.er
mar.ket.ing
mar.ket place
marks.man
mark.up
mar.lin
mar.ma.lade
mar.mo.set
mar.mot
ma.roon
mar.quee
mar.que.try
mar.quis
mar.quise
mar.riage
mar.riage.a.ble
mar.ried
mar.row
mar.row.bone
mar.ry
mar.shal
marsh.i.ness
marsh.mal.low
marsh.y
mar.su.pi.al
mar.ten
mar.tial
mar.tial.ly
Mar.ti.an
mar.tin
mar.ti.net
mar.tyr
mar.tyr.dom
mar.tyr.ize
mar.tyr.ol.o.gy
mar.vel
mar.veled
mar.vel.ing
mar.vel.ous
Marx.ist
mas.cot
mas.cu.line

mas.cul.**lin**.i.ty
mash.er
mask.er
mas.och.ism
ma.son
ma.**son**.ic
ma.son.ry
mas.quer.**ade**
mas.sa.cre
mas.**sage**
mas.**sag**.ing
mas.**sag**.ist
mas.**seur**, *m.*
mas.**seuse**, f.
mas.sif
mass.i.ness
mas.sive
mas.ter
mas.ter.dom
mas.ter.ful
mas.ter.ly
mas.ter.**piece**
mas.ter.ship
mas.ter.**work**
mas.ter.y
mast.**head**
mas.ti.cate
mas.ti.**cat**.ing
mas.ti.**ca**.tion
mas.tiff
mas.to.don
mas.toid
mat.a.dor
match.less
match.**mak**.er
match.**wood**
mat.e.lote
ma.**te**.ri.al
   (substance)
ma.**te**.ri.al.ism
ma.**te**.ri.al.ist
ma.**te**.ri.al.**is**.tic
ma.**te**.ri.**al**.i.ty

ma.**te**.ri.al.i.**za**.tion
ma.**te**.ri.al.ize
ma.**te**.ri.al.ly
ma.**té**.ri.**el**
   (equipment)
ma.**ter**.nal
ma.**ter**.ni.ty
math.e.**mat**.i.cal
math.e.ma.**ti**.cian
math.e.**mat**.ics
mat.in.al
mat.i.**nee**
ma.tri.arch
ma.tri.**arch**.ate
ma.tri.arch.y
mat.ri.ces, *pl.*
ma.tri.cide
ma.**tric**.u.late
ma.**tric**.u.**la**.tion
mat.ri.**mo**.ni.al
mat.ri.**mo**.ny
ma.trix
ma.tron
ma.tron.age
ma.tron.ize
ma.tron.ly
mat.ter
mat.ter-of-**fact**
mat.ting
mat.tress
mat.u.rate
mat.u.**ra**.tion
ma.**ture**
ma.**ture**.ly
ma.**ture**.ness
ma.**tur**.ing
ma.**tu**.ri.ty
ma.**tu**.ti.nal
matz.oth
maud.lin
maul.er
mau.so.**le**.um
mauve

mav.er.ick
mawk.ish
max.il.**lar**.y
max.im
max.i.mal
max.i.mize
max.i.mum
May
may.be
may.**hap**
may.hem
may.on.**naise**
may.or
may.or.al.ty
maze *(puzzle)*
ma.zer
ma.zi.ness
ma.**zur**.ka
ma.zy
mead.ow
mea.ger
meal.i.ness
meal.time
meal.y.**mouthed**
mean
me.**an**.der
mean.ing
mean.ly
mean.ness
meant
mean.time
mean.while
mea.sles
mea.sly
meas.ur.a.ble
meas.ure
meas.ured
meas.ure.less
meas.ure.ment
meas.ur.er
meas.ur.ing
me.**a**.tus
meat.y

me.**chan**.ic
me.**chan**.i.cal
me.**chan**.ics
mech.a.nism
mech.a.nist
mech.a.nize
med.al
med.al.ist
me.**dal**.lion
med.dle
med.dling
med.dle.some
me.di.a, *pl.*
me.di.al
me.di.an
me.di.ate
me.di.ate.ly
me.di.**at**.ing
me.di.**a**.tion
me.di.a.ti.**za**.tion
me.di.a.tize
me.di.**a**.tor
me.di.a.**to**.ry
med.i.cal
me.**dic**.a.ment
med.i.cate
med.i.**ca**.tion
med.i.**ca**.tive
med.i.**ce**.an
me.**dic**.i.na.ble
me.**dic**.i.nal
med.i.cine
me.di.e.val
me.di.e.val.**ism**
me.di.e.val.ist
me.di.o.cre
me.di.**oc**.ri.ty
med.i.tate
med.i.**tat**.ing
med.i.**ta**.tion
med.i.**ta**.tive
med.i.ter.**ra**.ne.an
me.di.um

me.di.um.**is**.tic
med.ley
Me.**du**.sa
meet.ing
meet.ing.**house**
meet.ly
meg.a.**cy**.cle
meg.a.hertz
meg.a.lo.**ma**.ni.a
meg.a.phone
meg.a.scope
meg.**a**.**ton**
mel.an.**cho**.li.a
mel.an.**cho**.li.ac
mel.an.**chol**.ic
mel.an.**chol**.y
Mel.a.**ne**.sian
mé.**lange**
mel.a.nin
mel.a.nism
mel.a.noid
mel.a.**no**.sis
mel.an.**tha**.ceous
me.**lee**
me.li.**a**.ceous
mel.ic
mel.io.rate
mel.io.**ra**.tion
mel.io.**ra**.tive
mel.io.**ra**.tor
mel.io.rism
mel.**ior**.i.ty
mel.**lif**.er.ous
mel.**lif**.lu.ence
mel.**lif**.lu.ent
mel.**lif**.lu.ous
mel.low
me.**lo**.de.on
me.**lod**.ic
mel.o.dies
me.**lo**.di.ous
mel.o.dist
mel.o.dize

mel.o.**dra**.ma
mel.o.dra.**mat**.ic
mel.o.**dram**.a.tist
mel.o.dy
mel.on
melt.a.ble
melt.ing point
mem.ber
mem.ber.ship
mem.brane
mem.bra.nous
me.**men**.to
me.**men**.tos
mem.o
mem.oir
mem.o.ra.**bil**.i.ty
mem.o.ra.ble
mem.o.**ran**.da, *pl.*
mem.o.**ran**.dum
me.**mo**.ri.al
me.**mo**.ri.al.ist
me.**mo**.ri.al.ize
mem.o.ries
mem.o.rize
mem.o.**riz**.ing
mem.o.ry
mem.os, *pl.*
men.ace
men.ac.ing
mé.**nage**
me.**nag**.er.ie
men.**da**.cious
men.**dac**.i.ty
Men.**de**.li.an
mend.er
men.di.can.cy
men.di.cant
me.ni.al
me.**nin**.ges
men.in.**gi**.tis
Men.non.ite
men.o.pause
men.ses

men.stru.al
men.stru.ate
men.stru.**at**.ing
men.stru.**a**.tion
men.sur.a.ble
men.su.ral
men.su.**ra**.tion
men.su.**ra**.tive
men.tal
men.**tal**.i.ty
men.**tal**.ly
men.thol
men.tho.**lat**.ed
men.tion
men.tor
men.u
Meph.i.**stoph**.e.les
me.**phi**.tis
mer.can.tile
mer.can.til.ism
mer.ce.**nar**.ies
mer.ce.**nar**.y
mer.cer
mer.cer.ize
mcr.chan.disc
mer.chant
mer.chant.a.ble
mer.chant.man
mer.cies
mer.ci.ful
mer.ci.less
mer.**cu**.ri.al
mer.**cu**.ri.al.izc
mer.**cu**.ric
mer.**cu**.ro.**chrome**
mer.**cu**.rous
Mer.cu.ry
mer.cy
mere.ly
mer.e.**tri**.cious
merge
mer.gence
merg.er

merg.ing
me.**rid**.i.an
me.**rid**.i.o.nal
me.**ringue**
mer.i.stem
mer.it
mer.i.**to**.ri.ous
mer.lin
mer.maid
mer.ri.ly
mer.ri.ment
mer.ri.ness
mer.ry
mer.ry-**an**.drew
mer.ry-go-**round**
mer.ry.**mak**.ing
me.sa
mesh.work
mesh.y
mes.**mer**.ic
mes.mer.ism
mes.mer.ize
me.son
mes.o.**tron**
mes.sage
mes.sen.ger
Mes.**si**.ah
Mes.si.**an**.ic
mess.mate
mess.y
me.**tab**.o.lism
met.a.**car**.pus
met.al
met.al.ist
me.**tal**.lic
met.al.**lif**.er.ous
met.al.line
met.al.**log**.ra.phy
met.al.oid
met.al.**lur**.gic
met.al.**lur**.gy
met.al.ware
met.al.**work**

met.a.**mor**.phic
met.a.**mor**.phism
met.a.**mor**.phose
met.a.**mor**.pho.ses,
  pl.
met.a.**mor**.pho.sis
met.a.phor
met.a.**phor**.i.cal
met.a.phrase
met.a.**phys**.i.cal
met.a.phy.**si**.cian
met.a.**phys**.ics
met.a.**tar**.sal
met.a.**tar**.sus
mete
me.te.or
me.te.**or**.ic
me.te.or.ite
me.te.or.o.**graph**
me.te.or.**oid**
me.te.or.o.**log**.i.cal
me.te.or.**ol**.o.gist
me.te.or.**ol**.o.gy
me.ter
meth.ane
meth.od
me.**thod**.i.cal
Meth.od.ist
meth.od.ize
meth.od.**ol**.o.gy
Me.**thu**.se.lah
meth yl **ene**
me.**tlc**.u.**los**.i.ty
me.**tic**.u.lous
mé.**tier**
me.**ton**.y.my
met.ric
met.ri.cal
me.**tri**.cian
me.**trol**.o.gy
met.ro.nome
me.tro.**nym**.ic
me.**trop**.o.lis

met.ro.**pol**.i.tan
met.tle
met.tle.some
Mex.i.can
mez.za.nine
mi.**as**.ma
mice, *pl.*
Mi.chael
Mich.ael.mas
mi.crobe
mi.**cro**.bi.al
mi.**cro**.bic
mi.**cro**.bi.cide
mi.cro.bi.**ol**.o.gy
mi.cro.chip
mi.cro.**cli**.mate
mi.cro.eco.**nom**.ics
mi.cro.**cosm**
mi.cro.**film**
mi.**crom**.e.ter
mi.cron
mi.cro.**or**.gan.ism
mi.cro.phone
mi.cro.**phon**.ic
mi.cro.**phys**.ics
mi.cro.scope
mi.cro.**scop**.ic
mi.cro.**scop**.i.cal.ly
mi.cro.**wave**
mid.aft.er.**noon**
mid.brain
mid.day
mid.dle
mid.dle-**aged**
mid.dle.**man**
mid.dle-**sized**
mid.dle.**weight**
mid.dling
midg.et
mid.i.ron
mid.land
mid.night
mid.riff

mid.**ship**.man
midst
mid.**sum**.mer
mid.**way**
mid.**week**
Mid.**west**
mid.**wife**
mid.**win**.ter
mid.**year**
mien
might.i.ly
might.i.ness
might.y
mi.gnon.**ette**
mi.graine
mi.grant
mi.grate
mi.**gra**.tion
mi.gra.**to**.ry
mi.**ka**.do
mi.**la**.dy
milch
mil.dew
mild.ly
mild.ness
mile.age
mile.post
mile.stone
mil.i.tan.cy
mil.i.tant
mil.i.ta.rism
mil.i.ta.rist
mil.i.ta.**ris**.tic
mil.i.ta.rize
mil.i.**tar**.y
mil.i.tate
mi.**li**.tia
mi.**li**.tia.man
milk.er
milk-fed
milk.i.ness
milk-liv.ered
milk.maid

milk.**man**
milk shake
milk.**sop**
milk sugar
milk tooth
milk.**weed**
milk.y
mill.**board**
mill.**dam**
mil.le.**nar**.i.an
mil.**len**.ni.al
mil.**len**.ni.um
mil.le.**pede**
mill.er
mil.let
mil.li.gram
mil.li.**me**.ter
mil.li.ner
mil.li.**ner**.y
mill.ing
mil.lion
mil.lion.**aire**
mil.lionth
mil.li.**pede**
mill.**pond**
mill.**race**
mill.**stone**
mill.**stream**
mill.work
mill.**wright**
mi.**lord**
mim.e.o.**graph**
mim.er
mi.**me**.sis
mi.**met**.ic
mim.ic
mim.icked
mim.ick.er
mim.ick.ing
mim.ic.ry
mi.**mo**.sa
mi.**na**.cious
min.a.**ret**

min.a.**to**.ry
mince.**meat**
minc.er
minc.ing.ly
mind.er
mind.ful
mind **read**.er
min.er
min.er.al
min.er.al.**og**.i.cal
min.er.**al**.o.gist
min.er.**al**.o.gy
min.gle
min.gler
min.gling
min.i.a.ture
min.i.mal
min.i.mi.**za**.tion
min.i.mize
min.i.mum
min.ing
min.ion
min.is.ter
min.is.**te**.ri.al
min.is.trant
min.is.**tra**.tion
min.is.tries
min.is.try
min.i.um
min.i.ver
min.ne.**sing**.er
min.now
mi.nor
mi.**nor**.i.ties
mi.**nor**.i.ty
min.ster
min.strel
min.strel.sy
mint.age
min.u.end
min.u.**et**
mi.nus
mi.**nus**.cule

min.ute, *n.*
mi.**nute**, *adj.*
min.ute.ly *(each minute)*
mi.**nute**.ly *(in detail)*
min.ute.**man**
mi.**nute**.ness
mi.**nu**.ti.a
minx.es
mir.a.cle
mi.**rac**.u.lous
mi.**rage**
mire
mir.ror
mirth.ful
mirth.less
mir.y
mis.ad.**ven**.ture
mis.al.**li**.ance
mis.an.thrope
mis.an.**trop**.ic
mis.**an**.thro.py
mis.ap.pli.**ca**.tion
mis.ap.pre.**hen**.sion
mis.ap.**pro**.pri.ate
mis.ar.**range**
mis.be.**got**.ten
mis.be.**have**
mis.be.**lief**
mis.**cal**.cu.late
mis.**cal**.cu.**la**.tion
mis.**car**.riage
mis.**car**.ried
mis.**car**.ry
mis.ce.ge.**na**.tion
mis.cel.**la**.ne.a
mis.cel.**la**.ne.ous
mis.cel.**la**.ny
mis.**chance**
mis.chief
mis.chie.vous
mis.con.**cep**.tion
mis.con.**duct**, *v.*

mis.**con**.duct, *n.*
mis.con.**struc**.tion
mis.con.**strue**
mis.con.**stru**.ing
mis.cre.ance
mis.cre.ant
mis.**cue**
mis.**deal**
mis.de.**mean**.or
mis.di.**rect**
mi.ser
mis.er.a.ble
mi.ser.li.ness
mi.ser.ly
mis.er.y
mis.**fea**.sance
mis.**fire**
mis.**fit**
mis.**for**.tune
mis.**giv**.ing
mis.**gov**.ern
mis.**guide**
mis.**hap**
mis.in.**form**
mis.in.**ter**.pret
mis.in.**ter**.pre.**ta**.tion
mis.**join**.der
mis.**judge**
mis.**judg**.ment
mis.**lay**
mis.**lead**
mis.**lead**.ing
mis.**man**.age
mis.**man**.age.ment
mis.**no**.mer
mi.**sog**.a.my
mi.**sog**.y.nous
mi.**sog**.y.ny
mi.**sol**.o.gy
mis.**place**
mis.**print**
mis.pro.**nounce**
mis.quo.**ta**.tion

mis.**read**
mis.rep.re.**sent**
mis.rep.re.sen.**ta**.tion
mis.**rule**
mis.**shap**.en
mis.sile
miss.ing
mis.sion
mis.sion.**ar**.y
Mis.sis.**sip**.pi
mis.sive
Mis.**sou**.ri
mis.**spell**
mis.**state**
mis.**step**.ping
mis.**tak**.a.ble
mis.**take**
mis.**tak**.en
mist.i.ness
mis.tle.toe
mis.**took**
mis.**treat**
mis.tress
mis.**tri**.al
mis.**trust**
mist.y
mis.un.der.**stand**
mis.un.der.**stand**.ing
mis.un.der.**stood**
mis.**us**.age
mis.**use**
mis.**us**.ing
mite
mi.ter
mit.i.ga.ble
mit.i.gate
mit.i.**gat**.ing
mit.i.**ga**.tion
mit.i.**ga**.tive
mit.i.**ga**.tor
mi.**to**.sis
mi.tral
mit.ten

mix.er
mix.ture
mix-up
miz.zen.**mast**
mne.**mon**.ic
mne.**mon**.ics
moat *(ditch)*
mob.**cap**
mo.bile
mo.**bil**.i.ty
mo.bi.li.**za**.tion
mo.bi.lize
mob.**oc**.ra.cy
mob.o.**crat**.ic
moc.ca.sin
mo.cha
mock.er
mock.er.y
mock.ing.**bird**
mock.ing.ly
mod.al
mod.el
mod.el.ing
mo.dem
mod.er.ate
mod.er.**a**.tion
mod.er.**a**.tor
mod.ern
mod.ern.ist
mod.ern.**is**.tic
mo.**der**.ni.ty
mod.ern.ize
mod.ern.**iz**.ing
mod.ern.ly
mod.est
mod.es.ty
mod.i.cum
mod.i.**fi**.a.ble
mod.i.fi.**ca**.tion
mod.i.**fied**
mod.i.**fi**.er
mod.i.fy
mod.i.**fy**.ing

mod.ish
mo.**diste**
mod.u.lar
mod.u.late
mod.u.**lat**.ing
mod.u.**la**.tion
mod.u.**la**.tor
mod.u.lus
mo.gul
mo.**hair**
Mo.**ham**.med.an
moi.e.ty
mois.ten
moist.ness
mois.ture
mois.ture.**proof**
mo.lar
mo.**las**.ses
mold
mold.a.ble
mold.er
mold.i.ness
mold.ing
mold.y
mo.**lec**.u.lar
mol.e.cule
mole.**hill**
mole.**skin**
mo.**lest**
mo.les.**ta**.tion
mo.**lest**.er
mol.li.fi.**ca**.tion
mol.li.fied
mol.li.fy
mol.li.**fy**.ing
mol.lusk
mol.ly.**cod**.dle
mol.ten
mo.**lyb**.de.num
mo.ment
mo.men.**tar**.i.ly
mo.men.**tar**.y
mo.ment.ly

mo.**men**.tous
mo.**men**.tum
mon.a.chal
mon.arch
mo.**nar**.chic
mo.**nar**.chi.cal
mon.arch.ies
mon.arch.ism
mon.arch.y
mon.as.**te**.ri.al
mon.as.**ter**.y
mo.**nas**.tic
mo.**nas**.ti.cism
Mon.day
mon.e.tar.ist
mon.e.**tar**.y
mon.e.tar.y
  cor.**rec**.tion
mon.e.tize
mon.ey
mon.ey.**bag**
mon.eyed
mon.ey.**lend**.er
mon.ey-**mak**.ing
mon.eys
mon.ger
Mon.gol
Mon.**go**.li.an
mon.goose
mon.grel
mon.i.ker
mo.**ni**.tion
mon.i.tor
mon.i.tor.**ship**
mon.i.**to**.ry
mon.i.tress
monk.er.y
mon.key
mon.key.ish
mon.key.**pot**
mon.keys
mon.key.**shine**
mon.key wrench

monk.hood
monk.ish
mon.o.chro.**mat**.ic
mon.o.chrome
mon.o.cle
mo.**noc**.ra.cy
mo.**noc**.u.lar
mo.**nog**.a.mist
mo.**nog**.a.mous
mo.**nog**.a.my
mon.o.**cul**.ture
mon.o.**gen**.e.sis
mon.o.ge.**net**.ic
mon.o.gram
mon.o.graph
mo.**nog**.y.ny
mo.**nol**.a.try
mon.o.**lith**.ic
mon.o.**log**.ist
mon.o.logue
mon.o.**ma**.ni.a
mon.o.**met**.al.lism
mon.o.plane
mon.o.**ple**.gi.a
mo.**nop**.o.list
mo.**nop**.o.**lis**.tic
mon.**nop**.o.li.**za**.tion
mo.**nop**.o.lize
mo.**nop**.o.ly
mon.o.**rail**
mon o **syl** la ble
mon.o.the.**ism**
mon.o.tone
mo.**not**.o.nous
mo.**not**.o.ny
mon.**ox**.ide
mon.**sieur**
mon.**si**.gnor
mon.**soon**
mon.ster
mon.strance
mon.**stros**.i.ty
mon.strous

mon.**tage**
mont.**gol**.fi.er
month.ly
mon.ti.cule
mon.u.ment
mon.u.**men**.tal
mood.i.ly
mood.i.ness
mood.y
moon.beam
moon.calf
moon.eye
moon.fish
moon.light
moon.lit
moon.rise
moon.shine
moon.shin.y
moon.stone
moon-struck
moor.age
moor.ing
moor.ish
moose
moot.er
mop.pet
mop.ping
mor.al
mo.**rale**
mor.al.ism
mor.al.ist
mo.**ral**.i.ty
mor.al.i.**za**.tion
mor.al.ize
mor.al.ly
mor.als
mo.**rass**
mor.a.**to**.ri.um
mor.a.**to**.ry
mo.**ray**
mor.bid
mor.**bid**.i.ty
mor.**bif**.ic

mor.**da**.cious
mor.dan.cy
mor.dant
mo.**reen**
mo.**rel**.lo
more.**o**.ver
mo.res
mor.ga.**nat**.ic
mor.i.bund
Mor.mon
morn.ing
morn.ing-**glo**.ry
Mo.**roc**.can
mo.ron
mo.**rose**
mo.**rose**.ness
mor.phine
mor.**phol**.o.gy
mor.row
mor.sel
mor.tal
mor.**tal**.i.ty
mor.tal.ly
mor.tar
mor.tar.**board**
mort.gage
mort.ga.**gee**
mort.gag.ing
mort.ga.**gor**
mor.**ti**.cian
mor.ti.fi.**ca**.tion
mor.ti.fied
mor.ti.fy
mor.ti.**fy**.ing
mor.tise
mor.tu.**ar**.y
mo.**sa**.ic
Mo.ses
mo.sey
Mos.lem
mosque
mos.**qui**.to
mos.**qui**.toes

moss.i.ness
most.ly
mo.**tel**
moth-eat.en
moth.er
moth.er.hood
moth.er-in-**law**
moth.er.**land**
moth.er.less
moth.er.li.ness
moth.er.ly
moth.er-of-**pearl**
moth.**proof**
mo.**tif**
mo.tile
mo.tion
mo.tion.less
mo.ti.vate
mo.ti.**va**.tion
mo.tive
mot.ley
mo.tor
mo.tor.**boat**
mo.tor.**bus**
mo.tor.**car**
mo.tor.**cy**.cle
mo.tor.ist
mo.tor.ize
mo.tor.man
mot.tle
mot.to
mot.toes
mound
mount.a.ble
moun.tain
moun.tain.**eer**
moun.tain.ous
moun.tain.**side**
moun.te.bank
mount.ed
mount.er
mount.ing
mourn.ful

mourn.ing
mouse (*pl. mice*)
mous.er
mouse.tail
mouse.trap
mous.y
mouth.ful
mouth.**piece**
mov.a.**bil**.i.ty
mov.a.ble
move.ment
mov.ie
mov.ies
mov.ing
mow.er
mu.cid
mu.ci.lage
mu.ci.**lag**.i.nous
muck rake
muck.**rake**, *v.*
mu.cous, *adj.*
mu.cus, *n.*
mud.di.ness
mud.dle
mud.dy
mud.fish
mud.guard
mud.sling.er
mu.**ez**.zin
muf.fin
muf.fle
muf.fler
muf.ti
mug.ger
mug.gi.ness
mug.gy
mug.**wump**
mu.**lat**.to
mu.**lat**.toes
mul.ber.ry
mulch
mulct
mu.le.**teer**

mu.li.**eb**.ri.ty
mul.ish
mull.er
mul.let
mul.lion
mul.**tan**.gu.lar
mul.ti.**cel**.lu.lar
mul.ti.**far**.ious
mul.ti.fold
mul.ti.form
mul.ti.**lat**.er.al
mul.ti.**lin**.guist
mul.ti.**mil**.lion.**aire**
mul.ti.**na**.tion.al
mul.ti.ped
mul.ti.ple
mul.ti.plex
mul.ti.**pli**.a.ble
mul.ti.pli.**cand**
mul.ti.pli.**ca**.tion
mul.ti.**plic**.i.ty
mul.ti.**pli**.er
mul.ti.ply
mul.ti.**ply**.ing
mul.ti-**pur**.pose
mul.ti.tude
mul.ti.**tu**.di.nous
mum.ble
mum.mer.**y**
mum.mi.fi.**ca**.tion
mum.mies
mum.mi.fy
mum.my
mun.dane
mu.**nic**.i.pal
mu.**nic**.i.**pal**.i.ty
mu.**nic**.i.pal.ize
mu.**nif**.i.cence
mu.**nif**.i.cent
mu.**ni**.tion
mu.ral
mur.der
mur.der.er

mur.der.ous
murk.i.ness
murk.y
mur.mur
mur.mur.ing
mur.mur.ous
mus.ca.dine
mus.ca.**tel**
mus.cle
mus.cle-**bound**
mus.co.**va**.do
mus.cu.lar
mus.cu.**lar**.i.ty
mus.cu.la.ture
muse.ful
mu.**se**.um
mush.room
mush.y
mu.sic
mu.si.cal
mu.si.**cale**
mu.**si**.cian
mus.ing
mus.keg
mus.ket
mus.ket.**eer**
mus.ket.ry
musk.**mel**.on
musk ox
musk.**rat**
musk.y
mus.lin
mus.sel
mus.**tache**
mus.tang
mus.tard
mus.ter
mus.ti.ness
mus.ty
mu.ta.**bil**.i.ty
mu.ta.ble
mu.tant
mu.tate

mu.**ta**.tion
mute.ness
mu.ti.late
mu.ti.**la**.tion
mu.ti.**neer**
mu.ti.nied
mu.ti.nous
mu.ti.ny
mut.ism
mut.ter
mut.ton
mu.tu.al
mu.tu.**al**.i.ty
mu.tu.al.ly
muz.zle
my.**al**.gi.a
my.**col**.o.gy
my.**o**.pi.a
my.**op**.ic
myr.i.ad
myrrh
myr.tle
my.**self**
mys.ter.ies
mys.**te**.ri.ous
mys.ter.y
mys.tic
mys.ti.cal
mys.ti.cism
mys.ti.fi.**ca**.tion
mys.ti.fied
mys.ti.fy
mys.ti.**fy**.ing
myth.i.cal
myth.i.cal.ly
myth.o.**log**.i.cal
my.**thol**.o.gies
my.**thol**.o.gy

N

na.cre
na.cre.ous
na.dir
nag.ging
nain.sook
na.ive
na.ive.té
na.ked
nam.a.ble
nam.by-pam.by
name.less
name.ly
name.sake
nam.ing
nan.keen
na.per.y
naph.tha
nap.kin
na.po.le.on
Na.po.le.on.ic
nap.per
nap.ping
nar.cis.sus
nar.co.sis
nar.co.syn.the.sis
nar.cot.ic
nar.co.tism
nar.co.tize
nar.rate
nar.rat.ing
nar.ra.tion
nar.ra.tive
nar.ra.tor
nar.row
nar.row-mind.ed
nar.row.ness
na.sal
na.sal.i.ty
na.sal.ize

na.sal.ly
nas.cent
nas.ti.ly
na.stur.tium
nas.ty
na.tal
na.tant
na.ta.tion
na.ta.to.ri.al
na.ta.to.ri.um
na.ta.to.ry
na.tion
na.tion.al
na.tion.al.ism
na.tion.al.i.ty
na.tion.al.ize
na.tion.al.ly
na.tive
na.tive.ly
na.tive.ness
na.tiv.ism
na.tiv.i.ty
nat.ty
nat.u.ral
nat.u.ral.ism
nat.u.ral.ist
nat.u.ral.is.tic
nat.u.ral.i.za.tion
nat.u.ral.ize
nat.u.ral.ly
nat.u.ral.ness
na.ture
naugh.ti.ly
naugh.ti.ness
naugh.ty
nau.se.a
nau.se.ate
nau.se.at.ing
nau.seous

nau.ti.cal
nau.ti.lus
na.val, *adj.*
na.vel
na.vic.u.lar
na.vies
nav.i.ga.ble
nav.i.gate
nav.i.gat.ing
nav.i.ga.tion
nav.i.ga.tor
na.vy
Naz.a.rene
Na.zism
Ne.a.pol.i.tan
near.by
near.est
near.ly
near.ness
near.sight.ed
neat.ly
neat.ness
neb.u.la
neb.u.lae, *pl.*
neb.u.lar
neb.u.los.i.ty
neb.u.lous
nec.es.sar.i.ly
nec.es.sar.y
ne.ces.si.tate
ne.ces.si.ties
ne.ces.si.tous
ne.ces.si.ty
neck.band
neck.cloth
neck.er.chief
neck.ing
neck.lace
neck.line

neck.piece
neck.tie
neck.wear
nec.ro.log.i.cal
ne.crol.o.gist
ne.crol.o.gy
nec.ro.man.cy
ne.crop.o.lis
ne.cro.sis
nec.tar
nec.tar.e.ous
nec.tar.ine
need.ful
need.i.est
need.i.ness
nee.dle
nee.dle.fish
nee.dle-point
need.less
nee.dle.work
need.y
ne'er-do-well
ne.far.i.ous
ne.gate
ne.gat.ing
ne.ga.tion
neg.a.tive
neg.lect
neg.lect.ful
neg.li.gee
neg.li.gence
neg.li.gent
neg.li.gi.ble
ne.go.ti.a.bil.i.ty
ne.go.ti.a.ble
ne.go.ti.ate
ne.go.ti.at.ing
ne.go.ti.a.tion
ne.go.ti.a.tor
Ne.gress
Ne.gro
Ne.groes
neigh.bor

neigh.bor.hood
neigh.bor.ing
neigh.bor.ly
nei.ther
nem.a.tode
nem.e.sis
ne.o.clas.sic
ne.o.lith.ic
ne.ol.o.gism
ne.ol.o.gist
ne.ol.o.gy
ne.o.phyte
ne.o.plasm
ne.o.prene
ne.o.ter.ic
neph.ew
neph.o.scope
ne.phral.gi.a
ne.phrit.ic
ne.phri.tis
nep.o.tism
Nep.tune
nerve
nerve.less
nerv.ous
   break.down
nerv.ous
nerv.y
nes.ci.ent
nes.tle
nest.ling
neth.er
neth.er.most
net.ting
net.tle
net.work
neu.ral
neu.ral.gia
neu.ras.the.ni.a
neu.ri.tis
neu.rog.li.a
neu.rol.o.gist
neu.rol.o.gy

neu.ron
neu.ro.ses, *pl.*
neu.ro.sis, *sing.*
neu.rot.ic
neu.ter
neu.tral
neu.tral.i.ty
neu.tral.i.za.tion
neu.tral.ize
neu.tral.ly
neu.tron
nev.er
nev.er.the.less
new-born
new.com.er
new.el
new.fan.gled
new-fash.ioned
New.found.land
new.ly
new.ly-wed
new.mar.ket
new.ness
news.boy
news.cast.er
news.let.ter
news.man
news.mon.ger
news.pa.per
news.pa.per.man
news.print
news.reel
news.room
news.stand
news.y
new year
nex.us
ni.a.cin
Ni.ag.a.ra
nib.ble
nib.lick
Nic.a.ra.guan
nice.ly

nice.ness
ni.ce.ty
niche
nick
nick.el
nick.el.if.er.ous
nick.el.o.de.on
nick.nack
nick.name
nic.o.tine
nic.o.tin.ism
nid.i.fi.cate
nid.i.fi.ca.tion
nid.i.fy
niece
nig.gard
nig.gard.ly
nig.gling
night.cap
night club
night.dress
night.fall
night.gown
night.hawk
night.in.gale
night let.ter
night.long
night.ly
night.mare
night owl
night.shade
night.shirt
night.time
night.walk.er
night watch
night.wear
night.work
ni.gres.cent
nig.ri.tude
ni.hil.ism
ni.hil.ist
ni.hil.is.tic
nim.ble

nim.bus
nin.com.poop
nine
nine.fold
nine.pin
nine.teen
nine.teenth
nine.ties
nine.ti.eth
nine.ty
nine.ty.fold
nin.ny
ninth
nip.per
nip.ping
nip.ple
Nip.pon.ese
nip.py
nir.va.na
ni.sei
ni.trate
ni.tric
ni.tride
ni.tri.fi.ca.tion
ni.tri.fy
ni.trite
ni.tro.gen
ni.trog.e.nous
ni.tro.glyc.er.in
ni.trous
nit.wit
no.bil.i.ar.y
no.bil.i.ty
no.ble
no.ble.man
no.ble.wom.an
no.ble.ness
no.bly
no.bod.y
noc.tam.bu.lism
noc.tur.nal
noc.turne
node

nod.u.lar
nod.ule
noise.less
nois.i.ly
nois.i.ness
noi.some
nois.y
no.mad
no.mad.ic
no.mad.ism
nom.arch
no.men.cla.tor
no.men.cla.ture
nom.i.nal
nom.i.nal.ly
nom.i.nate
nom.i.na.tion
nom.i.na.tive
nom.i.na.tor
nom.i.nee
non.ap.pear.ance
non.cha.lance
non.cha.lant
non.com.bat.ant
non.com.mis.sioned
non.com.mit.tal
non.con.duc.tor
non.con.form.ist
non.de.script
non.en.ti.ty
non.es.sen.tial
none.such
non.ex.ist.ent
non.fea.sance
non.in.ter.ven.tion
non.join.der
non.me.tal.lic
non.pa.reil
non.par.tic.i.pat.ing
non.par.ti.san
non.plus
non.prof.it
non.res.i.dence

non.**res**.i.dent
non.re.**sis**t.ant
non.sec.**tar**.i.an
non.sense
non.**sen**.si.cal
non.**skid**
non.**stop**
non.**suit**
non.sup.**port**
non.**un**.ion
non.**vot**.er
noo.**dle**
noon.**day**
noon.**tide**
noon.**time**
nor.mal
nor.**mal**.i.ty
nor.mal.ize
nor.mal.ly
nor.ma.tive
north.**east**
north.**east**.er.ly
north.**east**.ern
north.er.ly
north.ern
north.ern.er
north.ern.most
north.land
north.ward
north.**west**
north.**west**.er.ly
north.**west**.ern
nose.**band**
nose.**bleed**
nose dive
nose.**gay**
nose.**piece**
no.**sol**.o.gy
nos.**tal**.gi.a
nos.tril
nos.trum
no.ta.**bil**.i.ty
no.ta.ble

no.ta.bly
no.**tar**.i.al
no.ta.ries
no.ta.rize
no.ta.**riz**.ing
no.ta.ry
no.**ta**.tion
notch
note.**book**
note.less
note.**wor**.thy
noth.ing
noth.ing.ness
no.tice
no.tice.a.ble
no.ti.fi.**ca**.tion
no.ti.fied
no.ti.fy
no.ti.**fy**.ing
no.tion
no.to.**ri**.e.ty
no.**to**.ri.ous
not.with.**stand**.ing
nou.gat
noun
nour.ish.ment
no.**va**.tion
nov.el
no.**vel**.la
nov.el.**ette**
nov.el.ist
nov.el.**is**.tic
nov.el.ize
nov.el.ties
nov.el.ty
No.**vem**.ber
no.**ve**.na
nov.ice
no.**vi**.ti.ate
No.vo.**cain**
now.a.**days**
no.way
no.ways

no.where
no.wise
nox.ious
noz.zle
nu.**ance**
nu.bile
nu.cle.ar
nu.cle.ate
nu.cle.**a**.tion
nu.cle.**i**, *pl.*
nu.cle.us, *sing.*
nude
nud.ism
nu.di.ty
nug.get
nui.sance
nul.li.fi.**ca**.tion
nul.li.fied
nul.li.**fi**.er
nul.li.fy
nul.li.fy.ing
nul.li.ty
num.ber
num.ber.less
numb.**fish**
numb.ly
numb.ness
nu.mer.a.ble
nu.mer.al
nu.mer.ate
nu.mer.**a**.tion
nu.mer.**a**.tor
nu.**mer**.i.cal
nu.mer.**ol**.o.gy
nu.mer.ous
nu.mis.**mat**.ic
nu.mis.**mat**.ics
nu.**mis**.ma.tist
num.**skull**
nun.ner.y
nup.tial
nurse.**maid**
nurs.er.ies

nurs.er.y
nurs.er.y.man
nurs.ing
nurs.ling
nur.ture
nur.tur.ing
nu.ta.tion
nut.crack.er

nut.let
nut.meg
nu.tri.ent
nu.tri.ment
nu.tri.tion
nu.tri.tious
nu.tri.tive
nut.shell

nut.ty
nut.wood
nuz.zle
nyc.ta.lo.pi.a
ny.lon
nymph
nym.pho.ma.ni.a

oak.en
oar.fish
oar.lock
oars.man
oars.man.ship
o.a.ses, *pl.*
o.a.sis
oat.cake
oath
oat.meal
ob.bli.ga.to
ob.du.ra.cy
ob.du.rate
o.be.di.ence
o.be.di.ent
o.bei.sance
ob.e.lisk
o.bese
o.bes.i.ty
o.bey
ob.fus.cate
ob.fus.ca.tion
o.bit.u.ar.ies
o.bit.u.ar.y
ob.ject, *v.*
ob.ject, *n.*
ob.jec.tion
ob.jec.tion.a.ble
ob.jec.tive
ob.jec.tive.ly

ob.jec.tiv.i.ty
ob.jec.tor
ob.jur.gate
ob.jur.ga.tion
ob.late
ob.la.tion
ob.li.gate
ob.li.ga.tion
ob.lig.a.to.ry
o.blige
ob.li.gee
o.blig.ing
ob.li.gor
ob.lique
ob.liq.ui.ty
ob.lit.er.ate
ob.lit.er.a.tion
ob.liv.i.on
ob.liv.i.ous
ob.long
ob.lo.quies
ob.lo.quy
ob.nox.ious
o.boe
o.bo.ist
ob.scene
ob.scen.i.ty
ob.scur.ant.ism
ob.scure
ob.scure.ness

ob.scu.ri.ty
ob.se.quies
ob.se.qui.ous
ob.se.quy
ob.serv.a.ble
ob.serv.ance
ob.serv.ant
ob.ser.va.tion
ob.ser.va.tion.al
ob.serv.a.to.ry
ob.serve
ob.serv.er
ob.serv.ing
ob.sess
ob.ses.sion
ob.sid.i.an
ob.so.les.cence
ob.so.lete
ob.sta.cle
ob.stet.ri.cal
ob.ste.tri.cian
ob.stet.rics
ob.sti.na.cy
ob.sti.nate
ob.strep.er.ous
ob.struct
ob.struc.tion
ob.struc.tion.ist
ob.struc.tive
ob.tain

ob.**tain**.a.ble
ob.**trude**
ob.**trud**.er
ob.**tru**.sion
ob.**tru**.sive
ob.**tund**
ob.tu.rate
ob.tu.**ra**.tion
ob.tu.**ra**.tor
ob.**tuse**
ob.**verse,** *adj.*
ob.verse, *n.*
ob.**ver**.sion
ob.vi.ate
ob.vi.**at**.ing
ob.vi.**a**.tion
ob.vi.ous
ob.vo.lute
oc.**ca**.sion
oc.**ca**.sion.al
oc.**ca**.sion.al.ly
oc.ci.dent
oc.ci.**den**.tal
oc.ci.**den**.tal.ize
oc.**cip**.i.tal
oc.ci.put
oc.**clude**
oc.**clu**.sion
oc.**cult**
oc.**cul**.**ta**.tion
oc.**cult**.ism
oc.**cult**.ist
oc.cu.pan.cy
oc.cu.pant
oc.cu.**pa**.tion
oc.cu.pied
oc.cu.py
oc.cu.**py**.ing
oc.**cur**
oc.**curred**
oc.**cur**.rence
oc.**cur**.rent
oc.**cur**.ring

o.cean
o.ce.**an**.ic
o.ce.lot
o'.**clock**
oc.ta.gon
oc.**tag**.o.nal
oc.tane
oc.**tan**.gu.lar
oc.tave
oc.**ta**.vo
oc.**ta**.vos
Oc.**to**.ber
oc.to.ge.**nar**.i.an
oc.**tog**.e.**nar**.y
oc.to.pus
oc.u.lar
oc.u.list
odd.i.ty
odd.ly
odd.ness
odds and ends
ode
o.di.ous
o.di.um
o.do.graph
o.**dom**.e.ter
o.dor
o.dor.**if**.er.ous
o.dor.less
o.dor.ous
Od.ys.sey
of.fal
off.cast
off-chance
off-col.or
of.**fend**
of.**fend**.er
of.**fense**
of.**fen**.sive
of.fer
of.fer.ing
of.fer.to.ry
off.hand

of.fice
of.fice.**hold**.er
of.fi.cer
of.**fi**.cial
of.**fi**.cial.ism
of.**fi**.cial.ly
of.**fi**.ci.ate
of.**fi**.ci.**a**.tion
of.**fi**.ci.**a**.tor
of.**fi**.cious
off.ing
off.ish
off.print
off.scour.ing
off.set, *n.*
off.**set,** *v.*
off.shoot
off.shore
off.spring
of.ten
of.ten.**times**
oft.times
o.gre
ohm
oil.cloth
oil.er
oil.i.ness
oil.man
oil.skin
oil.stone
oil.y
oint.ment
o.kay
o.kra
old.en
old-fash.ioned
old.ish
old-line
old.ness
old.ster
old-tim.er
old-world, *adj.*
o.le.**an**.der

o.le.o.**mar**.ga.rine
ol.**fac**.tion
ol.**fac**.to.ry
ol.i.garch
ol.i.**garch**.y
ol.ive
O.**lym**.pi.an
O.**lym**.pic
om.e.let
o.men
om.i.nous
o.**mis**.si.ble
o.**mis**.sion
o.**mit**
o.**mit**.ted
o.**mit**.ting
om.ni.bus
om.ni.**far**.i.ous
om.**nif**.ic
om.**nip**.o.tence
om.**nip**.o.tent
om.ni.**pres**.ent
om.**nis**.cience
om.**nis**.cient
om.**niv**.o.rous
on.a.ger
on.**com**.ing
one-armed
one-eyed
one.ness
on.er.ous
one.**self**
one-sid.ed
one-step
one.**time**
on.ion
on.ion.**skin**
on.**look**.er
on.ly
on.rush
on.set
on.slaught
on.to

on.to.**log**.i.cal
on.**tol**.o.gy
o.nus
on.ward
on.yx
oo.zy
o.**pac**.i.ty
o.pal.**es**.cent
o.**paque**
o.pen
o.pen-and-**shut**
o.pen.er
o.pen-**eyed**
o.pen.**hand**.ed
o.pen.**heart**.ed
o.pen.ing
o.pen.ly
o.pen.**mouthed**
o.pen.ness
o.pen.**work**
op.er.a
op.er.a.ble
op.er.ate
op.er.**at**.ic
op.er.**at**.ing
op.er.a.tion
op.er.a.tive
op.er.a.tor
op.er.**et**.ta
oph.thal.**mol**.o.gist
o.pi.ate
o.**pine**
o.**pin**.ion
o.**pin**.ion.**at**.ed
o.pi.um
o.**pos**.sum
op.**po**.nent
op.por.**tune**
op.por.**tun**.ism
op.por.**tun**.ist
op.por.**tu**.ni.ty
op.**pos**.a.ble
op.**pose**

op.po.site
op.po.**si**.tion
op.**press**
op.**pres**.sion
op.**pres**.sive
op.**pres**.sor
op.**pro**.bri.ous
op.**pro**.bri.um
op.ta.tive
op.ti.cal
op.**ti**.cian
op.tics
op.ti.mism
op.ti.mist
op.ti.**mis**.tic
op.ti.mize
op.ti.mum
op.tion
op.tion.al
op.**tom**.e.trist
op.**tom**.e.try
op.u.lence
op.u.lent
or.a.cle
o.ral
or.ange
or.ange.**ade**
o.**rang**.u.tan
o.**rate**
o.**ra**.tion
or.a.tor
or.a.**tor**.i.cal
or.a.**to**.ri.o
or.a.**to**.ry
or.bit
or.bit.al
or.chard
or.ches.**tra**
or.**ches**.tral
or.ches.trate
or.ches.**tra**.tion
or.chid
or.**dain**

or.**de**.al
or.der
or.der.li.ness
or.der.ly
or.di.nal
or.di.nance *(law)*
or.di.**nar**.i.ly
or.di.**nar**.y
or.di.nate
or.di.**na**.tion
ord.nance *(weapons)*
or.dure
or.gan
or.gan.dy
or.**gan**.ic
or.gan.ism
or.gan.ist
or.gan.**iz**.a.ble
or.gan.i.**za**.tion
or.gan.i.**za**.tion.al
  de.**vel**.op.ment
or.gan.ize
or.gies
or.gy
o.**ri**.ent
o.ri.**en**.tal
o.ri.**en**.tal.ize
o.ri.en.**tate**
o.ri.en.**ta**.tion
or.i.fice
or.i.gin
o.**rig**.i.nal
o.**rig**.i.**nal**.i.ty
o.**rig**.i.nal.ly
o.**rig**.i.nate
o.**rig**.i.**nat**.ing
o.**rig**.i.**na**.tion
o.**rig**.i.**na**.tor
o.**ri**.ole
or.i.son
or.na.ment
or.na.**men**.tal
or.na.men.**ta**.tion

or.**nate**
or.ner.y
or.ni.**thol**.o.gy
o.ro.tund
or.phan
or.phan.age
or.phan.hood
or.tho.dox
or.tho.**gen**.ic
or.tho.**graph**.ic
or.tho.**graph**.i.cal
or.**thog**.ra.phy
or.tho.**pe**.dic
os.cil.late
os.cil.**la**.tion
os.cil.**la**.tor
os.cil.la.**to**.ry
os.ci.tant
os.cu.late
os.cu.**la**.tion
os.cu.la.**to**.ry
os.mi.um
os.**mo**.sis
os.**mot**.ic
os.prey
os.si.cle
os.si.fi.**ca**.tion
os.si.fy
os.su.**ar**.y
os.**ten**.si.ble
os.**ten**.sive
os.**ten**.sive ly
os.ten.**ta**.tion
os.ten.**ta**.tious
os.te.o.path
os.te.o.**path**.ic
os.te.**op**.a.thist
os.te.**op**.a.thy
os.tra.cism
os.tra.cize
os.trich
oth.er
oth.er.**wise**

o.ti.ose
our.**selves**
oust.er
out-and-**out**
out.**bal**.ance
out.**bid**
out.board
out.break
out.build.ing
out.burst
out.cast
out.class
out.come
out.crop
out.cry, *n.*
out.**cry**. *v.*
out.curve
out.**dis**.tance
out.**do**
out.door, *adj.*
out.doors
out.er
out.er.most
out.field
out.fit
out.fit.ter
out.**flank**
out.**go**
out.go.ing
out.**grow**
out.growth
out.house
out.ing
out.land.er
out.**land**.ish
out.**last**
out.law
out.**lay,** *v.*
out.lay, *n.*
out.let
out.line
out.**live**
out.look

out.**ly**.ing
out.ma.**neu**.ver
out.**mod**.ed
out-of-**date**
out-of-**door**
out-of-the-**way**
out.**pa**.tient
out.**play**
out.**point**
out.post
out.**pour,** *v.*
out.**pour,** *n.*
out.**put**
out.rage
out.**ra**.geous
out.**rank**
out.**reach,** *v.*
out.reach, *n*
out.**rid**.er
out.**rig**.ger
out.**right**
out.**root**
out.**run**.ner
out.**sell**
out.**set**
out.**side**
out.**sid**.er
out.**sit**
out.**size**
out.**skirt**
out.**smart**
out.**speak**
out.**spo**.ken
out.**spread,** *v.*
out.**spread,** *n.*
out.**stand**
out.**stand**.ing
out.**stay**
out.**stretch**
out.**strip**
out.ward
out.ward.ly
out.**wear**

out.**weigh**
out.**wit**
out.**work**
out.**worn**
o.val
o.va.ry
o.**va**.tion
ov.en
ov.en.**ware**
o.ver
o.ver.**act**
o.ver-**all,** *adj.*
o.ver.**alls**
o.ver.**arm**
o.ver.**awe**
o.ver.**bal**.ance
o.ver.**bear**
o.ver.**board**
o.ver.**build**
o.ver.**bur**.den
o.ver.**cast**
o.ver.**charge**
o.ver.**coat**
o.ver.**come**
o.ver.**crop**.ping
o.ver.**do**
o.ver.**dose**
o.ver.**draft**
o.ver.**draw**
o.ver.**due**
o.ver.**es**.ti.mate
o.ver.**flow**
o.ver.**grow**
o.ver.**hand**
o.ver.**hang**
o.ver.**haul**
o.ver.**head**
o.ver.**hear**
o.ver.**land**
o.ver.**lap**
o.ver.**lay**
o.ver.**look**
o.ver.**lord**

o.ver.ly
o.ver.**night**
o.ver.**pow**.er
o.ver.pro.**duc**.tion
o.ver.**rate**
o.ver.**reach**
o.ver.**ride**
o.ver.**rule**
o.ver.**run**
o.ver.**sea**(s)
o.ver.**seer**
o.ver.**shad**.ow
o.ver.**shoe**
o.ver.**sight**
o.ver.**sized**
o.ver.**sleep**
o.ver.**spread**
o.ver.**stay**
o.ver.**step**
o.ver.sup.**ply**
o.vert
o.ver.**take**
o.ver.**throw**
o.ver.**time**
o.vert.ly
o.ver.**tone**
o.ver.ture
o.ver.**turn**
o.ver.**weigh**
o.ver.**weight**
o.ver.**whelm**
o.ver.**whelm**.ing
o.ver.**work**
o.**vip**.a.rous
ow.ing
owl.et
owl.ish
own.er
own.er.ship
ox, *s.*
ox.**al**.ic
ox.bow
ox.en, *pl.*

ox.eye
ox.heart
ox.i.**da**.tion
ox.ide
ox.i.dize

ox.tail
ox.tongue
ox.y.gen
ox.y.gen.ate
ox.y.gen.**a**.tion

oys.ter
oys.ter.man
o.zone
o.zone **lay**.er
o.zo.**nize**

P

pace mak.er
pac.er
pach.y.derm
pa.**cif**.ic
pa.**cif**.i.cate
pac.i.fi.**ca**.tion
pa.**cif**.i.**ca**.tor
pac.i.**fi**.er
pac.i.fism
pac.i.fist
pac.i.fy
pac.i.fy.ing
pack.age
pack.ag.ing
pack.er
pack.et
pack.ing
pack.ing house
pack.man
pack.sack
pack.**sad**.dle
pack.**thread**
pad.ding
pad.dle
pad.dler
pad.dock
pad.dy
pad.**lock**
pa.dre
pae.an
pa.gan
pa.gan.ism
pa.gan.ize

pag.eant
pag.eant.ry
pag.i.nal
pag.i.**na**.tion
pa.**go**.da
paid
pail.ful
pain.ful
pain.less
pains.**tak**.ing
paint.**box**
paint.**brush**
paint.er
paint.ing
pair
pa.**ja**.ma
Pak.i.**stan**.i
pal.ace
pal.at.a.ble
pal.a.tal
pal.a.tal.ize
pal.ate *(of. mouth)*
pa.**la**.tial
pal.a.tine
pa.**lav**.er
pale.**face**
pale.ness
pa.le.o.**lith**.ic
pa.le.on.**tol**.o.gy
pal.ette *(painter's)*
pal.frey
pal.ing
pal.i.**sade**

pal.**la**.di.um
pall.**bear**.er
pal.let *(couch)*
pal.li.ate
pal.li.**a**.tion
pal.li.**a**.tive
pal.lid
pall-mall
pal.lor
pal.**met**.to
palm.is.try
pal.pa.ble
pal.pate
pal.pi.tate
pal.i.**ta**.tion
pal.sied
pal.sy
pal.tri.ness
pal.try
pa.**lu**.dal
pam.per
pam.phlet
pan.a.**ce**.a
pa.**nache**
Pan.a.**ma**.ni.an
Pan-A.**mer**.i.can
pan.**cake**
pan.chro.**mat**.ic
pan.cre.as
pan.**dem**.ic
pan.de.**mo**.ni.um
pan.der.er
pan.**dow**.dy

pan.e.**gyr**.ic
pan.e.**gyr**.i.cal
pan.e.**gyr**.ist
pan.el
pan.el.ing
pan.el.ist
pan.han.dle
pan.ic
pan.ic-**strick**.en
pan.o.ply
pan.o.**ra**.ma
pan.o.**ram**.ic
pan.sies
pan.sy
pan.ta.**loon**
pan.the.ism
pan.the.ist
pan.the.**is**.ti.cal
pan.the.on
pan.ther
pant.ies
pant.ing.ly
pan.to.graph
pan.to.mime
pan.tries
pan.try
pa.pa.cy
pa.pal
pa.per
pa.per.**back**
pa.per.**board**
pa.per **hang**.er
pa.per knife
pa.per-thin
pa.per.**weight**
pap.e.terie
pa.pier-ma.**ché**
pap.il.**lar**.y
pa.**poose**
pap.ri.ka
pa.**py**.**rus**
par.a.ble
pa.**rab**.o.la

par.a.**bol**.ic
par.a.chute
para.**chut**.ist
pa.**rade**
pa.**rad**.ing
par.a.dise
par.a.dox
par.a.**dox**.i.cal
par.af.fin
par.a.gon
par.a.graph
Par.a.**guay**.an
par.a.keet
par.al.lax
par.al.lel
par.al.lel e.**con**.o.my
par.al.**lel**.ing
par.al.**lel**.o.gram
pa.**ral**.y.sis
par.a.**lyt**.ic
par.a.lyze
pa.**ram**.e.ter
par.a.mount
par.a.mour
par.a.**noi**.a
par.a.pet
par.a.pher.**na**.li.a
par.a.phrase
par.a.**phras**.tic
pa.**raph**.y.sis
par.a.**pleg**.ic
par.a.site
par.a.**sit**.ic
par.a.**sit**.i.cide
par.a.sol
par.a.troop.er
par.**boil**
par.cel
par.cel.ing
par.cel post
par.**chee**.si
parch.ment
par.don

par.don.a.ble
par.don.er
par.e.**gor**.ic
par.ent
par.ent.age
pa.**ren**.tal
pa.**ren**.the.ses, *pl.*
pa.**ren**.the.sis
par.en.**thet**.i.cal
par.ent.hood
pa.**re**.sis
pa.**ret**.ic
pa.**ri**.ah, **pa**.ri.ah
pa.**ri**.e.tal
par.ing
par.ish
pa.**rish**.ion.er
Pa.**ri**.sian
par.i.ty
par.ka
park.**way**
par.lance
par.ley
par.lia.ment
par.lia.**men**.ta.ry
par.lor
pa.**ro**.chi.al
par.o.dy
pa.**role**
pa.rol.**ee**
par.ox.ysm
par.**quet**
par.ri.cide
par.rot
par.ry
parse
par.si.**mo**.ni.ous
par.si.**mo**.ny
pars.ley
pars.nip
par.son
par.son.age
par.**take**

par.**tak**.er
part.ed
par.**terre**
par.the.no.**gen**.e.sis
Par.the.non
par.tial
par.ti.**al**.i.ty
par.tial.ly
par.**tic**.i.pant
par.**tic**.i.pate
par.**tic**.i.**pa**.tion
par.**tic**.i.**pa**.tor
par.ti.**cip**.i.al
par.ti.ci.ple
par.ti.cle
par.**tic**.u.lar
par.**tic**.u.**lar**.i.ty
par.**tic**.u.lar.ize
part.**tic**.u.lar.ly
par.ties
part.ing
par.ti.san
par.ti.san.**ship**
par.**ti**.tion
par.ti.tive
part.ly
part.ner
part.ner.ship
par.**took**
par.tridge
par.tu.**ri**.tion
par.ty
par.ve.nu
pa.**sha**
pass.a.ble
pas.sage
pas.sage.**way**
pass.book
pas.**sé**
pas.sen.ger
pass.er
pass.er-**by**
pass.ing

pas.sion
pas.sion.ate
pas.sion.less
pas.sive
pas.**siv**.i.ty
pass.key
pass.**o**.ver
pass.port
pass.**word**
paste.**board**
pas.**tel**
past.er
pas.teur.i.**za**.tion
pas.teur.ize
pas.**tiche**
past.ing
pas.time
pas.tor
pas.to.ral
pas.to.**ra**.le (*music*)
pas.tor.ate
pas.tor.ship
pas.**tra**.mi
pas.tries
pas.try
pas.tur.a.ble
pas.tur.age
pas.ture
past.y
patch.er
patch.**work**
patch.y
pa.**tel**.la
pat.ent
pat.ent.a.ble
pat.ent.**ee**
pa.**ter**.nal
pa.**ter**.nal.ism
pa.**ter**.ni.ty
pa.**thet**.ic
path.**find**.er
path.less
path.o.**gen**.ic

path.o.**log**.ic
path.o.**log**.i.cal
pa.**thol**.o.gist
pa.**thol**.o.gy
pa.thos
path.**way**
pa.tience
pa.tient
pat.i.na
pa.ti.o
pa.tri.arch
pa.tri.**ar**.chal
pa.tri.**arch**.ate
pa.tri.**arch**.y
pa.**tri**.cian
pat.ri.**mo**.ny
pa.tri.ot
pa.tri.**ot**.ic
pa.tri.ot.ism
pa.**trol**
pa.**trolled**
pa.**trol**.man
pa.tron
pa.tron.age
pat.ro.**nym**.ic
pa.tron.ize
pa.**troon**
pat.ten
pat.ter
pat.tern
pat.ty
pau.ci.ty
paunch.y
pau.per
pau.per.ism
pau.per.ize
paus.ing
pave.ment
pa.**vil**.ion
pav.ing
pawn.**bro**.ker
pawn.shop
pay.a.ble

pay.ee
pay.er
pay.mas.ter
pay.ment
pay.roll
peace.a.ble
peace.ful
peace.mak.er
peach.blow
peach.y
pea.cock
pea.hen
peaked
peal.ing *(of bells)*
pea.nut
pearl.y
pear-shaped
peas.ant
peas.ant.ry
peb.ble
pe.can
pec.ca.dil.lo
pec.ca.dil.loes
pec.cant
pec.ca.ry
peck.er
pec.to.ral
pec.u.late
pec.u.la.tion
pec.u.la.tor
pe.cul.iar
pe.cu.li.ar.i.ty
pe.cul.iar.ly
pe.cu.ni.ar.y
ped.a.gog.ic
ped.a.gog.i.cal
ped.a.gog.ics
ped.a.gogue
ped.a.go.gy
ped.al
ped.ant
pe.dan.tic
ped.ant.ry

ped.dle
ped.dler
ped.dling
ped.es.tal
pe.des.tri.an
pe.di.a.tri.cian
pe.di.at.rics
pe.dic.u.lar
ped.i.cure
ped.i.gree
ped.i.ment
pe.dom.e.ter
peel.ing *(of rind)*
peep.er
peer.age
peer.ess
peer.less
peev.ing
pee.vish
pee.wee
Peg.a.sus
pe.jo.ra.tive
Pe.king.ese
pe.koe
pel.i.can
pel.let
pell-mell
pel.lu.cid
pelt.ry
pel.vis
pe.nal
pe.nal.i.za.tion
pe.nal.ize
pen.al.ties
pen.al.ty
pen.ance
pen.chant
pen.cil
pen.ciled
pend.ant
pend.en.cy
pend.ent
pend.ing

pen.du.lous
pen.du.lum
pen.e.tra.bil.i.ty
pen.e.tra.ble
pen.e.trant
pen.e.trate
pen.e.tra.tion
pen.e.tra.tive
pen.guin
pen.hold.er
pen.i.cil.lin
pen.in.su.la
pen.in.su.lar
pen.i.tence
pen.i.tent
pen.i.ten.tial
pen.i.ten.tia.ry
pen.i.tent.ly
pen.knife
pen.man
pen.man.ship
pen.nant
pen.nies
pen.ni.less
Penn.syl.va.ni.an
pen.ny
pen.ny.weight
pen.ny-wise
pen.ny.worth
pe.nol.o.gist
pe.nol.o.gy
pen.sile
pen.sion
pen.sion.ar.y
pen.sion.er
pen.sive
pen.ta.cle
pen.ta.gon
pen.tag.o.nal
pen.ta.gram
pen.tar.chy
Pen.ta.teuch
pen.tath.lon

pent.house
pe.nult
pe.**nul**.ti.mate
pe.**nu**.ri.ous
pen.u.ry
pe.on
pe.on.age
pe.o.nies
pe.o.ny
peo.ple
pep.lum
pep.per
pep.per.**box**
pep.per.mint
pep.per.y
pep.sin
pep.tic
pep.tone
per.ad.**ven**.ture
per.**am**.bu.late
per.**am**.bu.**la**.tion
per.**am**.bu.**la**.tor
per **an**.num
per.**cale**
per **cap**.i.ta
per.**ceiv**.a.ble
per.**ceive**
per cent
per.**cent**.age
per.cept
per.**cep**.ti.ble
per.**cep**.tion
per.**cep**.tive
per.**chance**
per.**cip**.i.ence
per.**cip**.i.ent
per.**co**.late
per.co.**lat**.ing
per.co.**la**.tor
per.**cus**.sion
per.**cus**.sive
per **di**.em
per.**di**.tion

per.**dur**.a.ble
per.e.gri.nate
per.e.gri.**na**.tion
per.**emp**.to.ri.ly
per.**emp**.to.ry
per.**en**.ni.al
per.fect, *adj.*
per.**fect,** *v.*
per.**fect**.i.ble
per.**fec**.tion
per.**fec**.tion.ism
per.fect.ly
per.**fec**.to
per.**fid**.i.ous
per.fi.dy
per.fo.rate
per.fo.**rat**.ed
per.fo.**rat**.ing
per.fo.**ra**.tion
per.fo.**ra**.tor
per.**force**
per.**form**
per.**form**.ance
per.**fume,** *v.*
per.**form**.er
per.fume, *n.*
per.**fum**.er
per.**fum**.er.y
per.**func**.to.ry
per.**fu**.sion
per.**haps**
per.i.**gee**
per.i.**he**.li.on
per.il
per.il.ous
per.**im**.e.ter
per.i.**ne**.um
pe.ri.od
pe.ri.**od**.ic
pe.ri.**od**.i.cal
per.i.**os**.te.um
per.i.pa.**tet**.ic
pe.**riph**.er.al

pe.**riph**.er.y
pe.**riph**.ra.sis
per.i.**phras**.tic
per.i.scope
per.i.**scop**.ic
per.ish
per.ish.a.ble
per.i.to.**ni**.tis
per.i.**win**.kle
per.jure
per.jur.er
per.ju.ry
perk.y
per.ma.nence
per.ma.nen.cy
per.ma.nent
per.**man**.ga.nate
per.me.a.**bil**.i.ty
per.me.a.ble
per.me.ant
per.me.ate
per.me.a.tion
per.**mis**.si.ble
per.**mis**.sion
per.**mis**.sive
per.**mit,** *v.*
per.mit, *n.*
per.**mit**.ted
per.**mit**.ting
per.mu.**ta**.tion
per.**mute**
per.**ni**.cious
per.**nick**.et.y
per.o.rate
per.o.**ra**.tion
per.**ox**.ide
per.pen.**dic**.u.lar
per.pe.trate
per.pe.**trat**.ing
per.pe.**tra**.tion
per.pe.**tra**.tor
per.**pet**.u.al
per.**pet**.u.ate

per.**pet**.u.**a**.tion
per.**pet**.u.**a**.tor
per.pe.**tu**.i.ty
per.**plex**
per.**plexed**
per.**plex**.ing
per.**plex**.i.ty
per.qui.site
per.ry
per.se.cute
per.se.**cut**.ing
per.se.**cu**.tion
per.se.**cu**.tor
per.se.**cu**.to.ry
per.se.**ver**.ance
per.se.**vere**
Per.sian
per.si.flage
per.**sim**.mon
per.**sist**
per.**sist**.ence
per.**sist**.en.cy
per.**sist**.ent
per.son
per.son.a.ble
per.son.age
per.son.al
per.son.**al**.i.ty
per.son.al.ize
per.son.al.ly
per.**son**.i.fi.**ca**.tion
per.**son**.i.fy
per.son.**nel**
per.**spec**.tive
per.spi.**ca**.cious
per.spi.**cac**.i.ty
per.spi.**cu**.i.ty
per.**spic**.u.ous
per.spi.**ra**.tion
per.**spir**.a.**to**.ry
per.**spire**
per.**spir**.ing
per.**suade**

per.**suad**.er
per.**sua**.si.ble
per.**sua**.sion
per.**sua**.sive
per.**tain**
per.ti.**na**.cious
per.ti.**nac**.i.ty
per.ti.nence
per.ti.nent
per.**turb**
per.**turb**.a.ble
per.tur.**ba**.tion
pe.**ruke**
pe.**rus**.al
pe.**ruse**
pe.**rus**.er
Pe.**ru**.vi.an
per.**vade**
per.**vad**.ing
per.**va**.sion
per.**va**.sive
per.**verse**
per.**ver**.sion
per.**ver**.si.ty
per.**vert**, *v.*
per.vert, *n.*
per.**vert**.ed
per.**vert**.er
per.**vi**.ous
pes.si.mism
pes.si.mist
pes.si.**mis**.tic
pes.ter
pest.**house**
pes.ti.cide
pes.**tif**.er.ous
pes.ti.lence
pes.ti.lent
pes.ti.**len**.tial
pes.tle
pet.al
pe.tard
pet cock

pe.**tite**
pe.**ti**.tion
pe.**ti**.tion.**ar**.y
pe.**ti**.tion.er
pet.ri.**fac**.tion
pet.ri.fi.**ca**.tion
pet.ri.fied
pet.ri.fy
pet.rol
pet.ro.**la**.tum
pe.**tro**.le.um
pet.ro.**log**.ic
pe.**trol**.o.gy
pet.rous
pet.ti.coat
pet.ti.fog
pet.ti.**fog**.ger.y
pet.ti.ly
pet.ti.ness
pet.ty
pet.u.lance
pet.u.lan.cy
pet.u.lant
pe.**tu**.ni.a
pew.ter
pfen.nig
phag.o.cyte
pha.**lan**.ges, *pl.*
pha.lanx
phal.ic
phan.tom
Phar.aoh
Phar.i.see
phar.ma.**ceu**.ti.cal
phar.ma.cies
phar.ma.cist
phar.ma.cy
phar.ynx
pha.**ryn**.ges, *pl.*
phase
pheas.ant
phe.**nom**.e.na, *pl.*
phe.**nom**.e.nal

phe.**nom**.e.non
phe.no.type
phi.al
Phil.a.**del**.phi.an
phi.**lan**.der
phi.**lan**.der.er
phil.an.**throp**.ic
phi.**lan**.thro.pist
phi.**lan**.thro.py
phi.**lat**.e.list
phi.**lat**.e.ly
phil.har.**mon**.ic
phi.**lip**.pic
Phil.ip.pine
phi.**lis**.tine
phil.o.**log**.i.cal
phi.**lol**.o.gist
phi.**lol**.o.gy
phi.**los**.o.pher
phil.o.**soph**.ic
phil.o.**soph**.i.cal
phi.**los**.o.phy
phil.ter. *(drug)*
phlegm
phleg.**mat**.ic
pho.bi.a
Phoe.**ni**.cian
phoe.nix
pho.**net**.ic
pho.ne.**ti**.cian
pho.no.graph
pho.no.**graph**.ic
pho.no.type
phos.phate
phos.pho.**resce**
phos.pho.**res**.cence
phos.pho.**res**.cent
phos.**phor**.ic
phos.pho.rous, *adj.*
phos.pho.rus, *n.*
pho.to
pho.to.**cop**.y
pho.to.e.**lec**.tric

pho.to.en.**grav**.ing
pho.to.**gen**.ic
pho.to.graph
pho.**tog**.ra.pher
pho.to.**graph**.ic
pho.**tog**.ra.phy
pho.to.gra.**vure**
pho.to.**lith**.o.graph
pho.ton
pho.to.**pe**.ri.od.ism
pho.to.**play**
pho.to.sphere
pho.to.stat
pho.to.**syn**.the.sis
phrase
phra.se.**ol**.o.gy
phre.**net**.ic
phre.**nol**.o.gist
phre.**nol**.o.gy
phys.ic
phys.i.cal
phy.**si**.cian
phy.**si**.cist
phys.ics
phys.i.**og**.no.my
phys.i.**og**.ra.phy
phys.i.**ol**.o.gist
phys.i.**ol**.o.gy
phys.i.o.**ther**.a.py
phy.sique
pi.a.**nis**.si.mo
pi.**an**.ist
pi.**an**.o
pi.**an**.os
pi.**as**.ter
pi.**az**.za
pi.ca
pic.a.**resque**
pic.a.**yune**
pic.ca.**lil**.li
pic.co.lo
pic.co.lo.ist
pick.a.**back**

pick.a.**nin**.ny
pick.ax
pick.er
pick.et
pick.ing
pick.le
pick.lock
pick.**pock**.et
pick.up
pic.nic
pic.nick.er
pic.nick.ing
pic.to.graph
pic.**tog**.ra.phy
pic.to.graphy
pic.**to**.ri.al
pic.ture
pic.tur.**esque**
pid.dling
pie.bald
piece.meal
piece.work
pie.crust
pied.mont
pie.pan
pierc.er
pierc.ing
pi.e.ty
pif.fle
pi.geon
pi.geon **hole**
pi.geon-**toed**
pi.geon.**wing**
pig.fish
pig.ger.y
pig.gish
pig.gy **bank**
pig.**head**.ed
pig **i**.ron
pig.ment
pig.men.**tar**.y
pig.men.**ta**.tion
pig.mies

pig.my
pig.pen
pig.skin
pig.sties
pig.sty
pig.tail
pike.man
pik.er
pike.staff
pi.las.ter
pil.chard
pi.le.ous
pil.fer
pil.fer.age
pil.grim
pil.grim.age
pil.ing
pil.lage
pil.lar
pill.box
pil.lion
pil.lo.ry
pil.low
pil.low.case
pi.lose
pi.los.i.ty
pi.lot
pi.lot.house
pi.men.to
pim.per.nel
pim.ple
pin.a.fore
pince-nez
pin.cers
pinch.beck
pinch.er
pin.cush.ion
pine.ap.ple
pin.er.y
pin.feath.er
pin.fold
Ping-Pong
pin.head

pin.hole
pin.ion
pink.eye
pin.na.cle
pi.noch.le
pin.point
pin.tle
pin-up
pin.weed
pi.o.neer
pi.ous
pipe.line
pip.er
pipe.stem
pip.ing
pi.quan.cy
pi.quant
pique
pi.ra.cy
pi.rate
pi.rat.ic
pi.rat.i.cal
pir.ou.ette
pis.ca.ry
pis.ca.to.ri.al
pis.ca.to.ry
pis.ta.chi.o
pis.tol
pis.ton
pitch-black
pitch.blende
pitch.er
pitch.fork
pitch.stone
pitch.y
pit.e.ous
pit.fall
pith.i.ly
pith.i.ness
pith.y
pit.i.a.ble
pit.ied
pit.ies

pit.i.ful
pit.i.less
pit.man
pit.tance
pit.ter-pat.ter
pi.tu.i.tar.y
pit.y
piv.ot
piv.ot.al
pix.ies
pix.y
piz.za
piz.zi.ca.to
pla.ca.bil.i.ty
pla.ca.ble
plac.ard, *n.*
pla.card, *v.*
pla.cate
pla.ca.to.ry
place.ment
plac.id
pla.cid.i.ty
plac.ing
pla.gi.a.rism
pla.gi.a.rist
pla.gi.a.rize
pla.gi.a.ry
plague
pla.guy
plain.ly
plain.ness
plains.man
plain.tiff
plain.tive
plait
plan.et
plan.e.tar.i.um
plan.e.tar.y
plan.gent
plank.ing
plank.ton
plan.ner
plan.tain

plan.**ta**.tion
plant.er
plaque
plas.ter
plas.ter.er
plas.tic
plas.**tic**.i.ty
plas.tid
pla.**teau**
plate.ful
plat.en
plat.er
plat.form
plat.ing
plat.i.num
plat.i.tude
plat.i.**tu**.di.nous
Pla.**ton**.ic
pla.**toon**
plat.ter
plat.y.pus
plau.dit
plau.si.**bil**.i.ty
plau.si.ble
play.back
play.bill
play.boy
play.er
play.fel.low
play.ful
play.go.er
play.ground
play.house
play.mate
play-off
play.room
play.script
play.thing
play.time
play.wright
pla.za
plea
plead.a.ble

plead.er
plead.ing
pleas.ant
pleas.ant.ry
pleas.ing
pleas.ur.a.ble
pleas.ure
pleat
ple.**be**.ian
pleb.i.scite
plec.trum
pledge
pledg.ee
pledg.er
pledg.ing
ple.na.ry
plen.i.po.**ten**.ti.**ar**.y
plen.i.tude
plen.te.ous
plen.ti.ful
plen.ty
pleth.o.ra
pleu.ri.sy
plex.us
pli.a.bil.i.ty
pli.a.ble
pli.an.cy
pli.ant
pli.cate
pli.**ca**.tion
plied
pli.ers
plod.der
plot.ter
plov.er
plow
plow.boy
plow.er
plow.man
plow.share
pluck.i.ness
pluck.y
plug.board

plug-ug.ly
plum.age
plumb.er
plumb.ing
plum.met
plump.er
plump.ness
plun.der
plun.der.er
plung.er
plu.per.fect
plu.ral
plu.ral.ism
plu.**ral**.i.ty
plu.ral.ize
plu.**toc**.ra.cy
plu.to.crat
plu.to.**crat**.ic
plu.**to**.ni.um
ply.ing
ply.wood
pneu.**mat**.ic
pneu.**mat**.ics
pneu.**mo**.ni.a
pneu.**mon**.ic
poach.er
pock.et
pock.et.**book**
pock.et.**knife**
pock.et.**mon**.ey
pock.et **ve**.to
pock mark
po.di.um
po.em
po.et
po.et.**as**.ter
po.**et**.ic
po.**et**.i.cal
po.et.ize
po.et.ry
po.**grom**
poign.an.cy
poign.ant

poin.**set**.ti.a
point-blank
point.ed
point.er
point.less
poi.son
poi.son i.vy
poi.son.ous
pok.er
po.lar
po.**lar**.i.ty
po.lar.i.**za**.tion
po.lar.ize
po.lar.**oid**
pole.ax
pole.**cat**
po.**lem**.ic
pole.star
po.**lice**
po.**lice**.man
pol.i.cies
pol.i.**clin**.ic
pol.i.cy
pol.i.cy.**hold**.er
po.li.o
Pol.ish
pol.ish
po.**lite**
po.**lite**.ness
pol.i.tic, *adj.*
po.**lit**.i.cal
pol.i.**ti**.cian
po.**lit**.i.cize
pol.i.**tick**, *v.*
pol.i.tics
po.lit.i.**za**.tion
pol.i.ty
pol.ka
pol.lack
pol.len
pol.li.nate
pol.li.**na**.tion
pol.li.wog

pol.**lute**
pol.**lu**.tion
po.lo
pol.o.**naise**
pol.ter.geist
pol.**troon**
pol.y.**an**.dry
pol.y.chro.**mat**.ic
pol.y.**clin**.ic
pol.y.**eth**.yl.ene
po.**lyg**.a.mist
po.**lyg**.a.mous
po.**lyg**.a.my
pol.y.glot
pol.y.gon
pol.y.graph
pol.y.**phon**.ic
pol.y.syl.**lab**.ic
pol.y.**syl**.la.ble
pol.y.**tech**.nic
po.**made**
pome.gran.ate
pom.mel
pom.pa.no
pom.pa.dour
pom.**pos**.i.ty
pomp.ous
pon.cho
pon.chos
pon.der
pon.der.a.ble
pon.der.**os**.i.ty
pon.der.ous
pon.**gee**
pon.iard
po.nies
pon.tiff
pon.**tif**.i.cal
pon.**tif**.i.cate
pon.**toon**
po.ny
poo.dle
pool.room

poor.house
poor.ly
pop.corn
pope.dom
pop.gun
pop.lar
pop.lin
pop.pies
pop.py
pop.u.lace
pop.u.lar
pop.u.**lar**.i.ty
pop.u.lar.ize
pop.u.late
pop.u.**lat**.ing
pop.u.**la**.tion
pop.u.list
pop.u.lous
por.ce.lain
por.cu.pine
pore *(study)*
pork.er
po.rous
por.no.**graph**.ic
por.poise
por.ridge
port.a.ble
por.tage
por.tal
por.**tend**
por.tent
por.**ten**.tous
por.ter
por.ter.**house**
port.**fo**.li.o
port.hole
por.ti.co
por.ti.coes
por.tion
port.li.ness
port.ly
port.**man**.teau
port.**man**.teaus

por.trait
por.trai.ture
por.**tray**
por.**tray**.al
Por.tu.guese
pos.it
po.**si**.tion
pos.i.tive
pos.i.tiv.**ism**
pos.i.tron
pos.se
pos.**sess**
pos.**ses**.sion
pos.**ses**.sive
pos.**ses**.sor
pos.si.**bil**.i.ty
pos.si.ble
pos.sum
post.age
post.al
post card
post.date
post.di.**lu**.vi.an
post.er
pos.**te**.ri.or
pos.**ter**.i.ty
pos.tern
post.**grad**.u.ate
post.haste
post.hu.mous
post.lude
post.man
post.mark
post.mas.ter
post.me.**rid**.i.an
post-**mor**.tem
post.**na**.tal
post-o.bit
post.paid
post.**pone**
post.**pone**.ment
post.script
pos.tu.lant

pos.tu.late
pos.tu.**la**.tion
pos.ture
post.war
po.sy
po.ta.ble
pot.ash
po.**tas**.si.um
po.**ta**.tion
po.**ta**.to
po.**ta**.toes
pot.bel.ly
pot.boil.er
po.ten.cy
po.tent
po.ten.tate
po.**ten**.tial
po.**ten**.ti.**al**.i.ty
po.**ten**.tial.ly
po.tent.ly
pot.hole
pot.house
po.tion
pot.luck
pot.pie
pot.sherd
pot shot
pot.tage
pot.ter
pot.ter.ies
pot.ter.y
pouch
poul.ter.er
poul.tice
poul.try
poul.try farm
pounc.ing
pound.age
pound.cake
pound.er
pound-**fool**.ish
pour (rain)
pour.er

pov.er.ty
pow.der
pow.der.y
pow.er
pow.er.**boat**
pow.er.ful
pow.er.less
pow.er **take-off**
pow.wow
prac.ti.ca.**bil**.i.ty
prac.ti.ca.ble
prac.ti.cal
prac.ti.**cal**.i.ty
prac.ti.cal.ly
prac.tice
prac.ticed
prac.tic.er
prac.**ti**.tion.er
prag.**mat**.ic
prag.**mat**.i.cal
prag.ma.tism
prag.ma.tist
prai.rie
praise
prais.ing
praise.**wor**.thy
pra.line
pranc.ing
prank.ish
prat.tle
prayer
prayer.ful
pray.ing
preach.er
preach.ing
preach.ment
pre.am.ble
pre.**car**.i.ous
prec.a.**to**.ry
pre.**cau**.tion
pre.**cau**.tion.**ar**.y
pre.**cau**.tious
pre.**cede**

pre.**ced**.ence
pre.**ced**.ent, *adj.*
prec.e.dent, *n.*
pre.ced.ing
pre.cept
pre.**cep**.tive
pre.**cep**.tor
pre.**ces**.sion
pre.**ces**.sion.al
pre.cinct
pre.cious
prec.i.pice
pre.**cip**.i.tance
pre.**cip**.i.tant
pre.**cip**.i.tate
pre.**cip**.i.tate.ly
pre.**cip**.i.**ta**.tion
pre.**cip**.i.**ta**.tor
pre.**cip**.i.tous
pre.**cise**
pre.**ci**.sion
pre.**clude**
pre.**clu**.sion
pre.**clu**.sive
pre.**co**.cious
pre.**coc**.i.ty
pre.con.**ceive**
pre.con.**cep**.tion
pre.con.**cert**
pre.con.**di**.tion
pre.**cur**.sor
pre.**cur**.so.ry
pred.a.tor
pred.a.**to**.ry
pre.de.**cease**
pred.e.**ces**.sor
pre.**des**.ti.**na**.tion
pre.**des**.tine
pre.de.**ter**.mine
pre.**dic**.**a**.ment
pred.i.cate
pred.i.**ca**.tion
pred.i.**ca**.tive

pred.i.ca.**to**.ry
pre.**dict**
pre.**dict**.a.ble
pre.**dic**.tion
pre.**dic**.tive
pre.di.**lec**.tion
pre.dis.**pose**
pre.dis.**po**.si.tion
pre.**dom**.i.nance
pre.**dom**.i.nant
pre.**dom**.i.nate
pre.**dom**.i.**na**.tion
pre-**em**.i.nence
pre-**em**.i.nent
pre-**empt**
pre-**emp**.tive
pre-**emp**.to.ry
pre.ex.**ist**.ence
pre.**fab**.ri.cate
pref.ace
pref.a.to.ry
pre.**fect**
pre.**fec**.ture
pre.**fer**
pref.er.a.ble
pref.er.ence
pref.er.**en**.tial
pre.**ferred**
pre.**fer**.ring
pre.**fix,** *v.*
pre.**fix,** *n.*
preg.nan.cy
preg.nant
pre.**hen**.sile
pre.his.**tor**.ic
prej.u.dice
prej.u.**di**.cial
prel.a.cy
prel.ate
pre.**lim**.i.**nar**.y
prel.ude
pre.ma.**ture**
pre.ma.**tu**.ri.ty

pre.**med**.i.cal
pre.**med**.i.tate
pre.med.i.**ta**.tion
pre.mi.er
prem.ise, *n.*
pre.**mise,** *v.*
pre.mi.um
pre.mo.**ni**.tion
pre.**mon**.i.**to**.ry
pre.**na**.tal
pre.**oc**.cu.**pa**.tion
pre.**oc**.cu.pied
pre.**oc**.cu.py
pre.or.**dain**
pre.**paid**
prep.a.**ra**.tion
pre.**par**.a.tive
pre.**par**.a.**to**.ry
pre.**pare**
pre.**par**.ed.ness
pre.**par**.er
pre.**par**.ing
pre.**pay**
pre.**pay**.ment
pre.**pon**.der.ance
pre.**pon**.der.ant
pre.**pon**.der.ate
prep.o.**si**.tion
prep.o.**si**.tion.al
pre.pos.**sess**
pre.pos.**sess**.ing
pre.**pos**.ter.ous
pre.**po**.ten.cy
pre.**req**.ui.site
pre.**rog**.a.tive
pres.age, *n.*
pre.**sage,** *v.*
Pres.by.**te**.ri.an
pre.**science**
pre.**scient**
pre.**scind**
pre.**scribe**
pre.**scrip**.tion

pre.**scrip**.tive
pres.ence
pres.ent, *adj.*
pre.**sent, v.**
pre.**sent**.a.ble
pres.en.**ta**.tion
pre.**sent**.er
pre.**sen**.ti.ment
pres.ent.ly
pre.**serv**.a.ble
pres.er.**va**.tion
pre.**serv**.a.tive
pre.**serve**
pre.**side**
pres.i.den.cy
pres.i.dent
pres.i.**den**.tial
pre.**sid**.i.um
press-a.gent
press.board
press.er
press.ing
press.man
press.mark
press.room
pres.sure
pres.sur.ize
press.work
pres.ti.**dig**.i.**ta**.tion
pres.ti.**dig**.i.**ta**.tor
pres.**tige**
pre.**sum**.a.ble
pre.**sume**
pre.**sum**.ed.ly
pre.**sum**.er
pre.**sump**.tion
pre.**sump**.tive
pre.**sump**.tu.ous
pre.sup.**pose**
pre.sup.**pos**.ing
pre.sup.po.**si**.tion
pre.**tend**
pre.**tend**.er

pre.**tense**
pre.**ten**.sion
pre.**ten**.tious
pret.er.it
pre.ter.**nat**.u.ral
pre.text
pret.ti.er
pret.ti.ly
pret.ti.ness
pret.ty
pret.zel
pre.**vail**
pre.**vail**.ing
prev.a.lence
prev.a.lent
pre.**var**.i.cate
pre.**var**.i.**ca**.tion
pre.**var**.i.**ca**.tor
pre.**vent**
pre.**vent**.a.ble
pre.**ven**.tion
pre.**ven**.tive
pre.**view**
pre.**vi**.ous
pre.**vi**.sion
prey
price.less
prick.le
prick.ly
pride.ful
pried
priest.ess
priest.hood
priest.ly
prig.gish
pri.ma.cy
pri.mal
pri.**ma**.ri.ly
pri.ma.ry
pri.mate
prime
prime.ly
prime.ness

prim.er
pri.**me**.val
pri.mi.**ge**.ni.al
prim.i.tive
pri.mo.**gen**.i.ture
pri.**mor**.di.al
prim.rose
prince.dom
prince.ly
prin.cess
prin.ci.pal *(chief)*
prin.ci.**pal**.i.ty
prin.ci.pal.ly
prin.ci.ple *(rule)*
print.a.ble
print.er
print.ing
print.less
pri.or
pri.or.ate
pri.or.ess
pri.**or**.i.ty
pri.or.ship
prism
pris.**mat**.ic
pris.on
pris.on.er
pris.sy
pris.tine
pri.va.cy
pri.vate
pri.va.**teer**
pri.vate.ly
pri.vate.ness
pri.**va**.tion
priv.a.tive
pri.vat.**iza**.tion
priv.i.lege
priv.i.ty
priv.y
prize fight
prize ring
prob.a.**bil**.i.ty

prob.a.ble
prob.a.bly
pro.bate
pro.**ba**.tion
pro.**ba**.tion.al
pro.**ba**.tion.er
pro.ba.tive
pro.ba.**to**.ry
probe
prob.ing
prob.i.ty
prob.lem
prob.lem.**at**.ic
prob.lem.**at**.i.cal
pro.**bos**.cis
pro.**ce**.dure
pro.**ceed**
pro.**ceed**.ing
proc.ess
pro.**ces**.sion
pro.**ces**.sion.al
pro.**claim**
proc.la.**ma**.tion
pro.**cliv**.i.ty
pro.**cras**.ti.nate
pro.**cras**.ti.**na**.tion
pro.**cras**.ti.**na**.tor
pro.**cre**.**a**.tion
pro.**cre**.**ate**
pro.**cre**.**a**.tive
proc.tor
proc.tor.ship
pro.**cur**.a.ble
proc.u.**ra**.tion
proc.u.**ra**.tor
pro.**cure**
pro.**cure**.ment
pro.**cur**.er
pro.**cur**.ess
prod.i.gal
prod.i.**gal**.i.ty
pro.**di**.gious
prod.i.gy

pro.**duce**, *v.*
prod.uce, *n.*
pro.**duc**.er
pro.**duc**.i.ble
pro.**duc**.ing
prod.uct
pro.**duc**.tion
pro.**duc**.tive
pro.duc.**tiv**.i.ty
prof.a.**na**.tion
pro.**fane**
pro.**fan**.ing
pro.**fan**.i.ty
pro.**fess**
pro.**fess**.ed.ly
pro.**fes**.sion
pro.**fes**.sion.al
pro.**fes**.sion.al.ism
pro.**fes**.sor
pro.fes.**so**.ri.al
pro.**fes**.sor.ship
prof.fer
prof.fered
pro.**fi**.cien.cy
pro.**fi**.cient
pro.file
prof.it
prof.it.**abil**.i.ty
prof.it.a.ble
prof.it.**eer**
prof.it.less
prof.li.ga.cy
prof.li.gate
pro.**found**
pro.**fun**.di.ty
pro.**fuse**
pro.**fu**.sion
pro.**gen**.i.tor
prog.e.ny
prog.**no**.sis
prog.**nos**.tic
prog.**nos**.ti.cate
prog.**nos**.ti.**ca**.tion

pro.gram
prog.ress, *n.*
pro.**gress**, *v.*
pro.**gres**.sion.al
pro.**gres**.sive
pro.**hib**.it
pro.hi.**bi**.tion
pro.**hib**.i.tive
pro.**hib**.i.**to**.ry
pro.**ject**, *v.*
proj.ect, *n.*
pro.**jec**.tile
pro.**jec**.tion
pro.**jec**.tive
pro.**jec**.tor
pro.**lac**.tin
pro.late
pro.le.**tar**.i.an
pro.le.**tar**.i.at
pro.le.**tar**.y
pro.**lif**.er.ate
pro.**lif**.ic
pro.**lix**
pro.**lix**.i.ty
pro.logue
pro.**long**
pro.**lon**.gate
pro.lon.**ga**.tion
prom.e.**nade**
prom.i.nence
prom.i.nent
prom.is.**cu**.i.ty
pro.**mis**.cu.ous
prom.ise
prom.is.er
prom.is.ing
prom.is.**so**.ry
prom.on.**to**.ry
pro.**mote**
pro.**mot**.er
pro.**mot**.ing
pro.**mo**.tion
prompt

prompt.er
promp.ti.tude
prompt.ly
prompt.ness
pro.mul.gate
pro.mul.ga.tion
prone.ness
pro.noun
pro.nounce
pro.nounce.a.ble
pro.nounced
pro.nounce.ment
pro.nounc.ing
pro.nun.ci.a.tion
proof.read.er
prop.a.gan.da
prop.a.gan.dist
prop.a.gate
prop.a.ga.tion
prop.a.ga.tor
pro.pane
pro.pel
pro.pel.lant
pro.pelled
pro.pel.lent
pro.pel.ler
pro.pel.ling
pro.pense
pro.pen.si.ty
prop.er
prop.er.ly
prop.er.tied
prop.er.ty
proph.e.cies
proph.e.cy, *n.*
proph.e.si.er
proph.e.sy, *v.*
proph.et
pro.phet.ic
pro.phet.i.cal
pro.phy.lac.tic
pro.pin.qui.ty
pro.pi.ti.ate

pro.pi.ti.a.tion
pro.pi.ti.a.to.ry
pro.pi.tious
pro.po.nent
pro.por.tion
pro.por.tion.al
pro.por.tion.ate
pro.pos.al
pro.pose
prop.o.si.tion
pro.pound
pro.pri.e.tor
pro.pri.e.ty
pro.pul.sion
pro.pul.sive
pro ra.ta
pro.rat.a.ble
pro.rate
pro.rat.ing
pro.ra.tion
pro.sa.ic
pro.sce.ni.um
pro.scribe
pro.scrip.tion
prose
pros.e.cute
pros.e.cu.tion
pros.e.cu.tor
pros.e.lyte
pro.sit
pros.o.dy
pros.pect
pros.spec.tive
pros.spec.tus
pros.per
pros.per.i.ty
pros.per.ous
pros.tate
pros.ti.tute
pros.ti.tu.tion
pros.trate
pros.tra.tion
pros.y

pro.tag.o.nist
pro.tect
pro.tec.tion
pro.tec.tion.ism
pro.tec.tion.ist
pro.tec.tive
pro.tec.tor
pro.tec.tor.ate
pro.té.gé
pro.te.in
pro.test, *v.*
pro.test, *n.*
Prot.es.tant
Prot.es.tant.ism
prot.es.ta.tion
pro.to.col
pro.ton
pro.to.plasm
pro.to.plast
pro.to.type
pro.to.zo.an
pro.to.zo.ic
pro.tract
pro.trac.tile
pro.trac.tion
pro.trac.tor
pro.trude
pro.tru.sion
pro.tu.ber.ance
pro.tu.ber.ant
pro.tu.ber.ate
proud
prov.a.ble
prov.en
prov.er
prov.erb
pro.ver.bi.al
pro.vide
pro.vid.ed
prov.i.dence
prov.i.dent
prov.i.den.tial
pro.vid.er

prov.ince
pro.vin.cial
pro.vin.cial.ism
prov.ing
pro.vi.sion
pro.vi.sion.al
pro.vi.sion.er
pro.vi.so
pro.vi.so.ry
pro.vi.sos
prov.o.ca.tion
pro.voc.a.tive
pro.voke
pro.vok.ing
pro.vost
prow.ess
prox.ies
prox.i.mate
prox.im.i.ty
prox.y
prude
pru.dence
pru.dent
pru.den.tial
prud.er.y
prud.ish
pru.ri.ence
pru.ri.ent
pry.ing
psalm
psalm.ist
pseu.do.carp
pseu.do.nym
pso.ri.a.sis
Psy.che
psy.chi.a.try
psy.chic
psy.cho.a.nal.y.sis
psy.cho.log.i.cal
psy.chol.o.gist
psy.chol.o.gy
psy.cho.path
psy.cho.path.ic

psy.cho.sis
psy.cho.so.mat.ic
psy.cho.ther.a.py
pto.maine
pu.ber.ty
pub.lic
pub.li.ca.tion
pub.li.cist
pub.lic.i.ty
pub.lic.ly
pub.lish
pub.lish.er
puck.er.y
puck.ish
pud.ding
pud.dle
pud.dling
pudg.y
pueb.lo
pueb.los
pu.er.ile
Puer.to Ri.can
puff.i.ness
pu.gil.ism
pu.gil.ist
pu.gil.is.tic
pug.na.cious
pug.nac.i.ty
pug-nosed
pu.is.sance
pu.is.sant
pul.chri.tude
pul.chri.tu.di.nous
pul.let
pul.ley
pull.o.ver
pul.mo.nar.y
pulp.i.ness
pul.pit
pulp.wood
pulp.y
pul.sate
pul.sa.tion

pul.sa.tive
pul.sa.tor
pul.ver.ize
pul.ver.iz.er
pum.ice
pum.per.nick.el
pump.kin
pun.cheon
punch.er
punch.ing
punc.tate
punc.ta.tion
punc.til.i.o
punc.til.i.ous
punc.tu.al
punc.tu.al.i.ty
punc.tu.al.ly
punc.tu.ate
punc.tu.a.tion
punc.ture
pun.dit
pun.gen.cy
pun.gent
pun.ish
pun.ish.a.ble
pun.ish.er
pun.ish.ment
pu.ni.tive
pun.ster
punt.er
pu.ny
pu.pa
pu.pil
pup.pet
pup.pet.ry
pup.py
pur.blind
pur.chas.a.ble
pur.chase
pur.chas.er
pure.bred
pure.ly
pure.ness

pur.**ga**.tion
pur.ga.tive
pur.ga.**to**.ri.al
pur.ga.**to**.ry
purge
purg.er
pu.ri.fi.**ca**.tion
pu.ri.**fi**.er
pu.ri.fy
pur.ist
Pu.ri.tan
pu.ri.**tan**.i.cal
pu.ri.ty
purl
pur.lieu
pur.**loin**
pur.ple
pur.plish
pur.**port,** *v.*
pur.port, *n.*
pur.pose
pur.pose.ly
pur.pos.ive

purr
purr.ing
purs.er
purs.lane
pur.**su**.ance
pur.**su**.ant
pur.**sue**
pur.**suit**
pur.**vey**
pur.**vey**.ance
pur.**vey**.or
pur.view
push.ball
push but.ton
push.cart
push.ing
push.o.ver
push.pin
pu.sil.**lan**.i.mous
pus.sy
puss.y.foot
pus.tu.lant
pus.tu.late

pus.tu.**la**.tion
pus.tule
pu.tre.**fac**.tion
pu.tre.fied
pu.tre.fy
pu.**tres**.cent
pu.trid
putt.er
put.ty
puz.zle
puz.zling
pyg.my
py.lon
py.or.**rhe**.a
pyr.a.mid
py.**ram**.i.dal
pyre
py.ro.**ma**.ni.ac
py.ro.**tech**.nics
py.**rox**.y.lin
pyr.rhic
py.thon

Q

quack.er.y
quad.**ran**.gle
quad.**ran**.gu.lar
quad.rant
quad.**ren**.ni.al
quad.ri.**lat**.er.al
qua.**drille**
quad.**ril**.lion
quad.**roon**
quad.ru.ped
quad.ru.ple, *adj.*
quad.**ru**.ple, *v.*
quad.ru.plet
quad.**ru**.pli.cate

quaff
quag.**mire**
quail
quaint
Quak.er
qual.i.fi.**ca**.tion
qual.i.fied
qual.i.fy
qual.i.**ta**.tive
qual.i.ties
qual.i.ty
qualm
quan.da.ry
quan.ta, *pl.*

quan.ti.**ta**.tive
quan.ti.ties
quan.ti.ty
quan.tum, *s.*
quar.an.tine
quar.rel
quar.rel.some
quar.ried
quar.ry
quar.ter
quar.ter.**back**
quar.tered
quar.ter.ly
quar.ter.**mas**.ter

quar.**tet**
quar.to
quar.tos
quartz
qua.si
quat.rain
quat.re.foil
qua.ver
quay
quea.sy
queen.ly
queer.ly
quell.ing
quench.less
que.ried
quer.u.lous
que.ry
quest.er
ques.tion
ques.tion.a.ble
ques.tion.er
ques.tion.ing.ly
ques.tion.**naire**
queu.ing

quib.ble
quick.en
quick-freeze
quick.lime
quick.ly
quick.ness
quick.sand
quick.sil.ver
quick-wit.ted
quid.di.ty
qui.**es**.cence
qui.**es**.cent
qui.et
qui.et.ly
qui.et.ness
qui.e.tude
qui.**e**.tus
quill
quilt.ing
qui.nine
quint.**es**.sence
quin.**tet**
quin.**til**.lion
quin.tu.ple

quin.tu.plets
quip.ster
quire
quirk
quit.claim
quite
quit.tance
quit.ter
quiv.er
Qui.**xo**.te
quix.**ot**.ic
quiz
quizzed
quiz.zi.cal
quiz.zing
quo.rum
quo.ta
quot.a.ble
quo.**ta**.tion
quote
quo.**tid**.i.an
quo.tient

R

rab.bi
rab.**bin**.i.cal
rab.bit
rab.ble
rab.id
ra.bies
rac.**coon**
race.course
rac.er
race track
race.way
ra.cial
rac.ism
rack.et

rac.on.**teur**
rac.y
ra.dar
ra.dar.scope
ra.di.al
ra.di.ance
ra.di.ant
ra.di.ate
ra.di.a.tion
ra.di.a.tive
ra.di.a.tor
rad.i.cal
rad.i.cal.ism
rad.i.cal.ly

ra.di.i, *pl.*
ra.di.o
ra.di.o.**ac**.tive
ra.dio.ac.**tiv**.i.ty
ra.dio.**car**.bon
    dat.ing
ra.di.o.**gram**
ra.di.**og**.ra.phy
ra.di.o.**i**.so.tope
ra.di.o.man
ra.di.o.**phone**
ra.di.o.**pho**.to
ra.di.os
ra.di.o.**tel**.e.gram

ra.di.o.**ther**.a.py
rad.ish
ra.di.um
ra.di.us
raf.fia
raf.fle
raft.er
rafts.man
rag.a.**muf**.fin
rag.ged
rag.ing
rag.lan
rag.man
ra.**gout**
rag.pick.er
rag.time
rag.weed
raid.er
rail.head
rail.ing
rail.ler.y
rail.road
rail.way
rai.ment
rain.bow
rain.coat
rain.drop
rain.fall
rain gauge
rain.proof
rain-swept
rain.tight
rain wa.ter
rain.y
rai.sin
rais.ing
ra.ja
rake-off
rak.ish
ral.ly
ram.ble
ram.bler
ram.bling

ram.e.kin
ram.i.fi.**ca**.tion
ram.i.fy
ram.page
ramp.ant
ram.part
ram.rod
ram.shack.le
ranch.man
ran.cid
ran.cor
ran.cor.ous
ran.dom
range
rang.ing
rang.y
ran.kle
ran.sack
ran.som
ra.**pa**.cious
ra.**pac**.i.ty
rap.id
ra.**pid**.i.ty
ra.pi.er
rap.ine
rap.**port**
rapt
rap.ture
rap.tur.ous
rar.e.**fac**.tion
rar.e.fied
rar.e.fy
rare.ly
rar.i.ty
ras.cal
ras.**cal**.i.ty
rash.er
rash.ly
rasp.ber.ry
ratch.et
rath.er
rat.i.fi.**ca**.tion
rat.i.fied

rat.i.fy
ra.tio
ra.ti.**oc**.i.**na**.tion
ra.tion
ra.tion.al
ra.tion.al.ize
rat.**tan**
rat.tle.**snake**
rat.tling
rat.trap
rau.cous
rav.age
rav.en
rav.eng.ing
rav.en.ous
ra.**vine**
rav.ish
raw ma.**te**.ri.al
raw.boned
raw.hide
ray.on
raz.ing
ra.zor
ra.zor.**back**
re.ab.**sorb**
reach
re.**act**
re.**ac**.tion
re.**ac**.tion.**ar**.y
read.a.ble
read.er.ship
read.i.ly
read.i.ness
re.ad.**just**.ment
re.ad.**mit**
read.y-**made**
re.af.**firm**
re.**a**.gent
re.al.ism
re.al.ist
re.al.**is**.tic
re.**al**.i.ty
re.al.i.**za**.tion

re.al.ize
re.al.lo.**ca**.tion
re.al.ly
realm
re.al.ty
ream
·real es.**tate**
re.**an**.i.mate
reap.er
re.ap.**point**
rear guard
re.**arm**
re.ar.**range**
rea.son
rea.son.a.ble
rea.son.ing
re.as.**sign**
re.as.**sur**.ance
re.as.**sure**
re.bate
re.**bel**, *v.*
reb.el, *adj.*
re.**belled**
re.**bel**.ling
re.**bel**.lion
re.**bel**.lious
re.**birth**
re.**bound**
re.**buff**
re.**buke**
re.bus
re.**but**.tal
re.**cal**.ci.trant
·re.**cant**
re.**cap**
re.ca.**pit**.u.late
re.ca.**pit**.u.**la**.tion
re.**cap**.ture
re.**cede**
re.**ceipt**
re.**ceiv**.a.ble
re.**ceive**
re.**ceiv**.er.ship

re.**ceiv**.ing
re.cent
re.**cep**.ta.cle
re.**cep**.tion
re.**cep**.tive
re.**cep**.tor
re.cess
re.**ces**.sion
re.**ces**.sion.al
re.**ces**.sive
rec.i.pe
re.**cip**.i.ent
re.**cip**.ro.cal
re.**cip**.ro.cate
re.**cip**.ro.**ca**.tion
rec.i.**proc**.i.ty
re.**cit**.al
rec.i.**ta**.tion
re.**cite**
re.**cit**.ing
reck.less
reck.on
reck.on.ing
re.**claim**
rec.la.**ma**.tion
re.**cline**
re.**cluse**
rec.og.**ni**.tion
rec.og.**niz**.a.ble
rec.og.nize
re.**coil**
re.**coiled**
rec.ol.**lect**
rec.ol.**lec**.tion
re.com.**mence**
rec.om.**mend**
rec.om.men.**da**.tion
re.com.**mit**
rec.om.pense
rec.on.**cil**.a.ble
rec.on.cile
rec.on.**cil**.i.**a**.tion
rec.on.dite

re.**con**.**di**.tioned
re.**con**.nais.sance
rec.on.**noi**.ter
re.**con**.quer
re.con.**sid**.er
re.**con**.sti.tute
re.con.**struct**
re.con.**struc**.tion
re.con.**vene**
rec.ord, *n.*
re.**cord**, *v.*
re.**cord**.er
re.**coup**
re.**course**
re.**cov**.er
re.**cov**.er.y
rec.re.ant
rec.re.**a**.tion
re.**crim**.i.**na**.tion
re.cru.**des**.cence
re.**cruit**
rec.tal
rec.**tan**.gle
rec.**tan**.gu.lar
rec.ti.fi.**ca**.tion
rec.ti.fied
rec.ti.fy
rec.ti.**lin**.e.ar
rec.ti.tude
rec.tor
rec.to.ry
rec.tum
re.**cum**.bent
re.**cu**.per.ate
re.**cu**.per.**a**.tion
re.**cur**
re.**curred**
re.**cur**.rence
re.**cur**.rent
re.**cur**.ring
re.**cy**.cle
re.**cy**.cling
red.**bird**

red.breast
red.cap
Red Cross
red.den
red.dish
re.deem
re.deem.a.ble
re.deem.er
re.demp.tion
red.head
red-hot
red.in.gote
re.dis.count
re.dis.trib.ute
re.dis.trict
red.o.lence
red.o.lent
re.dou.ble
re.doubt.a.ble
re.dound
re.dress
red.skin
red tape
re.duce
re.duc.tion
re.dun.dan.cy
re.dun.dant
red.wing
red.wood
reed
reef
reek
reel
re-e.lect
re-en.act
re-en.grave
re-en.list
re-en.ter
re-en.trance
re-en.try
re-es.tab.lish
re-ex.am.ine
re.fer

ref.er.ee
ref.er.ence
ref.er.en.dum
re.ferred
re.fer.ring
re.fine
re.fine.ment
re.fin.er.y
re.flect
re.flec.tion
re.flec.tive
re.flec.tor
re.flex, *adj.*
re.flex, *v.*
re.flex.ive
re.for.est.a.tion
re.form
ref.or.ma.tion
re.form.a.to.ry
re.fract
re.frac.tion
re.frac.to.ry
re.frain
re.fresh
re.fresh.ment
re.frig.er.ant
re.frig.er.ate
re.frig.er.a.tion
re.frig.er.a.tor
ref.uge
ref.u.gee
re.ful.gent
re.fund
re.fur.bish
re.fus.al
re.fuse, *v.*
ref.use, *adj., n.*
ref.u.ta.ble
ref.u.ta.tion
re.fute
re.gain
re.gal
re.gale

re.ga.li.a
re.gard.less
re.gat.ta
re.gen.cy
re.gen.er.ate
re.gen.er.a.tion
re.gent
reg.i.cide
re.gime
reg.i.men
reg.i.ment
reg.i.men.tal
reg.i.men.ta.tion
re.gion
re.gion.al
reg.is.ter
reg.is.trar
reg.is.tra.tion
reg.is.try
re.gress
re.gres.sion
re.gret
re.gret.ful
re.gret.ta.ble
re.gret.ted
re.gret.ting
reg.u.lar
reg.u.lar.i.ty
reg.u.late
reg.u.lat.ing
reg.u.la.tion
reg.u.la.tor
re.gur.gi.tate
re.ha.bil.i.tate
re.hash
re.hears.al
re.hearse
re.im.burse
rein
re.in.car.na.tion
rein.deer
re.in.force
re.in.force.ment

re.in.**sert**
re.in.**stall**
re.in.**state**
re.in.**sure**
re.**in**.te.grate
re.**in**.vest
re.**in**.vig.or.ate
re.**it**.er.ate
re.**it**.er.**a**.tion
re.**ject**
re.**jec**.tion
re.**joice**
re.**join**
re.**join**.der
re.**ju**.ve.nate
re.**kin**.dle
re.**lapse**
re.**late**
re.**la**.tion
rel.a.tive
re.**lax**
re.lax.**a**.tion
re.**lay**
re.**layed**
re.**lease**
rel.e.gate
rel.e.**gat**.ing
re.**lent**
re.**lent**.less
rel.e.vance
rel.e.vant
re.**li**.a.ble
re.**li**.ance
re.**li**.ant
rel.ic
re.**lief**
re.**lieve**
re.**li**.gion
re.**li**.gious
re.**lin**.quish
rel.i.**quar**.y
rel.ish
re.**lo**.**ca**.tion

re.**luc**.tance
re.**luc**.tant
re.**ly**
re.**main**
re.**main**.der
re.**mand**
re.**mark**
re.**mark**.a.ble
re.**mar**.riage
re.**me**.di.al
rem.e.dy
re.**mem**.ber
re.**mem**.brance
re.**mind**
re.**mind**.er
rem.i.**nisce**
rem.i.nis.cence
rem.i.**nis**.cent
re.**miss**
re.**mis**.sion
re.**mit**.tance
re.**mit**.tent
rem.nant
re.**mod**.el
re.**mon**.e.tize
re.**mon**.strance
re.**mon**.strate
re.**morse**
re.**morse**.less
re.**mote**
re.**mov**.a.ble
re.**mov**.al
re.**move**
re.**mov**.ing
re.**mu**.ner.ate
re.**mu**.ner.**a**.tion
re.**mu**.ner.**a**.tive
ren.ais.**sance**
ren.der
ren.dez.vous
ren.**di**.tion
ren.e.gade
re.**nege**

re.ne.**go**.ti.ate
re.**new**
re.**new**.al
ren.net
re.**nom**.i.nate
re.**nounce**
ren.o.vate
ren.o.**va**.tion
re.**nown**
re.**nowned**
rent.al
re.**nun**.ci.**a**.tion
re.**oc**.cu.py
re.**o**.pen
re.**or**.der
re.or.gan.i.**za**.tion
re.**or**.gan.ize
re.**paid**
re.**pair**
rep.a.**ra**.tion
rep.ar.**tee**
re.**past**
re.**pay**
re.**peal**
re.**peat**
re.**peat**.er
re.**pel**
re.**pelled**
re.**pel**.lent
re.**pent**
re.**pent**.ance
re.per.**cus**.sion
rep.er.toire
rep.er.**to**.ry
rep.e.**ti**.tion
rep.e.**ti**.tious
re.**place**
re.**place**.a.ble
re.**place**.ment
re.**plen**.ish
re.**plete**
re.**plev**.in
rep.li.ca

rep.li.**ca**.tion
re.**ply**
re.**port**
re.**port**.er
re.**pose**
re.**pos**.ing
re.**pos**.i.**to**.ry
re.pos.**sess**
rep.re.**hend**
rep.re.**hen**.si.ble
rep.re.**sent**
rep.re.**sen**.**ta**.tion
rep.re.**sent**.a.tive
re.**press**
re.**pres**.sion
re.**prieve**
re.**priev**.ing
rep.ri.mand
re.**print**, *v.*
re.**print**, *n.*
re.**pris**.al
re.**proach**
re.**proach**.ful
rep.ro.bate
re.pro.**ba**.tion
re.pro.**duce**
re.pro.**duc**.tion
re.pro.**duc**.tive
re.**proof**
re.**prove**
rep.tile
rep.**til**.i.an
re.**pub**.lic
re.**pub**.li.can
re.**pu**.di.ate
re.**pu**.di.**a**.tion
re.**pug**.nance
re.**pug**.nant
re.**pulse**
re.**pul**.sion
re.**pul**.sive
rep.u.ta.ble
rep.u.**ta**.tion

re.**pute**
re.**quest**
re.qui.em
re.**quire**
re.**quire**.ment
re.**quir**.ing
req.ui.site
req.ui.**si**.tion
re.**quit**.al
re.**quite**
re.**sale**
re.**scind**
re.**scis**.sion
res.cue
res.cu.ing
re.**search**
re.**search** and
   de.**vel**.op.ment
re.**sem**.blance
re.**sem**.ble
re.**sent**
re.**sent**.ful
re.**sent**.ment
res.er.**va**.tion
re.**serve**
res.er.voir
re.**set**.tle
re.**ship**
re.**side**
res.i.dence
res.i.dent
res.i.**den**.tial
re.**sid**.u.al
re.**sid**.u.**ar**.y
res.i.due
re.**sign**
res.ig.**na**.tion
re.**sil**.i.ence
res.in
res.in.ous
re.**sist**
re.**sist**.ance
re.**sist**.ant

res.o.lute
res.o.**lu**.tion
re.**solve**
re.**solv**.ing
res.o.nance
res.o.nant
re.**sort**
re.**sound**
re.**source**
re.**source**.ful
re.**spect**
re.**spect**.a.**bil**.i.ty
re.**spect**.a.ble
re.**spect**.ful
re.**spec**.tive
res.pi.**ra**.tion
res.pi.**ra**.tor
re.**spir**.a.**to**.ry
res.pite
re.**splend**.ent
re.**spond**.ent
re.**sponse**
re.**spon**.si.**bil**.i.ty
re.**spon**.si.ble
re.**spon**.sive
res.tau.rant
rest.ful
res.ti.**tu**.tion
res.tive
rest.less
res.to.**ra**.tion
re.**stor**.a.tive
re.**store**
re.**strain**
re.**straint**
re.**strict**
re.**stric**.tion
re.**stric**.tive
re.**struc**.ture
re.**sult**
re.**sult**.ant
re.**sume**
ré.su.**mé**

re.**sump**.tion
re.**sur**.gence
re.**sur**.gent
re.sur.**rect**
res.ur.**rec**.tion
re.**sus**.ci.tate
re.**sus**.ci.**ta**.tion
re.tail
re.**tain**
re.**tain**.er
re.**tal**.i.ate
re.**tal**.i.**a**.tion
re.**tal**.i.a.**to**.ry
re.**tard**
re.tar.**da**.tion
re.**ten**.tion
re.**ten**.tive
ret.i.cence
ret.i.cent
ret.i.cule
ret.i.na
ret.i.nue
re.**tire**
re.**tort**
re.**touch**
re.**trace**
re.**tract**
re.**trac**.tile
re.**trac**.tion
re.**tread**
re.**treat**
re.**trench**
re.**tri**.al
ret.ri.**bu**.tion
re.**trieve**
ret.ro.**ac**.tive
ret.ro.**ces**.sion
ret.ro.grade
ret.ro.**gres**.sion
ret.ro.-**rock**.et
ret.ro.spect
ret.ro.**spec**.tive
re.tro.**ver**.sion

re.**turn**
re.**turn**.a.ble
re.**un**.ion
re.u.**nite**
re.**vamp**
re.**veal**
re.**veil**.le
rev.el
rev.e.**la**.tion
rev.eled
rev.el.ing
rev.el.ry
re.**venge**
rev.e.nue
re.**ver**.ber.**a**.tion
re.**vere**
rev.er.ence
rev.er.end
rev.er.ent
rev.er.ie
re.**ver**.sal
re.**verse**
re.**vers**.i.ble
re.**ver**.sion
re.**vert**
re.**view**
re.**view**.er
re.**vile**
re.**vin**.di.cate
re.**vise**
re.**vi**.sion
re.**vi**.tal.ize
re.**viv**.al
re.**vive**
re.**viv**.i.fy
re.**viv**.ing
rev.o.ca.ble
rev.o.**ca**.tion
re.**voke**
re.**vok**.ing
re.**volt**
rev.o.**lu**.tion
rev.o.**lu**.tion.ar.y

rev.o.**lu**.tion.ize
re.**volve**
re.**volv**.er
re.**vue**
re.**vul**.sion
re.**ward**
rhap.so.dy
rhe.o.stat
rhet.o.ric
rhe.tor.i.cal
rheu.**mat**.ic
rheu.ma.tism
rhine.**stone**
rhi.**ni**.tis
rhi.**noc**.er.os
rhom.bus
rhu.barb
rhyme
rhym.ing
rhythm
rhyth.mic
rib.ald
rib.bon
ri.bo.**fla**.vin
rich.es
rick.ets
rick.sha
ric.o.**chet**
rid.den
rid.dle
rid.er.less
rid.i.cule
ri.**dic**.u.lous
rid.ing
riff.**raff**
ri.fle.man
ri.fling
right.eous
right.ful
right-**hand**.ed
rig.id
ri.**gid**.i.ty
rig.ma.role

rig.or
rig.or.ous
ring.bolt
ring.lead.er
ring.side
ring.worm
rinse
rins.ing
ri.ot.ous
ri.**par**.i.an
rip.en
ripe.ness
rip.ple
rip.rap
rip.roar.ing
rip.saw
rise
ris.ing
risk.y
ris.qué
rit.u.al
ri.val
ri.valed
ri.val.ing
riv.er
riv.er.**side**
riv.et.ing
riv.u.let
roach
road.bed
road.house
road.side
road.ster
road.way
roam
roan
roar.ing
roast.ing
rob.ber.y
ro.bot
ro.**bust**
rock.er
rock.et

rock.et.ry
rock.y
ro.**co**.co
ro.dent
ro.de.o
Roent.gen
ro.guish
roll.back
rolled
roll.er **skate**
roll.ing
ro.**mance**
ro.**man**.tic
ro.**man**.ti.cism
romp.er
roof.less
roof.tree
rook.e.ry
rook.ie
room.mate
roost.er
root.less
rope.danc.er
rope.walk
ro.sa.ry
ro.se.ate
rose.bud
rose.mar.y
ro.**se**.o.la
ro.sette
rose.**wood**
ros.ter
ros.trum
ros.y
ro.ta.ry
ro.tate
ro.**ta**.tion
ro.te.none
ro.to.gra.**vure**
rot.ten
ro.**tund**
ro.**tun**.da
ro.**tun**.di.ty

rough.age
rough.cast
rough.en
rough.hew
rough.house
rough.neck
rough.rid.er
rough.shod
rou.lade
rou.leau
rou.lette
round.a.**bout**
roun.de.lay
round.house
round-shoul.dered
rounds.man
round.up
rous.ing
roust.a.**bout**
rout (*defeat*)
route (*way*)
rou.tine
rov.er
row.boat
row.dies
row.dy
row.el
row.lock
roy.al
roy.al.ist
roy.al.ty
rub.ber
rub.ber.ize
rub.bish
rub.ble
rub.down
ru.bi.cund
ru.bric
ruck.sack
ruc.tion
rud.der
rud.dy
rude.ly

ru.di.ment
ru.di.**men**.ta.ry
rue.ful
ruf.fi.an
ruf.fle
rug.ged
ru.in.ous
rule
rul.er
rum.ble
ru.mi.nant
ru.mi.nate
ru.mi.**na**.tion

rum.mage
rum.my
ru.mor
rum.ple
rum.pus
rum.**run**.ner
run.a.**bout**
run.a.**way**
run-down
ru.nic
run.ner
run.ner-**up**
run-off

run.**way**
rup.ture
ru.ral
rus.set
rus.tic
rus.ti.cate
rus.tle
rust.**proof**
rust.y
ru.ta.**ba**.ga
ruth.less
rye

S

Sab.bath
sab.**bat**.i.cal
sa.ber
sa.ble
sab.o.**tage**
sac.cha.rin
sa.**chet**
sac.er.**do**.tal
sa.chem
sack.**cloth**
sac.ra.ment
sac.ra.**men**.tal
sa.cred
sac.ri.fice
sac.ri.**fi**.cial
sac.ri.**fic**.ing
sac.ri.**lege**
sac.ri.**le**.gious
sac.ris.ty
sac.ro.sanct
sa.crum
sad.den
sad.dle
sad.dle.**bag**
sad.dler

sad.ism
sa.**dis**.tic
sad.ness
sa.**fa**.ri
safe-con.duct
safe.**guard**
safe.**keep**.ing
safe.ty
saf.fron
sa.ga
sa.**ga**.cious
sa.**gac**.i.ty
sag.a.more
sage.**brush**
sa.hib
sail.**boat**
sail.**cloth**
sail.**fish**
sail.or
saint.li.ness
saint.ly
sa.**laam**
sal.a.**bil**.i.ty
sal.a.ble
sa.**la**.cious

sal.ad
sal.a.**man**.der
sa.**la**.mi
sal.a.ried
sal.a.ry
sale.a.**bil**.i.ty
sale.a.ble
sales.man
sales.man.ship
sales.**wom**.an
sal.i.**cyl**.ic
sa.li.ence
sa.li.ent
sa.line
sa.**lin**.i.ty
sa.**li**.va
sal.i.**var**.y
sal.low
sal.ma.**gun**.di
salm.on
sa.lon
sa.loon
salt.**cel**.lar
salt.**pe**.ter
salt.y

sa.**lu**.bri.ous
sal.u.**tar**.y
sal.u.**ta**.tion
sa.**lu**.ta.**to**.ri.an
sa.**lute**
Sal.va.**do**.ran
Sal.va.**do**.ri.an
sal.vage
sal.**va**.tion
sal.vo
same.ness
sam.o.var
sam.pan
sam.ple
sam.pling
sam.u.rai
san.a.**to**.ri.um
san.a.to.ry
sanc.ti.fi.**ca**.tion
sanc.ti.fied
sanc.ti.fy
sanc.ti.**mo**.ni.ous
sanc.tion
sanc.ti.ty
sanc.tu.**ar**.y
san.dal
san.dal.**wood**
sand.**bag**
sand.**blast**
sand.**glass**
sand hog
sand.**man**
sand.**pa**.per
sand.**pip**.er
sand.**stone**
sand.**storm**
sand.wich
sane.ly
sang-froid
san.gui.**nar**.y
san.guine
san.i.**tar**.i.um
san.i.**tar**.y

san.i.**ta**.tion
san.i.ty
sa.pi.ence
sap.ling
sap.phire
sar.a.band
Sar.a.cen
sar.casm
sar.**cas**.tic
sar.**coph**.a.gi, pl.
sar.**coph**.a.gus
sar.**dine**
sar.**don**.ic
sar.**gas**.so
sa.**rong**
sar.sa.pa.**ril**.la
sar.**to**.ri.al
sas.sa.fras
sa.**tan**.ic
satch.el
sa.**teen**
sat.el.lite
sa.ti.ate
sa.**ti**.e.ty
sat.in
sat.ing
sat.in.**wood**
sat.ire
sa.**tir**.ic
sa.**tir**.i.cal
sat.i.rize
sat.is.**fac**.tion
sat.is.**fac**.to.ry
sat.is.fied
sat.is.fy
sat.u.rate
sat.u.**rat**.ing
sat.u.**ra**.tion
Sat.ur.day
sat.ur.nine
sat.yr
sauce.**pan**
sau.cer

sau.cy
sauer.**kraut**
saun.ter
sau.sage
sau.**té**
sav.age
sav.age.ry
sa.**van**.na
sa.**vant**
sav.ing
sav.ior
sa.vor
sa.vored
sa.vo.ry
saw.**dust**
saw.**horse**
saw.**mill**
saw.yer
sax.o.phone
scab.bard
sca.brous
scaf.fold
scaf.fold.ing
scal.a.wag
scald
scale
scal.ing
scal.lion
scal.lop
scal.pel
scam.per
scan.dal
scan.dal.ize
scan.dal.ous
scanned
scan.ner
scant.i.ly
scant.y
scape.**goat**
scap.u.lar
scar.ab
scarce.ly
scar.ci.ty

scare.crow
scar
scare
scarf
scar.ing
scar.la.ti.na
scar.let
scarred
scar.y
scarves, *pl.*
scath.ing
scat.ter
scat.ter.brain
scav.en.ger
sce.nar.i.o
scen.er.y
sce.nic
scent
scep.ter
sched.ule
scheme
schem.ing
scher.zo
schism
schist
schiz.o.phren.ic
schnap.per
schol.ar
schol.ar.ship
scho.las.tic
school.book
school.boy
school.girl
school.house
school.ing
school.man
school.mas.ter
school.mate
school.room
school.teach.er
school.work
school.yard
schoon.er

sci.at.ic
sci.at.ica
sci.ence
sci.en.tif.ic
sci.en.tist
scim.i.tar
scin.til.late
sci.on
scis.sors
scle.ro.sis
scoot.er
scope
scorch.er
scorn.ful
scor.pi.on
Scotch
scot-free
Scots.man
scoun.drel
scourge
scout.mas.ter
scrab.ble
scrag.gy
scram.ble
scrap.book
scratch
screech
screen
screw.driv.er
scrib.ble
scrim.mage
script
scrip.tur.al
scrip.ture
scrof.u.la
scroung.ing
scrub.by
scru.ple
scru.pu.lous
scru.ti.nize
scru.ti.ny
scu.ba
scuf.fle

scuf.fling
scul.ler.y
scul.lion
sculp.tor
sculp.tur.al
sculp.ture
scum.my
scur.ril.i.ty
scur.ril.ous
scur.vy
scut.tle
scythe
sea.board
sea.coast
sea.far.er
sea.far.ing
sea.fowl
sea.girt
sea.go.ing
seal.skin
sea.man
seam.less
seam.stress
sé.ance
sea.plane
sea.port
search.light
sea.shore
sea.sick
sea.side
sea.son
sea.son.a.ble
sea.son.al
sea.ward
sea.weed
sea.wor.thy
se.ba.ceous
se.cede
se.ced.ing
se.ces.sion
se.clude
se.clu.sion
sec.ond

sec.ond.**ar**.y
sec.ond-**hand**
sec.ond-**rate**
se.**cre**.cy
se.**cret**
se.**cre**.tive
sec.re.**tar**.i.al
sec.re.**tar**.i.at
sec.re.**tar**.y
se.**crete**
se.**cre**.tion
se.**cre**.tive
sec.**tar**.i.an
sec.tion
sec.tion.al
sec.tor
sec.u.lar
se.**cure**
se.**cur**.ing
se.**cu**.ri.ty
se.**dan**
se.**date**
se.**da**.tion
sed.a.tive
sed.en.**tar**.y
sed.i.ment
se.**di**.tion
se.**di**.tious
se.**duce**
se.**duce**.ment
se.**duc**.er
se.**duc**.tion
se.**duc**.tive
sed.u.lous
seed.bed
seed.ling
seed.y
see.ing
seem.ing.ly
seem.ly
seep.age
seer.**suck**.er
see.**saw**

seeth.ing
seg.ment
seg.re.gate
seg.re.**ga**.tion
seis.mo.graph
seiz.**a**.ble
seize
seiz.ing
sei.zure
sel.dom
se.**lect**
se.**lec**.tion
se.**lec**.tive
se.lec.**tiv**.i.ty
se.**lect**.man
se.**le**.ni.um
self-con.fi.dence
self-con.scious
self-con.**trol**
self-de.**fense**
self-es.**teem**
self-ev.i.dent
self.ish
self.less
self-made
self-pro.**tec**.tion
self-re.**gard**
self-re.**spect**.ing
self-sac.ri.fice
self.same
self-styled
sell.out
sel.vage
sem.a.phore
sem.blance
se.**mes**.ter
sem.i.**cir**.cle
sem.i.**civ**.i.lized
sem.i.**co**.lon
sem.i.con.**duc**.tor
sem.i.**con**.scious
sem.i.**fi**.nal
sem.i.**month**.ly

sem.i.**nar**
sem.i.**nar**.y
sem.i.**pre**.cious
Se.**mit**.ic
sem.pi.**ter**.nal
sen.ate
sen.a.tor
sen.a.**to**.ri.al
send-off
se.nile
se.**nil**.i.ty
sen.ior
sen.**ior**.i.ty
sen.**sa**.tion
sen.**sa**.tion.al
sense.less
sen.si.**bil**.i.ty
sen.si.ble
sens.ing
sen.si.tive
sen.si.**tiv**.i.ty
sen.si.tize
sen.sor
sen.so.ry
sen.su.al
sen.su.ous
sen.tence
sen.**ten**.tious
sen.tient
sen.ti.ment
sen.ti.**men**.tal
sen.ti.men.**tal**.i.ty
sen.ti.nel
sen.tries
sen.try
sep.a.ra.ble
sep.a.rate
sep.a.**rat**.ing
sep.a.**ra**.tion
sep.a.**ra**.tist
sep.a.**ra**.tor
se.pi.a
Sep.**tem**.ber

sep.**tet**
sep.tic
sep.ul.cher
se.**pul**.chral
sep.ul.ture
se.quel
se.quence
se.**quen**.tial
se.**ques**.ter
se.**ques**.trate
se.quin
se.**quoi**.a
se.**ragl**.io
ser.aph
se.**raph**.ic
ser.e.**nade**
se.**rene**
se.**ren**.i.ty
serf.dom
serge
ser.geant
se.ri.al
se.ries
ser.if
se.ri.ous
ser.mon
ser.mon.ize
ser.pent
ser.pen.tine
ser.rat.ed
se.rum
serv.ant
serv.ice
serv.ice.a.ble
serv.ice.**man**
ser.vile
ser.**vil**.i.ty
ser.vi.tude
ses.sion
set.**back**
set.**tee**
set.ter
set.tle.ment

set.tler
set.**up**
sev.en
sev.en.**teen**
sev.enth
sev.en.ti.eth
sev.en.ty
sev.er
sev.er.al
sev.er.ance
se.**vere**
se.**ver**.i.ty
sew.age
sew.er
sewn
sex.ism
sex.tant
sex.**tet**
sex.ton
sex.u.al
shab.bi.ness
shab.by
shack.le
shad.dock
shad.ow.y
shad.y
shaft
shag.gy
shake.**down**
shak.i.ly
shal.**lot**
shal.low
sham
sham.ble(s)
shame
shamed
shame.**faced**
shame.ful
shame.less
sham.ing
sham.ming
sham.**poo**
sham.rock

shang.**hai**
shan.ty
shape.less
shap.ing
share.crop.per
share.**hold**.er
shar.ing
shark.**skin**
sharp.en.er
sharp.er
sharp.**shoot**.er
sharp-sight.ed
shat.ter
shawl
sheaf
shear *(cut)*
sheath
sheathe, *v.*
sheath.ing
shed.ding
sheen
sheep
sheep.**fold**
sheep.ish
sheep.skin
sheer *(thin)*
sheet
sheik.dom
shelf
shel.**lac**
shel.**lacked**
shel.**lack**.ing
shell.fire
shell.**fish**
shel.ter
shelve, *v.*
shelves, *pl.*
shelv.ing
shep.herd
sher.bet
sher.iff
sher.ry
shib.bo.leth

shield
shift.i.ness
shift.less
shil.ling
shim.mer
shine
shin.gle
shin.ing
ship.board
ship.build.er
ship.load
ship.mas.ter
ship.mate
ship.ment
ship.own.er
ship.shape
ship.wreck
ship.yard
shirk.er
shiv.er
shock.proof
shod.dy
shoe.brush
shoe.horn
shoe.ing
shoe.lace
shoe.mak.er
shoe.string
shone
shop.keep.er
shop.lift.er
shop.per
shop.worn
short.age
short.cake
short-change
short.com.ing
short.en.ing
short.hand
short.hand.ed
short-lived
short.sight.ed
short.stop

short-wind.ed
shot.gun
shoul.der
shove
shov.el
shov.eled
shov.el.ing
shov.ing
show.case
show.down
show.er
show.i.ly
show.man
show.room
show.y
shrank
shrap.nel
shred.ded
shrewd
shrew.ish
shriek
shrill
shrimp
shrine
shrink.age
shriv.el
shriv.eled
shrub.ber.y
shrunk.en
shud.der
shuf.fle
shuf.fle.board
shut.down
shut-in
shut.off
shut.out
shut.ter
shut.tle.cock
shy.ness
shy.ster
sib.i.lant
sib.yl.ine
sick.bed

sick.en
sick.ish
sick.le
sick.li.ness
sick.ness
sick.room
side.board
side.burns
side.car
side.long
si.de.re.al
side.track
side.walk
side.ways
siege
si.es.ta
sieve
sigh
sight.less
sight-see.ing
sign
sig.nal
sig.naled
sig.nal.ize
sig.na.to.ry
sig.na.ture
sign.board
sig.net
sig.nif.i.cance
sig.nif.i.cant
sig.ni.fi.ca.tion
sig.ni.fied
sig.ni.fy
sign.post
si.lage
si.lence
si.lenc.er
si.lent
si.lex
sil.hou.ette
sil.i.ca
sil.i.cate
sil.i.con

silk.en
silk.i.ness
silk.worm
silk.y
sil.li.ness
sil.ly
si.lo
si.los
sil.ver
sil.ver.smith
sil.ver.ware
sim.i.an
sim.i.lar
sim.i.lar.i.ty
sim.i.le
si.mil.i.tude
sim.mer
sim.o.ny
sim.ple
sim.ple.ton
sim.plex
sim.plic.i.ty
sim.pli.fi.ca.tion
sim.pli.fied
sim.pli.fy
sim.ply
sim.u.late
sim.u.la.tion
si.mul.ta.ne.ous
since
sin.cere
sin.cer.i.ty
si.ne.cure
sin.ew
sin.ew.y
sin.ful
sing
singe
singe.ing
sin.gle
sin.gle.hand.ed
sin.gle-mind.ed
sin.gle.ton

sin.gly
sing.song
sin.gu.lar
sin.is.ter
sink.age
sink.er
sink.hole
sin.ner
sin.u.ous
si.nus
si.phon
si.ren
sir.loin
si.roc.co
sir.up
sis.ter
sis.ter-in-law
sit.com (situation
  comedy)
site
sit.ter
sit.u.at.ed
sit.u.a.tion
six.fold
six.teenth
sixth
six.ti.eth
six.ty
siz.a.ble
siz.zle
siz.zling
skat.ing
skein
skel.e.ton
skep.ti.cal
skep.ti.cism
sketch
sketch.book
sketch.i.ly
sketch.y
skew.er
ski.er
skies

ski.ing
skill.ful
skimp.y
skin.flint
skin.ning
skin.ny
skin.tight
skip.per
skir.mish
skit.tish
skul.dug.ger.y
skulk
skull.cap
skunk
sky-blue, *adj.*
sky.lark
sky.light
sky.rock.et
sky.scrap.er
sky.ward
sky.writ.ing
slack.en
slan.der
slan.der.ous
slant.wise
slap.dash
slap.ping
slap.stick
slat.tern
slaugh.ter
slav.er.y
slav.ish
slay.er
slea.zy
sledge
sleep.er
sleep.less
sleeve.less
sleigh
slen.der
sleuth
slice
slic.ing

slight
slime
sling.shot
slip.per
slip.per.y
slip.shod
sliv.er
slo.gan
slope
slop.py
sloth.ful
slouch
slov.en.ly
slow.down
sludge
slug.gard
slug.gish
sluice
sluice.way
slum.ber
slush
small.pox
smart.en
smash.up
smat.ter.ing
smelt.er
smile
smil.ing
smith.er.**eens**
smog
smoke.house
smoke.jack
smoke.less
smok.er
smok.ing
smoke.stack
smok.y
smol.der
smooth
smor.gas.**bord**
smoth.er
smudge
smug.gest

smug.gle
smut.ty
sna.**fu**
snak.y
snap.drag.on
snap.per
snap.shot
snarl.ing
sneak.er
sneer.ing
sneez.ing
snick.er
sniv.el
snob.ber.y
snob.bish
snore
snor.ing
snow.ball
snow-blind
snow.bound
snow.drift
snow.fall
snow.flake
snow.plow
snow.shoe
snow.storm
snow.y
snub-nosed
snuff.box
soap.box
soap.i.ness
soap.suds
soap.y
soar.ing
so.ber
so.bri.e.ty
so.bri.quet
so-called
soc.cer
so.cia.ble
so.cial
so.cial.ism
so.cial.ist

so.cial.ize
so.cial se.**cu**.ri.ty
so.cial **wel**.fare
so.ci.e.ty
so.ci.**ol**.o.gy
sock.et
so.da
so.dal.i.ty
sod.den
so.di.um
sod.om.y
soft.ball
sof.ten
soft-heart.ed
soft-soap, *v.*
soft.ware
sog.gy
so.**journ**
sol.ace
so.lar
so.lar **pan**.el
sol.der
sol.dier
sol.e.cism
sole.ly
sol.emn
so.lem.ni.ty
sol.em.nize
so.lic.it
so.lic.i.**ta**.tion
so.lic.i.tor
so.lic.it.ous
so.lic.i.tude
sol.id
sol.i.**dar**.i.ty
so.lid.i.fied
so.lid.i.fy
so.lid.i.ty
so.lil.o.quize
so.lil.o.quy
sol.i.**taire**
sol.i.**tar**.y
sol.i.tude

so.lo
so.los
sol.stice
sol.u.ble
so.lu.tion
solv.a.ble
solve
sol.ven.cy
sol.vent
solv.ing
som.ber
some.bod.y
some.how
some.one
som.er.sault
some.thing
some.time
some.times
some.what
some.where
som.nam.bu.list
som.no.lent
so.na.ta
song.ster
song.stress
son.ic
son-in-law
son.net
son.net.eer
so.nor.i.ty
so.no.rous
soothe
sooth.say.er
soot.y
soph.ism
so.phis.ti.cat.ed
so.phis.ti.ca.tion
soph.ist.ry
soph.o.more
so.po.rif.ic
so.pra.no
sor.cer.er
sor.cer.y

sor.did
sore.ly
sor.ghum
so.ror.i.ty
sor.rel
sor.row
sor.row.ful
sor.ry
sor.tie
sou.brette
sought
soul.ful
soul.less
sound.proof
soup.con
south.east
south.er.ly
south.ern.er
south.ern.most
south.west
sou.ve.nir
sov.er.eign
sov.er.eign.ty
so.vi.et
so.ya
soy.bean
space.ship
spa.cious
spa.ghet.ti
Span.iard
span.iel
Span.ish
spar.kle
spark.plug
spar.row
spas.mod.ic
spas.tic
spa.tial
spat.ter
spat.u.la
speak.eas.y
speak.er
spear.head

spear.mint
spe.cial
spe.cial.ist
spe.cial.ize
spe.cial.ty
spe.cie
spe.cies
spe.cif.ic
spec.i.fi.ca.tion
spec.i.fied
spec.i.fy
spec.i.men
spe.cious
spec.ta.cle
spec.tac.u.lar
spec.ta.tor
spec.ter
spec.tral
spec.tro.scope
spec.trum
spec.u.late
spec.u.la.tion
spec.u.la.tive
speech
speech.less
speed.boat
speed.i.ly
speed.om.e.ter
speed.way
spell.bound
spell.ing
spend.thrift
sperm
spher.i.cal
sphinc.ter
sphinx
spic.y
spi.der
spig.ot
spill.age
spill.way
spin.ach
spi.nal

spin.dle
spine.less
spin.et
spin.ster
spi.ral
spir.it.ed
spir.it.less
spir.it.u.al
spir.it.u.**al**.i.ty
spite.ful
spit.**fire**
spit.**toon**
spleen
splen.did
splen.dor
sple.**net**.ic
splin.ter
split-lev.el
splurge
spoil.age
spo.ken
spokes.man
spo.li.**a**.tion
spon.dee
sponge
spon.gy
spon.sor
spon.ta.**ne**.i.ty
spon.**ta**.ne.ous
spoon.ful
spoon.fuls
spo.**rad**.ic
spore
spor.tive
sports.man.ship
sports.wear
spot.less
spot.light
spouse
sprain
sprawl.ing
spray.er
spread sheet

spright.ly
spring.board
spring.i.ness
spring.time
sprin.kle
sprock.et
sprout
spruce
spu.ri.ous
spurn
spurt
sput.nik
sput.ter
spu.tum
spy.glass
squab.ble
squad.ron
squal.id
squall
squal.or
squan.der
squar.ing
squash
squat.ter
squaw
squawk
squeak
squeal.er
squeam.ish
squee.gee
squir.rel
squeez.ing
squirm
squirt
sta.**bil**.i.ty
sta.bi.lize
sta.bi.**liz**.er
sta.ble
stac.**ca**.to
sta.di.um
staff
stage.coach
stage.craft

stag.ger
stag.nant
stag.nate
stag.**na**.tion
stain.less
stair.case
stair.head
stair.way
stake (*post*)
sta.**lac**.tite
sta.**lag**.mite
stale.mate
stal.lion
stal.wart
sta.men
stam.i.na
stam.mer
stam.**pede**
stan.chion
stand.ard
stand.ard.i.**za**.tion
stand.ard.ize
stand.ee
stand.off
stand.point
stand.still
stan.za
sta.ple
star.board
starch.y
star.fish
star.gaz.er
star.let
star.light
star.ling
star.lit
starred
star.ring
star-span.gled
star.tle
star.**va**.tion
starve
starv.ing

state.craft	stench	**stip.u.lat**.ing
state.hood	**sten**.cil	**stip.u.la**.tion
state.ly	ste.**nog**.ra.pher	stir
state.ment	**sten**.o.**graph**.ic	stirred
state.room	ste.**nog**.ra.phy	**stir**.ring
states.man	sten.**to**.ri.an	**stir**.rup
stat.ic	**step.child**	stitch
stat.ing	**step.fa**.ther	stock.**ade**
sta.tion	**step.lad**.der	**stock.bro**.ker
sta.tion.**ar**.y *(fixed)*	**step.moth**.er	**stock.hold**.er
sta.tion.er	**step**.ping.**stone**	**stock**.ing
sta.tion.**er**.y *(paper)*	**ster**.e.o.**phon**.ic	**stock**.man
sta.**tis**.ti.cal	**ster**.e.**op**.ti.con	**stock.yard**
sta.**tis**.tics	**ster**.e.o.**type**	**sto**.ic
stat.u.**ar**.y	**ster**.ile	**stoke.hold**
stat.ue	ste.**ril**.i.ty	stole
stat.u.**esque**	**ster**.i.lize	**sto**.len
stat.u.**ette**	**ster**.ling	**stol**.id
stat.ure	**stern**.ness	**stom**.ach
sta.tus	**ster**.num	**stone-broke**
stat.ute	**ster**.to.rous	**stone.cut**.ter
stat.u.**to**.ry	**steth**.o.scope	**stone-deaf**
stead.**fast**	ste.ve.**dore**	**stone.ma**.son
stead.i.ly	**stew**.ard	**stone.ware**
stead.y	**stick**.i.ness	**ston**.i.ly
steak *(meat)*	**stick**.ler	stooge
steal	**stiff**.en	**stop.cock**
stealth	**sti**.fle	**stop.gap**
stealth.y	**stig**.ma	**stop**.page
steam.boat	**stig**.ma.tism	**stop**.per
steam.car	**stig**.ma.tize	**stor**.age
steam **en**.gine	**still.born**	**store.house**
steam.er	**stilt**.ed	**store.keep**.er
steam-roll.er	**stim**.u.lant	**store.room**
steam.ship	**stim**.u.late	**sto**.ry
steam.tight	**stim**.u.**la**.tion	**stove.pipe**
steel.work	**stim**.u.li, *pl.*	**stow**.age
steel.yard	**stim**.u.lus	**stow**.a.**way**
steep	**stin**.gi.ness	stra.**bis**.mus
stee.ple	**stin**.gy	**strad**.dle
stee.ple.**chase**	**sti**.pend	**strag**.gle
steer.age	**stip**.ple	straight *(direct)*
stel.lar	**stip**.u.late	**straight**.a.**way**

straight.for.ward
strait (narrow)
strange.ly
stran.ger
stran.gle
stran.gu.late
strap.ping
strat.a.gem
stra.te.gic
strat.e.gist
strat.e.gy
strat.i.fy
stra.to.sphere
stra.tum
straw.ber.ry
streak.y
stream
stream.lined
street.car
strength
strength.en
stren.u.ous
strep.to.coc.cus
strep.to.my.cin
stress
stretch
strick.en
stric.ture
stri.dent
strin.gent
strip.ling
strong.hold
stro.phe
struc.tur.al
struc.ture
strug.gle
strug.gling
strych.nine
stub.ble
stub.born
stuc.co
stu.dent
stud.ied

stu.di.o
stu.di.ous
stud.y
stud.y.ing
stuff.i.ness
stuff.ing
stul.ti.fy
stum.ble
stun.ning
stu.pe.fy
stu.pen.dous
stu.pid
stu.pid.i.ty
stu.por
stur.dy
stur.geon
stut.ter
styl.ish
sty.lo.graph.ic
sty.lus
sty.mie
styp.tic
sua.sion
suave
suav.i.ty
sub.al.tern
sub.com.mit.tee
sub.con.scious
sub.con.trac.tor
sub.cu.ta.ne.ous
sub.di.vide
sub.di.vi.sion
sub.due
sub.head
sub.ject, adj., n.
sub.ject, v.
sub.jec.tion
sub.jec.tive
sub.ju.gate
sub.junc.tive
sub.lease
sub.li.mate
sub.li.ma.tion

sub.lime
sub.lim.i.nal
sub.lim.i.ty
sub.mar.gin.al
sub.ma.rine
sub.merge
sub.merg.ing
sub.mers.i.ble
sub.mer.sion
sub.mis.sion
sub.mis.sive
sub.mit
sub.mit.ted
sub.nor.mal
sub.or.di.nate
sub.or.di.na.tion
sub.orn
sub.poe.na
sub.scribe
sub.scrip.tion
sub.se.quent
sub.ser.vi.ent
sub.side
sub.sid.i.ar.y
sub.sid.ing
sub.si.dize
sub.si.dy
sub.sist
sub.sist.ence
sub.sis.tence
farm.ing
sub.soil
sub.spe.cies
sub.stance
sub.stan.tial
sub.stan.ti.ate
sub.stan.tive
sub.sti.tute
sub.strate
sub.struct.ure
sub.ter.fuge
sub.ter.ra.ne.an
sub.tle

sub.tle.ty
sub.tly
sub.tract
sub.trac.tion
sub.trop.i.cal
sub.urb
sub.ur.ban
sub.ur.bi.a
sub.ven.tion
sub.ver.sion
sub.ver.sive
sub.vert
sub.way
suc.ceed
suc.cess
suc.cess.ful
suc.ces.sion
suc.ces.sive
suc.ces.sor
suc.cinct
suc.cor
suc.co.tash
suc.cu.lent
suc.cumb
suck.ling
suc.tion
sud.den
su.dor.if.ic
suds.y
sue
su.et
suf.fer
suf.fer.ance
suf.fice
suf.fi.cien.cy
su.fi.cient
suf.fix
suf.fo.cate
suf.fo.ca.tion
suf.frage
suf.fra.gette
suf.fra.gist
suf.fuse

suf.fu.sion
sug.ar
sug.ar-coat, v.
sug.ared
sug.ar.house
sug.ar.plum
sug.ary
sug.gest
sug.ges.tion
sug.ges.tive
su.i.cid.al
su.i.cide
su.ing
suit.a.ble
suit.case
suite
suit.or
sul.fa
sul.fa.di.a.zine
sul.fa.nil.a.mide
sul.fa.pyr.i.dine
sul.fa.thi.a.zole
sul.fur
sulk.i.ness
sul.len
sul.phate
sul.phur
sul.phu.ric
sul.tan
sul.tan.a
sul.try
su.mac
sum.ma.ries
sum.ma.ri.ly
sum.ma.rize
sum.ma.ry
sum.ma.tion
sum.mer
sum.mit
sum.mon
sum.mons
sump.tu.ous
sun.beam

sun.burn
sun.burst
sun.dae
Sun.day
sun.di.al
sun.down
sun.dry
sun.fast
sun.flow.er
sun.glass.es
sunk.en
sun.light
sun.ny
sun.rise
sun.set
sun.shade
sun.shine
sun.stroke
sun.tan
su.per.a.bun.dant
su.per.an.nu.ate
su.perb
su.per.car.go
su.per.charg.er
su.per.cil.i.ous
su.per.fi.cial
su.per.flu.i.ty
su.per.flu.ous
su.per.heat
su.per.high.way
su.per.hu.man
su.per.im.pose
su.per.in.tend
su.pe.ri.or
su.pe.ri.or.i.ty
su.per.la.tive
su.per.mar.ket
su.per.nal
su.per.nat.u.ral
su.per.nu.mer.ar.y
su.per.sede
su.per.son.ic
su.per.sti.tion

su.per.**sti**.tious
su.per.**struc**.ture
su.per.**vise**
su.per.**vi**.sion
su.per.**vi**.sor
su.**pine,** *adj.*
sup.per
sup.**plant**
sup.ple
sup.ple.ment
sup.ple.**men**.tal
sup.ple.**men**.ta.ry
sup.pli.ance
sup.pli.ant
sup.pli.cant
sup.pli.cate
sup.pli.**ca**.tion
sup.**plied**
sup.**pli**.er
sup.**ply**
sup.**ply**-side
   e.co.**nom**.ics
sup.**port**
sup.**port**.er
sup.**port** price
sup.**pose**
sup.**pos**.ing
sup.po.**si**.tion
sup.**pos**.i.**to**.ry
sup.**press**
sup.**pres**.sion
sup.pu.**ra**.tion
su.**pra**.**re**.nal
su.**prem**.a.cy
su.**preme**
su.**preme**.ly
sur.base
sur.**cease**
sur.**charge.** *v.*
sur.**charge,** *n.*
sure.ly
sure.ty
sur.face

surf.**board**
sur.feit
surge
sur.geon
sur.ger.y
sur.gi.cal
surg.ing
sur.li.ness
sur.ly
sur.**mise**
sur.**mount**
sur.**name**
sur.**pass**
sur.plice
sur.plus
sur.**prise**
sur.**re**.al.ism
sur.**ren**.der
sur.rep.**ti**.tious
sur.ro.gate
sur.**round**
sur.**tax**
sur.**veil**.lance
sur.**vey,** *v.*
sur.vey, *n.*
sur.**vey**.or
sur.**viv**.al
sur.**vive**
sur.**vi**.vor
sus.**cep**.tible
sus.pect, *n., adj.*
sus.**pect,** v.
sus.**pend**
sus.**pense**
sus.**pen**.sion
sus.**pi**.cion
sus.**pi**.cious
sus.**tain**
sus.te.nance
su.ture
su.ze.rain
svelte
swad.dling

swag.ger
swal.low
swamp
swan.**herd**
swank.y
swarm
swarth.y
swas.ti.ka
swatch
swath
swat.ter
swear
sweat.er
sweat.**shop**
sweep.**stakes**
sweet.bread
sweet.**bri**.er
sweet.**heart**
sweet.**meat**
swel.ter
swept
swerve
swim.ming.ly
swin.dle
swin.dler
swine.**herd**
swin.ish
switch
switch.**back**
switch.**board**
switch.man
swiv.el
swol.len
swoop
sword.**fish**
sword.**play**
swords.man
syc.a.more
syc.o.phant
syl.**lab**.ic
syl.la.ble
syl.la.bus
syl.lo.gism

sylph
syl.van
sym.bi.**o**.sis
sym.bol
sym.**bol**.ic
sym.bol.ism
sym.bol.**ize**
sym.**met**.ri.cal
sym.me.try
sym.pa.**thet**.ic
sym.pa.thize
sym.pa.**thiz**.er
sym.pa.thy
sym.**phon**.ic
sym.pho.nies

sym.pho.ny
sym.**po**.si.um
symp.tom
symp.to.**mat**.ic
syn.a.gogue
syn.chro.nize
syn.co.pate
syn.co.**pa**.tion
syn.co.pe
syn.dic
syn.di.cate
syn.drome
syn.**ec**.do.che
syn.od
syn.o.nym

syn.**on**.y.mous
syn.**op**.sis
syn.tax
syn.the.sis
syn.the.size
syn.**thet**.ic
syn.the.tize
syph.i.lis
syr.inge
sys.tem
sys.tem.**at**.ic
sys.tem.**a**.tize
sys.to.le

T

tab.er.**nac**.le
ta.ble
tab.leau
tab.leaux, *pl.*
ta.ble.**cloth**
ta.ble.**land**
ta.ble.**spoon**
ta.ble.**spoon**.ful
tab.let
ta.ble.**ware**
tab.loid
ta.**boo**
ta.bor
tab.u.lar
tab.u.late
tab.u.**la**.tor
ta.**chom**.e.ter
ta.**chyg**.ra.phy
tac.it
tac.i.turn
tack.le
tact.ful
tac.ti.cal

tac.**ti**.cian
tac.tics
tact.less
tad.pole
taf.fe.ta
tai.ga
tail.less
tail.light
tai.lor.ing
tai.lor-**made**
tail.piece
tail.stock
taint.less
take-off
take.o.ver
tak.ing
talc
tal.cum
tale.**bear**.er
tal.ent
tales.man
tale.**tell**.er
tal.is.man

talk.a.tive
tal.low
tal.ly
tal.on
ta.**ma**.le
tam.a.rack
tam.a.rind
tam.bou.**rine**
tame.ly
tam.ing
tam.per
tam.pon
tan.dem
tan.gent
tan.ge.**rine**
tan.gi.ble
tan.gle
tang.y
tank.ard
tan.ner.y
tan.nic
tan.ta.lize
tan.ta.**mount**

tan.trum
tape.line
ta.per
tap.es.try
tape.worm
tap.i.o.ca
tar.an.tel.la
ta.ran.tu.la
tar.di.ness
tar.dy
tar.get
tar.iff
tar.nish
tar.pau.lin
tar.pon
tar.ried
tar.ry
tar.tan
tar.tar
tar.tar.ic
task.mas.ter
tas.sel
taste.ful
taste.less
tast.y
tat.tered
tat.too
tat.tooed
taught
taunt
taut *(tight)*
tau.tol.o.gy
tav.ern
taw.dry
taw.ny
tax.a.ble
tax.a.tion
tax e.va.sion
tax-ex.empt
tax ex.emp.tion
tax.i.cab
tax.i.der.my
tax.i.me.ter

tax.on.o.my
tax.pay.er
teach.a.ble
tea.cup
teak.wood
team.mate
team.ster
team.work
tea.pot
tear.ful
tease
teas.ing
tea.spoon.ful
tech.ni.cal
tech.ni.cal.i.ty
tech.ni.cian
Tech.ni.col.or
tech.nique
tech.nol.o.gy
tec.ton.ics
te.di.ous
te.di.um
teem.ing
teen-ag.er
teeth
tee.to.tal.er
tel.e.cast
tel.e.com.mu.ni.ca.tions
tel.e.gram
tel.e.graph
tel.e.graph.ic
te.lem.e.try
te.lep.a.thy
tel.e.phone
tel.e.phon.ic
tel.e.scope
tel.e.type
tel.e.vi.sion
tell.tale
te.mer.i.ty
tem.per
tem.per.a.ment
tem.per.ance

tem.per.ate
tem.per.a.ture
tem.pest
tem.pes.tu.ous
tem.plate
tem.ple
tem.po.ral
tem.po.rar.y
tem.po.rize
tempt
temp.ta.tion
tempt.ress
ten.a.ble
te.na.cious
te.nac.i.ty
ten.an.cy
ten.ant
ten.den.tious
tend.en.cy
tend.er, *n.*
ten.der, *adj., v.*
ten.der.foot
ten.der.heart.ed
ten.der.loin
ten.don
ten.dril
ten.e.ment
ten.et
ten.nis
ten.on
ten.or
tense.ly
ten.sile
ten.sion
ten.ta.cle
ten.ta.tive
ten.ter.hook
tenth
ten.u.i.ty
ten.u.ous
ten.ure
te.pee
tep.id

ter.bi.um
ter.**cen**.te.**nar**.y
ter.gi.ver.**sa**.tion
ter.ma.gant
ter.mi.nal
ter.mi.nate
ter.mi.**na**.tion
ter.mi.**nol**.o.gy
ter.mite
term.less
tern
ter.na.ry
ter.race
ter.ra.**cot**.ta
ter.ra **fir**.ma
ter.**rain**
ter.ra.pin
ter.**res**.tri.al
ter.ri.ble
ter.bi.um
ter.**cen**.te.**nar**.y
ter.gi.ver.**sa**.tion
ter.ma.gant
ter.mi.nal
ter.mi.nate
ter.mi.**na**.tion
ter.mi.**nol**.o.gy
ter.mite
term.less
tern
ter.na.ry
ter.race
ter.ra.**cot**.ta
ter.ra **fir**.ma
ter.**rain**
ter.ra.pin
ter.**res**.tri.al
ter.ri.ble
ter.ri.er
ter.**rif**.ic
ter.ri.fied
ter.ri.fy
ter.ri.**to**.ri.al

ter.ri.**to**.ry
ter.ror
ter.ror.ism
ter.ror.ist
ter.ror.ize
terse
ter.ti.**ar**.y
tes.ta.ment
tes.ta.**men**.ta.ry
tes.ti.fy
tes.ti.cle
tes.ti.**mo**.ni.al
tes.ti.**mo**.ny
tet.a.nus
teth.er
te.**tral**.o.gy
te.trarch
Teu.**ton**.ic
text.book
tex.tile
tex.tu.al
tex.ture
thank.ful
thank.less
thanks.**giv**.ing
thatched
the.a.ter
the.**at**.ri.cal
theft
the.ism
them.**selves**
thence.forth
the.**od**.o.lite
the.o.**lo**.gi.an
the.o.**log**.i.cal
the.**ol**.o.gy
the.o.rem
the.o.**ret**.i.cal
the.o.rist
the.o.rize
the.o.ry
the.**os**.o.phy
ther.a.**peu**.tics

ther.a.py
there.a.**bouts**
there.**af**.ter
there.**by**
there.fore
there.**in**
there.up.**on**
there.**with**
ther.mal
ther.mo.dy.**nam**.ics
ther.**mom**.e.ter
ther.mo.**nu**.cle.ar
ther.mo.stat
the.**sau**.rus
the.sis
thi.a.mine
thick.et
thief
thieves
thiev.ish
thigh.bone
thim.ble
thin.ly
thin.ner
think.a.ble
thirst.y
thir.teen
thir.teenth
thir.ti.eth
thir.ty
this.tle
thith.er
tho.**rac**.ic
tho.rax
tho.ri.um
thor.ough
thor.ough.**bred**
thor.ough.**fare**
thought.ful
thou.sand
thrall.dom
thread.bare
threat.en

three-di.**men**.sion.al
three.fold
three.some
thresh.ing
thresh.old
thrice
thrift.y
thrill.ing
thrive
throat
throm.**bo**.sis
throng
throt.tle
through.**out**
thun.der.**bolt**
thun.der.**cloud**
thun.der.**head**
thun.der.ous
thun.der.**show**.er
Thurs.day
thwart
thyme
thy.roid
tib.i.a
tick.et
tick.le
tid.al
tid.bit
tide.wa.ter
ti.di.ly
ti.dy
tie-up
ti.ger
tight.en
ti.gress
til.bu.ry
till.a.ble
tim.bale
tim.ber
tim.ber.line
time-hon.ored
time.keep.er
time.less

time.li.ness
time.ly
time.piece
tim.er
time.ta.ble
tim.id
ti.**mid**.i.ty
tim.ing
tim.or.ous
tinc.ture
tin.der
tin.gle
tink.er
tin.sel
tin.smith
tin.type
ti.ny
tip.ple
tip.ster
tip.sy
tip.toe
tip.top
ti.rade
tire.some
tir.ing
tis.sue
ti.**tan**.ic
tithe
tith.ing
tit.il.late
ti.tle
tit.mouse
ti.trate
ti.**tra**.tion
tit.u.lar
toad.stool
toast.mas.ter
to.**bac**.co
to.**bac**.cos
to.**bac**.co.nist
to.**bo**.gan
toc.sin
to.**day**

tod.dy
toe.ing
toe.nail
tof.fee
to.ga
to.**geth**.er
toil.er
toi.let
toi.**lette**
toil.some
to.ken
tol.er.a.ble
tol.er.ance
tol.er.ant
tol.er.ate
tol.er.**a**.tion
toll.gate
toll.keep.er
tom.a.hawk
to.**ma**.to
to.**ma**.toes
tom.boy
tomb.stone
tom.cat
tom.fool.er.y
to.**mor**.row
ton.al
to.**nal**.i.ty
tone
tongue
ton.ic
to.**night**
ton.nage
ton.sil
ton.sil.**li**.tis
ton.**so**.ri.al
ton.sure
tool
tool.shed
tooth.ache
tooth.brush
tooth.paste
tooth.pick

tooth.some
to.paz
top.coat
top.flight
top hat
top.ic
top.i.cal
top.knot
top.mast
top.most
top.notch
to.pog.ra.pher
to.pog.ra.phy
to.pol.o.gy
top.ping
top.ple
top.sail
top.side
top.soil
top.sy-tur.vy
torch.light
torch.wood
tor.e.a.dor
tor.ment, v.
tor.ment, n.
tor.mén.tor
tor.na.do
tor.na.do(e)s
tor.pe.do
tor.pe.does
tor.pid
tor.por
torque
tor.re.fy
tor.rent
tor.ren.tial
tor.rid
tor.sion
tor.so
tor.ti.col.lis
tor.til.la
tor.toise
tor.tu.ous

tor.ture
toss.up
to.tal
to.tal.ing
to.tal.i.tar.i.an
to.tal.i.ty
to.tal.ize
to.tal.ly
to.tem
tou.can
touch.down
touch.i.ness
touch.stone
tough.en
tou.pee
tour.ist
tour.ma.line
tour.na.ment
tour.ney
tour.ni.quet
tou.sled
tou.ter
to.ward
to.wards
tow.boat
tow.el
tow.er
tow.head
tow.line
town.ship
towns.man
towns.peo.ple
tow.rope
tox.e.mi.a
tox.ic
tox.in
toy.like
trace.a.ble
trac.er
trac.er.y
tra.che.a
tra.che.ot.o.my
tra.cho.ma

trac.ing
track.less
track.man
trac.ta.ble
trac.tion
trac.tor
trade bal.ance
trade-in
trade.off
trade-mark
trades.man
trade wind
tra.di.tion
tra.duce
traf.fic
tra.ge.di.an
tra.ge.di.enne
trag.e.dies
trag.e.dy
trag.ic
trag.i.com.ic
trail.er
train.er
train.man
trait
trai.tor
trai.tor.ous
trai.tress
tra.jec.to.ry
tram.ple
tram.po.line
tram.way
trance
tran.quil
tran.quil.li.ty
tran.quil.iz.er
trans.act
trans.ac.tion
trans.at.lan.tic
tran.scend
tran.scend.ent
tran.scribe
tran.script

tran.**scrip**.tion
tran.**sect**
tran.sept
trans.**fer,** *v.*
trans.fer, *n.*
trans.**fer**.a.ble
trans.**fer**.ence
trans.fig.u.**ra**.tion
trans.**fix**
trans.**form**
trans.for.**ma**.tion
trans.**form**.er
trans.**fuse**
trans.**fu**.sion
trans.**gress**
trans.**gres**.sion
trans.**gres**.sor
tran.sient
tran.**sis**.tor
trans.it
tran.**si**.tion
tran.si.tive
tran.si.**to**.ry
trans.**late**
trans.**la**.tion
trans.**la**.tor
trans.**lit**.er.ate
trans.**lo**.cate
trans.**lu**.cent
trans.**mi**.grate
trans.**mis**.sion
trans.**mit**
trans.**mit**.tal
trans.**mit**.ter
trans.mu.**ta**.tion
trans.**mute**
trans.**na**.tion.al
trans.o.ce.**an**.ic
tran.som
trans.pa.**cif**.ic
trans.**par**.en.cy
trans.**par**.ent
tran.**spire**

trans.**plant**
trans.**port,** *v.*
trans.port, *n.*
trans.por.**ta**.tion
trans.**pose**
trans.po.**si**.tion
trans.**ship**
trans.**son**.ic
tran.sub.**stan**.ti.**a**.tion
trans.**verse**
tra.**peze**
trap.e.zoid
trap.per
trap.**shoot**.ing
trash.y
trau.ma
trav.ail
trav.el
trav.eled
trav.el.er
trav.el.ing
trav.e.**logue**
trav.erse
trav.es.ty
trawl.er
treach.er.ous
treach.er.y
trea.dle
tread.mill
trea.son
treas.ure
treas.ur.er
treas.ur.y
treat
trea.ties, *pl.*
trea.tise *(book)*
treat.ment
trea.ty
tre.ble
tree.top
tre.foil
trek
trel.lis

trem.ble
tre.**men**.dous
trem.o.lo
trem.or
trem.u.lous
trench
trench.ant
trep.i.**da**.tion
tres.pass
tres.pass.er
tres.tle
tri.ad
tri.al
tri.an.gle
tri.**an**.gu.lar
trib.al
tribe
tribes.man
tribes.men
trib.u.**la**.tion
tri.**bu**.nal
trib.une
trib.u.**tar**.y
trib.ute
trick.er.y
trick.i.ness
trick.le
tri.ceps
tri.**chi**.na
tri.**col**.or
tri.cy.cle
tri.dent
tri.**en**.ni.al
tri.fle
tri.fling
trig.ger
trig.o.**nom**.e.try
tril.lion
tril.li.um *(herb)*
tril.o.gy
trim.ming
trin.i.ty
trin.ket

tri.o
tri.**par**.tite
triph.thong
tri.ple
tri.plet
tri.plex
trip.li.cate
trip.li.**ca**.tion
tri.ply
tri.pod
trip.tych
tri.reme
trite.ness
tri.umph
tri.**um**.phal
tri.**um**.phant
tri.**um**.vi.rate
triv.i.al
triv.i.**al**.i.ty
trod.den
trog:lo.dyte
troi.ka
trol.ley
trom.bone
troop
tro.phy
trop.ic
tro.pism
trop.o.sphere
trot.ter
trou.ba.dour
trou.ble
trou.ble.some
trou.blous
troupe *(actors)*
trou.sers
trous.seau
trout
trow.el
tru.an.cy
tru.ant
truce
truck.le

truck **farm**.ing
truck.man
truc.u.lence
truc.u.lent
trudg.ing
truf.fle
tru.ism
trump.er.y
trum.pet
trum.pet.er
trun.cate
trun.cheon
trun.nion
trus.**tee**
trus.**tee**.ship
trust.ful
trust.**wor**.thy
truth.ful
try.out
tryst
tset.se fly
tu.ba
tube.less
tu.**ber**.cu.lar
tu.**ber**.cu.**lo**.sis
tu.**ber**.cu.lous
tu.ber.ous
tub.ing
tu.bu.lar
Tues.day
tuft.ed
tu.**i**.tion
tu.lip
tum.ble
tum.bler
tum.ble.**weed**
tu.mor
tu.mult
tu.**mul**.tu.ous
tun.dra
tune.ful
tune.less
tung.sten

tu.nic
tun.ing fork
tun.nel
tur.ban
tur.bid
tur.bine
tur.bo.**jet**
tur.bu.lence
tur.bu.lent
turf
tur.gid
tur.key
tur.keys
tur.mer.ic
tur.moil
turn.a.**bout**
turn.coat
turn.down
tur.nip
turn.key
turn.out
turn.**o**.ver
turn.pike
turn.stile
turn.**ta**.ble
tur.pen.tine
tur.pi.tude
tur.quoise
tur.ret
tur.tle
tus.sle
tu.te.lage
tu.tor
tux.**e**.do
twad.dle
tweet.er
tweez.ers
twelfth
twelve
twen.ti.eth
twen.ty
twice
twi.light

twin.kle
twitch
ty.**coon**
tym.pa.num
type.face
type.script
type.set.ter
type.write
type.writ.er

type.**writ**.ing
ty.phoid
ty.**phoon**
ty.phus
typ.i.cal
typ.i.fy
typ.ing
typ.ist
ty.po

ty.**pog**.ra.pher
ty.po.**graph**.i.cal
ty.**pog**.ra.phy
ty.**ran**.ni.cal
tyr.an.nize
tyr.an.ny
ty.rant
ty.ro

U

u.**biq**.ui.tous
u.**biq**.ui.ty
U-boat
ud.der
ug.li.ness
ug.ly
u.**kase**
u.ku.**le**.le
ul.cer
ul.cer.**a**.tion
ul.cer.ous
ul.**te**.ri.or
ul.ti.mate
ul.ti.**ma**.tum
ul.tra.ma.**rine**
ul.tra.**vi**.o.let
ul.u.**la**.tion
um.ber
um.**bil**.i.cal
um.brage
um.**brel**.la
u.mi.**ak**
um.pire
un.**a**.ble
un.a.**bridged**
un.ac.**count**.a.ble
un.ac.**cus**.tomed
un.af.**fect**.ed
un.al.**loyed**

un-A.**mer**.i.can
u.na.**nim**.i.ty
u.**nan**.i.mous
un.as.**sum**.ing
un.a.**void**.a.ble
un.a.**ware**
un.**bal**.anced
un.be.**com**.ing
un.be.**lief**
un.be.**liev**.er
un.**bend**
un.**bi**.ased
un.**bid**.den
un.**bound**.ed
un.**but**.ton
un.**called-for**
un.**can**.ny
un.**cer**.tain
un.**char**.i.ta.ble
un.**civ**.i.lized
un.cle
un.clean
un.**com**.fort.a.ble
un.**com**.mon
un.con.**cerned**
un.con.**di**.tion.al
un.**con**.scion.a.ble
un.**con**.scious
un.con.sti.**tu**.tion.al

un.**couth**
un.**cov**.ered
unc.tion
unc.tu.ous
un.de.**ni**.a.ble
un.der.**brush**
un.der.**clothes**
un.der.**cov**.er.man
un.der.**cur**.rent
un.der.de.**vel**.oped
un.der.**dose**
un.der.em.**ploy**.ment
un.der.**es**.ti.mate
un.der.**go**
un.der.**grad**.u.ate
un.der.ground
un.der.**hand**.ed
un.der.**lle**
un.der.**line**
un.der.**ly**.ing
un.der.**mine**
un.der.**neath**
un.der.**nour**.ished
un.der.**priv**.i.leged
un.der.**rate**
un.der.**score**
un.der.**sell**
un.der.**shirt**
un.der.**sized**

un.der.**stand**
un.der.**stood**
un.der.**stud**.y
un.der.**tak**.er
un.der.**tow**
un.der.**val**.ue
un.der.**wear**
un.der.**weight**
un.der.**world**
un.der.**write**
un.de.**sir**.a.ble
un.**do**.ing
un.**doubt**.ed.ly
un.**du**.**la**.tion
un.**du**.ly
un.**dy**.ing
un.**earned**
un.**earth**.ly
un.**eas**.i.ness
un.**eas**.y
un.em.**ployed**
un.e.qual
un.e.**quiv**.o.cal
un.**err**.ing
un.ex.**pect**.ed
un.**faith**.ful
un.fa.**mil**.iar
un.**fa**.vor.a.ble
un.**flinch**.ing
un.for.**get**.ta.ble
un.**for**.tu.nate
un.**friend**.ly
un.**furl**
un.**gain**.ly
un.**god**.ly
un.**grace**.ful
un.guent
u.ni.**cam**.er.al
u.ni.**corn**
u.ni.fi.**ca**.tion
u.ni.form
u.ni.**form**.i.ty
u.ni.fy

u.ni.**lat**.er.al
un.**in**.ter.est.ed
un.ion
un.ion.ize
u.**nique**
u.ni.son
u.nit
u.ni.**tar**.y
u.**nite**
u.ni.ty
u.ni.**ver**.sal
u.ni.ver.**sal**.i.ty
u.ni.verse
u.ni.**ver**.si.ty
un.**kempt**
un.**law**.ful
un.**leash**
un.**less**
un.**like**.ly
un.**lim**.it.ed
un.**man**.ly
un.**men**.tion.a.ble
un.**mer**.ci.ful
un.mis.**tak**.a.ble
un.**nat**.u.ral
un.**nec**.es.**sar**.y
un.**nerve**
un.**oc**.cu.pied
un.**par**.al.leled
un.**pleas**.ant
un.**prec**.e.**dent**.ed
un.**prej**.u.diced
un.pre.**med**.i.tat.ed
un.**prin**.ci.pled
un.pro.**duc**.tive
un.**qual**.i.fied
un.**ques**.tion.a.ble
un.**rav**.el
un.**re**.al
un.**rea**.son.a.ble
un.re.**lent**.ing
un.re.**mit**.ting
un.**ri**.valed

un.**ru**.ly
un.**sad**.dle
un.**sa**.vor.y
un.**scru**.pu.lous
un.**seem**.ly
un.**sheathe**
un.**skill**.ful
un.**so**.cia.ble
un.so.**phis**.ti.**cat**.ed
un.**speak**.a.ble
un.**suit**.a.ble
un.**ti**.dy
un.**tie**
un.**til**
un.**time**.ly
un.**told**
un.**touch**.a.ble
un.**to**.ward
un.**truth**.ful
un.**tu**.tored
un.**u**.su.al
un.**var**.nished
un.**want**.ed
  (undesired)
un.**war**.y
un.**wield**.y
un.**wit**.ting
un.**wont**.ed *(unusual)*
un.**world**.ly
un.**wor**.thy
un.**writ**.ten
up.**braid**
up.**date**
up.**grade**
up.**heav**.al
up.**hold**
up.**hol**.ster
up.**hol**.ster.y
up.**keep**
up.**lift**, *v.*
up.**lift**, *n.*
up.**on**
up.per

up.per.cut
up.per.most
up.right
up.ris.ing
up.roar.i.ous
up.root
up.set, *v.*
up.set, *n.*
up.shot
up.stairs, *adv., adj.*
up.stairs, *n.*
up.start, *v.*
up.start, *n*
up-to-date
up.town
up.ward
u.ra.ni.um
ur.ban *(of a city)*

ur.bane *(polite)*
ur.ban.i.ty
ur.chin
ur.gen.cy
ur.gent
urg.ing
u.ric
uri.nal.y.sis
ur.ti.ca.ri.a
U.ru.guay.an
us.a.ble
us.age
use.ful
use.ful.ness
use.less
ush.er
us.ing
u.su.al

u.su.fruct
u.su.rer
u.su.ri.ous
u.surp
u.sur.pa.tion
u.surp.er
u.su.ry
u.ten.sil
u.ter.ine
u.til.i.tar.i.an
u.til.i.ty
u.ti.lize
ut.most
ut.ter
ut.ter.ance
ux.o.ri.cide
ux.o.ri.ous

V

va.can.cy
va.cant
va.cate
va.ca.tion
vac.ci.nate
vac.ci.na.tion
vac.cine
vac.ll.late
vac.il.la.tion
va.cu.i.ty
vac.u.ous
vac.u.um
vag.a.bond
va.gar.y
va.gi.na
va.gran.cy
va.grant
vague
vain.glo.ri.ous
vain.glo.ry

vain.ness
val.ance *(drape)*
val.e.dic.to.ri.an
va.lence
val.en.tine
va.le.ri.an
val.et
val.e.tu.di.nar.i.an
val.iant
val.id
val.i.date
val.i.da.tion
va.lid.i.ty
va.lise
val.ley
val.or
val.or.i.za.tion
val.or.ize
val.or.ous
val.u.a.ble

val.u.a.tion
val.ue
val.ue ad.ded
val.ue.less
va.lu.ing
vam.pire
van.dal.ism
van.guard
va.nil.la
van.ish
van.i.ty
van.quish
van.tage
vap.id
va.por
va.por.ize
va.por.iz.er
va.por.ous
var.i.a.ble
var.i.ance

var.i.ant
var.i.a.tion
var.i.cel.la
var.i.col.ored
var.i.cose
var.ied
var.i.e.gate
var.i.e.gat.ed
va.ri.e.ty
var.i.ous
var.nish
var.si.ty
var.y
vas.cu.lar
vas.e.line
vas.sal
Vat.i.can
vaude.ville
vault.ed
vec.tor
veer.ing
veg.e.ta.ble
veg.e.tar.i.an
veg.e.tate
veg.e.ta.tion
veg.e.ta.tive
ve.he.mence
ve.he.ment
ve.hi.cle
ve.hic.u.lar
veil.ing
vein.y
vel.lum
ve.loc.i.pede
ve.loc.i.ty
ve.lours
vel.vet
vel.vet.een
ve.nal
ven.det.ta
ven.dor
ve.neer
ven.er.a.ble

ven.er.ate
ven.er.a.tion
ve.ne.re.al
Ve.ne.tian
Ven.e.zue.lan
venge.ance
venge.ful
ve.ni.al
ven.i.son
ven.om
ven.om.ous
ve.nous
ven.ti.late
ven.ti.la.tion
ven.ti.la.tor
ven.tral
ven.tri.cle
ven.tric.u.lar
ven.tril.o.quist
ven.ture.some
ven.tur.ing
ven.tur.ous
ven.nue
ve.ra.cious
ve.rac.i.ty
ve.ran.da
ver.bal
ver.bal.ly
ver.ba.tim
ver.be.na.ceous
ver.bi.age
ver.bose
ver.bos.i.ty
ver.bo.ten
ver.dant
ver.dict
ver.dure
verge
verg.ing
ve.rid.i.cal
ver.i.fi.ca.tion
ver.i.fied
ver.i.fy

ver.i.ly
ver.i.si.mil.i.tude
ver.ism
ver.i.ta.ble
ver.i.ty
ver.mi.cel.li
ver.mic.u.lar
ver.mi.form
ver.mi.fuge
ver.mil.ion
ver.min
ver.min.ous
ver.nac.u.lar
ver.nal
ver.nier
ver.sa.tile
ver.sa.til.i.ty
verse
ver.si.cle
ver.si.fi.ca.tion
ver.si.fy
ver.sion
ver.sus
ver.te.bra
ver.te.brae, *pl.*
ver.te.bral
ver.te.brate
ver.tex
ver.ti.cal
ver.ti.cil
ver.tig.i.nous
ves.i.cle
ves.pers
ves.sel
ves.tal
ves.ti.bule
ves.tige
ves.tig.i.al
vest.ment
ves.try
vetch
vet.er.an
vet.er.i.nar.y

ve.to
ve.toed
ve.toes
ve.to.ing
vex.**a**.tion
vex.**a**.tious
vi.a.**bil**.i.ty
vi.a.ble
vi.a.duct
vi.al
vi.and
vi.brant
vi.brate
vi.**brat**.ing
vi.**bra**.tion
vi.**bra**.to
vic.ar
vi.**car**.i.ous
vice-ad.mir.al
vice-con.sul
vice-pres.i.dent
vice.roy
vi.ce **ver**.sa
vi.chys.**soise**
vi.**cin**.i.ty
vi.cious
vi.**cis**.si.tude
vic.tim
vic.tim.ize
vic.tor
vic.**to**.ri.ous
vic.to.ry
vict.ual
vid.e.o
vid.eo.cas.**sette**
vid.eo.tape
view.**point**
vig.il
vig.i.lance
vig.i.lant
vi.**gnette**
vig.or.ous
vi.king

vile.ness
vil.i.fy
vil.lage
vil.lain
vil.lain.ous
vil.lain.y
vin.ai.**grette**
vin.di.cate
vin.di.**ca**.tion
vin.**dic**.tive
vin.e.gar
vine.yard
vin.tage
vi.nyl
vi.**o**.la
vi.o.late
vi.o.lence
vi.o.lent
vi.o.let
vi.o.**lin**
vi.o.lon.**cel**.lo
vi.per
vir.gin
vir.ile
vi.**ril**.i.ty
vir.tu.al
vir.tue
vir.tu.**os**.i.ty
vir.tu.**o**.so
vir.tu.ous
vir.u.lence
vir.u.lent
vi.rus
vi.sa
vis.age
vis-a-vis
vis.cer.**a**
vis.cose
vis.**cos**.i.ty
vis.**count**
vis.cous
vise
vi.sé

vis.i.**bil**.i.ty
vis.i.ble
vi.sion
vi.sion.**ar**.y
vis.it.ant
vis.it.**a**.tion
vis.i.tor
vis.or
vis.ta
vis.u.al
vis.u.al.ize
vi.tal
vi.**tal**.i.ty
vi.tal.ize
vi.ta.min
vi.ti.ate
vi.ti.**at**.ing
vit.re.ous
vit.ri.fy
vit.ri.ol
vi.**tu**.per.ate
vi.**tu**.per.**a**.tion
vi.**va**.cious
vi.**vac**.i.ty
viv.id
viv.i.**sec**.tion
vix.en
vi.**zier**
vo.**cab**.u.**lar**.y
vo.cal
vo.cal.ist
vo.cal.ize
vo.**ca**.tion.al
vo.**ca**.tio.nal
guid.ance
vo.**cif**.er.ous
vod.ka
vogue
voice.less
voic.ing
void.a.ble
vol.a.tile
vol.a.**til**.i.ty

vol.**can**.ic
vol.**ca**.no
vol.**ca**.no(e)s
vo.**li**.tion
vol.i.tive
vol.ley
volt.age
vol.**ta**.ic
vol.u.**bil**.i.ty
vol.u.ble
vol.ume
vo.**lu**.mi.nous

vol.un.**tar**.i.ly
vol.un.**tar**.y
vol.un.**teer**
vo.**lup**.tu.ous
vo.**lute**
vom.it
voo.doo
vo.**ra**.cious
vo.**rac**.i.ty
vor.tex
vo.ta.ry
vot.ing

vo.tive
vouch.er
vouch.**safe**
vow.el
voy.age
vul.can.ize
vul.gar
vul.**gar**.i.ty
vul.ner.a.ble
vul.ture
vy.ing

wad.dle
wa.fer
waf.fle
wa.ger
wag.on
wail.ful
wain.scot
waist.band
waist.line
wait.ress
waive *(to forgo)*
waiv.er *(Law)*
wake.ful
wak.en
walk.ie-**talk**.ie
walk.out
walk.o.ver
wal.let
wall.**flow**.er
wal.lop
wal.low
wall.pa.per
wal.nut
wal.rus
waltz.er
wam.pum

wan.der
wan.der.**lust**
wan.ing
wan.ton
war.bler
ward.en
ward.robe
ware.house
war.fare
war.head
war.i.ly
war.i.ness
war.like
war.**mong**.er
warmth
warn.ing
warp
war.rant
war.ran.ty
war.ren
war.ri.or
war.ship
war.time
war.y
wash.a.ble
wash.board

wash.**cloth**
wash.er
wash.er.man
wash.er.**wo**.man
wash.out
wash.stand
wast.age
waste.**bas**.ket
waste.ful
waste.lands
waste.**pa**.per
wast.ing
wast.rel
watch.dog
watch.ful
watch.**mak**.er
watch.man
watch.**tow**.er
watch.word
wa.ter.**buck**
wa.ter.**craft**
wa.ter.**fall**
wa.ter.**fowl**
wa.ter.i.ness
wa.ter.**line**
wa.ter.**logged**

wa.ter.man
wa.ter.**mark**
wa.ter.**mel**.on
wa.ter.**proof**
wa.ter.**scape**
wa.ter.**shed**
wa.ter.**side**
wa.ter.**spout**
wa.ter table
wa.ter.**tight**
wa.ter.**way**
wa.ter.**worn**
wa.ter.**works**
wa.ter.y
watt.age
wave *(a swell)*
wave me.**chan**.ics
wa.ver *(hesitate)*
wav.y
wax.en
wax.i.ness
wax.**work**
way.bill
way.**far**.er
way.lay
way.side
way.ward
weak *(feeble)*
weak.ling
weak.ness
wealth
weap.on
wear.a.ble
wea.ri.ly
wea.ri.ness
wea.ri.some
wea.ry
wea.sel
weath.er
weath.er.**cock**
weath.ered
weath.er.**man**
weath.er.**proof**

weav.er
weav.ing
wed.ding
wedge
wed.lock
Wednes.day
week *(seven days)*
week.day
week.**end**
wee.vil
weigh
weight
weight.less.ness
weight.y
weird
wel.come
wel.**fare**
well ("Well"
   combinations are
   usually hyphenated
   when employed
   before a noun.)
well-be.ing
well.**born**
well-bred
well-known
well-nigh
well-read
well.**spring**
well-to-do
wel.ter
weren't
were.**wolf**
west.er.ly
west.ern
west.ern.er
west.ward
wet.lands
whale.**boat**
whale.**bone**
wharf
what.**ev**.er
what.**not**

what.so.**ev**.er
wheat.en
whee.dle
wheel.**bar**.row
wheel.**base**
wheel.**wright**
wheez.ing
whence
when.**ev**.er
when.so.**ev**.er
where.a.**bouts**
where.**as**
where.**at**
where.**by**
where.fore
where.**in**
where.**of**
where.so.**ev**.er
wher.**ev**.er
where.**with**
wher.ry
wheth.er
whet.**stone**
whey
which.**ev**.er
which.so.**ev**.er
whiff
while
whim.per
whim.si.cal
whim.sy
whin.ing
whip.**cord**
whip.**lash**
whip.per.**snap**.per
whip.pet
whip.ping
whip.poor.**will**
whip.saw
whirl.i.**gig**
whirl.**pool**
whirl.**wind**
whisk.er

whis.key	**will**-o'the-**wisp**	with.**hold**
whis.ky	**wil**.y	with.**in**
whis.per	wince	with.**out**
whist	**winc**.ing	with.**stand**
whis.tle	**wind**.**break**	**wit**.ness
white.bait	**wind**.**fall**	**wit**.ti.cism
white.beard	**wind**.**jam**.mer	**wit**.ti.ly
white.**cap**	**wind**.lass	**wit**.ting.ly
white-**col**.lar	**wind**.**mill**	**wit**.ty
white.fish	**win**.dow	**wiz**.ard
white-**head**.ed	**win**.dow.**pane**	**wiz**.ened
white-**hot**	**wind**.**pipe**	**wob**.ble
whit.en.er	**wind**.**shield**	**woe**.ful
white.**wash**	**wind**.ward	**wolf**.**hound**
whith.er	**wine**.**glass**	**wom**.an
whit.ing	**win**.er.y	**wom**.an.hood
whit.tle	**wine**.**skin**	**wom**.an.ish
whiz.zing	**wing**.**spread**	**wom**.an.**kind**
who.**dun**.it	**win**.now	**wom**.an.**like**
who.**ev**.er	**win**.some	**wom**.an.ly
whole.**heart**.ed	win.ter	**wom**.en, *pl.*
whole.**sale**	**win**.ter.**green**	**wom**.en.**folk**
whole.some	**win**.ter.ize	**won**.der.ful
whol.ly	**win**.ter.**time**	**won**.der.ment
whom	**wip**.er	**won**.der-**strick**.en
whoop.ee	**wire**.less	**won**.drous
whoop.er	**wir**.ing	won't
whop.per	**wir**.y	**wood**.**chuck**
whore	**wis**.dom	**wood**.**craft**
who.so.**ev**.er	**wise**.**a**.cre	**wood**.**cut**
wick.ed.ness	**wise**.**crack**	**wood**.en
wick.er.**work**	**wise**.ly	**wood**.land
wick.et	**wish**.**bone**	**wood**.**peck**.er
wide.**spread**	**wish**.ful	**wood**.pile
wid.ow	**wis**.**ta**.ri.a	**wood**.shed
wid.ow.er	**wis**.**te**.ri.a	**woods**.man
wield	**wist**.ful	**woo**.ing
wig.gle	**witch**.**craft**	**wool**.en
wig.wam	**witch**.er.y	**wool**.**gath**.er.ing
wild.**cat**	with.**al**	**wool**.ly
wil.der.ness	with.**draw**	**word**.i.ness
wild.**fire**	with.**draw**.al	**word**.y
will.ful	**with**.er	**work**.a.ble

work.a.**day**
work.bench
work.day
work.house
work.ing **cap**.i.tal
work.ing.**man**
work.man
work.man.**like**
work.man.ship
work.out
work.shop
work.week
world.li.ness
world.ly
world.ly-wise
world-wide
worm.eat.en
worm.wood
worn-out
wor.ried
wor.ri.ment

wor.ry
wor.ship
wor.ship.ful
wors.en
wor.sted
wor.thi.ly
worth.less
wor.thy
worth-while
would-be
would.n't
wound
wo.ven
wraith
wran.gle
wrap.per
wrap-up
wrath.ful
wreath, *n.*
wreathe, *v.*
wreck.age

wren
wrench
wrest.er
wres.tle
wres.tler
wretch.ed
wrig.gle
wrig.gly
wring.er
wrin.kle
wrist.band
write
writ.er
write-up
writ.ing
writ.ten
wrong
wrong.do.er
wrong.ful
wrought
wry.ly

xe.non
xen.o.**pho**.bi.a
xe.**rog**.ra.phy

xiph.oid
X ray, *n.*
X-ray, *adj., v.*

xy.**log**.ra.phy
xy.lo.phone
xy.**lot**.o.my

yacht
yachts.man
yak
yam
yank.ed
Yan.kee
yap.ping
yard.age
yard.stick

yarn
yat.a.ghan
yawl
yawn
year.book
year.ling
year.ly
yearn.ing
yeast

yel.low
yelp.er
yeo.man
yeo.man.ry
yes.ter.day
yew
Yid.dish
yield
yo.ghurt

yo.gurt
yoke
yo.kel
yolk.less
yon.der

yore
young.ish
young.ster
your.**self**
youth.ful

yo.yo
yt.**ter**.bi.um
yt.tri.um
yuc.ca
yule.tide

Z

za.ny
zeal.ot
zeal.ous
ze.bra
ze.bu
ze.nith
zeph.yr
ze.ro
zest.ful
zig.**zag**
zinc

zin.ni.a
Zi.on.ism
zip.per
zir.con
zir.**co**.ni.um
zith.er
zo.di.ac
zo.**di**.a.cal
zom.bi
zone
zon.ing

zoo
zo.o.**log**.i.cal
zo.**ol**.o.gy
zwie.**back**
zy.go.**mat**.ic
zy.gote
zy.**mo**.sis
zy.**mot**.ic
zy.mur.gy

LIST OF IRREGULAR VERBS

Present (& gerund)	Imperf.	Past Part.
abide (abiding)	abode	abode
am, is. are (being)	was, were	been
arise (arising)	arose	arisen
awake (awaking)	awoke, awaked	awaked, awoke
bear (bearing)	bore	born, borne
beat (beating)	beat	beaten, beat
become (becoming)	became	become
beget (begetting)	begot	begotten
begin (beginning)	began	begun
bend (bending)	bent	bent
bereave (bereaving)	bereft, bereaved	bereft, bereaved
beseech (beseeching)	besought	besought
bestride (bestriding)	bestrode	bestridden
bet (betting)	bet, betted	bet, betted
bid (bidding)	bade, bid	bidden
bide (biding)	bode, bided	bided
bind (binding)	bound	bound
bite (biting)	bit	bitten, bit
bleed (bleeding)	bled	bled
blow (blowing)	blew	blown
break (breaking)	broke	broken
breed (breeding)	bred	bred
bring (bringing)	brought	brought
build (building)	built	built
burn (burning)	burnt, burned	burnt, burned
burst (bursting)	burst	burst
buy (buying)	bought	bought
can (def.)	could	—
cast (casting)	cast	cast
catch (catching)	caught	caught
chide (chiding)	chided, chid	chided, chidden
choose (choosing)	chose	chosen
cleave (cleaving)	cleft, cleaved	cleft, cleaved
cling (clinging)	clung	clung
clothe (clothing)	clothed, clad	clothed, clad
come (coming)	came	come
cost (costing)	cost	cost
creep (creeping)	crept	crept
crow (crowing)	crowed, crew	crowed
cut (cutting)	cut	cut
deal (dealing)	dealt	dealt
dig (digging)	dug	dug
do (doing)	did	done
draw (drawing)	drew	drawn
dream (dreaming)	dreamt, dreamed	dreamt, dreamed
drink (drinking)	drank	drunk
drive (driving)	drove	driven

dwell (dwelling)	dwelt	dwelt
eat (eating)	ate	eaten
fall (falling)	fell	fallen
feed (feeding)	fed	fed
feel (feeling)	felt	felt
fight (fighting)	fought	fought
find (finding)	found	found
flee (fleeing)	fled	fled
fling (flinging)	flung	flung
fly (flying)	flew	flown
forbear (forbearing)	forbore	forborne
forbid (forbidding)	forbade	forbidden
forget (forgetting)	forgot	forgotten
forgive (forgiving)	forgave	forgiven
forsake (forsaking)	forsook	forsaken
freeze (freezing)	froze	frozen
geld (gelding)	gelded, gelt	gelded, gelt
get (getting)	got	got, gotten
gild (gilding)	gilt, gilded	gilt, gilded
gird (girding)	girt, girded	girt, girded
give (giving)	gave	given
go (going)	went	gone
grave (graving)	graved	graven, graved
grind (grinding)	ground	ground
grow (growing)	grew	grown
hang (hanging)	hung, hanged	hung, hanged
have, has (having)	had	had
hear (hearing)	heard	heard
hew (hewing)	hewed	hewn, hewed
hide (hiding)	hid	hidden
hit (hitting)	hit	hit
hold (holding)	held	held
hurt (hurting)	hurt	hurt
keep (keeping)	kept	kept
kneel (kneeling)	knelt	knelt
knit (knitting)	knit, knitted	knit, knitted
know (knowing)	knew	known
lade (lading)	laded	laden, laded
lay (laying)	laid	laid
lead (leading)	led	led
lean (leaning)	leaned, leant	leaned, leant
leap (leaping)	leapt, leaped	leapt, leaped
learn (learning)	learned, learnt	learned, learnt
leave (leaving)	left	left
lend (lending)	lent	lent
let (letting)	let	let
lie (*to recline*) (lying)	lay	lain
light (lighting)	lit, lighted	lit, lighted
lose (losing)	lost	lost
make (making)	made	made
mean (meaning)	meant	meant
meet (meeting)	met	met
melt (melting)	melted	melted, molten

mistake (mistaking)	mistook	mistaken
mow (mowing)	mowed	mown, mowed
must (def.)	—	—
ought (def.)	ought	—
pay (paying)	paid	paid
pen (to confine)	penned, pent	penned, pent
put (putting)	put	put
quit (quitting)	quit, quitted	quit, quitted
read (reading)	read	read
rend (rending)	rent	rent
rid (ridding)	rid	rid
ride (riding)	rode	ridden
ring (ringing)	rang	rung
rise (rising)	rose	risen
rive (riving)	rived	riven, rived
run (running)	ran	run
saw (sawing)	sawed	sawn, sawed
say (saying)	said	said
see (seeing)	saw	seen
seek (seeking)	sought	sought
sell (selling)	sold	sold
send (sending)	sent	sent
set (setting)	set	set
sew (sewing)	sewed	sewn, sewed
shake (shaking)	shook	shaken
shave (shaving)	shaved	shaved, shaven
shear (shearing)	sheared	shorn, sheared
shed (shedding)	shed	shed
shine (shining)	shone	shone
shoe (shoeing)	shod	shod
shoot (shooting)	shot	shot
show (showing)	showed	shown, showed
shred (shredding)	shred, shredded	shred, shredded
shrink (shrinking)	shrank, shrunk	shrunk
shut (shutting)	shut	shut
sing (singing)	sang	sung
sink (sinking)	sank	sunk
sit (sitting)	sat	sat
slay (slaying)	slew	slain
sleep (sleeping)	slept	slept
slide (sliding)	slid	slid
sling (slinging)	slung	slung
slink (slinking)	slunk	slunk
slit (slitting)	slit	slit
smell (smelling)	smelt, smelled	smelt, smelled
smite (smiting)	smote	smitten
sow (sowing)	sowed	sown, sowed
speak (speaking)	spoke	spoken
speed (speeding)	sped, speeded	sped, speeded
spell (spelling)	spelled, spelt	spelled, spelt
spend (spending)	spent	spent
spill (spilling)	spilled, spilt	spilled, spilt
spin (spinning)	spun	spun

spit (spitting)	spat, spit	spit
split (splitting)	split	split
spoil (spoiling)	spoiled, spoilt	spoiled, spoilt
spread (spreading)	spread	spread
spring (springing)	sprang	sprung
stand (standing)	stood	stood
stave (staving)	staved, stove	staved, stove
steal (stealing)	stole	stolen
stick (sticking)	stuck	stuck
sting (stinging)	stung	stung
stink (stinking)	stank, stunk	stunk
stride (striding)	strode	stridden
strike (striking)	struck	struck
string (stringing)	strung	strung
strive (striving)	strove	striven
swear (swearing)	swore	sworn
sweat (sweating)	sweat, sweated	sweat, sweated
sweep (sweeping)	swept	swept
swell (swelling)	swelled	swolen, swelled
swim (swimming)	swam	swum
swing (swinging)	swung	swung
take (taking)	took	taken
teach (teaching)	taught	taught
tear (tearing)	tore	torn
tell (telling)	told	told
think (thinking)	thought	thought
thrive (thriving)	throve, thrived	thriven, thrived
throw (throwing)	threw	thrown
thrust (thrusting)	thrust	thrust
tread (treading)	trod	trodden, trod
wake (waking)	woke, waked	waked, woke
wax (waxing)	waxed	waxed, waxen
wear (wearing)	wore	worn
weave (weaving)	wove	woven
wed (wedding)	wedded	wedded, wed
weep (weeping)	wept	wept
wet (wetting)	wetted, wet	wetted, wet
win (winning)	won	won
wind (winding)	wound	wound
work (working)	worked, wrought	worked, wrought
wring (wringing)	wrung	wrung
write (writing)	wrote	written

PUNCTUATION, CAPITALIZATION, ETC.

Modern writers of English tend to use short sentences to approximate the informality of everyday speech. Thus the use of punctuation marks has been simplified. The use of the semicolon and the colon, in particular, has been virtually eliminated by some popular writers. The following rules are meant to guide the reader in the best uses of punctuation. It must be borne in mind, however, that the rules are flexible and that the basic purpose of punctuation is to make the meaning clear. Where a sentence cannot be clarified by punctuation, it is probably badly worded and needs rewriting.

The period, question mark and exclamation point

A period is used at the end of sentences which are simple statements. It is also used after an abbreviation. It is generally omitted in a title.

A question mark is used to close an interrogative sentence:

> Who owns this house?

Polite orders or requests, often put in question form, are generally closed with a period, not a question mark.

> Will you please explain how it happened.

An exclamation, either short or long, is closed by an exclamation point, but exclamatory sentences rarely occur in business letters:

> What a wonderful surprise!

The comma and the semicolon

Parenthetical expressions, or words used in apposition to make the meaning clearer, are usually set off by commas:

> You did not, however, answer our previous letter.
> Mr. Smith, our general manager, will return next week.
> We expect payment by Friday, May 26.

A comma is used to separate expressions in a series (words, phrases or clauses). The comma may be omitted, however, between the last two elements of the series separated by a conjunction:

> The flag is red, white (,) and blue.

If the elements of the series are complex and contain internal punctuation, commas may lead to confusion, and so a semicolon is used to separate them:

The board of directors consisted of John Smith, president; William Brown, vice-president (;) and Jane Doe, secretary-treasurer.

A comma is used after introductory expressions, such as *for instance, in the meantime, likewise,* etc. An introductory clause (starting with a conjunction such as *if, when,* or *as)* is set off by a comma:

If this is not correct, please let us know.
When he returns from abroad, Mr. Brown will get in touch with you.
As we advised you previously, this line of merchandise has been discontinued.

Other subordinate expressions preceeding the main clause are usually separated by commas. No comma is required if the main clause comes first:

After due consideration, we have decided to accept your offer.
We have decided to accept your offer after due consideration.

A comma is used to indicate the omission of "and" between two adjectives preceding a noun:

It was a cold, snappy day.

No comma is used if the second adjective is considered to form a unit with the noun:

It was a refreshing tall drink.

A comma is used to separate two independent clauses joined by a conjunction *(and, but, for, neither, nor)*:

This particular item is not available, but we can offer you a very desirable substitute.

A semicolon is used to separate two independent clauses not joined by a conjunction:

This item is not available; we can, however, offer a very desirable substitute.

A semicolon is used to separate two independent clauses, whether or not joined by a conjunction, if one or both of the clauses contain commas:

> This item, unfortunately, is not available; but, we are happy to
> say, a very desirable substitute can be offered.

The colon

A colon is used after the salutation in a business letter:

> Dear Mr. Smith:

A quotation usually is separated from its introductory clause by a colon:

> The President spoke as follows:

Short, informal quotations may be preceded by a comma:

> The boy said, "I'm hungry".

A colon is used after an introductory expression preceding an explanatory statement, a list or an enumeration:

> The essential qualities are: speed, durability and economy.
> You could say this much for him: he was trying.

Quotation marks

The comma and the period usually are placed inside the final quotation mark; other punctuation marks may be placed inside or outside, according to the sense of the sentence.

> "I am waiting," she said, "for you to come."
> He asked, "Why am I here?"
> Why did he say "Here I am"?

The hyphen

The hyphen is used when a word is broken at the end of a line to show that the remainder of the word is to follow on the next line. It is bad printing or typing practice to carry over a syllable of only two letters.

The hyphen is used in certain compounds: *half-finished, up-to-date,* when the compounds precede a noun, but is not used when the compounds follow the noun.

> The half-finished book
> The book was half finished.

The hyphen is used when a prefix added would make for confusion with another word:

> re-cover (cover again) and recover (get back)

A hyphen is used between a prefix and a proper name:

    pro-Communist
    anti-Nazi

Dates

The usual form is *June 25* (without the final *th*). The year is set off by commas:

    In your letter of December 27, 1963, you said...

Figures

Figures from one to ten are usually spelled out, except amounts indicating dollars or cents, which are written as numbers.

Amounts in whole dollars may be written with no decimal point and no ciphers:

    ... a check for $87 is enclosed.

Per cent is written as two words; *percentage,* as one word.

Capital letters

Capitalize the first word of each sentence and the first word of each quotation.

Capitalize all proper names and proper adjectives. (These include political parties, alliances, classes, religious groups, etc.):

    Democratic party
    Hispanics
    the Republicans
    Catholics

Capitalize titles of rank or honor when written with the name or when used in place of a specific person:

    President Johnson
    Doctor Jones
    General de Gaulle
    the Archbishop of Canterbury

All the main words (nouns, verbs, adjectives and adverbs) in the title of a book, play, article, piece of music, etc. may be capitalized:

    How to Win Friends and Influence People

norma

¡Así se escribe!

Nuevo DICCIONARIO ORTOGRÁFICO

¡DOS LIBROS EN UNO!

Dele la vuelta a este libro y tendrá un moderno diccionario ortográfico de la LENGUA INGLESA.

Barcelona, Bogotá, Buenos Aires, Caracas,
Guatemala, México, Miami, Panamá, Quito, San José,
San Juan, San Salvador, Santiago de Chile.

CONTENIDO

Cómo sacar provecho de este libro. 4

Abreviaturas 7

20.000 palabras de uso frecuente,

con sus divisiones y acentos 8

Reglas de puntuación 172

Reglas para el uso de las mayúsculas 175

Observaciones varias sobre puntos

dudosos 177

Sección inglesa .... (ver cubierta opuesta)

CÓMO SACAR PROVECHO DE ESTE LIBRO

Si para usted es de vital importancia escribir correctamente, este libro le será utilísimo: contiene 20.000 palabras frecuentemente usadas en español (y 20.000 de uso frecuente en inglés) presentadas en forma sencilla, para consulta rápida. Si al escribir le asalta a usted una duda sobre la ortografía de cierta palabra, o cómo puede partirse al final de renglón, una ojeada a este manual le resolverá el problema en pocos segundos.

A diferencia de los diccionarios, este libro no tiene definiciones: presenta las palabras escuetas en una lista alfabética en que pueden encontrarse rápidamente. En cambio, ofrece otras informaciones esenciales que por lo común no se hallan en los diccionarios, así:

División por sílabas. ¿Cómo puede partirse una palabra al final de renglón? ¿*Des-ahu-ciar, de-sa-hu-ciar* o *de-sahu-ciar*? La división correcta está indicada por puntos, así: de.**sahu**.ciar. (En casos en que se autoriza división de dos maneras, aparecen ambas: no.**so**.tros, nos.**o**.tros).

Acentos tónicos. En cada palabra aparece en letra gruesa o negrita la sílaba que va acentuada, así: e.**va**.cuo. Si se aceptan dos formas de acentuación, aparecen ambas (al.**vé.o**.lo o al.ve.**o**.lo). Los adverbios terminados en *mente* llevan dos sílabas acentuadas, así: **tris**.te.**men**.te.

Verbos irregulares. Todos van señalados como tales: *(irr.).* Además del infinitivo (que es el tiempo que aparece en los diccionarios), en este libro se incluyen las principales irregularidades: *satisfacer, satisfaré, satisfaría, satisfecho, satisficiera, satisfizo.*

Palabras semejantes. En casos de palabras homófonas o similares que puedan confundirse, se ha puesto al frente una breve identificación, así: fucilazo *(relámpago)*... fusilazo *(tiro de fusil);* acerbo *(áspero)* ... acervo *(caudal);* arrear *(ganado)* ... arriar *(bajar las velas, etc.);* apóstrofe *(dicterio)* ... apóstrofo *(signo).*

Ortografía doble. Las palabras que pueden escribirse de dos maneras *(cebiche* o *seviche, psicología* o *sicología,* etc.) aparecen con cada una de sus formas en su respectivo lugar alfabético.

¿Por qué 20.000 palabras?

La lengua española consta de más de 100.000 palabras, fuera de tecnicismos de uso privativo en ciertas ciencias, industrias, profesiones, etc. Sin embargo, el vocabulario usual en los negocios, en el periodismo y en la literatura contemporánea no alcanza a una quinta parte de ese número; lo demás es peso muerto en un libro corriente de consulta (Cervantes no usó en todas sus obras más de 12.500 palabras diferentes, y pocos son los escritores modernos cuyo vocabulario se aproxima a esa cifra).

Para mantener este libro dentro de las dimensiones de un manual compacto y de consulta rápida, se le fijó a la lista de palabras un límite aproximado de 20.000, y para no excederlo se omitieron a última hora muchos vocablos derivados que no ofrecen dificultad una vez conocida la voz principal.

Cómo se escogieron las 20.000 palabras. Valiéndose de los más autorizados recuentos del vocabulario español, los redactores de esta obra tomaron las 15.000 unidades léxicas de uso más frecuente en nuestra época; a ellas se agregaron los tiempos irregulares de los verbos, y los términos que comúnmente suscitan dudas en cuanto a su ortografía (si se escriben con *b* o con *v;* con *z* o *s;* con *g* o con *j;* con *ll* o con *y;* con *x, xc* o *cc;* con *h* muda; *gua, güe,* o *hua, hue,* etc.).

Puntuación y mayúscula. Finalmente, a fin de incrementar la eficacia del libro como manual de consulta para personas que escriben, se agregaron tres secciones especiales: una sobre normas de puntuación, otra sobre uso de las mayúsculas, y la tercera con *observaciones varias* sobre puntos dudosos.

La parte inglesa de esta obra —que comienza en la cubierta opuesta— es tan completa y útil como la española.

Abreviaturas usadas en la lista de palabras españolas

Ac.	según la Acad. Española	*interr.*	interrogativo
adj.	adjetivo	*irr.*	verbo irregular
adm.	admirativo	*m.*	masculino
adv.	adverbio	*Mús.*	música
afirm.	afirmativo	*pron.*	pronombre
Astr.	astronomía	*pronúnc.*	pronúnciese
conj.	conjunción	*reg.*	verbo regular
def.	verbo defectivo	*sup.*	superlativo
f.	femenino	*sust.*	sustantivo
Gram.	gramática	*t.*	también
imp.	verbo impersonal	*v.*	véase

A

a for.**tio**.ri
a pos.te.**rio**.ri
a **prio**.ri
a.ba.**bol**
a.ba.ce.**rí.a**
a.ba.**ce**.ro
a.ba.**cial**
a.**bad**
a.ba.**de**.jo
a.ba.**dí**.a
a.**ba**.jo
a.ba.lan.**zar**.se
a.ba.le.**ar**
a.ban.de.**ra**.do
a.ban.do.**nar**
a.ba.ni.**car**
a.ba.ni.**qué**
a.ba.ra.**tar**
a.**bar**.ca
a.bar.**car**
a.ba.rro.**tar**
a.bas.te.**cer** *(irr.)*
a.bas.te.**cí**
a.bas.te.ci.**mien**.to
a.bas.**tez**.co
a.**bas**.to
a.**ba**.te
a.ba.**tir**
ab.di.ca.**ción**
ab.**di**.que
ab.**do**.men
ab.do.mi.**nal**
a.be.ce.**da**.rio
a.be.**dul**
a.**be**.ja
a.be.rra.**ción**
a.ber.**tu**.ra
a.**be**.to

a.**bier**.to
a.**bier**.ta.**men**.te
a.bi.ga.**rra**.do
a.bi.ge.**a**.to
a.bi.o.**gé**.ne.sis
a.**bis**.mo
ab.ju.**rar**
a.blan.**dar**
a.bla.**ti**.vo
a.**blep**.sia
a.blu.**ción**
ab.ne.ga.**ción**
ab.ne.**ga**.do
a.bo.**car**
a.bo.chor.**nar**
a.bo.fe.te.**ar**
a.bo.fe.te.**é**
a.bo.ga.**cí.a**
a.bo.**ga**.do, - da
a.bo.**len**.go
a.bo.li.**ción**
a.bo.li.cio.**nis**.ta
a.bo.**lir** *(def. sólo se
usa en
terminaciones que
tengan "i" :
aboliera)*
a.bo.**llar**
a.bo.mi.**na**.ble
a.bo.mi.na.**ción**
a.bo.**na**.do
a.bo.nan.**zar**
a.bo.**nar**
a.**bo**.no
a.bor.**da**.je
a.bor.**dar**
a.bo.**ri**.gen,
ab.o.**ri**.gen

a.bo.rre.**cer** *(irr.)*
a.bo.rre.ci.**mien**.to
a.bo.**rrez**.co
a.bor.**tar**
a.bo.to.**nar**
a.bo.ve.**da**.do
a.bra
a.bra.**sar** *(quemar)*
a.bra.sa.**dor**
a.bra.**sión**
a.bra.**si**.vo
a.bra.za.**de**.ra
a.bra.**zar** *(con los
brazos)*
a.**bra**.zo
a.bre.va.**de**.ro
a.bre.**viar**
a.bre.via.**tu**.ra
a.bri.**gar**
a.**bri**.go
a.**bril**
a.bri.llan.**tar**
a.**brir**
a.bro.ga.**ción**
a.**bro**.jo
a.bru.ma.**dor**
a.bru.**mar**
a.**brup**.to
abs.**ce**.so
abs.ci.**ción**
ab.sen.**tis**.mo
áb.si.de
ab.so.lu.**ción**
ab.so.**lu**.ta.**men**.te
ab.so.**lu**.to
ab.sol.**ver** *(irr. v.
absuelva)*
ab.sor.**ber**

ab.sor.**ción**
ab.**sor**.to
abs.**te**.mio
abs.ten.**ción**
abs.ten.**dré**
abs.ten.**dría**
abs.te.**ner**.se *(irr.)*
abs.**ten**.go
abs.ter.**si**.vo
abs.ti.**nen**.cia
abs.trac.**ción**
abs.**trac**.to
abs.tra.**er** *(irr.)*
abs.**trai**.go
abs.**tra**.je
abs.tra.**je**.ra
abs.**tru**.so
abs.**tu**.ve
abs.tu.**vie**.ra
ab.**suel**.to
ab.**suel**.va
ab.**suel**.vo
ab.**sur**.do
a.bu.che.**ar**
a.**bue**.lo
a.bul.**ta**.do
a.bun.**dan**.cia
a.bun.**dan**.te
a.bun.**dar**
a.bu.**rri**.do
a.bu.**rrir**
a.bu.sa.**dor**
a.bu.**sar**
a.bu.**si**.vo
a.**bu**.so
ab.yec.**ción**
a.**cá**
a.ca.**ba**.do
a.ca.**bar**
a.**ca**.cia
a.ca.**de**.mia
a.ca.**dé**.mi.co
a.ca.e.**cer** *(irr.)*

a.ca.e.ci.**mien**.to
a.ca.**ez**.ca
a.ca.lo.**rar**
a.ca.**llar**
a.cam.pa.**na**.do
a.cam.**par**
a.ca.na.**la**.do
a.can.ti.**la**.do
a.ca.pa.**rar**
a.ca.ri.**ciar**
á.ca.ro
a.ca.rre.**ar**
a.**ca**.so
a.ca.**tar**
a.ca.ta.**rrar**
a.cau.da.**la**.do
ac.ce.**der**
ac.ce.si.bi.li.**dad**
ac.ce.**si**.ble
ac.ce.**sión**
ac.**cé**.sit
ac.**ce**.so
ac.ce.**so**.rio
ac.ci.den.**tal**
ac.ci.**den**.te
ac.**ción**
ac.cio.**nar**
ac.cio.**nis**.ta
a.**ce**.bo
a.ce.**chan**.za
  (asechanza)
a.ce.**char** *(observar)*
a.**ce**.cho
a.ce.**día**
a.**cé**.fa.lo
a.cei.**tar**
a.**cei**.te
a.cei.**te**.ro
a.cei.**tu**.na
a.ce.le.ra.**ción**
a.ce.le.ra.**dor**
a.ce.le.**rar**
a.**cel**.ga

a.**cé**.mi.la
a.cen.**drar**
a.**cen**.to
a.cen.tua.**ción**
a.cen.**tuar**
a.cep.**ción**
a.cep.ta.**ción**
a.cep.**tar**
a.**ce**.quia
a.**ce**.ra
a.**ce**.rar
a.**cer**.bo *(áspero)*
a.**cer**.ca de
a.cer.ca.**mien**.to
a.cer.**car**
a.**ce**.ro
a.ce.**ro**.la
a.**cé**.rri.mo
a.cer.**ta**.mos
a.cer.**tar** *(irr. v.*
  acierta)
a.ce.**ta**.to
a.cer.**te**.mos
a.cer.**ti**.jo
a.**cer**.vo *(caudal)*
a.ce.ti.**le**.no
a.ce.**zar**
a.**cia**.go
a.**cí**.bar
a.ci.ba.**rar**
a.ci.ca.**lar**
a.ci.**ca**.te
a.ci.**dez**
á.ci.do
á.ci.do
  des.oxi.rri.bo.nu.
  clei.co (ADN)
á.ci.do
  ri.bo.nu.**clei**.co
  (ARN)
a.ci.**do**.sis
a.**cier**.ta
a.**cier**.to

á.ci.mo (ázimo)
a.ci.**mut** (azimut)
a.**ción** (*correa*)
a.cla.ma.**ción**
a.cla.ra.**ción**
a.cli.ma.ta.**ción**
a.co.bar.**dar**
a.co.**ger**
a.co.ge.**dor**
a.co.**gi**.da
a.**có**.li.to
a.co.me.**ter**
a.co.me.**ti**.da
a.co.me.ti.vi.**dad**
a.co.mo.da.**ción**
a.co.mo.da.**di**.zo
a.co.mo.**da**.do
a.co.mo.**dar**
a.co.mo.da.**ti**.cio
a.co.**mo**.do
a.com.pa.ña.**mien**.to
a.com.pa.**ñan**.te, -ta
a.com.pa.**sa**.do
a.con.di.cio.**na**.do
a.con.go.**jar**
a.con.se.**jar**
a.con.te.**cer** *(irr.)*
a.con.te.ci.**mien**.to
a.con.**tez**.ca
a.co.**piar**
a.co.**plar**
a.co.ra.**za**.do
a.co.ra.zo.**na**.do
a.cor.**dáis**
a.cor.**dar** *(irr. v.*
  acuerda)
a.**cor**.de
a.cor.de.**ón**
a.cor.do.**na**.do
a.co.rra.**lar**
a.cor.**tar**
a.co.**sar**
a.cos.**táis**

a.cos.**tar** *(irr. v.*
  acuesto)
a.cos.tum.**bra**.do
a.cos.tum.**brar**
a.co.ta.**ción**
a.co.**tar**
a.cre
a.cre.cen.**táis**
a.cre.cen.**tar** *(irr. v.*
  acreciento)
a.cre.**cer** *(irr. v.*
  acrezco)
a.**cre**.ces
a.cre.**cien**.to
a.cre.di.**tar**
a.cre.e.**dor**
a.**crez**.co
a.cri.bi.**llar**
a.cri.so.**la**.do
a.cro.**ba**.cia
a.**cró**.ba.ta
a.**cró**.po.lis
a.**crós**.ti.co
ac.ta
ac.ti.**tud**
ac.ti.**var**
ac.ti.vi.**dad**
ac.**ti**.vo
ac.to
ac.**tor**
ac.**triz**
ac.tua.**ción**
ac.**tual**
ac.tua.li.**dad**
ac.tua.li.**zar**
ac.**tuar**
a.**cua**.rio
a.cuar.te.**lar**
a.**cuá**.ti.co
a.cua.ti.**za**.je
a.cu.**cio**.so
a.cu.chi.**llar**
a.cu.**dir**

a.cue.**duc**.to
a.**cuer**.da
a.**cuer**.de
a.**cuer**.do
a.**cues**.ta
a.**cues**.te
a.**cues**.to
a.cu.mi.**na**.do
a.cu.mu.la.**ción**
a.cu.mu.**lar**
a.cu.ña.**ción**
a.cu.rru.**car**.se
a.cu.sa.**ción**
a.cu.**sar**
a.cu.sa.**ti**.vo
a.cha.**car**
a.cha.**co**.so
a.**cha**.que
a.cha.**ta**.do
a.chi.**car**
a.chi.cha.**rrar**
a.**chio**.te (achote)
a.cho.co.la.**ta**.do
a.**cho**.te (achiote)
ad hoc
ad re.fe.**rén**.dum
ad va.**ló**.rem
a.**da**.gio
a.da.**lid**
a.dap.ta.bi.li.**dad**
a.dap.**tar**
a.da.**ra**.ja
a.de.cen.**tar**
a.de.**cua**.do
a.de.**fe**.sio
a.de.**ha**.la
a.de.lan.ta.**mien**.to
a.de.lan.**tar**
a.de.**lan**.te
a.de.**lan**.to
a.del.ga.**zar**
a.de.**mán**
a.de.**más**

a.**den**.tro
a.de.re.**zar**
a.deu.**dar**
ad.he.**ren**.cia
ad.he.**rir** *(irr. v.*
  adhiera)
ad.he.**sión**
ad.he.**si**.vo
ad.**hie**.ra
ad.**hie**.re
ad.**hie**.ro
ad.hi.**ra**.mos
ad.hi.**rie**.ra
a.di.**ción**
a.di.cio.**nal**
a.**dic**.to
a.dies.tra.**mien**.to
a.dies.**trar**
a.**diós**
a.di.vi.na.**ción**
a.di.vi.**nan**.za
a.di.vi.**nar**
ad.je.tiva.**ción**
ad.je.**ti**.vo
ad.ju.di.ca.**ción**
ad.ju.di.**car**
ad.mi.nis.tra.**ción**
ad.mi.nis.**trar**
ad.mi.nis.tra.**ti**.vo
ad.mi.**ra**.ble
ad.mi.ra.**ción**
ad.mi.**rar**
ad.mi.ra.**ti**.vo
ad.mi.**tir**
ad.mi.**sión**
ad.mo.ni.**ción**
a.do.**bar**
a.**do**.be
a.**do**.bo
a.do.ce.**na**.do
a.do.le.**cer** *(irr. v.*
  adolezco)
a.do.**le**.ces

a.do.les.**cen**.cia
a.do.lez.**cáis**
a.do.**lez**.co
a.do.lo.**ri**.do
a.**don**.de
a.**dón**.de *(interr.)*
a.dop.**tar**
a.dop.**ti**.vo
a.do.**quín**
a.do.**ra**.ble
a.do.ra.**ción**
a.do.**rar**
a.dor.me.**cer** *(irr.)*
a.dor.**me**.ces
a.dor.mez.**cáis**
a.dor.**mez**.co
a.dor.**nar**
a.**dor**.no
a.do.**sar**
ad.**quie**.ra
ad.**quie**.re
ad.**quie**.ro
ad.qui.**rir** *(irr.)*
ad.qui.si.**ción**
ad.qui.si.**ti**.vo, -va
a.**dre**.de
ads.cri.**bir**
ads.crip.**ción**
a.**dua**.na
a.**dua**.**ne**.ro
a.**duar**
a.du.**cir** *(irr. v. aduje,*
  aduzco)
a.due.**ñar**.se
a.**du**.je, -jo
a.du.**je**.ra
a.du.la.**ción**
a.du.**lar**
a.du.**lón**
a.dul.te.ra.**ción**
a.dul.**te**.rio
a.**dul**.to
a.**dus**.to

a.**duz**.co, - ca
ad va.**ló**.rem
ad.ve.ne.**di**.zo
ad.ve.ni.**mien**.to
ad.ven.**ti**.cio
ad.**ver**.bio
ad.ver.**sa**.rio
ad.ver.si.**dad**
ad.**ver**.so
ad.ver.**ten**.cia
ad.ver.**tir** *(irr. v.*
  advierto)
ad.**vien**.to
ad.**vier**.to, -ta
ad.vir.**tie**.ra
ad.vir.**tió**, -**tie**.ron
ad.vo.ca.**ción**
ad.ya.**cen**.te
a.e.ra.**ción**
a.**é**.reo
a.e.**ró**.bi.co
a.e.**ro**.bio
a.e.ro.di.**ná**.mi.co
a.e.**ró**.dro.mo
a.e.ro.**dro**.mo
a.e.ro.**lí**.nea
a.e.ro.**li**.to
a.e.ro.mag.**né**.ti.co
a.e.ro.**nau**.ta
a.e.ro.**náu**.ti.co
a.e.ro.**pla**.no
a.e.ro.**puer**.to
a.**fa**.ble
a.**fa**.**ma**.do
a.**fán**
a.fa.**nar**
a.fa.**no**.so
a.**fa**.sia
a.fe.**ar**
a.fec.**ción**
a.fec.ta.**ción**
a.fec.**tar**
a.fec.**ti**.vo

a.**fec**.to
a.fec.**tuo**.so
a.fei.**tar**
a.fe.mi.na.**ción**
a.**fé**.re.sis
a.fe.**rrar**
a.fian.**zar**
a.fi.**ción**
a.fi.cio.**na**.do
a.fi.cio.**nar**.se
á.fi.do
a.fi.**lar**
a.fi.lia.**ción**
a.fi.**liar**
a.**fín**
a.fi.**nar**
a.fi.ni.**dad**
a.fir.ma.**ción**
a.fir.**mar**
a.fir.ma.**ti**.va
a.flic.**ción**
a.fli.**gir**
a.flo.**jar**
a.**fluen**.cia
a.**fluen**.te
a.**fluir** (*irr.*)
a.flu.**ye**.ra
a.**flu**.yo
a.flu.**yó**
a.fo.**ris**.ma
  (*aneurisma*)
a.fo.**ris**.mo (*dicho*)
a.for.tu.**na**.do
a.fran.ce.**sa**.do
a.**fren**.ta
a.fren.**tar**
a.fri.**ca**.no
a.fro.di.**sí**.a.co
a.fron.**tar**
af.**to**.so, -sa
a.**fue**.ra
a.ga.**char**
a.**ga**.lla

á.ga.pe
a.ga.**rrar**
a.ga.sa.**jar**
a.ga.**sa**.jo
a.**ga**.ve
a.ga.vi.**llar**
a.ga.za.**par**
a.**gen**.cia
a.gen.**ciar**
a.**gen**.da
a.**gen**.te
á.gil
a.gi.li.**dad**
a.gio
a.gio.**ta**.je
a.gio.**tis**.ta
a.gi.ta.**dor**
a.gi.ta.**ción**
a.gi.**tar**
a.glo.me.ra.**ción**
a.glu.ti.na.**ción**
ag.nos.ti.**cis**.mo
a.go.**biar**
a.**go**.bio
a.gol.**par**
a.go.**ní**.a
a.go.ni.**zar**
a.go.**re**.ro
a.**gos**.tar
a.**gos**.to
a.go.ta.**mien**.to
a.go.**tar**
a.gra.**cia**.do
a.gra.**ciar**
a.gra.**da**.ble
a.gra.**dar**
a.gra.de.**cer** (*irr.*)
a.gra.de.ci.**mien**.to
a.gra.**dez**.ca, -co
a.gra.dez.**cáis**
a.**gra**.do
a.**gran**.dar
a.gra.**ris**.mo

a.gra.**van**.te
a.gra.**var**
a.gra.**viar**
a.**gra**.vio
a.**graz**
a.gre.**dir** (*def. como*
  abolir)
a.gre.**gar**
a.gre.**sión**
a.gre.**si**.vo
a.gre.**sor**
a.**gres**.te
a.**griar**
a.**grí**.co.la
a.gri.cul.**tor**
a.gri.cul.**tu**.ra
a.gri.cul.**tu**.ra de
  sub.sis.**ten**.cia
a.grie.**tar**
a.gri.men.**sor**
a.gri.men.**su**.ra
a.grio
a.gro.in.**dus**.tria
a.**gró**.no.mo
a.gro.pe.**cua**.rio
a.gru.pa.**ción**
a.gru.**par**
a.gua
a.gua.**ca**.te
a.gua.**ce**.ro
a.gua.**dor**
a.gua.fuer.**tis**.ta
a.**gua**.je
a.gua.**no**.so
a.guan.**tar**
a.**guar**
a.guar.**dar**
a.guar.den.**to**.so
a.guar.**dien**.te
a.gua.**zar**.se
a.gu.**de**.za
a.gu.di.**zar**
a.**gu**.do

a.**güe**.ro
a.gue.**rri**.do
a.gui.**jón**
á.gui.la
a.gui.**le**.ño
a.gui.**nal**.do
a.**gu**.ja
a.gu.**ja**.zo
a.gu.je.re.**ar**
a.gu.**je**.ro
a.gu.**za**.do
a.gu.**zar**
¡ah!
a.he.**char**
a.he.rro.**jar**
a.he.rrum.**brar**.se
a.**hí**
ahi.**ja**.do
a.**hín**.co
a.**hí**.to
a.ho.**gar**
a.hon.**dar**
a.**ho**.ra
a.hor.**car**
a.hor.**mar**
a.hor.**nar**
a.ho.**rrar**
a.ho.rra.**ti**.vo
a.**ho**.rro
ahu.**char**
a.hue.**car**
a.hue.**hue**.te
ahu.**ma**.do
ahu.yen.**tar**
ain.**dia**.do
ai.**ra**.do
ai.**rar**
ai.re
ai.re.**ar**
ai.**ro**.so
ais.la.cio.**nis**.ta
ais.la.**mien**.to
ais.**lar**

¡a.**já**! ¡a.ja.**já**!
a.**jar**
a.je.dre.**cis**.ta
a.je.**drez**
a.**jen**.jo
a.**je**.no, -na
a.je.**tre**.o
a.**jí**
a.**jia**.co
a.ji.li.**mó**.ji.li
a.ji.**mez**
a.jo
a.jon.jo.**lí**
a.**juar**
a.jus.**tar**
a.jus.ti.**cia**.do
al
A.**lá**
a.la
a.la.ban.**cio**.so
a.la.**ban**.za
a.la.**bar**
a.la.**bar**.da
a.la.**bas**.tro
a.la.be.**ar**.se
a.la.**ce**.na
a.la.**crán**
a.**la**.do
a.lam.**bi**.que
a.lam.**bra**.da
a.**lam**.bre
a.la.**me**.da
á.la.mo
a.**lar**.de
a.**lar**.gar
a.la.**ri**.do
a.**lar**.ma
a.**lar**.**man**.te
a.la.**zán**
al.ba
al.ba.**ce**.a
al.ba.**ha**.ca
al.ba.**ñil**

al.**bar**.da
al.ba.ri.**co**.que
al.**ba**.tros
al.ba.**yal**.de
al.be.**drí**.o
al.**ber**.ca
al.ber.**gar**
al.**ber**.gue
al.**bi**.no
al.**bón**.di.ga
al.**bor**
al.bo.**ra**.da
al.bor.**noz**
al.bo.ro.ta.**di**.zo
al.bo.ro.**tar**
al.bo.**ro**.to
al.bo.ro.**zar**
al.bo.**ro**.zo
al.**bri**.cias
ál.bum
al.**bú**.mi.na
al.**bur**
al.ca.**cho**.fa
al.ca.**hue**.te
al.**cai**.de
al.**cal**.de
al.cal.**de**.sa
al.cal.**dí**.a
ál.ca.li
al.ca.**li**.no
al.**can**.ce
al.can.**cía**
al.can.**for**
al.can.ta.**ri**.lla
al.can.**zar**
al.ca.**pa**.rra
al.ca.**rra**.za
al.ca.**traz**
al.ca.**ya**.ta
al.**cá**.zar
al.ce
al.**ce**.mos
al.**co**.ba

al.co.**hol**
al.co.ho.**la**.do
al.co.ho.li.**za**.do
al.**cor**
al.**cur**.nia
al.**cu**.za
al.**da**.ba
al.**de**.a
al.de.**a**.no
al.de.**hue**.la
al.de.**o**.rrio
a.le.a.**ción**
a.lec.cio.**nar**
a.le.ga.**ción**
a.le.**gar**
a.le.**ga**.to
a.le.go.**rí**.a
a.le.**grar**
a.le.gre
a.le.**grí**.a
a.le.ja.**mien**.to
a.le.**jar**
a.le.**lí** (alhelí)
a.**le**.lo
a.le.**lu**.ya
a.le.**mán**
a.len.ta.**dor**
a.len.**tar** *(irr. v.*
    aliento)
a.**ler**.ce
a.**ler**.gia
a.**le**.ro
a.**ler**.ta
a.**le**.ta
a.le.tar.**gar**
a.le.**ta**.zo
a.le.te.**ar**
a.**le**.ve
a.le.**vo**.so
al.fa.be.**tis**.mo
al.fa.be.ti.za.**ción**
al.fa.**be**.to
al.**fal**.fa

al.**fan**.je
al.fa.re.**rí**.a
al.fa.**re**.ro
al.**féi**.zar
al.fe.**ñi**.que
al.fe.re.**cí**.a
al.**fé**.rez
al.**fil**
al.fi.**ler**
al.fi.le.**ra**.zo
al.**fom**.bra
al.fom.**brar**
al.**fón**.ci.go
al.**for**.ja
al.**for**.za
al.ga
al.ga.ra.**bía**
al.ga.**rro**.ba
al.ga.**rro**.bo
al.ga.**za**.ra
ál.ge.bra
al.gi.**dez**
al.go
al.go.**dón**
al.gua.**cil**
al.guien
al.**gún**
al.**gu**.no
al.**ha**.ja
al.ha.**ra**.ca
al.he.**lí** (alelí)
al.**hón**.di.ga
al.hu.**ce**.ma
a.**lia**.do, -da
a.**lian**.za
a.**liar**.se
a.lias
a.li.**ca**.tes
a.li.**cien**.te
a.lie.**nis**.ta
a.**lien**.to, -tas
a.li.**fa**.fe
a.li.ge.**rar**

a.li.**ma**.ña
a.li.men.ta.**ción**
a.li.men.**tar**
a.li.men.**ti**.cio
a.li.**men**.to
a.li.**món** *(al)*
a.li.ne.a.**ción**
a.li.ne.**ar**
a.**li**.ño
a.**li**.sar
a.**li**.sios
a.lis.**tar**
a.li.te.ra.**ción**
a.**li**.viar
a.**li**.vio
al.**ja**.ba
al.**ji**.be
al.**jó**.far
al.ma
al.ma.**cén**
al.ma.ce.**na**.je
al.ma.ce.**nis**.ta
al.**má**.ci.go
al.ma.**dra**.ba
al.ma.**na**.que
al.**me**.ja
al.**me**.na
al.**men**.dra
al.**mí**.bar
al.mi.**dón**
al.mi.do.**nar**
al.mi.ran.**taz**.go
al.mi.**ran**.te
al.mi.**rez**
al.**miz**.cle
al.mo.**frej**
al.mo.**ha**.da
al.mo.ha.**da**.zo
al.mo.ha.**di**.lla
al.mo.ha.**dón**
al.mo.**ha**.za
al.mo.**já**.ba.na
al.mo.**rra**.na

al.mor.**zar** *(irr.)*
al.**muer**.ce
al.**muer**.zo
a.lo.**ca**.do
a.lo.cu.**ción**
a.lo.ja.**mien**.to
a.lo.**jar**
a.**lón**
a.**lon**.dra
a.lo.**pe**.cia
al.par.**ga**.ta, -te
al.pi.**nis**.mo
al.**pis**.te
al.que.**rí**.a
al.qui.**lar**
al.qui.**ler**
al.qui.**trán**
al.re.de.**dor**
al.ta.**men**.te
al.ta.ne.**ría**
al.**tar**
al.ta.**voz**
al.te.ra.**ción**
al.te.**rar**
al.ter.**na**.do
al.ter.na.**ti**.vo
al.**te**.za
al.ti.**ba**.jos
al.ti.pla.**ni**.cie
al.ti.so.**nan**.cia
al.ti.**tud**
al.ti.**vez**
al.to
al.to.par.**lan**.te
al.to.rre.**lie**.ve
al.to.**za**.no
al.**truís**.mo
al.**tu**.ra
a.**lu**.bia
a.lu.ci.na.**ción**
a.**lud**
a.lu.**dir**
a.lum.**bra**.do

a.lum.**brar**
a.**lum**.bre
a.lu.**mi**.nio
a.**lum**.no
a.lu.**sión**
a.lu.**si**.vo
a.lu.**vión**
al.ve.**o**.lo
al.**vé**.o.lo
al.**ver**.ja
al.za
al.**za**.da
al.za.**pri**.ma
al.**zar** *(v. alce)*
a.**llá**
a.lla.**nar**
a.lle.**ga**.do
a.lle.**gar**
a.**llen**.de
a.**llí**
a.ma
a.ma.bi.li.**dad**
a.**ma**.ble
a.ma.ci.ga.**do**
a.**ma**.do
a.ma.es.**trar**
a.ma.**gar**
a.mai.**nar**
a.mal.**ga**.ma
a.ma.man.**tar**
a.man.ce.ba.**mien**.to
a.man.ci.**llar**
a.ma.ne.**cer** *(irr.)*
a.ma.ne.**ci**.da
a.ma.**nez**.ca
a.man.**sar**
a.**man**.te
a.ma.**nuen**.se
a.ma.**ñar**
a.ma.**po**.la
a.**mar**
a.mar.ga.**men**.te
a.mar.**gar**

a.**mar**.go
a.mar.**gu**.ra
a.ma.ri.**llen**.to
a.ma.ri.**llez**
a.ma.**ri**.llo
a.ma.**rrar**
a.ma.**sar**
a.ma.**si**.jo
a.ma.**tis**.ta
a.ma.za.co.**ta**.do
a.ma.**zo**.na
a.ma.**zó**.ni.co
am.**ba**.ges
ám.bar
am.bi.**ción**
am.bi.cio.**nar**
am.bi.**cio**.so
am.bi.**dex**.tro
am.bien.**tal**
am.**bien**.te
am.**bi**.guo
ám.bi.to
am.bos
am.bro.**sía**
am.bu.**lan**.cia
am.bu.**lan**.te
a.me.dren.**tar**
a.**mén**
a.me.**na**.za
a.me.na.za.**dor**
a.me.na.**zar**
a.me.ni.**dad**
a.me.ni.**zar**
a.**me**.no
a.me.no.**rre**.a
a.me.ri.**ca**.no
a.me.tra.lla.**do**.ra
a.**mian**.to
a.**mi**.ba
a.mi.**ga**.ble
a.**míg**.da.las
a.**mi**.go
a.mi.no.**á**.ci.do

a.mi.no.**rar**
a.mis.**tad**
a.mis.**to**.so
am.**ne**.sia
am.nis.**tí**.a
a.mo
a.mo.**blar** *(irr. v.*
amueblo)
a.mo.hi.**nar**
a.mo.**lar** *(irr. v.*
amuelo)
a.mol.**dar**
a.mo.nes.ta.**ción**
a.mo.nes.**tar**
a.mo.**nia**.co
à.mo.**ni**.ta
a.mon.ti.**lla**.do
a.mon.to.**nar**
a.**mor**
a.mo.**ral**
a.mor.**ci**.llo
a.mor.da.**zar**
a.**mor**.fo
a.mo.**rí**.o
a.mo.**ro**.so
a.mor.ta.**jar**
a.mor.te.**cer** *(irr.)*
a.mor.**tez**.ca
a.mor.tez.**cáis**
a.mor.**ti**.ce
a.mor.ti.**guar**
a.mor.ti.za.**ción**
a.mor.ti.**zar** *(v.*
amortice)
a.mos.ta.**zar**
a.mo.ti.**nar**
am.pa.**rar**
am.**pa**.ro
am.pe.**ra**.je
am.plia.**men**.te
am.plia.**ción**
am.**pliar**
am.pli.fi.ca.**ción**

am.plio
am.pli.**tud**
am.**po**.lla
am.po.**llar**
am.po.**lle**.ta
am.pu.**lo**.so
am.pu.ta.**ción**
a.mue.**blar**
a.**mue**.blo
a.**mue**.lo
a.mu.je.**ra**.do
a.mu.ra.**llar**
a.na.cro.**nis**.mo
á.na.de
a.na.e.**ró**.bi.co
a.na.e.**ro**.bio
a.na.**fa**.se
a.**na**.fre
a.**na**.les
a.nal.fa.be.**tis**.mo
a.nal.fa.**be**.to, -ta
a.nal.**gé**.si.co
a.**ná**.li.sis
a.na.li.**zar**
a.na.lo.**gí**.a
a.**ná**.lo.go
a.na.**quel**
a.na.ran.**ja**.do
a.nar.**quí**.a
a.nar.**quis**.ta
a.na.te.ma.ti.**zar**
a.na.to.**mí**.a
an.ca
an.ces.**tral**
an.cia.ni.**dad**
an.**cia**.no
an.cla
an.**cla**.je
an.**cón**
an.**char**
an.cho
an.**cho**.a, an.**cho**.va
an.cho.**ve**.ta

an.**chu**.ra
an.chu.**ro**.so
an.da.**luz**
an.da.**mia**.je
an.**dan**.za
an.**dar** *(irr. v.*
anduve)
an.da.**rie**.go
an.da.ri.**vel**
an.das
an.**dén**
an.dra.**jo**.so
an.**dró**.gi.no, -na
an.du.**rrial**
an.**du**.ve
an.du.**vie**.ra
a.**néc**.do.ta
a.ne.ga.**di**.zo
a.ne.**gar**
a.**ne**.mia
a.**né**.mi.co
a.ne.**mó**.me.tro
a.nes.**te**.sia
a.nes.te.**sis**.ta
a.nex.**ar**
a.nex.**ión**
a.**nex**.o
an.**fi**.bio
an.fi.bo.lo.**gí**.a
an.fi.te.**a**.tro
an.fi.**trión**
an.ga.**ri**.llas
án.gel
an.**gé**.li.co
án.ge.lus
an.**gi**.na
an.gli.**cis**.mo
an.glo.a.me.ri.**ca**.no
an.glo.sa.**jón**
an.**gos**.to
an.**gui**.la
an.gu.**lar**
án.gu.lo

an.gu.**lo**.so
an.**gus**.tia
an.**gus**.**tia**.do
an.**gus**.**tio**.so
an.he.**lar**
an.he.**lan**.te
an.**he**.lo
an.**hí**.dri.do
a.ni.**dar**
a.ni.**li**.na
a.**ni**.llo
á.ni.ma
a.ni.ma.**ción**
a.ni.**ma**.do
a.ni.mad.ver.**sión**
a.ni.**mal**
a.ni.ma.li.**zar**
a.ni.**mar**
a.**ní**.mi.co
á.ni.mo
a.ni.mo.si.**dad**
a.ni.**mo**.so
a.ni.**ña**.do
a.ni.qui.la.**ción**
a.ni.qui.**lar**
a.**nís**
a.ni.**sa**.do
a.ni.**se**.te
a.ni.ver.**sa**.rio
an.**je**.o
a.**no**.che
a.no.che.**cer** (*irr.*)
a.no.**chez**.ca
a.no.**fe**.les
a.**nón**
a.no.na.**dar**
a.**nó**.ni.mo
a.nor.**mal**
a.no.ta.**dor**
a.no.**tar**
an.qui.lo.**sar**.se
án.sar
an.sia

an.**siar**
an.sie.**dad**
an.**sio**.so
an.ta.go.**nis**.mo
an.ta.go.ni.**zar**
an.**ta**.ño
an.**tár**.ti.co
an.te
an.te.a.**no**.che
an.te.a.**yer**
an.te.**bra**.zo
an.te.ce.**den**.te
an.te.ce.**sor**
an.te.di.lu.**via**.no
an.te.la.**ción**
an.te.**ma**.no (*de*)
an.te.me.ri.**dia**.no
an.**te**.na
an.te.**no**.che
an.te.**o**.jo
an.te.pa.**sa**.do
an.te.**pe**.cho
an.te.pon.**dré**
an.te.pon.**dría**
an.te.po.**ner** (*irr.v.*
    antepuse)
an.te.**pon**.go
an.te.pro.**yec**.to
an.te.**pu**.se
an.**te**.ra
an.te.**rior**
an.te.río.ri.**dad**
an.tes
an.te.**sa**.la
an.tes.de.a.**yer**
an.te.**vís**.pe.ra
an.tia.**é**.re.o
an.ti.al.co.**hó**.li.co
an.ti.**bió**.ti.co
an.ti.ci.pa.**ción**
an.ti.ci.**par**
an.ti.**cre**.sis
an.ti.**cris**.to

an.ti.**cuar**.se
an.ti.**cuer**.po
an.**tí**.do.to
an.**tier**
an.ti.**faz**
an.**tí**.ge.no
an.ti.**gua**.lla
an.ti.güe.**dad**
an.**ti**.guo
an.ti.hi.**gié**.ni.co
an.ti.his.ta.**mi**.na
an.ti.**lla**.no
An.**ti**.llas
an.ti.**pá**.ti.co
an.**tí**.po.da
an.ti.**quí**.si.mo
an.ti.se.mi.**tis**.mo
an.ti.**sep**.sia
an.ti.**sép**.ti.co
an.**tí**.te.sis
an.ti.tox.**i**.na
an.ti.tu.ber.cu.**lo**.so
an.to.**jar**.se
an.**to**.jo
an.to.lo.**gí**.a
an.**tó**.ni.mo
an.to.no.**ma**.sia
an.**tor**.cha
an.tra.**ci**.ta
án.trax
an.tro.po.**fa**.gia
an.tro.**poi**.de
an.tro.po.lo.**gí**.a
an.tro.po.**zoi**.co
an.tu.**viar**
a.**nual**
a.**nua**.rio
a.nu.**blar**.se
a.nu.**dar**
a.**nuen**.cia
a.nu.la.**ción**
a.nu.**lar**
a.nun.cia.**ción**

a.nun.cia.**dor**
a.nun.**ciar**
a.**nun**.cio
an.**ver**.so
an.**zue**.lo
a.ña.di.**du**.ra
a.ña.**dir**
a.ña.**ga**.za
a.**ñe**.jo
a.**ñi**.cos
a.**ñil**
a.ño
a.ño.**ran**.za
a.**ñu**.blo
a.o.**jar**
a.**or**.ta
a.o.**va**.do
a.pa.bu.**llar**
a.pa.cen.**tar** *(irre. v.*
   apaciento)
a.pa.**ci**.ble
a.pa.**cien**.to
a.pa.ci.**guar**
a.pa.chu.**rrar**
a.pa.dri.**nar**
a.pa.**ga**.do
a.pa.**gar**
a.pai.**sa**.do
a.pa.le.**ar**
a.pa.**ñar**
a.pa.ra.**dor**
a.pa.**ra**.to
a.pa.ra.**to**.so
a.par.ce.**rí**.a
a.pa.re.a.**mien**.to
a.pa.re.**cer** *(irr. v.*
   aparezco)
a.pa.re.**ci**.do
a.pa.re.**jar**
a.pa.**re**.jo
a.pa.ren.**tar**
a.pa.**ren**.te
a.pa.rez.**cáis**

a.pa.**rez**.co
a.pa.ri.**ción**
a.pa.**rien**.cia
a.par.**ta**.do
a.par.ta.**men**.to
   (vivienda)
a.par.ta.**mien**.to
   (acción de apartar)
a.par.**tar**
a.**par**.te
a.pa.sio.**na**.do
a.pa.sio.**nar**
a.pa.**tí**.a
a.**pá**.ti.co
a.**pe**.ar
a.pe.dre.**ar**
a.pe.**gar**.se
a.**pe**.go
a.pe.la.**ción**
a.pe.**lar**
a.pe.la.**ti**.vo
a.pel.ma.**zar**
a.pe.lli.**dar**
a.pe.**lli**.do
a.pe.**nar**
a.pen.dec.to.**mí**.a
a.**pén**.di.ce
a.pen.di.**ci**.tis
a.per.ci.**bir**
a.per.co.**llar**
a.pe.ri.**ti**.vo
a.**pe**.ro
a.per.**tu**.ra
a.pe.sa.dum.**brar**
a.pes.**tar**
a.pes.**to**.so
a.pe.te.**cer** *(irr. v.*
   apetezco)
a.pe.**ten**.cia
a.pe.tez.**cáis**
a.pe.**tez**.co
a.pe.**ti**.to
a.pe.ti.**to**.so

a.pia.**dar**
á.pi.ce
a.pi.cul.**tu**.ra
a.pi.**ñar**
a.pio
a.pi.so.**nar**
a.pla.**car**
a.pla.**nar**
a.plan.**char**
a.plas.**tar**
a.plau.**dir**
a.**plau**.so
a.pla.**zar**
a.ple.be.**yar**
a.pli.**ca**.ble
a.pli.ca.**ción**
a.pli.**ca**.do
a.pli.**car**
a.**plo**.mo
A.po.ca.**lip**.sis
a.**pó**.co.pe
a.**pó**.cri.fo
a.po.de.**rar**
a.**po**.do *(nombre)*
á.po.do *(sin pies)*
a.po.**ge**.o
a.po.li.**llar**.se
a.po.lo.**gé**.ti.ca
a.po.lo.**gí**.a
a.po.ple.**jí**.a
a.por.**car**
a.por.ta.**ción**
a.por.**tar**
a.po.**sen**.to
a.**pos**.ta
a.pos.**tar** *(irr.v.*
   apueste)
a.pos.ta.**sí**.a
a.pos.ta.**tar**
a.pos.**ti**.lla
a.**pós**.tol
a.pos.**tó**.li.co
a.**pós**.tro.fe *(dicterio)*

a.**pós**.tro.fo *(signo)*
a.po.**teg**.ma *(dicho breve)*
a.po.**te**.ma *(línea)*
a.po.te.**o**.sis
a.po.**yar**
a.**po**.yo
a.pre.cia.**ción**
a.pre.**ciar**
a.**pre**.cio
a.pre.hen.**der** *(asir, apresar)*
a.pre.**miar**
a.pren.**der** *(adquirir conocimientos)*
a.pren.**diz**, -za
a.pren.di.**za**.je
a.pren.**si**.vo
a.pre.**sar**
a.pres.**tar**
a.pre.su.**rar**
a.pre.**tar** *(irr. v. aprieta)*
a.pre.**tón**
a.pre.tu.**jar**
a.pre.**tu**.ra
a.**prie**.ta
a.**prie**.te
a.**prie**.to
a.**pri**.sa
a.**pris**.co
a.pri.sio.**nar**
a.pro.**bar** *(irr. v. aprueba)*
a.pro.pia.**ción**
a.pro.**pia**.do
a.pro.ve.**cha**.do
a.prove.cha.**mien**.to
a.pro.ve.**char**
a.pro.vi.sio.**nar**
a.prox.i.ma.**ción**
a.prox.i.**mar**
a.**prue**.be

a.**prue**.bo
ap.to
ap.ti.**tud**
a.**pues**.ta
a.**pues**.te
a.**pues**.to
a.pun.ta.**ción**
a.pun.ta.**lar**
a.pun.**tar**
a.**pun**.te
a.pu.ña.**lar**
a.pu.**rar**
a.**pu**.ro
a.que.**jar**
a.**quel**
a.**que**.lla, -llo
a.que.**la**.rre
a.que.ren.**ciar**.se
a.**ques**.te, -ta, -to
a.**quí**
a.quies.**cen**.cia
a.quie.**tar**
a.qui.**lón**
a.**ra**
á.ra.be
a.ra.**bes**.co
a.**rá**.bi.go
a.**rác**.ni.dos
a.**ra**.do
a.ra.go.**nés**
a.ran.**cel**
a.ran.**de**.la
a.**ra**.ña
a.**ra**.ñar
a.ra.**ña**.zo
a.**rar**
ar.bi.**tra**.je
ar.bi.**trar**
ar.bi.**tra**.rio
ar.**bi**.trio
ár.bi.tro
ár.bol
ar.bo.**la**.do

ar.bo.**le**.da
ar.bo.res.**cen**.te
ar.bo.ri.cul.**tu**.ra
ar.bo.**tan**.te
ar.**bus**.to
ar.ca
ar.ca.bu.ce.**ar**
ar.ca.**buz**
ar.ca.bu.**za**.zo
ar.**ca**.da
ar.**cai**.co
ar.ca.**ís**.mo
ar.**cán**.gel
ar.**ca**.no
ar.ce
ar.**ci**.lla
ar.ci.**llo**.so
ar.ci.**pres**.te
ar.co
ar.chi.**pié**.la.go
ar.chi.**var**
ar.**chi**.vo
ar.den.**tí**.si.mo
ar.**did**
ar.**dien**.te
ar.**der**
ar.**di**.lla
ar.**dor**
ar.do.**ro**.so
ar.duo
á.re.a
a.**rei**.to
a.**re**.na
a.re.**nal**
a.**ren**.ga
a.re.**ni**.lla
a.re.**nis**.co
a.re.**no**.so
a.**ren**.que
a.re.**ó**.me.tro
a.re.**ó**.pa.go
a.**re**.pa
ar.ga.**ma**.sa

ar.ge.**li**.no
ar.gen.**tar**
ar.gen.**ti**.no
ar.gen.**to**.so
ar.**gó**
ar.**go**.lla
ar.**gu**.cia
ar.**gü**.**ir** *(irr. v.*
  arguya)
ar.gu.men.ta.**ción**
ar.gu.men.**tar**
ar.gu.**men**.to
ar.**gu**.ya
ar.**gu**.yo
a.ria
á.ri.do
a.rio
a.**ris**.co
a.**ris**.ta
a.ris.to.**cra**.cia
a.ris.**tó**.cra.ta
a.ris.to.**crá**.ti.co
a.rit.**mé**.ti.ca
ar.ma
ar.**ma**.da
ar.ma.**dí**.a
ar.ma.**di**.llo
ar.ma.**du**.ra
ar.**mar**
ar.**ma**.rio
ar.ma.**tos**.te
ar.ma.**zón**
ar.**me**.lla
ar.**me**.ro
ar.**mi**.ño
ar.mis.**ti**.cio
ar.mo.**ní**.a
ar.**mó**.ni.ca
ar.mo.**nio**.so
ar.mo.ni.**zar**
ar.**nés**
a.ro
a.**ro**.ma

a.ro.**má**.ti.co
a.ro.ma.ti.**zar**
ar.pa
ar.**pe**.gio
ar.**pí**.a
ar.**pón**
ar.po.**nar**
ar.po.ne.**ar**
ar.que.**ar**
ar.**que**.o
ar.que.o.lo.**gí**.a
ar.**que**.ro
ar.qui.**dió**.ce.sis
ar.qui.**tec**.to, -ta
ar.qui.tec.**tó**.ni.co
ar.qui.tec.**tu**.ra
ar.qui.**tra**.be
a.rra.**bal**
a.rra.**ca**.da
a.rra.ci.**mar**.se
a.rrai.**gar**
a.rran.**car**
a.**rran**.que
a.rra.**pie**.zo
a.rras
a.rra.**sar**
a.rras.**trar**
a.rra.**yán**
¡**a**.rre!
a.rre.**ar** *(ganado)*
a.rre.ba.ta.**di**.zo
a.rre.ba.**tar**
a.rre.ba.**ti**.ña
a.rre.**ba**.to
a.rre.**bol**
a.rre.bu.**jar**
a.rre.**ciar**
a.rre.**ci**.fe
a.rre.**drar**
a.rre.**glar**
a.**rre**.glo
a.rre.lla.**nar**.se
a.rre.man.**gar**

a.rre.me.**ter**
a.rre.mo.li.**nar**.se
a.rren.da.**mien**.to
a.rren.**dar** *(irr. v.*
  arriende)
a.rren.da.**ta**.rio
a.rre.pen.**tir**.se *(irr.)*
a.rre.pen.ti.**mien**.to
a.rre.**pien**.ta
a.rre.**pien**.te,&
a.rre.**pien**.to
a.rres.**tar**
a.**rres**.to
a.rre.ve.**sa**.do
a.**rriar** *(bajar las*
  velas)
a.**rri**.ba
a.rri.**bar**
a.rri.**bis**.ta
a.**rrien**.de
a.**rrien**.do
a.**rrie**.ro
a.rries.**gar**
a.rri.**mar**
a.rrin.co.**nar**
a.rris.**ca**.do
a.**rro**.ba
a.rro.ba.**dor**
a.rro.ci.**nar**.se
a.rro.di.**llar**
a.rro.**gan**.cia
a.rro.**gan**.te
a.rro.ja.**di**.zo
a.rro.**ja**.do
a.rro.**jar**
a.rro.**llar**
a.rro.**par**
a.rros.**trar**
a.**rro**.yo
a.**rroz**
a.rro.**zal**
a.**rru**.ga
a.rru.**gar**

a.rrui.**nar**
a.rru.**llar**
a.**rru**.llo
a.rrum.**bar**
ar.se.**nal**
ar.**sé**.ni.co
ar.te
ar.te.**fac**.to
ar.**te**.ria
ar.te.rios.cle.**ro**.sis
ar.**te**.sa
ar.te.**sa**.no
ar.te.**sia**.no
ár.ti.co
ar.ti.cu.la.**ción**
ar.ti.cu.**lar**
ar.ti.cu.**lis**.ta
ar.**tí**.cu.lo
ar.**tí**.fi.ce
ar.ti.fi.**cial**
ar.ti.**fi**.cio
ar.ti.fi.**cio**.so
ar.ti.**lu**.gio
ar.ti.lle.**rí**.a
ar.ti.**lle**.ro
ar.**tis**.ta
ar.**tís**.ti.co
ar.**tri**.tis
a.ru.**ñar**
ar.**ve**.ja
ar.zo.**bis**.po
ar.**zón**
as (naipe; el primero)
a.sa
a.sa.**dor**
a.sa.**du**.ra
a.sa.e.te.**ar**
a.sa.**fé**.ti.da
a.sa.la.**ria**.do
a.sal.**tar**
a.**sal**.to
a.sam.**ble**.a
a.**sar** (*al fuego*)

a.**saz**
as.**bes**.to
as.cen.**den**.cia
as.cen.**den**.te
as.cen.**der** (*irr.v.*
  ascienda)
as.cen.**dien**.te
as.cen.**sión**
as.**cen**.so (*de*
  ascender)
as.cen.**sor**
as.**ce**.ta
as.**cé**.ti.co
as.ce.**tis**.mo
as.**cien**.da
as.**cien**.do
as.co
as.cua
a.se.**a**.do
a.se.**ar**
a.se.**chan**.za
a.se.**char** (*poner*
  asechanzas)
a.se.**diar**
a.se.gu.ra.**dor**
a.se.gu.**rar**
a.se.me.**jar**
a.sen.de.re.**a**.do
a.**sen**.so (*de asentir*)
a.sen.**ta**.do
a.sen.**tar** (*irr. v.*
  asiente)
a.sen.**tir** (*irr. v.*
  asienta, asintió)
a.sen.ti.**mien**.to
a.**se**.o
a.**sep**.sia
a.se.**qui**.ble
a.ser.**ción**
a.se.rra.**de**.ro
a.se.**rrar** (*irr. v.*
  asierre)
a.se.**rrín**

a.**ser**.to
a.se.si.**nar**
a.se.si.**na**.to
a.se.**si**.no
a.se.**sor**
a.se.so.**rar**
a.ses.**tar**
a.se.ve.ra.**ción**
as.**fal**.to
as.fix.**iar**
as.ga, -gas
as.go (*de asir*)
a.**sí**
a.**siá**.ti.co
a.**si**.duo
a.si.dui.**dad**
a.**sien**.ta
a.**sien**.te
a.**sien**.to
a.**sie**.rre
a.**sie**.rro
a.sig.na.**ción**
a.sig.**nar**
a.sig.na.**tu**.ra
a.**si**.lo
a.si.**mé**.tri.co
a.si.mi.la.**ción**
a.si.mi.**lar**
a.si.**mis**.mo
a.sin.**tie**.ra
a.sin.**tió**
a.**sir** (*irr. v. asga*)
a.**si**.rio
a.sis.**ten**.cia
a.sis.**ten**.cia so.**cial**
a.sis.**ten**.te
a.sis.**tir**
as.ma
as.no
a.so.cia.**ción**
a.so.**ciar**
a.so.**lar** (*irr.v.*
  asuela)

a.so.le.**ar**
a.so.**mar**
a.som.**brar**
a.**som**.bro
a.**som**.**bro**.so
a.so.**na**.da
a.so.**nan**.cia
as.pa
as.**pa**.do
as.pa.**vien**.to
as.**pec**.to
as.pe.**re**.za
ás.pe.ro
as.per.**sión**
ás.pid
as.pi.ra.**ción**
as.pi.ra.**do**.ra
as.pi.**ran**.te
as.pi.**rar**
as.pi.**ri**.na
as.que.ro.si.**dad**
as.que.**ro**.so
as.ta *(palo, cuerno)*
as.te.**ris**.co
as.te.**roi**.de
as.tig.ma.**tis**.mo
as.**til**
as.**ti**.lla
as.ti.**llar**
as.ti.**lla**.zo
as.ti.**lle**.ro
as.**tral**
as.trin.**gen**.te
as.trin.**gir**
as.tro
as.tro.lo.**gía**
as.**tró**.lo.go
as.tro.**náu**.ti.ca
as.tro.no.**mía**
as.**tró**.no.mo
as.**tro**.so
as.**tu**.cia
as.**tu**.to

a.**sue**.la *(de asolar)*
a.**sue**.le
a.**sue**.lo
a.**sue**.to
a.su.**mir**
a.sun.**ción**
a.**sun**.to
a.sus.ta.**di**.zo
a.sus.**tar**
a.ta.**bal**
a.ta.**car**
a.ta.**jar**
a.**ta**.jo *(de camino)*
a.ta.**la**.ya
a.ta.**ñer**
a.**ta**.que
a.**tar**
a.ta.**rax**.ia
a.tar.de.**cer** *(irr.)*
a.tar.**dez**.ca
a.ta.re.**ar**
a.tar.**je**.a
a.ta.**rra**.ya
a.tas.**car**
a.ta.**úd**
a.tau.**jí**.a
a.ta.**viar**
a.ta.**ví**.o
a.ta.**vis**.mo
a.**tax**.ia
a.te.**ís**.mo
a.te.**la**.je
a.te.mo.ri.**zar**
a.tem.pe.**rar**
a.te.na.ce.**ar**
a.te.na.**zar**
a.ten.**ción**
a.ten.**der** *(irr. v.*
  atienda)
a.ten.**dré**
a.te.**ne**.o
a.te.**ner**.se *(irr. v.*
  atendré, atuve)

a.**ten**.ga
a.**ten**.go
a.te.**nien**.se
a.ten.**ta**.do
a.ten.ta.**to**.rio
a.**ten**.to
a.te.**nuar**
a.**te**.o
a.ter.cio.pe.**la**.do
a.te.**ri**.do
a.te.**rir** *(def. como*
  abolir)
a.te.rra.**dor**
a.te.**rrar**
a.te.rri.**zar**
a.te.rri.**za**.je
a.te.rro.ri.**zar**
a.te.**sar**
a.te.so.**rar**
a.tes.ta.**ción**
a.tes.**tar**
a.tes.ti.**guar**
a.te.**za**.do
a.ti.**cis**.mo
a.**tien**.da
a.**tien**.do
a.tie.**sar**
a.til.**da**.do
a.ti.**nar**
a.tin.**gen**.cia
a.tis.**bar**
a.ti.**zar**
a.**tlán**.ti.co
at.**lán**.ti.co *(Ac.)*
a.**tle**.ta
at.**le**.ta *(Ac.)*
a.**tlé**.ti.co
at.**lé**.ti.co *(Ac.)*
a.tle.**tis**.mo
at.le.**tis**.mo *(Ac.)*
at.**mós**.fe.ra
at.mos.**fé**.ri.co
a.to.**lón**

a.to.lon.**dra**.do
a.to.lla.**de**.ro
a.to.**llar**
a.**tó**.mi.co
a.to.mi.za.**ción**
á.to.mo
a.**tó**.ni.to
a.ton.**tar**
a.to.**rar**
a.tor.men.**tar**
a.tor.ni.**llar**
a.to.si.**gar**
a.tra.ban.**car**
a.tra.bi.**lia**.rio
a.tra.**car**
a.trac.**ción**
a.**tra**.co
a.trac.**ti**.vo, -va
a.tra.**er**, *(irr.)*
a.**trai**.ga
a.**trai**.go
a.tra.**je**, -**je**.ra
a.**tra**.jo
a.tran.**car**
a.tra.**par**
a.**tra**.que
a.**trás**
a.tra.**sa**.do
a.tra.**sar**
a.**tra**.so
a.tra.ve.**sar** *(irr.)*
a.tra.**vic**.sa
a.tra.**vie**.se
a.tra.**vie**.so
a.tra.**yen**.te
a.tre.**ver**.se
a.tre.vi.**mien**.to
a.tri.bu.**ción**
a.tri.**buir** *(irr. v.*
atribuya)
a.tri.bu.**lar**
a.tri.bu.**ti**.vo
a.tri.**bu**.to

a.tri.**bu**.ya
a.tri.**bu**.ye
a.tri.**bu**.yo
a.tri.**ción**
a.**tril**
a.trin.che.**rar**
a.trio
a.tro.ci.**dad**
a.tro.**fiar**.se
a.tro.**nar** *(irr. v.*
atruena)
a.tro.pe.**llar**
a.tro.**pe**.llo
a.**troz**
a.**true**.ne
a.**true**.no
a.**tuen**.do
a.**tún**
a.tur.**dir**
a.tu.**sar**
a.**tu**.ve, -**vis**.te
a.tu.**vie**.ra
au.**da**.cia
au.**daz**
au.di.**ción**
au.**dien**.cia
au.dio.vi.**sual**
au.di.**ti**.vo
au.di.**tor**
au.di.to.**rí**.**a**
au.di.**to**.rio
au.ge
au.gu.**rar**
au.**gu**.rio
au.**gus**.to
au.la
áu.li.co
au.**llar**
au.**lli**.do
au.men.**tar**
au.men.ta.**ti**.vo
au.**men**.to
aun

a.**ún**
au.**nar**
a.u.**nar** (Ac.)
aun.que
au.**par**
au.ra
áu.re.o
au.re.**o**.la
au.**rí**.fe.ro
au.**ro**.ra
aus.cul.**tar**
au.**sen**.cia
au.sen.**tar**.se
au.**sen**.te
au.sen.**tis**.mo
aus.pi.**ciar**
aus.**pi**.cio
aus.**te**.ro
aus.**tral**
aus.tra.**lia**.no
aus.**tria**.co
au.ten.ti.ca.**ción**
au.ten.ti.ci.**dad**
au.**tén**.ti.co
au.to
au.to.bio.gra.**fí**.a
au.to.**bom**.bo
au.to.**bús**
au.to.**cla**.ve
au.to.**cra**.cia
au.**tóc**.to.no
au.**tó**.ge.no
au.to.gra.**fiar**
au.**tó**.gra.fo
au.to.in.tox.i.ca.**ción**
au.to.**má**.ti.co
au.to.ma.ti.za.**ción**
au.to.**mó**.vil
au.to.mo.vi.**lis**.ta
au.to.no.**mí**.a
au.to.**nó**.mi.co
au.to.no.**mis**.ta
au.**tó**.no.mo

au.**top**.sia
au.**tor**
au.to.ri.**dad**
au.to.ri.**ta**.rio
au.to.ri.za.**ción**
au.to.ri.**zar**
au.to.su.fi.**cien**.cia
au.to.su.ges.**tión**
au.tum.**nal**
aux.i.**liar**
aux.**i**.lio
au.**xi**.na
a.va.**lan**.cha
a.va.**lar**
a.va.**lú**.o, -e
a.**van**.ce
a.van.**za**.da
a.va.**ri**.cia
a.**va**.ro
a.va.sa.**llar**
a.va.**tar**
a.**ve**
a.ve.ci.**nar**
a.ve.cin.**dar**
a.ve.**chu**.cho
a.ve.jen.**ta**.do
a.ve.**lla**.na
a.ve.ma.**rí**.a
a.**ve**.na
a.ven.**drá**
a.ven.**drí**.a
a.ve.**nen**.cia
a.**ven**.ga
a.**ven**.go
a.ve.**ni**.da
a.ve.**nir** *(irr. v.*
   avendrá, avenga,
   aviene, avine,
   aviniera)
a.ven.ta.**jar**
a.ven.**tar** *(irr. v.*
   aviente)
a.ven.**tu**.ra

a.ven.tu.**rar**
a.ven.tu.**re**.ro
a.ver.gon.**zar** *(irr.)*
a.ver.**güen**.ce
a.ver.**güen**.zo
a.ve.**rí**.a
a.ve.ri.gua.**ción**
a.ve.ri.**guar**
a.**ver**.no
a.ver.**sión**
a.ves.**truz**
a.ve.**zar**
a.via.**ción**
a.via.**dor**
a.**viar**
a.**ví**.co.la
a.vi.cul.**tor**
a.vi.cul.**tu**.ra
a.vi.**dez**
a.**vie**.ne
a.**vien**.te
a.**vien**.to
a.**vie**.so
a.vi.na.**gra**.do
a.**vi**.ne
a.vi.**nie**.ra
a.**ví**.o
a.**vión**
a.vi.**sar**
a.**vi**.so
a.**vis**.pa
a.vis.**pa**.do
a.vis.**pe**.ro
a.vis.**tar**
a.vi.ta.mi.**no**.sis
a.vi.**var**
a.vi.**zor**
a.vi.zo.**rar**
ax.**i**.la
ax.i.**lar**
ax.**io**.ma
a.**xo**.na
¡ay!

a.yer
a.yo
a.**yu**.da
a.yu.da.**dor**
a.yu.**dan**.te
a.yu.**dar**
a.yu.**nar**
a.**yu**.no
a.yun.ta.**mien**.to
a.za.**ba**.che
a.**za**.da *(pala)*
a.za.**da**.zo
a.za.**dón**
a.za.**fa**.ta
a.za.**fa**.te
a.za.**frán**
a.za.**ga**.ya
a.za.**har** *(flor)*
a.za.**le**.a
a.**zar** *(casualidad)*
a.za.**rar**.se
a.za.**ro**.so
á.zi.mo (ácimo)
a.zi.**mut** (acimut)
á.zo.e
a.**zó**.far
a.**zo**.gue
a.**zor**
a.**zo**.rar
a.zo.**tai**.na
a.zo.**tar**
a.zo.**ta**.zo
a.**zo**.te
a.zo.**te**.a
az.**te**.ca
a.**zú**.car
a.zu.ca.**ra**.do
a.zu.ca.**re**.ro, -ra
a.zu.**ce**.na
a.**zue**.la
   (herramienta)
a.**zu**.fre
a.**zul**

a.zu.**la**.do
a.zu.**lar**
a.zu.le.**ar**

a.zu.**le**.jo
a.**zum**.bre

a.zu.**zar**

B

ba.**ba**.za
ba.be.**ar**
ba.**bel**
ba.**be**.ro
Ba.bia (estar en)
ba.bi.**lo**.nio
ba.**bi**.lla
ba.**bor**
ba.**bo**.so
ba.**bu**.cha
ba.ca.**la**.o
ba.ca.**nal**
ba.**can**.te *(de Baco)*
ba.ca.**rá**
ba.**cí**.a *(de barbero)*
ba.**ci**.lo
ba.ci.**ni**.ca
ba.ci.**ni**.lla
bac.**te**.ria
bac.te.ri.**ci**.da
bac.te.**rió**.fa.go
bac.te.rio.lo.**gía**
bac.te.rios.**tá**.ti.co
bá.cu.lo
ba.che
ba.chi.**ller**
ba.chi.lle.**ra**.to
ba.**da**.jo
ba.**da**.na
ba.**de**.a
ba.di.**le**.jo
ba.du.**la**.que
ba.**ga**.je
ba.ga.**te**.la
ba.**ga**.zo

ba.gre
ba.**gual**
¡bah!
ba.ha.**re**.que
ba.**hí**.a
bai.**la**.ble
bai.**lar**
bai.la.**rín**
bai.le
bai.lo.te.**ar**
ba.**já**
ba.**ja**.da
ba.ja.**mar**
ba.**jar**
ba.**jel**
ba.**je**.za
ba.**jí**.o
ba.jo
ba.**jón**
ba.jo.**na**.zo
ba.jo.rre.**lie**.ve
ba.la
ba.**la**.da
ba.**la**.**dí**
ba.**la**.dro.ne.**ar**
ba.la.**lai**.ca
ba.**lan**.ce
ba.**lan**.ce.**ar**
ba.lan.**ce**.o
ba.lan.**cín**
ba.**lan**.dra, -dro
ba.**lan**.za
ba.**lan**.za co.mer.**cial**
ba.**lan**.za de **pa**.gos
ba.**las**.to

ba.**laus**.tre
ba.la.**ús**.tre
ba.**la**.zo
bal.bu.ce.**ar**
bal.bu.**cien**.do
bal.bu.**cien**.te
bal.bu.**cir** *(irr.)*
bal.**cá**.ni.co
bal.**cón**
bal.**dar**
bal.de
bal.de.**ar**
bal.**dí**.o
bal.**dón**
bal.**do**.sa
bal.do.**sín**
ba.**li**.do
ba.**lín**
ba.**lís**.ti.ca
bal.ne.**a**.rio
ba.lom.**pié**
ba.**lón**
ba.lon.**ces**.to
ba.**lo**.ta
bal.sa
bál.sa.mo
ba.**luar**.te
ba.**lum**.ba
ba.**lle**.na
ba.**lles**.ta
ba.**llet**
bam.ba.**li**.na
bam.bo.le.**ar**
bam.**bo**.lla
bam.**bú**

bam.**bu**.co
ba.**nal**
ba.**na**.no, -na
ba.**nas**.ta
ban.ca
ban.**cal**
ban.**ca**.rio
ban.ca.**rro**.ta
ban.co
ban.da
ban.**da**.da
ban.de.**ar**.se
ban.**de**.ja
ban.**de**.ra
ban.de.**rí**.a
ban.de.**ri**.lla
ban.de.ri.**lle**.ro
ban.de.**ri**.zo
ban.de.**ro**.la
ban.di.**da**.je
ban.**di**.do
ban.do
ban.**do**.la
ban.do.**le**.ro
ban.**du**.llo
ban.**du**.rria
ban.**que**.ro
ban.**que**.ta
ban.**que**.te
ban.**qui**.llo
ba.**ñar**
ba.**ñe**.ra
ba.**ñis**.ta
ba.ño
bap.tis.**te**.rio
ba.**que**.ta *(vara)*
ba.**que**.**ta**.zo
ba.**quia**.no
bar
ba.**ra**.ja
ba.ra.**jar**
ba.**ran**.da
ba.ran.**dal**

ba.ran.**di**.lla
ba.ra.**ti**.ja
ba.ra.**ti**.llo
ba.**ra**.to
ba.ra.**ún**.da
bar.ba
bar.ba.**co**.a
bar.**ba**.do
bar.ba.ri.**dad**
bar.**ba**.rie
bar.ba.**ris**.mo
bar.ba.ri.**zar**
bár.ba.ro
bar.**bas**.co
bar.**be**.cho
bar.be.**rí**.a
bar.**be**.ro
bar.**bián**
bar.**bi**.lla
bar.bi.ta.**he**.ño
bar.bi.**tú**.ri.co
bar.bo.**que**.jo
bar.**bu**.do
bar.bu.**llar**
bar.bu.**que**.jo
bar.ca
bar.**ca**.je
bar.ca.**ro**.la
bar.**ca**.za
bar.ce.lo.**nés**
bar.**ci**.no
bar.co
bar.da
bar.do
bar.**gue**.ño
ba.rio *(metal)*
ba.**ri**.ta *(óxido)*
ba.**rí**.to.no
bar.lo.**ven**.to
bar.**niz**
ba.**ró**.me.tro
ba.**rón** *(título)*
bar.**que**.ro

bar.**qui**.llo, -lla
bar.qui.**na**.zo
ba.rra
ba.rra.ba.**sa**.da
ba.**rra**.ca
ba.**rran**.co
ba.**rre**.na
ba.rre.na.**dor**
ba.rren.**de**.ro
ba.**rrer**
ba.**rre**.ra
ba.**rria**.da
ba.rri.**ca**.da
ba.**rri**.ga
ba.rri.**gón**
ba.**rril**
ba.rrio
ba.rri.**zal**
ba.rro
ba.**rro**.co
ba.**rro**.so
ba.**rro**.te
ba.rrun.**tar**
bár.tu.los
ba.**ru**.llo
ba.sa *(de columna)*
ba.**sal**.to
ba.**sar**
bas.ca
bas.co.si.**dad**
bás.cu.la
ba.se
bá.si.co
ba.**sí**.li.ca
ba.si.**lis**.co
bás.quet.bol
bas.ta *(hilván)*
bas.ta *(de bastar)*
bas.**tan**.te
bas.tar
bas.tar.**di**.lla
bas.**tar**.do
bas.te.**ar**

bas.ti.**dor**
bas.**ti**.lla
bas.ti.**men**.to
bas.**tión**
bas.to (*de montura*)
bas.to, -ta (*tosco*)
bas.**tón**
bas.to.**na**.zo
ba.**su**.ra
ba.su.**re**.ro
ba.ta
ba.ta.**ca**.zo
ba.ta.**ho**.la
ba.**ta**.lla
ba.ta.**llar**
ba.ta.**llón**
ba.**tán**
ba.**ta**.ta
ba.te
ba.**te**.a
ba.te.a.**dor**
ba.te.**ar**
ba.**tel**
ba.te.**rí**.a
ba.**tey**
ba.ti.bo.**rri**.llo
ba.ti.**co**.la
ba.ti.**dor**
ba.**tien**.te
ba.ti.**ho**.ja
ba.tin.**tín**
ba.**tir**
ba.**tis**.ta
ba.to
ba.**tra**.cio
ba.tu.**rri**.llo
ba.**tu**.rro
ba.**tu**.ta
ba.**úl**
bau.**prés**
bau.**sán**
bau.tis.**mal**
bau.**tis**.mo

bau.ti.**zar**
bau.**ti**.zo
baux.**i**.ta
bá.va.ro
ba.ya (*fruto*)
ba.ya.**de**.ra
ba.**ye**.ta
ba.yo
ba.yo.**ne**.ta
ba.za (*de naipes*)
ba.zar (*tienda*)
ba.zo (*víscera*)
ba.**zo**.fia
be
be.a.ti.fi.ca.**ción**
be.**a**.to
be.**bé**
be.be.**di**.zo
be.**ber**
be.**bi**.da
be.ca
be.**ca**.rio
be.**ce**.rro
be.**del**
be.**dui**.no
be.**far**
be.fo
be.**go**.nia
béis.bol
be.**jín**
be.**ju**.co
bel.**dad**
bel.fo
bel.ga
be.li.**cis**.mo
bé.li.co
be.li.**co**.so
be.li.ge.**ran**.te
be.**lla**.co
be.lla.**do**.na
be.lla.que.**rí**.a
be.**lle**.za
be.llo (hermoso)

be.**llo**.ta
bem.bo
be.**mol**
ben.**ci**.na
ben.de.**cir** (*irr.*)
ben.de.ci.**rí**.a
ben.**di**.ces
ben.di.**ción**
ben.**di**.go, -ga
ben.**di**.je, -jo
ben.**di**.to
be.ne.dic.**ti**.no
be.ne.fac.**tor**
be.ne.fi.**cen**.cia
be.ne.fi.**ciar**
be.ne.fi.**cia**.rio
be.ne.**fi**.cio
be.ne.fi.**cio**.so
be.**né**.fi.co
be.ne.**mé**.ri.to
be.ne.**plá**.ci.to
be.ne.vo.**len**.cia
be.**né**.vo.lo
ben.**ga**.la
be.**nig**.no
ben.**juí**
be.o.**dez**
ber.be.**ris**.co
ber.bi.**quí**
be.re.**ber**
be.ren.**je**.na
ber.ga.**mo**.ta
ber.**gan**.te
ber.gan.**tín**
be.ri.**be**.ri
be.**ri**.lo
ber.**li**.na
ber.li.**nés**
ber.**me**.jo
ber.me.**llón**
be.rre.**ar**
be.**rri**.do
be.**rrin**.che

be.rro
ber.za
be.sar
be.so *(de besar)*
bes.te.zue.la
bes.tia
be.su.cón
be.su.go
be.ta *(letra griega)*
bet.le.mi.ta
be.tún
be.zo *(labio grueso)*
bi.be.rón
Bi.blia
bí.bli.co
bi.blió.fi.lo
bi.blio.gra.fí.a
bi.blio.ma.ní.a
bi.blio.te.ca
bi.blio.te.ca.rio
bi.ca.me.ral
bi.car.bo.na.to
bi.cen.te.na.rio
bí.ceps
bi.ci.cle.ta
bi.co.ca
bi.cho
bie.la
bien
bie.nal
bie.nan.dan.za
bie.na.ven.tu.ra.do
bie.na.ven.tu.ran.za
bie.nes.tar
bien.es.tar
bien.ha.da.do
bien.he.chor
bie.nio
bien.me.sa.be
bien.quis.to
bien.ve.ni.da
bies
bi.fo.cal

bi.fron.te
bif.tec
bi.fur.ca.ción
bi.ga.mia
bi.go.te
bi.ja
bi.ki.ni
bil.ba.í.no
bi.liar
bi.lin.güe
bi.lio.so
bi.lis
bi.llar
bi.lle.te
bi.llón
bi.ma.no
bi.mes.tre
bi.mo.tor
bi.nar
bi.na.rio
bi.nó.cu.lo
bi.no.mio
bio.gé.ne.sis
bio.ge.o.gra.fía
bio.gra.fí.a
bio.in.ge.nie.ría
bio.lo.gí.a
bio.ma
bio.ma.sa
biom.bo
biop.sia
bio.quí.mi.ca
bio.sín.te.sis
bio.tec.no.lo.gía
bióx.i.do
bí.pe.do
bi.pla.no
bi.po.lar
bi.rim.ba.o
bir.lar
bir.lo.cho
bir.ma.no
bi.rre.ta

bi.rre.te
bis.a.bue.lo
bi.sa.bue.lo
bi.sa.gra
bis.bi.se.o
bi.sec.ción
bi.sel
bi.se.ma.nal
bi.sies.to
bi.sí.la.bo
bis.mu.to
bis.nie.to
bi.so.jo
bi.son.te
bi.so.ño
bis.tec, bis.té
bis.tu.rí
bi.sul.fu.ro
bi.su.te.rí.a
bi.tá.co.ra
bi.to.que
bi.tu.mi.no.so
bi.val.vo
bi.zan.ti.no
bi.za.rrí.a
bi.za.rro
biz.co
biz.co.cho
biz.ma
biz.nie.to
biz.que.ar
blan.co
blan.cu.ra
blan.cuz.co
blan.de.ar
blan.den.gue
blan.dir
blan.do
blan.que.ar
blan.que.ci.no
blan.quiz.co
blas.fe.mar
blas.fe.mia

bla.so.**nar**
ble.do
ble.no.**rra**.gia
blin.**da**.je
blon.do
blo.que
blo.que.**ar**
blo.**que**.o
blu.sa
bo.a
bo.**a**.to
bo.be.**rí**.a
bo.**bi**.na
bo.bo
bo.ca
bo.ca.**ca**.lle
bo.ca.**caz**
bo.ca.**di**.llo
bo.**ca**.do
bo.**cal** (*jarro*)
bo.ca.**man**.ga
bo.ca.**na**.da
bo.**ca**.za
bo.**ce**.ra
bo.**ce**.to
bo.**ci**.na
bo.cio
bo.**cón**
bo.cha
bo.**chin**.che
bo.**chor**.no
bo.chor.**no**.so
bo.da
bo.**de**.ga
bo.de.**ga**.je
bo.de.**gue**.ro
bo.**do**.que
bo.drio
bo.fes
bo.fe.**ta**.da
bo.fe.**tón**
bo.ga
bo.**gar**

bo.har.**di**.lla
bo.**he**.mio
bo.**hí**.o
boi.co.te.**ar**
boi.na
boj
bo.ji.**gan**.ga
bo.la
bo.**la**.zo
bol.che.**vi**.que
bo.le.a.**do**.ras
bo.**le**.o
bo.**le**.ro
bo.le.**tín**
bo.**le**.to, -ta
bo.**li**.che
bó.li.do
bo.**li**.llo
bo.**li**.na
bo.li.va.**ria**.no
bo.li.**via**.no
bo.lo
bol.sa
bol.**si**.llo
bol.so
bo.llo
bom.ba
bom.**ba**.cho
bom.bar.de.**ar**
bom.bar.**de**.o de
   i.**de**.as
bom.bar.**de**.ro
bom.**bás**.ti.co
bom.**ba**.zo
bom.be.**ar**
bom.**be**.ro
bom.**bi**.lla
bom.**bi**.llo
bom.bo
bom.**bón**
bom.bo.**ne**.ra
bo.na.**chón**
bo.na.e.**ren**.se

bo.nan.**ci**.ble
bo.**nan**.za
bon.**dad**
bon.da.**do**.so
bo.ne.**ta**.zo
bo.**ne**.te
bo.**nia**.to
bo.ni.fi.ca.**ción**
bo.**ní**.si.mo
bo.**ni**.to
bo.no
bon.zo
bo.**ñi**.ga
bo.que.**ar**
bo.que.**rón**
bo.**que**.te
bo.quia.**bier**.to
bo.**qui**.lla
bó.rax
bor.bo.**llón**
bor.bo.**tón**
bor.da
bor.da.do
bor.**dar**
bor.de
bor.de.**ar**
bor.de.**ró**
bor.do
bor.**dón**
bo.re.**al**
bó.ri.co
bo.**ri**.cua
bo.rin.**ca**.no
bo.rin.**que**.ño
bor.la
bor.ne
bor.ne.**ar**
bo.ro
bo.rra
bo.rra.**che**.ra
bo.**rra**.cho
bo.**rra**.dor
bo.**rra**.ja

bo.rra.je.**ar**
bo.**rrar**
bo.**rras**.ca
bo.**rras**.**co**.so
bo.**rre**.go
bo.**rri**.co
bo.**rrón**
bo.rro.ne.**ar**
bo.**rro**.so
bos.**ca**.je
bos.**co**.so
bos.que
bos.que.**jar**
bos.**que**.jo
bos.ta
bos.te.**zar**
bos.**te**.zo
bo.ta *(calzado)*
bo.ta.**fue**.go
bo.ta.**lón**
bo.**tá**.ni.ca
bo.**tar** *(arrojar)*
bo.ta.**ra**.te
bo.te
bo.**te**.lla
bo.te.**lla**.zo
bo.**te**.ro
bo.**ti**.ca
bo.ti.**ca**.rio
bo.**ti**.ja
bo.ti.lle.**rí**.a
bo.**tín**
bo.ti.**quín**
bo.**tón**
bo.tu.**lis**.mo
bó.ve.da
bó.vi.dos
bo.**vi**.no
box.e.a.**dor**
box.e.**ar**
bo.ya
bo.**ya**.da
bo.**yan**.te

bo.ye.**ri**.zo
bo.**ye**.ro
bo.**yu**.no
bo.**zal**
bo.zo
bra.ce.**ar**
bra.**ce**.ro
brác.te.a
bra.ga
bra.**ga**.zas
bra.**gue**.ta
brah.**mán**
brah.**má**.ni.co
brai.lle
bra.**man**.te
bra.**mar**
bra.**mi**.do
bra.sa *(fuego)*
bra.**se**.ro
bra.si.**le**.ño
bra.**va**.ta
bra.**ve**.za
bra.**ví**.o
bra.vo
bra.**vu**.**cón**
bra.**vu**.ra
bra.za *(medida)*
bra.**za**.da
bra.**zal**
bra.za.**le**.te
bra.zo
bre.a
bre.**ba**.je
bré.co.les
bre.cha
bre.ga
bre.**gar**
bre.ña
bre.te
bre.**tón**
bre.va
bre.ve
bre.ve.**dad**

bre.**via**.rio
bre.zo
bri.**bón**
bri.da
bri.**dón**
bri.**ga**.da
bri.ga.**dier**
bri.**llan**.te
bri.llan.**tez**
bri.llan.**ti**.na
bri.**llar**
bri.llo
brin.**car**
brin.co
brin.dar
brin.dis
brí.o
brio.so
bri.sa
bris.ca
bri.**tá**.ni.co
briz.na
bro.ca
bro.**ca**.do
bro.cal
bro.cha
bro.**cha**.zo
bro.che
bro.**ma**.zo
bro.me.**ar**
bro.**mu**.ro
bron.ca
bron.ce
bron.ce.**a**.do
bron.**cí**.ne.o
bron.co
bron.co.neu.mo.**ní**.a
bron.quio
bron.**qui**.tis
bro.**quel**
bro.**tar**
bro.te
bro.za

bru.ces (de)
bru.ja
bru.je.rí.a
bru.jir
bru.jo
brú.ju.la
bru.ju.le.ar
bru.ma
bru.ma.zón
bru.ñen.do
bru.ñe.ra
bru.ñir *(irr.)*
bru.ñó
brus.co
brus.que.dad
bru.tal
bru.to
bu.bó.ni.co
bu.cal
bu.ca.ne.ro
bú.ca.ro
bu.ce.ar
bu.cé.fa.lo
bu.cle
bu.có.li.co
bu.che
bu.dín
bu.dis.mo
bue.na.ven.tu.ra
bue.ní.si.mo
bue.no

buey
bú.fa.lo
bu.fan.da
bu.far
bu.fe.te
bu.fi.do
bu.fón
bu.gan.vi.lla
bu.har.di.lla
bú.ho
bu.ho.ne.ro
bui.tre
bui.trón
bu.jí.a
bu.la
bul.bo
bu.le.var
búl.ga.ro
bul.to
bu.lla
bu.llan.gue.ro
bu.llen.do
bu.lle.ra
bu.lli.cio
bu.lli.cio.so
bu.llir *(irr. v.*
    bullendo)
bu.lló
bu.llón
bu.me.rang
bu.ñue.lo

bu.que
bu.qué
bur.bu.ja
bur.bu.je.ar
bur.del
bur.do
bur.gués
bu.ril
bur.la
bur.la.de.ro
bur.lar
bur.les.co
bur.lón
bu.ro.cra.cia
bu.ró.cra.ta
bu.rro
bur.sá.til
bur.si.tis
bus.ca
bus.ca.piés
bus.car
bus.cón
bu.si.lis
bús.que.da
bus.to
bu.ta.ca
bu.ti.fa.rra
bu.zo
bu.zón

C

ca.bal
cá.ba.la
ca.bal.ga.du.ra
ca.bal.ga.ta
ca.ba.li.dad
ca.ba.llar
ca.ba.lle.res.co

ca.ba.lle.rí.a
ca.ba.lle.ri.za
ca.ba.lle.ro
ca.ba.lle.ro.si.dad
ca.ba.lle.te
ca.ba.llo
ca.ba.llón

ca.ba.ña
ca.ba.ré, -ret
ca.be.ce.ar
ca.be.ce.ra
ca.be.ci.du.ro
ca.be.ci.lla
ca.be.lle.ra

ca.**be**.llo
ca.**ber** *(irr. v. cabré,*
   cabría, cupe,
   quepo)
ca.bes.**tri**.llo
cá.**bes**.tro
ca.**be**.za
ca.**be**.za ex.plo.**si**.va
ca.**be**.za.da
ca.**be**.zal
ca.**be**.za.zo
ca.**be**.zón
ca.**be**.zo.te
ca.**be**.zu.do
ca.**bi**.da
ca.bil.**de**.o
ca.bil.**de**.ro
ca.**bil**.do
ca.**bi**.na
ca.bi.**ne**.ro
ca.biz.**ba**.jo
ca.ble
ca.ble.gra.**fiar**
ca.ble.gra.ma
ca.bo
ca.bo.**ta**.je
ca.bra
ca.bra.**hí**.go
ca.**bré**, - **brás**
ca.bre.**ri**.zo
ca.bres.**tan**.te
ca.bria
ca.**brí**.a
ca.bri.lle.**ar**
ca.brio *(madero)*
ca.**brí**.o *(de cabra)*
ca.**brio**.la
ca.bri.**ti**.lla
ca.**bu**.ya
ca.ca.**hual**
ca.ca.**hua**.te
ca.ca.**hue**.te
ca.**ça**.o

ca.ca.o.**tal**
ca.ca.re.**ar**
ca.ca.**ri**.zo
ca.ca.**tú**.a
ca.ce.**rí**.a
ca.ce.**ro**.la
ca.ci.**caz**.go
ca.**ci**.que
ca.ci.**quis**.mo
ca.co
ca.co.fo.**ní**.a
cac.to
ca.cu.men
ca.cha
ca.cha.**lo**.te
ca.**cha**.rro
ca.**cha**.za
ca.che.**ar**
ca.**che**.te
ca.**chim**.bo, -ba
ca.chi.po.**rra**.zo
ca.chi.**va**.che
ca.cho
ca.**cho**.rro
ca.**chu**.cha
ca.da
ca.**dal**.so
ca.**dá**.ver
ca.**de**.jo
ca.**de**.na
ca.**den**.cia
ca.de.**ne**.ta
ca.**de**.ra
ca.**de**.te
ca.**di**.llo
cad.mio
ca.du.**ce**.o
ca.du.ci.**dad**
ca.du.ci.**fo**.lio
ca.**du**.co
ca.**er** *(irr. v. caigo,*
   cayera)
ca.**fé**

ca.fe.**í**.na
ca.fe.**tal**
ca.fe.ta.**le**.ro
ca.fe.**te**.ra
ca.fe.te.**rí**.a
ca.fe.**te**.ro
ca.**fe**.to
ca.fi.cul.**tor**
ca.**í**.da
cai.go, -gas
cai.**mán**
cai.**mi**.to
ca.ja
ca.**je**.ro
ca.je.**ti**.lla
ca.**jis**.ta
ca.**jón**
ca.jo.ne.**rí**.a
cal
ca.la.**ba**.za
ca.la.**bo**.zo
ca.la.**bro**.te
ca.**la**.do
ca.la.fa.te.**ar**
ca.la.**mar**
ca.**lam**.bre
ca.la.mi.**dad**
ca.la.mi.**to**.so
ca.**lan**.dria
ca.**lar**
ca.la.ve.ra
ca.la.ve.**ra**.da
cal.ca.**ñal**
cal.ca.**ñar**
cal.**car**
cal.**cá**.re.o
cal.ce
cal.**ce**.ta
cal.ce.**tín**
cal.ci.fi.ca.**ción**
cal.ci.**nar**
cal.cio
cal.co.ma.**ní**.a

cal.cu.**lar**
cál.cu.lo
cal.de.**ar**
cal.**de**.o
cal.**de**.ra
cal.**de**.ro
cal.de.**rón**
cal.do
ca.le.fac.**ción**
ca.lei.dos.**co**.pio
ca.len.**da**.rio
ca.**lén**.du.la
ca.len.ta.**dor**
ca.len.**tar** *(irr. v. _ caliente)*
ca.len.**ti**.to
ca.len.**tón**
ca.len.**tu**.ra
ca.len.tu.**rien**.to
ca.**le**.ra
ca.**le**.sa
ca.**le**.ta
ca.**le**.tre
ca.li.bra.**ción**
ca.li.bra.**dor**
ca.**li**.bre
ca.li.**can**.to
ca.li.**có**
ca.**li**.che
ca.li.**dad**
cá.li.do
ca.li.dos.**co**.pio
ca.**lien**.te
ca.**lien**.to
ca.**li**.fa
ca.li.fi.**ca**.ble
ca.li.fi.ca.**ción**
ca.li.fi.**car**
ca.li.fi.ca.**ti**.vo
ca.li.gi.**no**.so
ca.li.gra.**fí**.a
ca.lis.**te**.nia
cá.liz

ca.**li**.zo
cal.ma
cal.**man**.te
cal.**mar**
cal.**mo**.so
ca.lo.**frí**.o
ca.lo.**mel**
ca.**lor**
ca.lo.**rí**.a
ca.**ló**.ri.co
ca.lo.**rí**.fe.ro
ca.lo.**rí**.fi.co
ca.**los**.tro
ca.**lum**.nia
ca.lum.**niar**
ca.lu.**ro**.so
cal.va
cal.**va**.rio
cal.**vi**.cie
cal.vo
cal.za
cal.**za**.da
cal.**za**.do
cal.**zar**
cal.**zón**
cal.zo.**na**.zos
cal.zon.**ci**.llos
ca.**lla**.do *(silencioso)*
ca.llan.**di**.to
ca.**llar**
ca.lle
ca.**lle**.ja
ca.lle.**je**.ro
ca.lle.**jue**.la
ca.lli.**ci**.da
ca.**llis**.ta
ca.llo
ca.**lló** *(de callar)*
ca.llo.si.**dad**
ca.ma
ca.**ma**.da
ca.ma.**fe**.o
ca.ma.le.**ón**

ca.**mán**.du.la
cá.ma.ra
ca.ma.**ra**.da
ca.ma.ra.de.**rí**.a
ca.ma.ran.**chón**
ca.ma.**re**.ro
ca.ma.**ri**.lla
ca.ma.**rón**
ca.ma.**ro**.te
cam.ba.**la**.che
cam.**bian**.te
cam.**biar**
cam.**bia**.zo
cam.**bi**.ja
cam.**bio**
cam.**bis**.ta
cam.**bu**.jo
cam.**bur**
ca.**me**.lia
ca.**me**.llo
ca.me.**llón**
ca.**mi**.lla
ca.mi.**nan**.te
ca.mi.**nar**
ca.mi.**na**.ta
ca.mi.**ne**.ro
ca.**mi**.no
ca.**mión**
ca.mio.**na**.je
ca.mio.**ne**.ta
ca.**mi**.sa
ca.mi.se.**rí**.a
ca.mi.**se**.ta
ca.mi.**so**.la
ca.**mo**.rra
ca.**mo**.te
cam.**pal**
cam.pa.**men**.to
cam.**pa**.na
cam.pa.**na**.da
cam.pa.**na**.rio
cam.pa.**ne**.ro
cam.pa.ni.**lla**.zo

cam.**pan**.te
cam.pa.**nu**.do
cam.**pa**.ña
cam.pe.a.**dor**
cam.pe.**ar**
cam.pe.**cha**.no
cam.pe.**ón**
cam.pe.o.**na**.to
cam.pe.**si**.no
cam.**pes**.tre
cam.**pi**.ña
cam.po
cam.po.**san**.to
ca.mu.**fla**.je
can
ca.na
ca.na.**dien**.se
ca.**nal**
ca.na.li.za.**ción**
ca.**na**.lla
ca.na.**lles**.co
ca.**na**.na
ca.na.**pé**
ca.**na**.rio
ca.**nas**.ta
ca.**nas**.**ti**.llo
ca.**nas**.to
can.**cel**
can.ce.la.**ción**
can.ce.**lar**
cán.cer
can.cer.**be**.ro
can.ce.**ro**.so
can.ci.**ller**
can.**ción**
can.cio.**ne**.ro
can.cio.**nis**.ta
can.cha
can.**da**.do
can.**de**.la
can.de.**la**.bro
can.de.**la**.ria
can.de.**le**.ro

can.de.**li**.lla
can.**den**.te
can.di.da.ti.**zar**
can.di.**da**.to
can.di.**dez**
cán.di.do
can.**dil**
can.di.**le**.ja
can.**don**.go
can.**dor**
can.do.**ro**.so
ca.**ne**.ca
ca.**ne**.la
ca.ne.**lón**
ca.ne.**sú**
ca.**ney**
can.gi.**lón**
can.gre.**je**.ro
can.**gre**.jo
can.**gu**.ro
ca.**ní**.bal
ca.**ni**.cie
ca.**ní**.cu.la
ca.**ni**.jo
ca.**ni**.lla
ca.ni.**lli**.ta
ca.**ni**.no
can.je
ca.no
ca.**no**.a
ca.**nó**.dro.mo
ca.non
ca.**nó**.ni.go
ca.no.ni.**za**.ble
ca.no.ni.za.**ción**
ca.non.**jí**.a
ca.**no**.ro
ca.**no**.so
can.**san**.cio
can.**sar**
can.**se**.ra
can.**si**.no
can.**tá**.bri.co

can.ta.**dor**
can.ta.**le**.ta
can.**tan**.te
can.**tar**
can.**tá**.ri.da
can.ta.**rín**
cán.ta.ro
can.**ta**.ta
can.**ta**.zo
can.**te**.ra
can.te.**rí**.a
cán.ti.co
can.ti.**dad**
can.**ti**.ga
cán.ti.ga
can.**til**
can.ti.**le**.na
can.tim.**plo**.ra
can.**ti**.na
can.ti.**ne**.la
can.ti.**ne**.ro
can.to
can.**tón**
can.**tor**
can.tu.rre.**ar**
cá.nu.la
ca.**nu**.to
ca.ña
ca.**ña**.da
ca.ña.du.**zal**
ca.ña.**fís**.tu.la
ca.ña.**ma**.zo
ca.ña.me.**lar**
cá.ña.mo
ca.ña.ve.**ral**
ca.**ña**.zo
ca.ñe.**rí**.a
ca.ño
ca.**ñón**
ca.ño.**na**.zo
ca.ño.ne.**ar**
ca.**ñu**.to
ca.**o**.ba

ca.os
ca.ó.ti.co
ca.pa
ca.pa.ce.te
ca.pa.ci.dad
ca.pa.ci.tar
ca.par
ca.pa.ra.zón
ca.pa.rro.sa
ca.pa.taz
ca.paz
cap.cio.so
ca.pe.ar
ca.pe.lla.da
ca.pe.llán
ca.pe.lli.na
ca.pe.ru.za
ca.pi.ba.ra
ca.pi.lar
ca.pi.la.ri.dad
ca.pi.lla
ca.pi.ro.ta.zo
ca.pi.ro.te
ca.pi.sa.yo
ca.pi.tal
ca.pi.ta.li.no
ca.pi.ta.lis.ta
ca.pi.ta.li.za.ción
ca.pi.tán
ca.pi.ta.ne.ar
ca.pi.ta.ni.a
ca.pi.tel
ca.pi.to.lio
ca.pi.to.so
ca.pi.tu.la.ción
ca.pi.tu.lar
ca.pí.tu.lo
ca.po.ral
ca.po.ta
ca.po.ta.zo
ca.po.te
Ca.pri.cor.nio
ca.pri.cho

ca.pri.cho.so
cáp.su.la
cap.ta.ción
cap.tar
cap.tu.rar
ca.pu.cha
ca.pu.chi.no
ca.pu.lí
ca.pu.llo
ca.puz
ca.quex.ia
ca.qui
ca.ra
ca.ra.ba.o
ca.ra.be.la
ca.ra.bi.na
ca.ra.bi.na.zo
ca.ra.bi.ne.ro
ca.ra.col
ca.rác.ter
ca.rac.te.rís.ti.co
ca.rac.te.ri.zar
ca.ra.cho.so
ca.ra.man.chel
¡ca.ram.ba!
ca.rám.ba.no
ca.ram.bo.la
ca.ra.me.lo
ca.ra.mi.llo
ca.ra.o.ta
ca.ra.pa.cho
ca.ra.pul.ca
ca.ra.que.ño
ca.rá.tu.la
ca.ra.va.na
¡ca.ray!
car.bo.hi.dra.tos
car.bón
car.bo.na.to
car.bon.ci.llo
car.bo.ne.ro
car.bó.ni.co
car.bo.ni.za.ción

car.bo.no
car.bo.run.do
car.bu.ra.ción
car.bu.ra.dor
car.caj
car.ca.ja.da
cár.ca.va
cár.cel
car.ce.la.rio
car.ce.le.ro
car.ci.no.ma
cár.co.la
car.co.ma
car.co.mer
car.da.dor
car.de.nal
car.de.na.laz.go
car.de.na.li.cio
car.de.ni.llo
cár.de.no
car.dia.co
car.di.nal
car.dio.lo.gí.a
car.di.zal
car.do
ca.re.ar *(cotejar)*
ca.re.cer *(irr. v.*
  carezco)
ca.ren.cia
ca.re.o
ca.res.tí.a
ca.re.la
ca.rey
ca.rez.co
car.ga
car.ga.dor
car.ga.men.to
car.gar
car.ga.zón
car.go
ca.ri.a.con.te.ci.do
ca.ria.do
ca.riar *(corroer)*

ca.**ri**.be
ca.ri.ca.**tu**.ra
ca.ri.ca.tu.**ris**.ta
ca.**ri**.cia
ca.**ri**.**dad**
ca.ries
ca.**ri**.lla
ca.ri.**llón**
ca.**rim**.bo
ca.**ri**.ño
ca.**ri**.**ño**.so
ca.**rio**.ca
ca.**ris**.ma
ca.ri.ta.**ti**.vo
ca.**riz**
car.**lan**.ca
car.**lin**.ga
car.me.**li**.ta
car.me.**sí**
car.**mín**
car.**na**.da
car.**nal**
car.na.**val**
car.**na**.za
car.ne
car.**ne**.ro
car.**net**
car.ni.ce.**rí**.a
car.ni.**ce**.ro
car.ni.fi.ca.**ción**
car.**ní**.vo.ro
car.no.si.**dad**
car.**no**.so
ca.ro
ca.**ro**.na
ca.ro.**ti**.na
ca.**ro**.zo
car.**pe**.ta
car.pe.**ta**.zo
car.pin.te.**rí**.a
car.pin.**te**.ro
car.po
ca.rras.**pe**.ra

ca.**rre**.ra
ca.**rre**.ta
ca.rre.**ta**.je
ca.**rre**.te
ca.rre.**te**.**ar**
ca.rre.**te**.ra
ca.rre.**te**.ro
ca.rre.**ti**.lla
ca.rre.**tón**
ca.**rriel**
ca.**rril**
ca.rri.**le**.ra
ca.**rri**.llo
ca.rri.**zal**
ca.**rri**.zo
ca.rro
ca.rro.ce.**rí**.a
ca.rro.**ma**.to
ca.**rro**.ña
ca.**rro**.za
ca.**rrua**.je
ca.rru.**sel**
car.**ta**
car.ta.**bón**
car.ta.ge.**ne**.ro
car.ta.gi.**nés**
car.ta.**pa**.cio
car.te.**ar**
car.**tel**
car.te.**le**.ra
car.**te**.ra
car.te.**ris**.ta
car.**te**.ro
car.ti.la.gi.**no**.so
car.**tí**.la.go
car.**ti**.lla
car.to.gra.**fí**.a
car.to.**man**.cia
car.**tón**
car.to.**na**.je
car.**tu**.cho
car.tu.**li**.na
ca.sa *(edificio)*

ca.**sa**.be
ca.**sa**.ca
ca.sa.**ción**
ca.sa.**de**.ro
ca.sa.**mien**.to
ca.**sar**.se
cas.ca.**bel**
cas.**ca**.da
cas.**ca**.jo
cas.ca.**nue**.ces
cás.ca.ra
cas.ca.**ri**.lla
cas.ca.**rra**.bias
cas.co
cas.**co**.te
ca.se.**rí**.o
ca.**se**.ro
ca.**se**.ta
ca.**se**.te
ca.si
ca.**si**.lla
ca.si.**mir**
ca.si.**ne**.te
ca.**si**.no
ca.so
ca.**so**.rio
cas.pa
¡**cás**.pi.ta!
cas.**que**.te
cas.**qui**.llo
cas.qui.**va**.no
cas.ta
cas.**ta**.ña
cas.ta.ñe.**te**.o
cas.**ta**.ño
cas.ta.**ñue**.la
cas.te.**lla**.ni.zar
cas.te.**lla**.no
cas.ti.**cis**.mo
cas.ti.**dad**
cas.ti.**gar**
cas.**ti**.go
cas.**ti**.llo

cas.**ti**.zo
cas.to
cas.**tor**
cas.tra.**ción**
cas.**tren**.se
ca.**sual**
ca.sua.li.**dad**
ca.**suís**.ti.co
ca.**su**.lla
ca.sus **be**.lli
ca.ta.**clis**.mo
ca.ta.**cum**.ba
ca.ta.**dor**
ca.ta.**du**.ra
ca.ta.**lán**
ca.ta.**le**.jo
ca.ta.**lep**.sia
ca.**tá**.li.sis
ca.ta.li.za.**dor**
ca.ta.lo.ga.**ción**
ca.**tá**.lo.go
ca.ta.**plas**.ma
¡ca.ta.**plum**!
ca.**tar**
ca.ta.**ra**.ta
ca.**ta**.rro
ca.**tár**.ti.co
ca.**tas**.tro
ca.**tás**.tro.fe
ca.tas.**tró**.fi.co
ca.te.**cis**.mo
ca.te.**cú**.me.no
cá.te.dra
ca.te.**dral**
ca.te.**drá**.ti.co
ca.te.go.**rí**.a
ca.te.**gó**.ri.co
ca.te.**quis**.ta
ca.te.qui.**zar**
ca.**ter**.va
ca.to.li.ci.**dad**
ca.to.li.**cis**.mo
ca.**tó**.li.co

ca.to.li.**zar**
ca.**tor**.ce
ca.tor.ce.**a**.vo
ca.tor.**ce**.no
ca.tor.**za**.vo
ca.tre
cau.**cá**.si.co
cau.ce
cau.**ción**
cau.cho
cau.**dal**
cau.da.**lo**.so
cau.di.**lla**.je
cau.**di**.llo
cau.sa
cau.sa.ha.**bien**.te
cau.**san**.te
cau.**sar**
cau.sa.**ti**.vo
cáus.ti.co
cau.**te**.la
cau.te.**lo**.so
cau.te.ri.za.**ción**
cau.ti.va.**dor**
cau.ti.**var**
cau.ti.**ve**.rio
cau.ti.vi.**dad**
cau.**ti**.vo
cau.to
ca.**var**
ca.va.**ti**.na
ca.**ver**.na
ca.**viar**
ca.vi.**dad**
ca.vi.la.**ción**
ca.vi.**lar**
ca.vi.**lo**.so
ca.**ya**.do *(báculo)*
ca.**ye**.ra
ca.yo
ca.**yó** *(de caer)*
caz
ca.za *(de cazar)*

ca.**za**.be
ca.za.**dor**
ca.**zar** *(perseguir
    animales)*
ca.**zue**.la
ca.**zu**.rro
ce.**ba**.da
ce.**bar**
ce.**bi**.che (seviche)
ce.bo *(alimento)*
ce.**bo**.lla
ce.bra (zebra)
ce.**bú**
ce.ce.**ar**
ce.**ce**.o
ce.**ci**.na
ce.**da**.zo
ce.**der**
ce.**di**.lla (zedilla)
ce.dro
ce.**drón**
cé.du.la
ce.fa.**lal**.gia
ce.fa.lo.rra.**quí**.de.o
cé.fi.ro
ce.**gar** *(quedar ciego;
    irr. v. ciega,
    ciegue)*
ce.**ga**.to
ce.gue.**dad**
ce.**gue**.ra
cei.ba
ce.ja
ce.**jar**
ce.**la**.da
ce.**la**.dor
ce.**la**.je
ce.**lar**
cel.da
cel.**di**.lla
ce.le.**bé**.rri.mo
ce.le.bra.**ción**
ce.le.**brar**

cé.le.bre
ce.le.bri.**dad**
ce.le.**mín**
ce.le.ri.**dad**
ce.**les**.te
ce.**les**.**tial**
ce.**les**.**ti**.na
ce.li.**ba**.to
ce.lo
ce.lo.**sí**.a
ce.**lo**.so
cel.si.**tud**
cel.ta
cel.ti.**bé**.ri.co
cel.**tí**.be.ro
cé.lu.la
ce.lu.**lar**
ce.lu.**loi**.de
ce.lu.**lo**.sa
ce.**llis**.ca
ce.llo *(aro)*
ce.men.**te**.rio
ce.**men**.to
cé.na *(comida)*
ce.**ná**.cu.lo
ce.na.**dor** *(de cenar)*
ce.na.**go**.so
ce.**nar** *(comer)*
cen.**ce**.ño
cen.**ce**.rro
cen.**dal**
ce.**ne**.fa
ce.ni.**ce**.ro
ce.ni.**cien**.to
ce.**nit**
ce.**ni**.za
ce.**ni**.zo
cé.no.**bi**.ta
cen.**sar**
cen.so
cen.**sor**
cen.**sual** *(del censo)*
cen.**su**.ra

cen.su.**rar**
cen.**tau**.ro
cen.**ta**.vo
cen.**te**.lla
cen.te.**llan**.te
cen.te.lle.**an**.te
cen.**te**.na
cen.**te**.**na**.rio
cen.**te**.no
cen.**té**.si.mo
cen.ti.**á**.re.a
cen.**tí**.gra.do
cen.ti.**gra**.mo
cen.ti.**li**.tro
cen.**tí**.me.tro
cén.ti.mo
cen.ti.**ne**.la
cen.**to**.lla
cen.**tón**
cen.**tra**.do
cen.**tral**
cen.tra.**lis**.ta
cen.tra.li.za.**ción**
cen.tra.li.**zar**
cen.**trar**
cén.tri.co
cen.**trí**.fu.go
cen.**trí**.pe.to
cen.tro
cen.tro.a.me.ri.**ca**.no
cen.tro.**so**.ma
cen.tu.pli.**car**
cen.**tu**.ria
cen.tu.**rión**
cen.**zon**.te
cen.**zon**.tle (sinsonte)
ce.**ñir** *(irr. v. ciñera)*
ce.ño
ce.**ñu**.do
ce.pa
ce.pi.**llar**
ce.**pi**.llo
ce.po

ce.ra *(sustancia)*
ce.**rá**.mi.ca
ce.**ra**.mio
cer.ba.**ta**.na
cer.ca
cer.**ca**.do
cer.ca.**ní**.a
cer.**ca**.no
cer.**car**
cer.ce.**nar**
cer.cio.**rar**
cer.co
cer.cha
cer.da
cer.do
cer.**do**.so
ce.re.**al**
ce.re.**be**.lo
ce.re.**bral**
ce.**re**.bro
ce.re.**mo**.nia
ce.re.mo.**nial**
ce.re.mo.**niá**.ti.co
ce.re.mo.**nio**.so
cé.re.o
ce.re.**rí**.a
ce.**re**.za
ce.**ri**.lla
cer.**ner** *(v. cernir)*
cer.**ní**.ca.lo
cer.**nir** *(irr. v. cierna)*
ce.ro
ce.**ro**.te
cer.**qui**.llo
ce.**rra**.do
ce.rra.**du**.ra
ce.rra.**je**.ro
ce.**rrar** *(irr. v.
  cierro)*
ce.rra.**zón**
ce.**rre**.ro
ce.**rril**
ce.rro

ce.**rro**.jo
cer.**ta**.men
cer.**te**.ro
cer.**te**.za
cer.ti.**dum**.bre
cer.ti.fi.ca.**ción**
cer.ti.fi.**ca**.do
cer.ti.fi.**car**
ce.**rú**.le.o
cer.**val**
cer.**va**.to
cer.ve.ce.**rí**.a
cer.**ve**.za
cer.**viz**
cer.**vu**.no
ce.**san**.te
ce.san.**tí**.a
cé.sar
ce.**sar**
ce.**sá**.re.o
ce.sa.**ris**.mo
ce.**si**.ble
ce.**sión**
cés.ped
ces.ta
ces.to
ce.**su**.ra
ce.ta *(zeta)*
ce.**tá**.ce.o
ce.tre.**rí**.a
ce.**tri**.no
ce.tro
cia.na.**mi**.da
cia.no.**ti**.pia
cia.**nu**.ro
ciá.ti.ca
ci.ber.**né**.ti.ca
ci.ca.**te**.ro
ci.ca.**triz**
ci.ca.tri.za.**ción**
ci.ce.**ro**.ne
cí.cli.co
ci.**clis**.ta

ci.clo
ci.clo e.co.**nó**.mi.co
ci.**clón**
cí.clo.pe
ci.clo.**trón**
ci.**cu**.ta
ci.dra
cie.ga *(de cegar)*
cie.ga.**men**.te
cie.go *(que no ve)*
cie.go *(de cegar)*
cie.gue *(de cegar)*
cie.lo
ciem.**piés**
cié.na.ga
cien.cia
cie.no
cien.**tí**.fi.co
cien.to
cier.na
cier.ne
cier.no
cie.rra *(de cerrar)*
cie.rre
cie.rro
cier.ta.**men**.te
cier.to
cier.vo *(venado)*
cier.zo
ci.fra
ci.**frar**
ci.**ga**.rra
ci.ga.rre.**rí**.a
ci.ga.**rre**.ro
ci.ga.**rri**.llo
ci.**ga**.rro
ci.go.**má**.ti.co
ci.go.**ñal** *(pértiga)*
ci.**go**.to
ci.**güe**.ña
ci.güe.**ñal** *(eje)*
ci.**lan**.tro
ci.**liar**

ci.**li**.cio
ci.lin.**drar**
ci.**lín**.dri.co
ci.**lin**.dro
ci.ma *(cumbre)*
ci.ma.**rrón**
cím.ba.los
cim.**bo**.rrio
cim.bra
cim.**brar**
cim.bre.**an**.te
ci.men.ta.**ción**
ci.men.**tar** *(irr. v.
    cimiente)*
ci.**me**.ra
ci.**me**.ro
ci.**mien**.te
ci.**mien**.to
ci.mi.**ta**.rra
ci.**na**.brio
cinc (zinc)
cin.**cel**
cin.co
cin.co.gra.**fí**.a
cin.**cuen**.ta
cin.cuen.**ta**.vo
cin.cuen.**te**.na
cin.cuen.te.**na**.rio
cin.cuen.**tón**
cin.cha
cin.cho
ci.nc
ci.ne.**gé**.ti.ca
ci.**ne**.ma
ci.ne.**má**.ti.ca
ci.ne.ma.to.gra.**fí**.a
ci.ne.**ra**.rio
ci.**né**.ti.co
cin.ga.**lés**
cín.ga.ro
cin.**glar**
cín.gu.lo
cí.ni.co

ci.**nis**.mo
cin.ta
cin.ta.**ra**.zo
cin.ta.re.**ar**
cin.ti.**lar**
cin.to
cin.**tu**.ra
cin.tu.**rón**
ci.ña, -ñas
ci.**ñen**.do
ci.**ñe**.ra
ci.ño
ci.po
ci.**prés**
cir.co
cir.**cón**
cir.**cuir** *(irr. v.*
   circuyo)
cir.**cui**.to
cir.cu.la.**ción**
cir.cu.**lar**
cir.cu.la.**to**.rio
cír.cu.lo
cir.cun.ci.**dar**
cir.cun.ci.**sión**
cir.cun.**dar**
cir.cun.fe.**ren**.cia
cir.cun.**fle**.jo
cir.cun.lo.cu.**ción**
cir.cun.na.ve.**gar**
cir.cuns.cri.**bir**
cir.cuns.crip.**ción**
cir.cuns.pec.**ción**
cir.cuns.**tan**.cia
cir.cuns.**tan**.te
cir.cun.va.la.**ción**
cir.cun.ve.**ci**.no
cir.cun.vo.**lar**
cir.cun.vo.lu.**ción**
cir.**cu**.yo
ci.**rial**
ci.ri.**ne**.o
ci.rio

ci.**rro**.sis
ci.**rue**.la
ci.ru.**gí**.a
ci.ru.**ja**.no
cis.co
cis.ma
cis.**má**.ti.co
cis.ne
cis.ter.**cien**.se
cis.**ter**.na
cis.**ti**.tis
ci.**su**.ra
ci.ta
ci.ta.**ción**
ci.**tar**
cí.ta.ra
ci.te.**rior**
ci.**tó**.fono
ci.to.lo.**gí**.a
cito.**plas**.ma
ci.**tra**.to
cí.tri.co
ciu.**dad**
ciu.da.da.**ní**.a
ciu.da.**de**.la
cí.vi.co
ci.**vil**
ci.vi.li.**dad**
ci.vi.**lis**.mo
ci.vi.li.za.**ción**
ci.vi.li.**zar**
ci.**vis**.mo
ci.**za**.lla
ci.**za**.ña
cla.**mar**
cla.**mor**
cla.mo.**ro**.so
clan.des.**ti**.no
cla.que
cla.ra
cla.ra.**bo**.ya
cla.ra.**men**.te
cla.re.**ar**

cla.**re**.za
cla.ri.**dad**
cla.ri.fi.ca.**ción**
cla.**rín**
cla.ri.**ne**.te
cla.**ri**.sa
cla.ri.vi.**den**.cia
cla.ro
cla.**ror**
cla.ros.**cu**.ro
cla.se
cla.si.**cis**.mo
clá.si.co
cla.si.fi.ca.**ción**
clau.di.ca.**ción**
claus.tro
claus.tro.**fo**.bia
cláu.su.la
clau.**su**.ra
cla.**var**
cla.va.**zón**
cla.ve
cla.**vel**
cla.ve.**lli**.na
cla.ve.te.**ar**
cla.vi.**cor**.dio
cla.**ví**.cu.la
cla.**vi**.ja
cla.vo
clax.on
cle.**men**.cia
clep.**si**.dra
clep.to.ma.**ní**.a
cle.re.**cí**.a
cle.ri.ca.**lis**.mo
clé.ri.go
cle.ro
cli.**ché** (clisé)
clien.**te**.la
cli.ma
cli.ma.to.lo.**gí**.a
clí.max
clí.ni.ca

cli.**sé** (cliché)
clo.**a**.ca
clon
clo.que.**ar**
clor.**hí**.dri.co
clo.ro
clo.ro.**fi**.la
clo.ro.for.mi.**zar**
clo.ro.mi.ce.**ti**.na
clo.**ro**.sis
clo.**ru**.ro
club
clue.co
co.a
co.ac.**ción**
co.ad.ju.**tor**
co.ad.yu.**var**
co.a.gu.la.**ción**
co.**á**.gu.lo
co.a.li.**ción**
co.ar.**tar**
co.a.**tí**
co.ba
co.**bal**.to
co.**bar**.de
co.bar.**dí**.a
co.**ba**.yo
co.ber.**ti**.zo
co.ber.**tor**
co.ber.**tu**.ra
co.**bi**.ja
co.bi.**jar**
co.bra
co.**bran**.za
co.**brar**
co.bre
co.**bri**.zo
co.ca.**í**.na
coc.**ción**
cóc.cix
co.ce.**ar**
co.**cer** (cocinar; irr.
  v. cuece, cuezo)

co.**ci**.do (guisado)
co.**cien**.te
co.**cien**.te de
  in.te.li.**gen**.cia
co.ci.**mien**.to
co.**ci**.na
co.ci.**ne**.ro
co.co
co.co.**dri**.lo
có.co.ra
co.co.**te**.ro
coc.**tel**
co.**cu**.yo
co.che
co.**che**.ra
co.**che**.ro
co.chi.**ni**.lla
co.**chi**.no
co.chi.**tril**
co.**da**.zo
có.di.ce
co.**di**.cia
co.di.**ci**.lo
co.di.**cio**.so
co.di.fi.ca.**ción**
có.di.go
co.**di**.llo
co.do
co.dor.**niz**
co.e.du.ca.**ción**
co.e.fi.**cien**.te
co.er.**ción**
co.er.ci.**ti**.vo
co.ex.is.**ten**.cia
co.fia
co.fra.**dí**.a
co.fre
co.**ger**
co.gi.ta.**bun**.do
co.gi.ta.**ción**
cog.ni.**ción**
co.**go**.llo
co.go.**ta**.zo

co.**go**.te
co.**gu**.lla
co.ha.bi.**tar**
co.**he**.cho
co.he.**ren**.cia
co.he.**sión**
co.he.**si**.vo
co.**he**.te
co.**he**.te
  a.ce.le.ra.**dor**
co.hi.**bir**
co.**hom**.bro
co.ho.nes.**tar**
co.**hor**.te (tropa)
coi.ma
coin.ci.**den**.cia
coi.to
co.je.**ar**
co.**je**.ra
co.**jín**
co.ji.**ne**.te
co.jo
col
co.la
co.la.bo.ra.**ción**
co.la.**ción**
co.la.**de**.ra
co.la.**dor**
co.la.**ni**.lla
co.la.**pez**
co.la.**pis**.cis
co.**lap**.so
co.**lar** (irr. v. cuela)
co.la.te.**ral**
col.cha
col.**chón**
col.cho.**ne**.ta
co.lec.**ción**
co.lec.cio.**nar**
co.lec.cio.**nis**.ta
co.**lec**.ta
co.lec.**tar**
co.lec.ti.vi.**dad**

co.lec.ti.**vis**.mo
co.lec.ti.vi.**zar**
co.lec.**ti**.vo
co.lec.tu.**rí**.a
co.**le**.ga
co.le.**gial**
co.le.**gia**.la
co.le.**giar**.se
co.**le**.gio
co.le.**gir** *(irr. v.*
   colige)
co.le.**óp**.te.ro
có.le.ra
co.**lé**.ri.co
co.les.te.**ri**.na
co.**le**.ta
co.le.**ta**.zo
co.le.**ti**.lla
col.ga.**di**.zo
co.ga.**du**.ra
col.**gan**.te
col.**gar** *(irr. v.*
   cuelga)
co.li.**brí**
có.li.co
co.**li**.ge, ges
co.li.**gie**.ra
co.li.**gió**
co.**li**.ja -jo
co.li.**flor**
co.**li**.lla
co.li.**lle**.ro
co.**li**.na
co.li.**na**.bo
co.lin.**dar**
co.**li**.rio
co.**li**.se.o
co.li.**sión**
col.**ma**.do
col.**mar**
col.**me**.na
col.**mi**.llo
col.mo

co.lo.ca.**ción**
co.lo.**car**
co.lo.**fón**
co.loi.**dal**
co.**loi**.de
co.lom.**bia**.no
co.lom.**bi**.no
co.**lo**.nia
co.lo.**nia**.je
co.lo.**nial**
co.lo.ni.za.**ción**
co.lo.ni.**zar**
co.**lo**.no
co.**lo**.quio
co.**lor**
co.lo.ra.**ción**
co.lo.**ra**.do
co.lo.**rar**
co.lo.ra.**tu**.ra
co.lo.re.**ar**
co.lo.**re**.te
co.lo.**ri**.do
co.lo.**rín**
co.lo.**ris**.ta
co.lo.**sal**
co.**lo**.so
co.lum.**brar**
co.**lum**.na
co.lum.**piar**
co.lu.**sión**
co.**lla**.do
co.**llar**
co.**lla**.zo
co.**lle**.ra
co.**ma**
co.ma.**draz**.go
co.ma.**dre**.ja
co.ma.**drón**
co.ma.**dro**.na
co.man.**dan**.cia
co.man.**dan**.te
co.**man**.do
co.**mar**.ca

co.ma.**to**.so
com.ba
com.**ba**.te
com.ba.**tien**.te
com.ba.**tir**
com.ba.ti.vi.**dad**
com.bi.na.**ción**
com.bi.**na**.da
com.bi.**nar**
com.bus.**ti**.ble
com.bus.**tión**
co.me.**de**.ro
co.**me**.dia
co.me.**dian**.te, -ta
co.me.**di**.do
co.me.**dor**
co.me.**jén**
co.men.da.**dor**
co.men.**sal**
co.men.**tar**
co.men.**ta**.rio
co.men.ta.**ris**.ta
co.men.**zar** *(irr. v.*
   comience)
co.**mer**
co.mer.**cial**
co.mer.cia.li.**zar**
co.mer.**cian**.te
co.mer.**ciar**
co.**mer**.cio
co.mes.**ti**.ble
co.**me**.ta
co.me.**ter**
co.me.**zón**
co.**mi**.ble
co.mi.ci.**dad**
co.**mi**.cios
có.mi.co
co.**mi**.da
co.**mien**.ce
co.**mien**.zo
co.mi.**lón**
co.**mi**.llas

co.**mi**.no
co.mi.sa.**rí**.a
co.mi.**sa**.rio
co.mi.**sión**
co.mi.sio.**na**.do
co.mi.sio.**nar**
co.mi.sio.**nis**.ta
co.mis.**tra**.je
co.mis.**tra**.jo
co.mi.**su**.ra
co.mi.**té**
co.mi.**ti**.va
co.mo
có.mo *(interr. y
adm.)*
có.mo.da.**men**.te
co.mo.di.**dad**
có.mo.do
co.mo.**dón**
co.mo.**do**.ro
com.pac.ta.**mien**.to
com.**pac**.to
com.pa.de.**cer**
com.pa.**dra**.je
com.pa.**draz**.go
com.**pa**.dre
com.pa.gi.na.**ción**
com.pa.ñe.**ris**.mo
com.pa.**ñe**.ro
com.pa.**ñí**.a
com.pa.**ra**.blc
com.pa.ra.**ción**
com.pa.**rar**
com.pa.ra.**ti**.vo
com.pa.re.**cer**
com.**par**.sa
com.par.ti.**mien**.to
com.par.**tir**
com.**pás**
com.pa.**sar**
com.pa.**sión**
com.pa.**si**.vo
com.pa.ti.bi.li.**dad**

com.pa.**tri**.cio
com.pa.**trio**.ta
com.pe.**ler**
com.pen.**diar**
com.**pen**.dio
com.pen.**dio**.so
com.pe.ne.**trar**.se
com.pen.sa.**ción**
com.pen.**sar**
com.pe.**ten**.cia
com.pe.**ten**.te
com.pe.**ter**
com.pe.ti.**ción**
com.pe.ti.**dor**
com.pe.**tir** *(irr. v.
compita)*
com.pe.ti.ti.vi.**dad**
com.pi.la.**ción**
com.pi.**lar**
com.**pi**.ta
com.pi.**tie**.ra
com.pi.**tió**
com.**pi**.to
com.pla.**cen**.cia
com.pla.**cer** *(irr. v.
complazco)*
com.pla.**cien**.te
com.**plaz**.co, -ca
com.**ple**.jo
com.ple.men.**tar**
com.ple.men.ta.rie.**dad**
com.ple.**men**.to
com.ple.ta.**men**.te
com.ple.**tar**
com.**ple**.to
com.plex.**ión**
com.pli.ca.**ción**
com.pli.**ca**.do
com.pli.**car**
cóm.pli.ce
com.pli.ci.**dad**
com.**plot**
com.po.**nen**.da

com.po.**nen**.te
com.po.**ner** *(irr. v. t.
compuse)*
com.pon.**dré**
com.pon.**drí**.a
com.**pon**.go
com.por.ta.**mien**.to
com.por.**tar**
com.po.si.**ción**
com.po.si.**tor**
com.pos.**tu**.ra
com.pra
com.pra.**dor**
com.**prar**
com.pra.**ven**.ta
com.pren.**der**
com.pren.si.bi.li.**dad**
com.pren.**sión**
com.pren.**si**.vo
com.**pre**.sa
com.pre.**sión**
com.pri.**mir**
com.pro.ba.**ción**
com.pro.**ban**.te
com.pro.**bar** *(irr.v.
compruebe)*
com.pro.me.**ter**
com.pro.**mi**.so
com.**prue**.be
com.**prue**.bo
com.**puer**.ta
com.**pues**.to
com.pul.**sar**
com.pul.**sión**
com.pun.**ción**
com.pun.**gi**.do
com.**pu**.se, -so
com.pu.**sie**.ra
com.pu.**sie**.se
com.pu.ta.**dor**
com.pu.**tar**
co.mul.**gar**
co.mul.ga.**to**.rio

co.**mún**
co.**mu**.na
co.mu.**nal**
co.mu.ni.ca.**ción**
co.mu.ni.**car**
co.mu.ni.ca.**ti**.vo
co.mu.ni.**dad**
Co.mu.ni.**dad**
   E.co.**nó**.mi.ca
   Eu.ro.**pe**.a
co.mu.**nión**
co.mu.**nis**.mo
co.mu.**nis**.ta
co.**mún**.**men**.te
con
co.**na**.to
con.ca.te.na.**ción**
cón.ca.vo
con.ce.**bir** *(irr. v.*
   conciba)
con.ce.**der**
con.ce.**jal** *(edil)*
con.**ce**.jo *(municipal)*
con.cen.tra.**ción**
con.cen.**trar**
con.**cén**.tri.co
con.cep.**ción**
con.**cep**.to
con.cep.**tuar**
con.cer.**nien**.do
con.cer.**nien**.te
con.cer.**nir** *(def. v.*
   concierna)
con.cer.**tar** *(irr. v.*
   concierte)
con.cer.**ti**.na
con.cer.**tis**.ta
con.ce.**si**.ble
con.ce.**sión**
con.ce.sio.**na**.rio
cón.ci.ba
con.ci.**bie**.ra
con.ci.**bió**

con.**ci**.bo
con.**cien**.cia
con.**cien**.te
con.cien.**zu**.do
con.**cier**.na, -nan
con.**cier**.ne, -nen
con.**cier**.te
con.**cier**.to, tas &
con.ci.**liá**.bu.lo
con.ci.lia.**ción**
con.ci.lia.**dor**
con.ci.**liar**
con.**ci**.lio
con.ci.**sión**
con.**ci**.so
con.ci.**tar**
con.ciu.da.**da**.no
con.**cla**.ve
cón.cla.ve
con.**cluir** *(irr. v.*
   concluyera)
con.clu.**sión**
con.clu.**si**.vo
con.clu.**ye**.ra
con.**clu**.yo
con.clu.**yó**
con.co.mi.**tan**.cia
con.cor.**dan**.cia
con.cor.**dar** *(irr. v.*
   concuerde)
con.cor.**da**.to
con.**cor**.dia
con.cre.**ción**
con.cre.**tar**
con.**cre**.to
con.cu.**bi**.na
con.**cuer**.de
con.**cuer**.do
con.cul.**car**
con.cu.**ña**.do
con.cu.pis.**cen**.cia
con.cu.**rren**.cia
con.cu.**rren**.te

con.cu.**rrir**
con.cur.**san**.te
con.**cur**.so
con.cu.**sión**
con.cha
con.cho
con.**da**.do
con.de
con.de.co.ra.**ción**
con.**de**.na
con.de.na.**ción**
con.de.**nar**
con.de.na.**to**.rio
con.den.sa.**ción**
con.den.**sar**
con.**de**.sa
con.des.cen.**den**.cia
con.des.cen.**der** *(irr.)*
con.des.**cien**.da
con.des.**cien**.do
con.di.**ción**
con.di.cio.**nal**
con.di.cio.**nar**
con.di.men.**tar**
con.dis.**cí**.pu.lo
con.do.**len**.cia
con.do.**ler**.se *(irr. v.*
   conduela)
con.do.**mi**.nio
con.do.**nar**
cón.dor
con.duc.**ción**
con.du.**cir** *(irr. v.*
   conduje)
con.**duc**.ta
con.duc.**tis**.mo
con.duc.**ti**.vo
con.**duc**.to
con.duc.**tor**
con.**due**.la
con.**due**.lo
con.**due**.ño
con.**du**.je

con.du.**je**.ra
con.**duz**.co
co.nec.**tar**
co.nec.**ti**.vo
co.ne.**je**.ra
co.**ne**.jo
co.nex.**ión**
co.**nex**.o
con.fa.bu.la.**ción**
con.fec.**ción**
con.fec.cio.**nar**
con.fe.de.ra.**ción**
con.fe.**ren**.cia
con.fe.ren.**cian**.te
con.fe.ren.**ciar**
con.fe.**rir** *(irr. v.*
  confiera,
  confiriera)
con.fe.**sar** *(irr. v.*
  confiese)
con.fe.**sión**
con.fe.sio.**na**.rio
con.fe.so.**na**.rio
con.fe.**sor**
con.**fe**.ti
con.**fia**.ble
con.**fia**.do
con.**fian**.za
con.**fian**.**zu**.do
con.**fiar**
con.fi.den.**cial**
con.fi.**den**.te
con.**fie**.ra
con.**fie**.ro
con.**fie**.se
con.**fie**.so
con.fi.gu.ra.**ción**
con.**fín**
con.fi.**nar**
con.fi.**rien**.do
con.fi.**rie**.ra
con.fir.ma.**ción**
con.fir.**mar**

con.fis.ca.**ción**
con.fis.**car**
con.**fi**.te
con.fi.**tu**.ra
con.fla.gra.**ción**
con.**flic**.to
con.**fluen**.cia
con.**fluir** *(irr.)*
con.**flu**.ya
con.**flu**.**ye**.ra
con.**flu**.yo
con.**flu**.**yó**
con.for.ma.**ción**
con.for.**mar**
con.**for**.me
con.for.mi.**dad**
con.**fort**
con.for.**ta**.ble
con.for.**tar**
con.fra.ter.ni.**dad**
con.fron.**tar**
con.fun.**dir**
con.fu.**sión**
con.fu.sio.**nis**.mo
  (confusión)
con.**fu**.so
con.ga
con.ge.la.**ción**
con.ge.la.**dor**
con.ge.**lar**
con.**gé**.ne.re
con.ge.**niar**
con.**gé**.ni.to
con.ges.**tión**
con.ges.tio.**nar**
con.glo.me.ra.**ción**
con.glo.me.**ra**.do
con.glu.ti.na.**ción**
con.**go**.ja
con.go.**lés**
con.gra.**ciar**
con.gra.tu.la.**ción**
con.gre.ga.**ción**

con.gre.**gar**
con.gre.**sis**.ta
con.**gre**.so
con.grio
con.**gruen**.cia
co.**ní**.fe.ra
con.je.**tu**.ra
con.je.tu.**rar**
con.ju.ga.**ción**
con.jun.**ción**
con.**jun**.ta.**men**.te
con.**jun**.ti.**vi**.tis
con.**jun**.**ti**.vo
con.**jun**.to
con.ju.ra.**ción**
con.ju.**rar**
con.lle.**var**
con.me.mo.ra.**ción**
con.me.mo.**rar**
con.me.mo.ra.**ti**.vo
con.men.su.**ra**.ble
con.**mi**.go
con.mi.li.**tón**
con.mi.na.**ción**
con.mi.se.ra.**ción**
con.mo.**ción**
con.mo.ve.**dor**
con.mo.**ver** *(irr.)*
con.**mue**.va
con.**mue**.vo
con.mu.ta.**ción**
con.mu.ta.**dor**
con.na.tu.ra.li.**zar**.se
con.ni.**ven**.cia
con.no.**tar**
con.**nu**.bio
co.no
co.no.**cer** *(irr. v.*
  conozca)
co.no.**ci**.do
co.no.ci.**mien**.to
co.**noz**.ca
co.**noz**.co

con.que
con.qué *(sust.)*
con.quis.ta
con.quis.ta.**dor**
con.quis.**tar**
con.sa.**bi**.do
con.sa.gra.**ción**
con.sa.**grar**
con.san.gui.ni.**dad**
cons.**cien**.te
con.se.cu.**ción**
con.se.**cuen**.cia
con.se.**cuen**.te
con.se.cu.**ti**.vo
con.se.**guir** *(irr. v.*
  consiga, consigue)
con.se.**je**.ro
con.se.jo *(parecer)*
con.se.jo *(cuerpo*
  consultivo)
con.**sen**.so
con.sen.**ti**.do
con.sen.ti.**mien**.to
con.sen.**tir** *(irr. v.*
  consienta,
  consintiera)
con.**ser**.je
con.**ser**.va
con.ser.va.**ción**
con.ser.va.**dor**
con.ser.**var**
con.ser.va.**to**.rio
con.si.de.**ra**.ble
con.si.de.**ra**.ble.**men**.te
con.si.de.ra.**ción**
con.si.de.**ra**.do
con.si.de.**rar**
con.**sien**.ta
con.**sien**.te *(verbo)*
con.**sien**.to
con.**si**.ga
con.**sig**.na
con.sig.**nar**

con.sig.na.**ta**.rio
con.**si**.go
con.**si**.gue
con.si.**guien**.do
con.si.**guien**.te
con.si.**guie**.ra
con.si.**guió**
con.sin.**tie**.ra
con.sin.**tió**
con.sis.**ten**.cia
con.sis.**ten**.te
con.sis.**tir**
con.sis.to.**rial**
con.**so**.cio
con.**so**.la
con.so.la.**ción**
con.so.la.**dor**
con.so.**lar** *(irr. v.*
  consuele)
con.so.li.da.**ción**
con.so.li.**dar**
con.so.**mé**
con.so.**nan**.cia
con.so.**nan**.te
con.**sor**.cio
con.**sor**.te
cons.**pi**.cuo
cons.pi.ra.**ción**
cons.pi.ra.**dor**
cons.pi.**rar**
cons.**tan**.cia
cons.**tan**.te
cons.**tan**.te.**men**.te
cons.**tar**
cons.te.la.**ción**
cons.ter.**nar**
cons.ter.na.**ción**
cons.ti.pa.**ción**
cons.ti.tu.**ción**
cons.ti.tu.cio.**nal**
cons.ti.**tuir** (irr.)
cons.ti.**tu**.ya
cons.ti.tu.**yen**.do

cons.ti.tu.**yen**.te
cons.ti.tu.**ye**.ra
cons.ti.**tu**.yo
cons.ti.tu.**yó**
cons.tre.**ñir** *(irr. v.*
  constriña)
cons.tric.**ción**
cons.trin.**gen**.te
cons.**tri**.ña
cons.tri.**ñen**.do
cons.tri.**ñe**.ra
cons.**tri**.ño
cons.tri.**ñó**
cons.truc.**ción**
cons.truc.**ti**.vo
cons.**truir** *(irr.)*
cons.truc.**tor**
cons.**tru**.ya
cons.tru.**ye**.ra
cons.**tru**.yo
cons.tru.**yó**
con.**sue**.gro
con.**sue**.le
con.**sue**.lo
con.sue.tu.di.**na**.rio
cón.sul
con.su.**la**.do
con.**sul**.ta
con.sul.**tar**
con.sul.**ti**.vo
con.sul.**tor**
con.sul.**to**.rio
con.su.ma.**ción**
con.su.**mar**
con.su.mi.**dor**
con.su.**mir**
con.su.**mis**.mo
con.**su**.mo
con.sun.**ción**
  (extenuación)
con.ta.bi.li.**dad**
con.ta.bi.li.**zar**
con.**ta**.ble

con.**tac**.to
con.**ta**.do
con.**ta**.dor
con.**ta**.giar
con.**ta**.gio
con.**ta**.gio.so
con.**ta**.mi.na.**ción**
con.**ta**.mi.**nar**
con.**tar** *(irr. v.
cuenta)*
con.tem.pla.**ción**
con.tem.**plar**
con.tem.pla.**ti**.vo
con.tem.po.**rá**.ne.o
con.tem.po.ri.**zar**
con.ten.**ción**
con.ten.**cio**.so
con.ten.**der** *(irr. v.
contienda)*
con.ten.**dien**.te
con.te.ne.**dor**
con.te.**ner** *(irr. v.
contienes, contuve)*
con.ten.**dré**
con.ten.**drí**.a
con.**ten**.ga
con.**ten**.go
con.te.**ni**.do
con.ten.ta.**di**.zo
con.ten.ta.**mien**.to
con.ten.**tar**
con.**ten**.to
con.ter.**tu**.lio
con.tes.ta.**ción**
con.tes.**tar**
con.**tex**.to
con.**tex**.**tu**.ra
con.**tien**.da
con.**tien**.de
con.**tien**.do
con.**tie**.nes
con.**ti**.go
con.**ti**.guo

con.ti.**nen**.cia
con.ti.nen.**tal**
con.ti.**nen**.te
con.tin.**gen**.cia
con.tin.**gen**.te
con.ti.nua.**ción**
con.**ti**.nua.**men**.te
con.ti.**nuar**
con.ti.nui.**dad**
con.**ti**.nuo
con.to.ne.**ar**.se
con.tor.**cer**.se *(irr. v.
contuerce)*
con.**tor**.no
con.tor.**sión**
con.tor.sio.**nis**.ta
con.tra
con.tra.al.mi.**ran**.te
con.tra.a.**ta**.que
con.tra.**ba**.jo
con.tra.ban.de.**ar**
con.tra.**ban**.do
con.trac.**ción**
con.**trác**.til
con.trac.**tual**
con.tra.**dan**.za
con.tra.de.**cir** *(irr. v.
contradiga)*
con.tra.dic.**ción**
con.tra.di.**cien**.do
con.tra.dic.**to**.rio
con.tra.**di**.cho
con.tra.**di**.ga
con.tra.**di**.je
con.tra.di.**je**.ra
con.tra.di.**ré**
con.tra.di.**rí**.a
con.tra.**er** *(irr. v.
contraiga,
contrayendo)*
con.tra.**fue**.go
con.tra.**fuer**.te
con.tra.**he**.cho

con.tra.**hier**.ba
con.tra.**hue**.lla
con.**trai**.ga
con.**trai**.go
con.**tra**.je
con.**tra**.**je**.ra
con.tral.mi.**ran**.te
con.tra.**lor**
con.**tral**.to
con.tra.**luz**
con.tra.ma.**es**.tre
con.tra.**or**.den
con.tra.**par**.te
con.tra.par.**ti**.da
con.tra.**pe**.lo
con.tra.**pe**.so
con.tra.po.**ner**
con.tra.po.si.**ción**
con.tra.pres.ta.**ción**
con.tra.pro.du.**cen**.te
con.tra.pun.te.**ar**
con.tra.**riar**
con.tra.rie.**dad**
con.**tra**.rio
con.tra.rres.**tar**
con.tra.rre.vo.lu.**ción**
con.tra.sen.**ti**.do
con.tra.**se**.ña
con.tras.**tar**
con.**tras**.te
con.tra.ta.**ción**
con.tra.**tar**
con.tra.**tiem**.po
con.tra.**tis**.ta
con.**tra**.to
con.tra.ven.**ción**
con.tra.ven.**dré**
con.tra.ven.**drí**.a
con.tra.ve.**ne**.no
con.tra.**ven**.go
con.tra.ve.**nir** *(irr. v.
contravendré,
contravine)*

con.tra.ven.**ta**.na
con.tra.ven.**tor**
con.tra.vi.**drie**.ra
con.tra.**vi**.ne
con.tra.vi.**nien**.do
con.tra.vi.**nie**.ra
con.tra.**yen**.do
con.tra.**yen**.te
con.tri.bu.**ción**
con.tri.**buir** *(irr. v.*
    contribuyera)
con.tri.bu.**ti**.vo
con.tri.bu.**yen**.te
con.tri.bu.**ye**.ra
con.tri.**bu**.yo
con.tri.bu.**yó**
con.tri.**ción**
con.trin.**can**.te
con.tris.**tar**
con.**tri**.to
con.**trol**
con.**trol** de la
    na.ta.li.**dad**
con.tro.la.**dor**
con.tro.**lar**
con.tro.**ver**.sia
con.tro.ver.**ti**.ble
con.tu.**ber**.nio
con.**tuer**.ce
con.**tuer**.za
con.**tuer**.zo
con.tu.**ma**.cia
con.tu.**maz**
con.tun.**den**.te
con.tur.ba.**ción**
con.tu.**sión**
con.**tu**.so
con.**tu**.ve
con.tu.**vie**.ra
co.**nu**.co
con.va.le.**cen**.cia
con.va.le.**cer** *(irr.)*
con.va.le.**cien**.te

con.va.**lez**.co
con.ve.**ci**.no
con.ven.**cer**
con.ven.ci.**mien**.to
con.ven.**ción**
con.ven.cio.**nal**
con.ven.**dré**
con.ven.**drí**.a
con.ve.**nien**.cia
con.**ve**.nio
con.ve.**nir** *(irr. v.*
    convendré,
    convine)
con.**ven**.to
con.ver.**gen**.cia
con.ver.**ger**
con.ver.**gir**
con.ver.sa.**ción**
con.ver.**sar**
con.ver.**sión**
con.**ver**.so
con.ver.**ti**.ble
con.ver.**tir** *(irr. v.*
    convierta,
    convirtiera)
con.**vex**.o
con.vic.**ción**
con.**vic**.to
con.vi.**dar**
con.**vier**.ta
con.**vier**.to
con.vin.**cen**.te
con.**vi**.ne
con.vi.**nien**.do
con.vi.**nie**.ra
con.vir.**tie**.ra
con.vir.**tió**
con.**vi**.te
con.vi.**ven**.cia
con.vi.**vir**
con.vo.**car**
con.vo.ca.**to**.ria
con.**voy**

con.vo.**yar**
con.vul.**sión**
con.vul.**si**.vo
con.**vul**.so
con.yu.**gal**
cón.yu.ge
co.**ñac**
co.o.pe.ra.**ción**
co.o.pe.**rar**
co.o.pe.ra.**ti**.va
co.or.di.na.**ción**
co.or.di.**nar**
co.pa
co.**par**
co.par.**tí**.ci.pe
co.**pe**.ro
co.**pe**.te
co.pia
co.**piar**
co.pi.**lo**.to
co.**pio**.so
co.**pis**.ta
co.pla
co.po
co.**pón**
cop.to
co.**pu**.do
co.pu.la.**ti**.vo
co.**que**.ra
co.**que**.ta
co.que.te.**rí**.a
co.que.**tón**
co.**quí**
co.ra.**ce**.ro
co.**ra**.je
co.ra.**ju**.do
co.**ral**
co.**ram**.bre
Co.**rán**
co.**ra**.za
co.ra.**zón**
co.ra.zo.**na**.da
cor.**ba**.ta

cor.ba.**tín**
cor.**be**.ta *(barco)*
cor.**cel**
cor.co.**va**.do
cor.co.ve.**ar**
cor.cho
cor.**da**.je
cor.**del**
cor.de.**la**.zo
cor.de.le.**rí**.a
cor.**de**.ro
cor.**dial**
cor.dia.li.**dad**
cor.di.**lle**.ra
cor.do.**bán**
cor.do.**bés**
cor.**dón**
cor.do.**na**.zo
cor.**du**.ra
co.re.**a**.no
co.re.**ar**
co.**riá**.ce.o
co.**rim**.bo
co.**rin**.tio
co.**ris**.ta
cor.**na**.da
cór.ne.a
cor.ne.**ar**
cor.**ne**.ja
cór.ne.o, -a
cor.**ne**.ta
cor.**ni**.sa
cor.nu.**co**.pia
co.ro
co.**ro**.la
co.**ro**.**la**.rio
co.**ro**.na
co.ro.na.**ción**
co.ro.**nar**
co.ro.**na**.rio
co.ro.**nel**
co.ro.**ni**.lla
co.**ro**.zo

cor.**pi**.ño
cor.po.ra.**ción**
cor.po.**ral**
cor.po.ra.**ti**.vo
cor.**pó**.re.o
cor.**pu**.do
cor.pu.**len**.cia
cor.pu.**len**.to
Cor.pus
cor.**pús**.cu.lo
co.**rral**
co.**rre**.a
co.rre.**a**.je
co.rre.**a**.zo
co.rrec.**ción**
co.rrec.**ción**
  mo.ne.**ta**.ria
co.rrec.cio.**nal**
co.rrec.**ti**.vo
co.**rrec**.to
co.rrec.**tor**
co.rre.**di**.zo
co.rre.**dor**
co.rre.gi.**dor**
co.rre.**gir** *(irr. v.*
  corrige)
co.rre.la.**ción**
co.rre.li.gio.**na**.rio
co.**rre**.o
co.rre.**o**.so
co.**rrer**
co.rres.pon.**den**.cia
co.rres.pon.**der**
co.rres.pon.**dien**.te
co.rres.pon.**sal**
co.rre.te.**ar**
co.rre.vei.**di**.le
co.**rri**.do, -da
co.**rrien**.te
co.**rri**.ge
co.rri.**gien**.do
co.rri.**gie**.ra
co.rri.**gió**

co.**rri**.llo
co.rro
co.rro.bo.**rar**
co.rro.bo.ra.**ti**.vo
co.rro.**er** *(v. corroe,*
  corroye)
co.rrom.**per**
co.**rro**.o
co.**rro**.**si**.vo
co.**rro**.ye
co.**rro**.**ye**.ra
co.rru.**ga**.do
co.rrup.**ción**
co.rrup.**te**.la
co.rrup.**ti**.ble
co.**rrup**.to
cor.**sa**.rio
cor.**sé**
cor.se.**te**.ro
cor.so
cor.ta.**du**.ra
cor.ta.**frí**.o
cor.ta.**fue**.go
cor.ta.**pi**.sa
cor.ta.**plu**.mas
cor.**tar**
cor.te
cor.te.**dad**
cor.te.**jar**
cor.te.**jo**
cor.**tés**
cor.te.**sa**.no
cor.te.**sí**.a
cor.**te**.za
cor.ti.**je**.ro
cor.**ti**.jo
cor.**ti**.na
cor.ti.**na**.je
cor.to
cor.to.cir.**cui**.to
co.rus.**can**.te
cor.va
cor.ve.**jón**

cor.**ve**.ta (*del caballo*)
cor.**vi**.na
cor.vo
cor.zo
co.sa
co.**sa**.co
cos.co.**rrón**
co.**se**.cha
co.se.**char**
co.se.**che**.ro
co.**ser** (*con aguja*)
co.**si**.do (*de coser*)
cos.**mé**.ti.co
cós.mi.co
cos.mo.go.**ní**.a
cos.mo.gra.**fí**.a
cos.mo.lo.**gí**.a
cos.mo.po.**li**.ta
cos.mos
co.so
cos.**qui**.llas
cos.qui.**llo**.so
cos.ta
cos.**ta**.do
cos.**tal**
cos.ta.**la**.zo
cos.ta.**ne**.ro
cos.**tar** (*irr. v. cueste, cuesto*)
cos.ta.rri.**cen**.se
cos.te
cos.te.**ar**
cos.**te**.ño
cos.**te**.ro
cos.**ti**.lla
cos.ti.**lla**.je
cos.to
cos.**to**.so
cos.tra
cos.**tum**.bre
cos.tum.**bris**.ta
cos.**tu**.ra
cos.tu.**re**.ra

cos.tu.**re**.ro
co.ta
co.**ta**.rro
co.te.**jar**
co.te.**rrá**.ne.o
co.ti.**dia**.no
co.ti.le.**dón**
co.ti.le.**dó**.ne.o
co.ti.za.**ción**
co.ti.**zar**
co.to
co.**to**.rra
co.**va**.cha
coy
co.**yo**.te
co.**yun**.da
co.yun.**tu**.ra
coz
crá.ne.o
crá.pu.la
cra.so
crá.ter
cre.a.**ción**
cre.a.**dor**
cre.**ar**
cre.a.**ti**.vo
cre.**cer** (*irr. v. crezca*)
cre.ces
cre.**ci**.do, -da
cre.**cien**.te
cre.ci.**mien**.to
cre.den.**cial**
cre.di.bi.li.**dad**
cre.di.**ti**.cio
cré.di.to
cre.do
cré.du.lo
cre.**en**.cia
cre.**er**
cre.ma
cre.ma.**ción**
cre.ma.**lle**.ra

cre.ma.**to**.rio
cren.cha
cre.o.**so**.ta
cre.pi.**tar**
cre.**pús**.cu.lo
cres.po
cres.**pón**
cres.ta
cre.ta
cre.**ti**.no
cre.**yen**.te
crez.ca
crez.cáis
crez.co
crí.a
cria.**de**.ro
cria.**di**.lla
cria.do
cria.**dor**
cri.a.**dor** (*Ac.*)
crian.za
criar
cri.**ar** (*Ac.*)
cria.**tu**.ra
cri.a.**tu**.ra (*Ac.*)
cri.ba
cri.bar
cri.men
cri.mi.**nal**
cri.mi.na.**lis**.ta
cri.mi.no.lo.**gí**.a
crin
crio.llo
crip.ta
cri.**sá**.li.da
cri.san.**te**.ma
cri.san.**te**.mo
cri.sis
cris.ma
cri.so.be.**ri**.lo
cri.sol
cris.par
cris.tal

cris.ta.le.**rí**.a
cris.ta.**li**.no
cris.ta.li.za.**ción**
cris.ta.li.**zar**
cris.tian.**dad**
cris.tia.**nis**.mo
cris.tia.ni.za.**ción**
cris.**tia**.no
Cris.to
cri.**te**.rio
crí.ti.ca
cri.ti.**car**
crí.ti.co
cro.**ar**
cro.**chet**
cro.**má**.ti.co
cro.ma.**ti**.na
cro.mo
cro.mo.**so**.ma
cró.ni.co, -ca
cro.**nis**.ta
cro.no.lo.**gí**.a
cro.no.me.**tra**.je
cro.**nó**.me.tro
cró.quis
cró.ta.lo
cru.ce
cru.ce.ro
cru.**cial**
cru.ci.fi.**car**
cru.ci.**fi**.jo
cru.ci.fix.**ión**
cru.ci.**gra**.ma
cru.de.**lí**.si.mo
cru.**de**.za
cru.do
cruel
cru.**el** *(Ac.)*
cruel.**dad**
cruen.to
cru.**jí**.a
cru.**jir**
crus.**tá**.ce.o

cruz
cru.**za**.do, - da
cru.za.**mien**.to
cru.**zar**
cua.**der**.no
cua.dra
cua.**dra**.do
cua.dra.**gé**.si.mo
cua.dran.gu.**lar**
cua.**dran**.te
cua.**drar**
cua.dri.ce.**nal**
cua.dri.di.men.sio.**nal**
cua.**dril**
cua.dri.**lá**.te.ro
cua.**dri**.lla
cua.dri.mo.**tor**
cua.dro
cua.dro so.**lar**
cua.**drú**.pe.do
cuá.dru.ple
cua.dru.pli.**car**
cuá.dru.plo
cua.**ja**.do, - da
cua.**jar**
cua.jo
cual
cuál *(interr. y adm.)*
cua.les.**quie**.ra
cua.li.**dad**
cua.li.ta.**ti**.vo
cual.**quier** *(sólo se
  emplea antepuesto
  al nombre)*
cual.**quie**.ra
cuan
cuan.do
cuán.do *(interr. y
  adm.)*
cuan.do.**quie**.ra
cuan.**tí**.a
cuan.**tio**.so
cuan.ti.ta.**ti**.vo

cuan.to
cuán.to *(interr. y
  adm.)*
cuá.que.ro
cua.**ren**.ta
cua.ren.**te**.na
cua.ren.**tón**
cua.**res**.ma
cuar.ta
cuar.**ta**.na
cuar.te.**ar**
cuar.**tel**
cuar.te.**la**.zo
cuar.te.**les**.co
cuar.te.**rón**
cuar.**te**.to
cuar.**ti**.lla
cuar.**ti**.llo
cuar.to
cuar.**tón**
cuar.zo
cua.te
cua.ter.**na**.rio
cua.**tre**.ro
cua.tri.**mes**.tre
cua.tri.mo.**tor**
cua.tri.**sí**.la.bo
cua.tro
cua.tro.**cien**.tos
cu.ba
cu.**ba**.no
cu.bi.ca.**ción**
cu.bi.**car**
cú.bi.co
cu.**bier**.to, -ta
cu.**bil**
cu.bi.**le**.te
cu.**bis**.mo
cu.bo
cu.**brir** *(v. cubierto)*
cu.**car**
cu.ca.**ra**.cha
cu.**cli**.llas

cu.**cli**.llo
cu.co
cu.cu.**ru**.cho
cu.**cha**.ra
cu.cha.**ra**.da
cu.chi.che.**ar**
cu.**chi**.lla
cu.chi.**lla**.da
cu.chi.lle.**rí**.a
cu.**chi**.llo
cu.chi.**tril**
cu.chu.**fle**.ta
cue.ce
cue.la
cuel.ga, -go
cuel.gue
cue.lo
cue.llo
cuen.ca
cuen.ta
cuen.ta.**hí**.los
cuen.te
cuen.**tis**.ta
cuen.to
cuer.da
cuer.do
cuer.no
cue.ro
cuer.po
cuer.vo
cues.co
cues.ta
cues.ta.**ción**
cues.te
cues.**tión**
cues.tio.**nar**
cues.tio.**na**.rio
cues.to
cue.va
cue.zo
cui.**da**.do
cui.da.**do**.so
cui.**dar**

cui.ta
cu.ja
cu.**lan**.tro
cu.**la**.ta
cu.la.**ta**.zo
cu.**le**.bra
cu.le.**bri**.na
cu.**lí**.ci.dos
cu.li.**na**.rio
cul.mi.na.**ción**
cul.mi.**nar**
cu.**lom**.bio
cul.pa
cul.pa.bi.li.**dad**
cul.**pa**.ble
cul.**par**
cul.ti.par.**lis**.ta
cul.ti.va.**dor**
cul.ti.**var**
cul.**ti**.vo
cul.to
cul.**tu**.ra
cul.tu.**ral**
cum.bre
cum.**bre**.ra
cum.ple.**a**.ños
cum.pli.**dor**
cum.pli.men.**tar**
cum.pli.men.**te**.ro
cum.pli.**mien**.to
cum.**plir**
cú.mu.lo
cu.na
cun.**dir**
cu.nei.**for**.me
cu.**ne**.ta
cu.ña
cu.**ña**.do
cu.ño
cuo.ta
cu.pe, -po
cu.**pé**
cu.**pie**.ra

cu.ple.**tis**.ta
cu.**pón**
cú.pu.la
cu.ra
cu.ra.**ción**
cu.ran.**de**.ro
cu.**rar**
cu.ra.**ti**.vo
cu.**ra**.to
cu.**re**.ña
cu.ria
cu.ria.**les**.co
cu.rio.se.**ar**
cu.rio.si.**dad**
cu.**rio**.so
cu.rro
cu.rru.**ta**.co
cur.**sar**
cur.si
cur.si.le.**rí**.a
cur.**si**.llo
cur.**si**.vo
cur.so
cur.ti.**dor**
cur.ti.du.**rí**.a
cur.**tir**
cu.**rul**
cur.va.**tu**.ra
cur.vi.**lí**.ne.o
cur.vo, -va
cús.pi.de
cus.**to**.dia
cus.to.**diar**
cus.**to**.dio
cu.**tá**.ne.o
cu.**tí**.cu.la
cu.tis
cu.yo
cuz.co
czar (zar)

CH

cha.ba.ca.**na**.da
cha.ba.ca.ne.**rí**.a
cha.**cal**
cha.ca.**re**.ro
cha.**co**.ta
chá.cha.ra
cha.fa.**llar**
cha.fa.**ro**.te
cha.**flán**
cha̱l
cha.**lán**
cha.**la**.na
cha.**lé**
cha.**le**.co
cha.**li**.na
cha.**lu**.pa
cha.**ma**.rra
cham.ba
cham.**bón**
cha.**mi**.za
cha.**mo**.rro
cham.**pa**.ña
cham.**pú**
cham.**puz**
cha.mus.**car**
chan.ce.**ar**
chan.**cle**.ta
chan.clo
chan.cho
chan.go
chan.**ta**.je
chan.za
cha.pa
cha.pa.le.**ar**
cha.**pa**.rro
cha.pa.**rrón**
cha.pe.**a**.do
cha.pe.**rón**
cha.**pín**

cha.po.te.**ar**
cha.pu.**ce**.ro
cha.pu.**rrar**
cha.pu.rre.**ar**
cha.pu.**zar**
cha.**qué**
cha.**que**.ta
cha.**ra**.da
cha.**ran**.ga
char.ca
char.co
char.la
char.**lar**
char.la.**tán**
char.lo.te.**ar**
cha.**rol**
cha.rre.**te**.ra
cha.rro
cha.**rrú**.a
chas.ca.**rri**.llo
chas.co
cha.sis
chas.po.**na**.zo
chas.que.**ar**
chas.**qui**.do
cha.**ta**.rra
cha.to
chau.vi.**nis**.mo
cha.**val**
cha.**ve**.ta
cha.**yo**.te
che.co
che.que
che.**que**.ra
chib.cha
chi.cle
chi.co
chi.co.**ta**.zo
chi.cha

chí.cha.ro
chi.**cha**.rra
chi.cha.**rrón**
chi.**chón**
chi.fla.**du**.ra
chi.**flar**
chi.**flón**
chi.le
chi.**le**.no
chi.**llar**
chi.**lli**.do
chi.**llón**
chi.me.**ne**.a
chim.pan.**cé**
chi.na
chin.che
chin.**chi**.lla
chin.**cho**.na
chin.**cho**.rro
chi.**ne**.la
chi.ne.**la**.zo
chi.**ne**.ro
chi.**nes**.co
chi.no
chi.**prio**.ta
chi.**que**.ro
chi.**qui**.llo
chi.ri.**go**.ta
chi.ri.**mi**.a
chi.ri.**mo**.ya
chi.ri.**no**.la
chi.**ri**.pa (*suerte*)
chi.ri.**pá** (*chamal*)
chir.le
chi.**rriar**
chi.**rri**.do
chis.ga.ra.**bís**
chis.**gue**.te
chis.me

chis.me.**ar**
chis.**mo**.so
chis.pa
chis.**pa**.zo
chis.pe.**ar**
chis.po.rro.te.**ar**
chis.**que**.ro
chis.**tar**
chis.te
chis.**te**.ra
chis.**to**.so
chi.vo
cho.**can**.te
cho.**car**
cho.ca.rre.**rí**.a
cho.clo
cho.co.**la**.te
cho.co.la.**te**.ra

cho.che.**ar**
cho.**chez**
cho.cho
cho.**fer**
cho.lo
cho.lla
cho.po
cho.que
cho.que.**zue**.la
cho.ri.**ce**.ro
cho.**ri**.zo
cho.rre.**ar**
cho.**rre**.ra
cho.rro
cho.te.**ar**
cho.za
choz.no
chu.**bas**.co

chú.ca.ro
chu.che.**rí**.a
chu.le.**rí**.a
chu.**le**.ta
chu.lo
chu.ma.**ce**.ra
chu.**pa**.da
chu.**par**
chu.pe
chu.**pe**.te
chu.**pón**
chu.**rras**.co
chu.**rre**.te
chu.rri.gue.**res**.co
chu.rum.**be**.la
chus.co
chus.ma
chu.zo

D

da.ble
dac.ti.lo.gra.**fí**.a
dá.di.va
da.do
da.ga
da.lia
dál.ma.ta
dal.to.**nis**.mo
da.ma
da.mi.**se**.la
dam.ni.fi.**car**
da.**nés**
dan.za
dan.**zar**
dan.**zón**
da.**ñar**
da.**ñi**.no
da.ño
dar *(irr. v. di, diera,*
   dio, doy)

dar.do
dár.se.na
da.**tar**
dá.til
da.**ti**.vo
da.to
de
dé *(de dar)*
de.am.bu.**lar**
de.**ba**.jo
de.**ba**.te
de.be.**lar**
de.**ber**
de.**bi**.da.**men**.te
de.**bi**.do
dé.bil
de.bi.li.**dad**
de.bi.li.**tar**
dé.bi.to
de.**but**

de.bu.**tar**
dé.ca.da
de.ca.**den**.cia
de.ca.**er**
de.**cá**.lo.go
de.**ca**.no
de.ca.pi.**tar**
de.**ce**.na
de.**cen**.cia
de.**cen**.te
de.cep.**ción**
de.cep.cio.**nar**
de.**ce**.so
deci.**di**.da.**men**.te
de.**ci**.**dir**
de.**ci**.duo
dé.ci.ma
de.ci.**mal**
de.**cí**.me.tro
dé.ci.mo

de.ci.moc.**ta**.vo
de.ci.mo.**cuar**.to
de.ci.mo.**no**.no
de.ci.mo.no.**ve**.no
de.ci.mo.**quin**.to
de.ci.mo.**sé**.ti.mo
de.ci.mo.**sex**.to
de.ci.mo.ter.**ce**.ro
de.ci.mo.**ter**.cio
de.**cir** *(irr. v. di, diga, dije, diré, diría)*
de.ci.**sión**
de.ci.**si**.vo
de.cla.ma.**ción**
de.cla.ma.**dor**
de.cla.ra.**ción**
de.cla.**rar**
de.cla.ra.**ti**.vo
de.cli.**nar**
de.cli.na.**ción**
de.**cli**.ve
de.co.mi.**sar**
de.co.ra.**ción**
de.co.**rar**
de.co.ra.**ti**.vo
de.**co**.ro
de.**co**.**ro**.so
de.cre.pi.**tud**
de.cres.**cen**.do
de.cre.**tar**
de.**cre**.to
dé.cu.plo
de.**cha**.do
de.**dal**
de.di.ca.**ción**
de.di.**car**
de.do
de.du.**cir** *(irr.)*
de.**du**.je
de.**duz**.ca
de.**duz**.co
de.**fac**.to (de **fac**.to)
de.fe.ca.**ción**

de.fec.**ción**
de.fec.**ti**.vo
de.**fec**.to
de.fec.**tuo**.so
de.fen.**der** *(irr. v. defienda)*
de.fe.nes.tra.**ción**
de.**fen**.sa
de.fen.**si**.va
de.fen.**sor**
de.fe.**ren**.cia
de.fe.**rir** *(irr. v. defiera)*
de.fi.**cien**.cia
de.fi.**cien**.te
dé.fi.cit
de.**fien**.da
de.**fien**.do
dé.**fie**.ra
de.**fie**.ro
de.fi.ni.**ción**
de.fi.**ni**.do
de.fi.**nir**
de.fi.ni.**ti**.va.**men**.te
de.fi.ni.**ti**.vo
de.fla.**ción**
de.fo.res.ta.**ción**
de.for.ma.**ción**
de.for.mi.**dad**
de.frau.**dar**
de.fun.**ción**
de.ge.nc.**rar**
de.glu.**ción**
de.glu.**tir**
de.go.**llar** *(irr. v. degüelle)*
de.gra.da.**ción**
de.**güe**.lle
de.**güe**.llo
de.gus.ta.**ción**
de.**he**.sa
dei.**dad**
de.ja.**ción**

de.**jar**
de.jo
del
de.la.**ción**
de.lan.**tal**
de.**lan**.te
de.**lan**.**te**.ro
de.lec.ta.**ción**
de.le.ga.**ción**
de.le.**ga**.do
de.lei.ta.**ción**
de.lei.**tar**
de.**lei**.te
de.le.**té**.re.o
de.le.tre.**ar**
de.le.**tre**.o
de.lez.**na**.ble
del.ga.**dez**
de.li.be.ra.**ción**
de.li.be.**rar**
de.li.ca.**de**.za
de.li.**ca**.do
de.**li**.cia
de.**li**.cio.so
de.li.mi.ta.**ción**
de.lin.**cuen**.cia
de.lin.**cuen**.te
de.li.ne.**ar**
de.lin.**quir**
de.li.**rar**
de.**li**.rio
de.**ll**.to
del.ta
de.ma.cra.**ción**
de.ma.**go**.gia
de.**man**.da
de.man.**dar**
de.**más**
de.ma.**sí**.a
de.ma.**sia**.do
de.**men**.te
de.mo.**cra**.cia
de.**mó**.cra.ta

de.mo.**crá**.ti.co
de.mo.cra.ti.**zar**
de.mo.**ler** (*irr. v.*
   demuela)
de.**mo**.nio
de.**mo**.ra
de.**mo**.rar
de.mos.**tra**.ble
de.mos.tra.**ción**
de.mos.**trar** (*irr. v.*
   demuestre)
de.mos.tra.**ti**.vo
de.**mue**.la
de.**mue**.lo
de.**mues**.tre
de.**mues**.tro
de.ne.ga.**ción**
de.ni.**gran**.te
de.no.mi.na.**ción**
de.no.mi.na.**dor**
de.no.mi.**nar**
de.no.**tar**
den.si.**dad**
den.so
den.**ta**.do
den.ta.**du**.ra
den.**tal**
den.**ta**.rio
den.te.**lla**.da
den.**te**.ra
den.ti.**ción**
den.**tí**.fri.co
den.**tis**.ta
den.tis.te.**rí**.a
den.tro
de.**nue**.do
de.**nues**.to
de.**nun**.cia
de.nun.**ciar**
de.pa.**rar**

de.par.ta.**men**.to
de.par.**tir**
de.pau.pe.ra.**ción**
de.pen.**den**.cia
de.pen.**der**
de.pen.**dien**.te
de.pi.la.**ción**
de.plo.**ra**.ble
de.po.**ner** (*irr. v.t.*
   depuesto)
de.pon.**dré**
de.pon.**drí**.a
de.**pon**.ga
de.**pon**.go
de.por.ta.**ción**
de.**por**.te
de.por.**ti**.vo
de.por.**tis**.ta
de.por.ti.vi.**dad**
de.po.si.**ción**
de.po.si.**tar**
de.**pó**.si.to
de.pra.va.**ción**
de.pre.ca.**ción**
de.pre.cia.**ción**
de.pre.da.**ción**
de.pre.da.**dor**
de.pre.**sión**
de.pri.**men**.te
de.**pues**.to
de.pu.ra.**ción**
de.**re**.cha
de.**re**.cho
de.**ri**.va
de.ri.va.**ción**
de.ri.**va**.do
de.ri.**var**
der.ma.to.lo.**gí**.a
der.mis
de.ro.ga.**ción**

de.rra.**bar**
de.rra.**mar**
de.rre.**dor**
de.rre.**lic**.to
de.rren.**gar**
de.rre.**tir** (*irr. v.*
   derrita)
de.rri.**bar**
de.**rri**.ta
de.rri.**tien**.do
de.rri.**tie**.ra
de.rri.**tió**
de.**rri**.to
de.rro.**car**
de.**rro**.che
de.**rro**.ta
de.rro.**tar**
de.rro.**te**.ro
de.**rruir** (*irr. v.*
   derruyera)
de.rrum.**bar**
de.**rrum**.be
de.rru.**ye**.ra
de.**rru**.yo, -yes
de.rru.**yó**
der.**vi**.che
de.sa.**bri**.do
*des.a.**ca**.to
*des.a.ce.le.ra.**ción**
*des.a.**cier**.to
*des.a.cre.di.**tar**
*des.**a**.cuer.do
*des.**a**.fec.**ción**
*des.**a**.fec.to
de.sa.**fiar**
*des.a.fi.**nar**
des.a.**fi**.o
*des.a.fo.**ra**.do
*des.a.**fue**.ro
*des.a.gra.**da**.ble

****Nota:** Los compuestos de **des** y una palabra castellana pueden dividirse como se indica
aquí, o por sílabas: des.a.**ca**.to o de.sa.**ca**.to

56

*des.a.gra.**dar**
*des.a.gra.de.**ci**.do
*des.a.gra.**viar**
*des.a.**guar**
de.**sa**.güe
*des.a.ho.**gar**
*des.a.**ho**.go
de.sahu.**ciar**
*des.**ai**.re
de.sa.**lar**
*des.a.len.**tar** (irr.)
*des.a.**lien**.te
*des.a.**lien**.to
*des.a.**li**.ño
de.sal.**ma**.do
*des.a.lo.**jar**
*des.a.ma.**rrar**
*des.a.mo.**bla**.do
*des.a.mo.**blar**
*des.a.mor.ti.za.**ción**
*des.am.pa.**rar**
*des.a.mue.**blar**
de.san.gra.**mien**.to
*des.a.ni.**mar**
*des.a.pa.**ci**.ble
*des.a.pa.re.**cer**
*des.a.pa.ri.**ción**
*des.a.pa.sio.**na**.do
*des.a.per.ci.**bi**.do
*des.a.pli.ca.**ción**
*des.a.pro.ba.**ción**
*des.a.pro.ve.**char**
*des.ar.bo.**lar**
*des.ar.**mar**
*des.**ar**.me
*des.a.rrai.**gar**
*des.a.rre.**glar**
*des.a.**rre**.glo
*des.a.rro.**llar**
*des.a.**rro**.llo

*des.a.**rro**.par
*des.a.**se**.o
de.sas.**nar**
*des.a.so.**sie**.go
de.sas.**tra**.do
de.**sas**.tre
de.sas.**tro**.so
*des.a.**tar**
*des.a.tas.**car**
*des.a.ten.**ción**
*des.a.**ten**.to
de.sa.**ti**.no
*des.a.to.**llar**
*des.a.tor.ni.**llar**
*des.au.to.ri.za.**ción**
*des.a.ve.**nen**.cia
*des.a.yu.**nar**.se
*des.a.**yu**.no
de.sa.**zón**
des.ban.**car**
des.ban.**dar**.se
des.ba.ra.**jus**.te
des.ba.ra.**tar**
des.ba.**rrar**
des.bas.**tar**
des.bo.**car**
des.bor.**dar**
des.bro.**zar**
des.bu.**llar**
des.ca.be.**lla**.do
des.ca.be.**llar**
des.ca.be.**zar**
des.ca.**la**.bro
des.ca.li.fi.ca.**ción**
des.cal.**zar**
des.**cal**.zo
des.ca.mi.**sa**.do
des.can.**sar**
des.**can**.so
des.ca.ño.**nar**

des.**car**.ga
des.car.**gar**
des.ca.**rriar**
des.ca.rri.**lar**
des.car.**tar**
des.cas.**ta**.do
des.cen.**den**.cia
des.cen.der *(irr. v. descienda)*
des.cen.**dien**.te
des.cen.di.**mien**.to
des.**cen**.so
des.cen.tra.li.za.**ción**
des.ce.rra.**jar**
des.**cien**.da
des.**cien**.do
des.ci.**frar**
des.**cla**.var
des.co.**car**.se
des.col.**gar** *(irr. v. descuelgo)*
des.co.lo.**ri**.do
des.co.**llar** *(irr. v. descuelle)*
des.co.me.**di**.do
des.com.po.**ner** *(irr.)*
des.com.pon.**dré**
des.com.pon.**drí**.a
des.com.**pon**.ga
des.com.**pon**.go
des.com.po.si.**ción**
des.com.pre.**sión**
des.com.**pues**.to
des.co.mu.**nal**
des.con.cep.**tuar**
des.con.cer.**tan**.te
des.con.cer.**tar** *(irr.)*
des.con.**cier**.te
des.con.**cier**.to
des.con.**fian**.za

***Nota:** Los compuestos de **des** y una palabra castellana pueden dividirse como se indica aquí, o por sílabas: des.a.**ca**.to o de.sa.**ca**.to

des.fa.vo.**ra**.ble
des.fa.vo.re.**ci**.do
des.fi.la.**de**.ro
des.fi.**lar**
des.**fi**.le
des.flo.ra.**ción**
des.**fo**.gar
des.**fo**.gue
des.**fo**.lia.**ción**
des.**ga**.je
des.**ga**.na
des.ga.ñi.**tar**.se
des.gar.**ba**.do
des.ga.**rrar**
des.ga.**rrón**
des.gas.**tar**
des.**gas**.te
des.glo.**sar**
des.gon.**zar**
des.goz.**nar**
des.**gra**.cia
des.gra.**cia**.do
des.gra.**nar**
des.guar.ne.**cer**
des.gua.**zar**
des.ha.bi.**ta**.do
des.ha.**cer** *(irr. v.*
  deshice, deshizo)
des.**ha**.ga
des.ha.**ré**
des.ha.**ri**.a
des.**haz**
des.ha.rra.**pa**.do
des.**he**.cho
des.her.**bar** *(irr. v.*
  deshierbe)
des.he.re.**dar**
des.**hi**.ce
des.hi.**cie**.ra
des.hi.dra.ta.**ción**

des.**hie**.lo
des.**hier**.be
des.**hier**.bo
des.hi.la.**char**
des.hi.**lar**
des.hin.**char**
des.**hi**.zo
des.ho.**jar**
des.ho.lli.na.**dor**
des.ho.**nes**.to
des.**hon**.ra
des.hon.**rar**
des.**ho**.ra
des.hue.**sar**
de.**si**.dia
de.**sier**.to
de.sig.na.**ción**
de.sig.**nar**
de.**sig**.nio
*des.i.**gual**
*des.i.gual.**dad**
*des.i.lu.**sión**
de.si.**nen**.cia
*des.in.fec.**ción**
*des.in.**flar**
*des.in.te.gra.**ción**
*des.in.te.re.**sa**.do
*des.in.tox.i.**car**
de.sis.**tir**
des.ja.rre.**tar**
des.la.**var**
des.la.va.**zar**
des.**la**.ve
des.le.**al**
des.le.**ír** *(irr. v.*
  deslía, deslío)
des.len.**gua**.do
des.**lí**.a
des.**lien**.do
des.**lie**.ra

des.li.**gar**
des.lin.**dar**
des.**lí**.o
des.li.**ó**
des.**liz**
des.li.**zar**
des.lu.**ci**.do
des.lum.**bran**.te
des.lum.**brar**
des.man.te.**lar**
des.ma.**yar**
des.**ma**.yo
des.me.**di**.do
des.**me**.dro
des.me.jo.**rar**
des.mem.bra.**ción**
des.me.mo.**ria**.do
des.men.tir *(irr. v.*
  desmienta)
des.me.nu.**zar**
des.me.re.**cer** (irr.)
des.me.re.ci.**mien**.to
des.me.**rez**.ca
des.me.**rez**.co
des.me.su.**ra**.do
des.**mien**.ta
des.**mien**.to
des.mi.li.ta.ri.za.**ción**
des.mi.ne.ra.li.za.**ción**
des.min.**táis**
des.min.**tien**.do
des.min.**tie**.ra
des.mi.**rria**.do
des.**mo**.che
des.mo.ne.ti.za.**ción**
des.mon.**tar**
des.mo.ra.li.za.**ción**
des.mo.ta.**do**.ra
des.na.tu.ra.li.**za**.do
des.ni.**vel**

*****Nota:** Los compuestos de **des** y una palabra castellana pueden dividirse como se indica
aquí, o por sílabas: des.a.**ca**.to o de.sa.**ca**.to

des.nu.**car**
des.nu.**dar**
des.nu.**dez**
des.**nu**.do
des.nu.**tri**.do
*des.o.be.de.**cer**
*des.o.be.**dien**.cia
*des.o.be.**dien**.te
*des.o.cu.pa.**ción**
*des.o.cu.**par**
de.so.la.**ción**
de.so.**llar** *(irr. v.*
   desuelle)
*de.sor.bi.**tar**.se
*des.**or**.den
*des.or.de.**na**.do
*des.or.de.**nar**
*des.or.ga.ni.za.**ción**
*des.o.rien.ta.**ción**
de.**so**.ve
*des.ox.i.**dar**
des.pa.bi.**la**.do
des.**pa**.cio
des.pa.**ci**.to
des.pa.**char**
des.**pa**.cho
des.pa.chu.**rrar**
des.pan.zu.**rrar**
des.par.**pa**.jo
des.pa.rra.**mar**
des.pa.vo.**ri**.do
des.pec.**ti**.vo
des.**pe**.cho
des.pe.da.**zar**
des.pe.**di**.da
des.pe.**dir** *(irr. v.*
   despedida)
des.pe.**gar**
des.**pe**.gue
des.pei.**nar**

des.pe.**ja**.do
des.pe.**jar**
des.**pe**.je
des.**pe**.jo
des.**pen**.sa
des.pe.**ñar**
des.per.cu.**dir**
des.per.di.**ciar**
des.per.**di**.cio
des.per.di.**gar**
des.pe.re.**zar**.se
des.per.ta.**dor**
des.per.**tar** *(irr. v.*
   despierte)
des.pia.**da**.do
des.**pi**.da
des.pi.**dien**.do
des.pi.**die**.ra
des.pi.**dió**
des.**pi**.do
des.**pier**.te
des.**pier**.to
des.pil.**fa**.rro
des.pis.**tar**
des.pla.za.**mien**.to
des.pla.**zar**
des.ple.**gar** *(irr.)*
des.**plie**.go
des.**plie**.gue
des.plo.**mar**
des.**plo**.me
des.**plo**.mo
des.**plu**.me
des.po.bla.**ción**
des.po.**bla**.do
des.po.**jar**
des.**po**.jo
des.po.**sa**.do
des.po.**sar** *(casar)*
des.po.se.i.**mien**.to

dés.po.ta
des.po.**tis**.mo
des.po.ti.**zar**
des.po.tri.**car**
des.pre.**ciar**
des.pre.cia.**ti**.vo
des.**pre**.cio
des.pren.**der**
des.pren.di.**mien**.to
des.pre.o.cu.pa.**ción**
des.pre.o.cu.**pa**.do
des.pres.**ti**.gio
des.pre.ve.**ni**.do
des.pro.por.**ción**
des.pro.**pó**.si.to
des.pro.**vis**.to
des.**pués**
des.pun.**tar**
des.qui.**ciar**
des.qui.**tar**
des.**qui**.te
des.re.gla.men.ta.**ción**
des.ta.**car**
des.ta.**je**.ro
des.ta.**jis**.ta
des.ta.**par**
des.**te**.llo
des.tem.**plan**.za
des.te.**ñir** *(irr. v.*
   destiña)
des.ter.ni.**llar**.se
des.te.**rrar** *(irr.)*
des.te.**tar**
des.**tie**.rre
des.**tie**.rro
des.ti.la.**ción**
des.ti.**lar**
des.ti.le.**rí**.a
des.ti.**nar**
des.ti.na.**ta**.rio

des.**ti**.no
des.**ti**.ña
des.**ti**.**ñen**.do
des.**ti**.ño
des.**ti**.**ñó**
des.**ti**.**tuir**
des.**tor**.**cer**
des.**tor**.ni.lla.**dor**
des.**tre**.za
des.**trí**.si.mo
des.**tro**.**zar**
des.**truc**.**ción**
des.**truc**.**ti**.vo
des.**truc**.**tor**
des.**true**.que
des.**truir** *(irr.)*
des.**tru**.ya
des.**tru**.**yen**.do
des.**tru**.yo
des.**tru**.**yó**
de.**sue**.lle
de.**sue**.llo
*des.u.**sa**.do
des.va.**í**.do
des.va.**li**.do
des.va.li.**jar**
des.va.lo.ri.za.**ción**
des.**ván**
des.va.ne.**cer** *(irr.)*
des.va.**nez**.ca
des.va.**nez**.co
des.va.**rar**
des.va.**riar**
des.va.**rí**.o
des.ve.**lar**
des.**ve**.lo
des.ven.ci.**jar**
des.ven.**ta**.ja
des.ven.ta.**jo**.so
des.ven.**tu**.ra

des.ven.tu.**ra**.do
des.ver.gon.**za**.do
des.ver.**güen**.za
des.ves.**tir**
des.via.**ción**
des.**viar**
des.vin.cu.la.**ción**
des.**ví**.o
des.vir.**tuar**
des.vi.**vir**.se
des.yer.**bar**
de.ta.**llar**
de.**ta**.lle
de.**ta**.**llis**.ta
de.tec.**ción**
de.tec.**ti**.ve
de.tec.**tor**
de.**tén**
de.ten.**ción**
de.ten.**dré**
de.ten.**drí**.a
de.te.**ner** *(irr. v.
    detiene, detuve)*
de.**ten**.ga
de.**ten**.go
de.ter.**gen**.te
de.te.rio.ra.**ción**
de.ter.mi.na.**ción**
de.ter.mi.**nar**
de.ter.**sión**
de.ter.**si**.vo
de.tes.**tar**
de.**tie**.ne
de.to.na.**ción**
de.tor.**sión**
de.trac.**tor**
de.**trás**
de.tri.**men**.to
de.**tu**.ve
de.tu.**vie**.ra

deu.da
deu.do
deu.**dor**
de.va.lua.**ción**
de.va.**nar**
de.va.**ne**.o
de.vas.ta.**ción**
de.vas.**tar**
de.ven.**gar**
de.ve.**nir**
de.vo.**ción**
de.vo.cio.**na**.rio
de.vol.**ver** *(irr. v.
    devuelto)*
de.vo.lu.**ción**
de.vo.**rar**
de.**vo**.to
de.**vuel**.to
de.**vuel**.va
de.**vuel**.vo
dex.**tro**.sa
de.yec.**ción**
di
dí.a
dia.**be**.tes
dia.blo
dia.**blu**.ra
dia.**bó**.li.co
dia.**crí**.ti.co
dia.**de**.ma
diá.fa.no
dia.**frag**.ma
diag.**no**.sis
diag.**nós**.ti.co
dia.go.**nal**
diá.lo.go
dia.**man**.te
diá.me.tro
dian.tre
dia.pa.**són**

dia.po.si.**ti**.va
dia.ria.**men**.te
dia.rio
dia.**rrea**
diás.to.le
dia.**tri**.ba
di.bu.**jar**
di.**bu**.jo
dic.**ción**
dic.cio.**na**.rio
di.**ciem**.bre
di.**cien**.do
dic.ta.**dor**
dic.ta.**du**.ra
dic.**ta**.men
dic.**tar**
dic.ta.to.**rial**
dic.**te**.rio
di.cha
di.cho
di.cho.so
die.ci.**nue**.ve
die.**cio**.cho
die.ci.**séis**
die.ci.**sie**.te
dien.te
die.ra
dié.re.sis
dies.tro *(sup:*
    destrísimo)
die.ta
die.**tis**.ta
diez
diez.**mar**
diez.mo
di.fa.ma.**ción**
di.fe.**ren**.cia
di.fe.ren.**cial**
di.fe.ren.**ciar**
di.fe.**ren**.te
di.fe.**rir** *(irr. v.*
    difiera)
di.**fí**.cil

di.fi.cul.**tad**
di.fi.cul.**tar**
di.fi.**den**.cia
di.**fie**.ra
di.**fie**.ro
di.fi.**rien**.do
di.fi.**rie**.ra
di.fi.**rió**
di.frac.**tar**
di.fran.**gen**.te
dif.**te**.ria
di.fun.**dir**
di.**fun**.to
di.fu.**sión**
di.ga
di.go
di.ge.**rir** *(irr. v.*
    digiera)
di.ges.**tión**
di.ges.**ti**.vo
di.**ges**.to
di.**gie**.ra
di.**gie**.ro
di.gi.**rien**.do
di.gi.**rie**.ra
di.gi.**rió**
di.gi.**tal**
dí.gi.to
dig.**nar**.se
dig.na.**ta**.rio
dig.ni.**dad**
dig.ni.fi.ca.**ción**
dig.no
di.gre.**sión**
di.je
di.**je**.ra
di.la.ce.ra.**ción**
di.la.pi.da.**ción**
di.la.ta.**ción**
di.la.**ta**.do
di.la.**tar**
di.**lec**.to
di.**le**.ma

di.le.**tan**.te
di.li.**gen**.cia
di.li.**gen**.te
di.lu.ci.da.**ción**
di.**luir** *(irr. v. diluya)*
di.lu.**via**.no
di.**lu**.vio
di.**lu**.ya
di.lu.**yen**.do
di.**lu**.yo
di.lu.**yó**
di.me
di.ma.**nar**
di.men.**sión**
di.mi.nu.**ti**.vo
di.mi.**nu**.to
di.mi.**sión**
di.mi.**tir**
di.mos
di.**ná**.mi.co, -a
di.na.**mi**.ta
di.**na**.mo
dí.na.mo
di.nas.**tí**.a
di.ne.**ral**
di.**ne**.ro
di.no.**sau**.rio
din.**tel**
dio *(de dar)*
dió.ce.sis
dio.ni.**sí**.a.co
diop.**trí**.a
Dios, dios
di.**ploi**.de
di.**plo**.ma
di.plo.**ma**.cia
di.plo.**má**.ti.co
dip.so.ma.**ní**.a
díp.ti.co
dip.**ton**.go
di.pu.ta.**ción**
di.pu.**ta**.do
di.que

di.**ré**
di.rec.**ción**
di.**rec**.ta.**men**.te
di.**rec**.**ti**.vo
di.**rec**.to
di.**rec**.**tor**
di.**rec**.**to**.rio
di.**rec**.**triz**
di.**rí**.a
di.ri.**gen**.te
di.ri.**gi**.ble
di.ri.**gir**
dis.cer.**nir** *(irr.)*
dis.**cier**.na
dis.**cier**.no
dis.ci.**pli**.na
dis.ci.pli.**na**.do
dis.**cí**.pu.lo
dis.co
dís.co.lo
dis.con.**ti**.nuo
dis.cor.**dan**.cia
dis.**cor**.dia
dis.co.**te**.ca
dis.cre.**ción**
dis.cre.**pan**.cia
dis.**cre**.to
dis.**cri**.men
dis.cri.mi.na.**ción**
dis.**cul**.pa
dis.cul.**par**
dis.cu.**rrir**
dis.cur.se.**ar**
dis.**cur**.so
dis.cu.**sión**
dis.cu.**tir**
di.se.**car**
di.se.mi.**nar**
di.sen.**sión**
di.sen.te.**rí**.a
di.**se**.ño
di.ser.ta.**ción**
dis.**fa**.gia

dis.**fa**.sia
dis.fa.**vor**
dis.**for**.me
dis.**fraz**
dis.fra.**zar**
dis.fru.**tar**
dis.gre.ga.**ción**
dis.gus.**tar**
dis.**gus**.to
di.si.**den**.cia
di.si.mu.la.**ción**
di.si.mu.**lar**
di.si.**mu**.lo
di.si.pa.**ción**
dis.lo.ca.**ción**
dis.mi.nu.**ción**
dis.mi.**nuir** *(irr.)*
dis.mi.**nu**.ya
dis.mi.nu.**yen**.do
dis.mi.**nu**.yo
dis.mi.nu.**yó**
di.so.cia.**ción**
di.so.lu.**ti**.vo
di.sol.**ver** *(irr. v.*
  disuelva)
di.so.lu.**ción**
di.so.**nan**.cia
dis.pa.**rar**
dis.pa.**ra**.te
dis.**pa**.ro
dis.pcn.**dio**.so
dis.**pen**.sa
dis.**pen**.sar
dis.**pen**.**sa**.rio
dis.**pep**.sia
dis.per.**sar**
dis.per.**sión**
dis.**per**.so
dis.pli.**cen**.cia
dis.pon.**dré**
dis.pon.**drí**.a
dis.po.**ner** *(irr. v. t.*
  dispuesto)

dis.**pon**.ga
dis.**pon**.go
dis.po.**ni**.ble
dis.po.si.**ción**
dis.po.si.**ti**.vo
dis.**pues**.to
dis.**pu**.ta
dis.pu.**tar**
dis.**que**.te
dis.qui.si.**ción**
dis.**tan**.cia
dis.**tan**.te
dis.**tar**
dis.ten.**sión**
dis.tin.**ción**
dis.tin.**gui**.do
dis.tin.**guir**
dis.tin.**ti**.vo
dis.tor.**sión**
dis.trac.**ción**
dis.tra.**er** *(irr.)*
dis.**trai**.ga
dis.**trai**.go
dis.**tra**.je
dis.**tra**.**je**.ra
dis.tra.**yen**.do
dis.tri.bu.**ción**
dis.tri.bui.**dor**
dis.tri.**buir** *(irr.)*
dis.tri.bu.**ti**.vo
dis.tri.**bu**.ya
dis.tri.bu.**yen**.do
dis.tri.bu.yo
dis.tri.bu.**yó**
dis.**tri**.to
dis.**tur**.bio
di.sua.**si**.vo
di.**suel**.to
di.**suel**.va
di.**suel**.vo
dis.yun.**ti**.va
di.ti.**ram**.bo
diur.no

di.va
di.va.ga.**ción**
di.**ván**
di.ver.**gen**.cia
di.ver.**gir**
di.ver.si.**dad**
di.ver.si.fi.ca.**ción**
di.ver.**sión**
di.**ver**.so
di.**ver**.ti.do
di.ver.**tir** *(irr. v.
divierta)*
di.vi.**den**.do
di.vi.**dir**
di.**vier**.ta
di.**vier**.to
di.**vie**.so
di.vir.**tien**.do
di.vir.**tie**.ra
di.vir.**tió**
di.vi.ni.**dad**
di.vi.ni.**zar**
di.**vi**.no
di.**vi**.sa
di.vi.**sar**
di.vi.**sión**
di.vi.**sor**
di.vor.**ciar**
di.**vor**.cio
di.vul.**gar**
do
do.**bla**.je
do.**blar**
do.ble
do.ble.**men**.te
do.**blez**
do.ce
do.**ce**.**a**.vo
do.**ce**.na
do.**cen**.te
dó.cil
doc.to
doc.tor

doc.to.**ra**.do
doc.**tri**.na
do.cu.men.ta.**ción**
do.cu.**men**.to
dog.ma
dog.ma.ti.**zar**
dó.lar
do.**len**.cia
do.**ler** *(irr. v. duela)*
do.li.co.**cé**.fa.lo
do.**lien**.te
do.**lor**
do.lo.**ri**.do
do.lo.**ro**.so
do.**lo**.so
do.ma.**dor**
do.**mar**
do.mes.ti.**car**
do.mes.ti.ci.**dad**
do.**més**.ti.co
do.mi.**ci**.lio
do.mi.na.**ción**
do.mi.**nan**.te
do.mi.**nar**
do.**min**.go
do.mi.ni.**cal**
do.mi.ni.**ca**.no
do.mi.**ni**.co
do.**mi**.nio
do.mi.**nó**
don
do.na.**ción**
do.**nai**.re
do.**nar**
do.na.**ti**.vo
don.**ce**.lla
don.ce.**llez**
don.de
dón.de *(interr. y
adm.)*
don.de.**quie**.ra
do.no.**su**.ra
do.ña

do.**quier**
do.**ra**.do
do.**rar**
dor.mi.**lón**
dor.**mir** *(irr. v.
duerma,
durmiendo)*
dor.mi.**tar**
dor.mi.**to**.rio
dor.**sal**
dor.so
dos
dos.**cien**.tos
do.**sel**
do.si.fi.ca.**ción**
do.sis
do.ta.**ción**
do.**tar**
do.te
do.**ve**.la
doy
dra.**gón**
dra.ma
dra.**má**.ti.co
dra.ma.ti.za.**ción**
dra.ma.ti.**zar**
dra.ma.**tur**.gia
drás.ti.co
dre.**na**.je
dro.ga
dro.ga.**dic**.to
dro.**gó**.ma.no
dro.gue.**rí**.a
dro.**só**.fi.la
drui.da
dru.pa
du.bi.ta.**ción**
du.**ca**.do
dúc.til
du.cha
du.cho
du.da
du.dar

du.**do**.so
due.la
due.lo
duen.de
due.ño
duer.ma
duer.mo
dul.ce
dul.ce.**men**.te
dul.ce.**rí**.a
dul.**ce**.ro
dul.ci.fi.ca.**ción**
dul.**zai**.na

dul.**zor**
dul.**zu**.ra
dú.o
duo.**dé**.ci.mo
duo.**de**.no
dú.plex
du.pli.ca.**ción**
du.pli.**car**
du.pli.ci.**dad**
du.que
du.**que**.sa
du.ra.bi.li.**dad**
du.ra.**ción**

du.ra.**de**.ro
du.ra.lu.**mi**.nio
du.ra.**men**.te
du.**ran**.te
du.**rar**
du.**raz**.no
du.**re**.za
dur.**mien**.do
dur.**mien**.te
dur.**mie**.ra
dur.**mió**
du.ro
dux

E

¡ea!
e.ba.**nis**.ta
e.ba.nis.te.**rí**.a
é.ba.no
e.brio
e.bu.lli.**ción**
e.**búr**.ne.o
Ec.ce.**ho**.mo
ec.**ce**.ma
e.clec.ti.**cis**.mo
e.cle.**siás**.ti.co
e.clip.**sar**
e.**clip**.se
e.**cli**.sa
e.co
e.co.lo.**gía**
e.**có**.lo.go
e.co.no.**mí**.a
e.co.no.**mí**.a de
  es.**ca**.la
e.co.no.**mí**.a de la
  o.**fer**.ta
e.co.no.**mí**.a
  pa.ra.**le**.la
e.co.**nó**.mi.ca.**men**.te

e.co.**nó**.mi.co
e.co.no.mi.**zar**
e.co.sis.**te**.ma
e.cua.**ción**
e.cua.**dor**
e.cua.ni.mi.**dad**
e.cua.to.**ria**.no
e.**cues**.tre
e.cu.**mé**.ni.co
e.**char**
e.**dad**
e.**dén**
e.di.**ción**
e.**dic**.to
e.di.fi.ca.**ción**
e.di.fi.**car**
e.di.**fi**.cio
e.di.**tar**
e.di.**tor**
e.di.to.**rial**
e.di.to.ria.**lis**.ta
e.du.ca.**ción**
e.du.ca.cio.**nal**
e.du.**ca**.do
e.du.**ca**.dor

e.du.**car**
e.du.ca.**ti**.vo
e.**fe**.bo
e.fec.**ti**.va.**men**.te
e.fec.ti.vi.**dad**
e.fec.**ti**.vo
e.**fec**.to
e.fec.**tuar**
e.fe.**mé**.ri.des
e.fer.ves.**cen**.cia
e.fi.**caz**
e.fi.**ca**.cia
e.fi.**cien**.cia
e.fi.**cien**.te
e.**fi**.gie
e.**fí**.me.ro
e.**flu**.vio
e.**fu**.gio
e.fu.**sión**
e.fu.**si**.vo
é.gi.da, e.**gi**.da
e.**gip**.cio
e.go.**ís**.mo
e.go.**ís**.ta
e.**gre**.gio

e.gre.so
¡eh!
e.je
e.je.cu.**ción**
e.je.cu.**tar**
e.je.cu.**ti**.vo
e.jcm.**plar**
e.**jem**.plo
e.jer.**cer**
e.jer.**ci**.cio
e.jer.ci.**tar**
e.**jér**.ci.to
e.ji.da.**ta**.rio
e.**ji**.do
el *(artículo)*
él *(pron.)*
e.la.bo.ra.**ción**
e.la.bo.**rar**
e.las.ti.ci.**dad**
e.**lás**.ti.co
elec.**ción**
e.lec.**ti**.vo
e.lec.**tor**
e.lec.to.**ral**
e.lec.tri.ci.**dad**
e.lec.tri.**cis**.ta
e.**léc**.tri.co
e.lec.tri.fi.ca.**ción**
e.lec.tri.**zar**
e.lec.tro.cu.**ción**
e.lec.**tro**.do
e.lec.**tró**.ge.no
e.lec.troi.**mán**
e.lec.tro.li.za.**ción**
e.lec.tro.mag.**né**.ti.co
e.lec.tro.mo.**triz**
e.lec.**trón**
e.lec.**tró**.ni.ca
e.lec.tros.**tá**.ti.ca
e.lec.tro.**tec**.nia
e.le.fan.**cia**.co
e.le.**fan**.te
e.le.fan.**tia**.sis

e.le.**gan**.cia
e.le.**gan**.te
e.le.**gí**.a
e.le.**gi**.ble
e.le.**gir** *(irr. v. elige)*
e.le.men.**tal**
e.le.**men**.to
e.le.va.**ción**
e.le.va.**do**
e.le.**var**
e.**li**.ge
e.li.**gien**.do
e.li.**gie**.ra
e.**li**.ja
e.**li**.jo
e.li.mi.na.**ción**
e.li.mi.**nar**
e.li.mi.na.**to**.rio
e.**lip**.se *(curva)*
e.**lip**.sis *(omisión)*
e.**lip**.soi.de
e.**líp**.ti.co
e.**líx**.ir, e.lix.**ir**
e.lo.**cuen**.cia
e.lo.**cuen**.te
e.lo.**giar**
e.**lo**.gio
e.lu.ci.da.**ción**
e.lu.ci.**dar**
e.lu.**dir**
e.**lla**
e.**llo**
e.**llos**
e.ma.na.**ción**
e.ma.**nar**
e.man.ci.pa.**ción**
e.man.ci.**par**
em.ba.dur.**nar**
em.bai.**mien**.to
em.ba.**ja**.da
em.ba.ja.**dor**
em.ba.**la**.je
em.ba.**lar**

em.bal.do.**sa**.do
em.bal.sa.ma.**dor**
em.bal.sa.**mar**
em.**bal**.se
em.ba.lu.**mar**
em.ba.**ra**.zo
em.bar.ca.**ción**
em.bar.**car**
em.bar.**gar**
em.**bar**.go
em.**bar**.que
em.ba.**rrar**
em.bas.**tar**
em.**ba**.te
em.bau.**car**
em.be.be.ci.**mien**.to
em.be.**le**.co
em.be.le.**sar**
em.be.**le**.so
em.be.lle.**cer** *(irr.)*
em.be.lle.ci.**mien**.to
em.be.**llez**.ca
em.be.**llez**.co
em.bes.**ti**.da
em.bes.**tir** (irr.)
em.**bis**.ta
em.bis.**tien**.do
em.bis.**tie**.ra
em.bis.**tió**
em.**bis**.to
em.blan.que.ci.**mien**.to
em.**ble**.ma
em.bo.be.ci.**mien**.to
em.bo.**car**
em.**bo**.lia
ém.bo.lo
em.**bo**.que
em.bo.rra.**char**
em.bos.**ca**.da
em.bo.**tar**
em.bo.te.**llar**
em.bo.**zar**
em.bre.**ar**

em.bria.**gar**
em.bria.**guez**
em.brio.lo.**gí**.a
em.**brión**
em.bro.**llar**
em.bru.**jar**
em.**bru**.jo
em.bru.te.**cer** *(irr.)*
em.bru.te.ci.**mien**.to
em.bru.**tez**.ca
em.bru.**tez**.co
em.**bu**.do
em.**bus**.te
em.bus.**te**.ro
em.bu.**tir**
e.mer.**gen**.cia
e.mer.**gen**.te
e.mi.gra.**ción**
e.mi.**gran**.te
e.mi.**grar**
e.mi.**nen**.cia
e.mi.**nen**.te
e.mi.**nen**.te.**men**.te
e.**mir**
e.mi.**sa**.rio
e.mi.**sión**
e.mi.**sor**
e.mi.**tir**
e.mo.**ción**
e.mo.cio.**nal**
e.mo.cio.**nan**.te
e.mo.**ti**.vo
em.pa.**car**
em.pa.la.**gar**
em.pa.li.**za**.da
em.pa.**na**.da
em.pa.**ñar**
em.pa.**par**
em.pa.pe.**lar**
em.pa.que.**tar**
em.pa.re.**da**.do
em.pa.re.**jar**
em.pa.ren.**tar** *(irr.)*

em.pa.**rien**.te
em.pa.**rien**.to
em.pa.rri.**lla**.do
em.pas.te.**lar**
em.pa.**tar**
em.**pa**.te
em.pa.**tí**.a
em.pa.ve.**sar**
em.pa.vo.**nar**
em.pe.ca.**ta**.do
em.pe.ci.**mien**.to
em.pe.ci.na.**mien**.to
em.pe.der.**ni**.do
em.pe.**drar** *(irr. v. empiedre)*
em.pe.**llón**
em.pe.**ñar**
em.**pe**.ño
em.pe.o.**rar**
em.pe.que.ñe.**cer** *(irr.)*
em.pe.que.**ñez**.ca
em.pe.que.**ñez**.co
em.pe.ra.**dor**
em.pe.ra.**triz**
em.pe.re.ji.**lar**
em.**pe**.ro
em.pe.**zar** *(irr v. empieza)*
em.**pie**.ce
em.**pie**.dre
em.**pie**.dro
em.**pie**.za
em.**pie**.zo
em.pi.**nar**
em.pla.**zar**
em.ple.**a**.do
em.ple.**ar**
em.**ple**.o
em.plu.**mar**
em.po.bre.**cer** *(irr.)*
em.po.**brez**.ca
em.po.**brez**.co

em.pol.**var**
em.po.**llar**
em.pon.zo.**ñar**
em.po.**zar**
em.pra.di.**zar**
em.pren.**der**
em.**pre**.sa
em.pre.sa.**ria**.do
em.pre.**sa**.rio
em.pu.**jar**
em.**pu**.je
em.pu.**jón**
em.pu.**ñar**
e.mu.la.**ción**
e.mu.**lar**
é.mu.lo
e.mul.**sión**
e.na.je.na.**ción**
e.na.je.**nar**
e.nal.te.**cer** *(irr.)*
e.nal.te.ci.**mien**.to
e.nal.**tez**.ca
e.nal.**tez**.co
e.na.mo.ra.**di**.zo
e.na.mo.**ra**.do
e.na.mo.**rar**
e.**na**.no
e.nar.bo.**lar**
en.ar.bo.**lar**
e.nar.de.ci.**mien**.to
e.nas.**tar**
en.ca.**bar**
en.ca.be.za.**mien**.to
en.ca.be.**zar**
en.ca.de.**nar**
en.ca.**jar**
en.**ca**.je
en.cal.ve.**cer** *(irr.)*
en.cal.**vez**.ca
en.cal.**vez**.co
en.ca.lle.**cer** *(irr.)*
en.ca.lle.**ci**.do
en.ca.**llez**.co

en.ca.mi.**nar**
en.ca.ne.**cer** *(irr.)*
en.ca.**nez**.co
en.ca.ne.**ci**.do
en.can.ta.**dor**
en.can.ta.**mien**.to
en.can.**tar**
en.**can**.to
en.ca.**ña**.do
en.ca.pri.**char**.se
en.ca.ra.**mar**
en.car.ce.**lar**
en.car.ce.la.**ción**
en.ca.re.**cer** *(irr.)*
en.ca.re.ci.**mien**.to
en.ca.**rez**.co
en.car.**gar**
en.**car**.go
en.car.na.**ción**
en.car.**na**.do
en.car.**nar**
en.car.ni.**za**.do
en.ca.si.**llar**
en.cas.qui.**llar**
en.cau.**sar** *(formar causa)*
en.cau.**zar** *(dirigir)*
en.ca.**var**.se
en.**cé**.fa.lo
en.ce.ne.**gar**.se
en.cen.**der** *(irr. v. encienda)*
en.cen.**di**.do
en.ce.**rar**
en.ce.**rrar** *(irr. v. encierre)*
en.**cí**.a
en.**cí**.cli.ca
en.ci.clo.**pe**.dia
en.**cien**.da
en.**cien**.do
en.**cie**.rre
en.**cie**.rro

en.**ci**.ma
en.ci.**mar**
en.**ci**.na
en.**cin**.ta
en.**cin**.tar
en.claus.**trar**
en.cla.**var**
en.**clen**.que
en.co.**bar** *(las aves)*
en.co.**ger**
en.co.gi.**mien**.to
en.co.le.ri.**zar**
en.co.men.**dar** *(irr.)*
en.co.**mien**.da
en.co.**mien**.de
en.co.**mien**.do
en.con.tra.**di**.zo
en.con.**trar** *(irr. v. encuentre)*
en.con.tro.**na**.zo
en.cor.**var**
en.co.**var** *(de cueva)*
en.cru.ci.**ja**.da
en.cua.der.na.**ción**
en.cua.der.**nar**
en.cu.**bier**.to
en.cu.**brir**
en.**cuen**.tre
en.**cuen**.tro
en.**cues**.ta
en.cue.**var**
en.cha.**par**
en.chu.**far**
en.**chu**.fe
en.de.ble
en.de.**blez**
en.**dé**.mi.co
en.de.re.**zar**
en.deu.**dar**.se
en.**di**.bia
en.dio.**sar**
en.do.**cri**.no
en.do.**ga**.mia

en.**do**.sar
en.dul.**zar**
en.du.re.**cer** (irr.)
en.du.**rez**.ca
en.du.**rez**.co
e.ne.**mi**.go
e.ne.mis.**tar**
e.ner.**gí**.a
e.**nér**.gi.co
e.ner.**gú**.me.no
e.**ne**.ro
e.**ne**.ro
e.ner.**van**.te
en.fa.**dar**
en.**fa**.do
en.fan.**gar**
én.fa.sis
en.fer.**mar**
en.fer.me.**dad**
en.fer.**me**.ro
en.fer.**mi**.zo
en.**fer**.mo
en.fies.**tar**.se
en.fi.**teu**.sis
en.fla.que.**cer** (irr.)
en.fla.que.ci.**mien**.to
en.fla.**quez**.ca
en.fla.**quez**.co
en.fo.**car**
en.**fo**.que
en.fras.**car**.se
en.fren.**tar**.se
en.**fren**.te
en.**friar**
en.fu.re.**cer** (irr.)
en.fu.re.**ci**.do
en.fu.**rez**.ca
en.fu.**rez**.co
en.ga.la.**nar**
en.ga.**llar**.se
en.gan.**char**
en.ga.**ñar**
en.ga.**ñi**.fa
en.ga.**ño**

en.ga.**ño**.so
en.**gar**.ce
en.gar.**zar**
en.gas.**tar**
en.ga.tu.**sar**
en.gen.**drar**
en.**gen**.dro
en.glo.**bar**
en.go.**la**.do
en.gol.**far**
en.gor.**dar**
en.**gor**.de
en.go.**rro**.so
en.gra.**na**.je
en.gran.de.**cer** *(irr.)*
en.gran.de.ci.**mien**.to
en.gran.**dez**.ca
en.gran.**dez**.co
en.**gra**.se
en.grei.**mien**.to
en.gre.**ír** *(irr.)*
en.**grí**.a
en.**grien**.do
en.**grie**.ra
en.**grí**.o
en.gri.**ó**
en.gro.sa.**mien**.to
en.**gru**.do
en.he.**brar**
en.her.bo.**lar**
en.hes.**tar**
en.**hics**.to
en.ho.ra.**bue**.na
en.ho.ra.**ma**.la
e.**nig**.ma
en.ja.e.**zar**
en.jal.be.**gar**
en.**jam**.bre
en.jau.**lar**
en.je.**bar**
en.jua.**gar**
en.**jua**.gue
en.ju.**gar**

en.jun.**dio**.so
en.**ju**.to
en.**la**.ce
en.la.dri.**llar**
en.la.**tar**
en.la.**zar**
en.lo.que.**cer**
en.lo.**sa**.do
en.lu.**ci**.do
en.lu.**cir** *(irr. v.
enluzca)*
en.lu.**tar**
en.**luz**.ca
en.**luz**.co
en.llan.**tar**
en.ma.gre.**cer** *(irr.)*
en.ma.**grez**.ca
en.ma.**grez**.co
en.ma.le.**zar**.se
en.ma.ra.**ñar**
en.men.**dar** *(irr.)*
en.**mien**.da
en.**mien**.de
en.**mien**.do
en.mo.he.ci.**mien**.to
en.mon.**tar**.se
en.mu.de.**cer** *(irr.)*
en.mu.**dez**.ca
en.mu.**dez**.co
en.ne.gre.ci.**mien**.to
en.no.ble.ci.**mien**.to
e.no.ja.**di**.zo
e.no.**jar**
e.**no**.jo
e.nor.gu.lle.ce.**dor**
e.nor.gu.lle.**cer** *(irr.)*
e.nor.gu.**llez**.ca
e.nor.gu.**llez**.co
e.**nor**.me
en.rai.**zar**
en.ra.**ma**.da
en.ra.re.ci.**mien**.to
en.re.da.**de**.ra

en.re.**dar**
en.**re**.do
en.re.ve.**sa**.do
en.ri.que.**cer** *(irr.)*
en.ri.que.ci.**mien**.to
en.ro.je.**cer** *(irr.)*
en.ro.**jez**.ca
en.ro.**jez**.co
en.ro.**llar**
en.ron.que.ci.**mien**.to
en.ros.**car**
en.ros.**trar**
en.sa.**la**.da
en.sa.li.**var**
en.**sal**.mo
en.sal.**zar**
en.sam.**bla**.je
en.san.**char**
en.san.**gren**.tar *(irr.)*
en.san.**grien**.te
en.san.**grien**.to
en.sa.**yar**
en.**sa**.yo
en.se.**bar**
en.se.**na**.da
en.se.**ñan**.za
en.se.**ñar**
en.si.**llar**
en.si.mis.**mar**.se
en.so.ber.be.**cer** *(irr.)*
en.so.ber.**bez**.ca
en.so.ber.**bez**.co
en.som.bre.**cer**
en.sor.de.**cer** *(irr.)*
en.sor.ti.**jar**
en.su.**ciar**
en.**sue**.ño
en.ta.**blar**
en.ta.**llar**
en.ta.pi.**zar**
en.te.**na**.do
en.ten.**der** *(irr. v.
entienda)*

en.ten.di.**mien**.to
en.**te**.ra.**men**.te
en.te.**rar**
en.te.**re**.za
en.te.**ri**.zo
en.ter.ne.**cer** *(irr.)*
en.ter.**nez**.ca
en.ter.**nez**.co
en.**te**.ro
en.te.**rrar** *(irr. v.
    entierre)*
en.te.sa.**mien**.to
en.ti.**bar**
en.ti.**biar**
en.ti.**dad**
en.**tien**.da
en.**tien**.do
en.**tie**.rre
en.**tie**.rro
en.tie.**sar**
en.to.mo.lo.**gí**.**a**
en.to.na.**ción**
en.to.**nar**
en.**ton**.ces
en.tor.pe.**cer** *(irr.)*
en.tor.**pez**.ca
en.tor.**pez**.co
en.**tra**.da
en.**tram**.bos
en.**tran**.te
en.**tra**.ña
en.**trar**
en.tre
en.tre.a.**bier**.to
en.tre.a.**brir**
en.tre.**ac**.to
en.tre.**ce**.jo
en.tre.co.**ger**
en.tre.cru.**zar**
en.tre.**gar**
en.**tre**.gue
en.tre.la.**zar**
en.tre.**més**

en.tre.me.**ti**.do
    (entrometido)
en.tre.na.**dor**
en.tre.na.**mien**.to
en.tre.**nar**
en.tre.**si**.jo
en.tre.**sue**.lo
en.tre.**tan**.to
en.tre.te.**jer**
en.tre.ten.**ción**
en.tre.ten.**dré**
en.tre.ten.**drí**.a
en.tre.te.**ner** *(irr. v.
    entretuve)*
en.tre.**ten**.ga
en.tre.**ten**.go
en.tre.te.ni.**mien**.to
en.tre.**tu**.ve
en.tre.tu.**vie**.ra
en.tre.ve.**í**.a
en.tre.**ver** *(irr. v. ver)*
en.tre.ve.**rar**
en.tre.**vis**.ta, -to
en.tre.vis.**tar**.se
en.tris.te.**cer** *(irr.)*
en.tris.**tez**.ca
en.tris.**tez**.co
en.tro.me.**ti**.do
    (entremetido)
en.tro.ni.za.**ción**
en.tro.ni.**zar**
en.**tron**.que
en.tro.**pí**.a
en.tu.**bar**
en.tu.me.ci.**mien**.to
en.tu.**mir**.se
en.tur.**biar**
en.tu.**sias**.mar
en.tu.**sias**.mo
en.tu.**sias**.ta
e.nu.me.ra.**ción**
e.nu.me.**rar**
e.nun.cia.**ción**

e.nun.**ciar**
en.vai.**nar**
en.va.len.to.**nar**
en.va.li.**jar**
en.va.ne.**cer** (irr.)
en.va.**nez**.ca
en.va.**nez**.co
en.va.**sar**
en.**va**.se
en.ve.je.**cer** *(irr.)*
en.ve.**jez**.ca
en.ve.**jez**.co
en.ve.ne.**nar**
en.ver.ga.**du**.ra
en.**vés**
en.**viar**
en.vi.**ciar**
en.vi.**dar**
en.**vi**.dia
en.vi.**dia**.ble
en.vi.**diar**
en.vi.**dio**.so
en.vi.le.ce.**dor**
en.**ví**.o
en.**vión**
en.**vi**.te
en.viu.**dar**
en.vol.**to**.rio
en.vol.**tu**.ra
en.vol.**ven**.te
en.vol.**ver** *(irr.)*
en.vol.vi.**mien**.to
en.**vuel**.to
en.**vuel**.va
en.**vuel**.vo
en.yer.**bar**
en.ye.**sar**
en.zar.**zar**
en.**zi**.ma *(sustancia)*
e.pi.**ce**.no
e.pi.**cen**.tro
e.pi.**cú**.re.o
e.pi.**de**.mia

e.pi.**dé**.mi.co
e.pi.de.**mió**.lo.go
e.pi.**der**.mis
e.pi.fa.**ní**.a
e.pi.**gas**.trio
e.**pí**.gra.fe
e.pi.**gra**.ma
e.pi.**lep**.sia
e.**pí**.lo.go
e.pis.co.**pal**
e.pi.**so**.dio
e.pis.te.mo.lo.**gí**.a
e.**pís**.to.la
e.pi.**ta**.fio
e.pi.ta.**la**.mio
e.pi.te.**lio**.ma
e.**pí**.te.to
e.**pí**.to.me
e.pi.zo.**o**.tia
é.po.ca
e.**pó**.ni.mo
e.po.**pe**.ya
ép.si.lon *(letra
griega)*
e.qui.**dad**
e.qui.dis.**tan**.cia
e.qui.**lá**.te.ro
e.qui.li.**brar**
e.qui.**li**.brio
e.qui.noc.**cial**
e.qui.**noc**.cio
e.qui.**pa**.je
e.qui.**par**
e.**qui**.po
e.**quis**
e.qui.ta.**ción**
e.qui.ta.**ti**.vo
e.qui.val.**dré**
e.qui.val.**drí**.a
e.qui.va.**len**.te
e.qui.va.**ler** *(irr.)*
e.qui.**val**.ga
e.qui.**val**.go

e.qui.vo.ca.**ción**
e.qui.vo.**car**
e.**quí**.vo.co
e.ra
e.**ra**.rio
er.bio
e.rec.**ción**
e.**rec**.to
e.re.**mi**.ta *(ermitaño)*
er.gio
er.**guir** *(irr. v.
irguiendo, yerga)*
e.ri.**gir**
e.ri.si.**pe**.la
e.ri.**te**.ma so.**lar**
e.ri.**zar**
e.**ri**.zo
er.**mi**.ta *(capilla)*
er.mi.**ta**.ño
e.ro.ga.**ción**
e.ro.**sión**
e.rra.**bun**.do
e.rra.di.ca.**ción**
e.**rran**.te
e.**rrar**
e.**rra**.ta
e.**rró**.ne.o
e.**rror**
e.ruc.**tar** (erutar)
e.ru.di.**ción**
e.ru.**di**.to
e.rup.**ción**
e.ru.**tar** (eructar)
es.bel.**tez**
es.**bi**.rro
es.bo.**zar**
es.ca.**be**.che
es.ca.**bel**
es.ca.**bro**.so
es.ca.bu.**llir**.se
es.ca.**fan**.dra
es.ca.**fan**.dra
au.**tó**.no.ma

es.**ca**.la
es.ca.la.**mien**.to
es.ca.**lar**
es.ca.**le**.ra
es.ca.li.**na**.ta
es.**ca**.lo
es.ca.lo.**frí**.o
es.ca.**lón**
es.cal.**pe**.lo
es.**ca**.ma
es.ca.**mo**.so
es.ca.mo.**te**.o
es.cam.**par**
es.cam.pa.**ví**.a
es.can.**ciar**
es.can.da.li.**zar**
es.**cán**.da.lo
es.can.da.**lo**.so
es.can.di.**na**.vo
es.ca.**nó**.gra.fo
es.ca.**par**
es.ca.pa.**ra**.te
es.**ca**.pe
es.ca.pu.**la**.rio
es.**ca**.que
es.ca.ra.ba.**je**.o
es.ca.ra.**ba**.jo
es.ca.ra.**mu**.za
es.car.**bar**
es.car.**ce**.la
es.car.**ce**.o
es.**car**.cha
es.car.da.**do**.ra
es.car.**dar**
es.ca.ri.fi.**car**
es.car.**la**.ta
es.car.men.**tar** *(irr.)*
es.car.**mien**.te
es.car.**mien**.to
es.car.ne.**cer** *(irr.)*
es.car.**nez**.ca
es.car.**nez**.co
es.**car**.nio

es.ca.**ro**.la

es.car.**pa**.do

es.**car**.pia

es.**ca**.sa.**men**.te

es.ca.se.**ar**

es.ca.**sez**

es.**ca**.so

es.ca.ti.**mar**

es.ca.**yo**.la

es.**ce**.na

es.ce.**na**.rio

es.ce.ni.fi.ca.**ción**

es.cep.ti.**cis**.mo

es.cin.**dir**

es.ci.**sión**

es.cla.re.**cer** (irr.)

es.cla.re.**ci**.do

es.cla.**rez**.ca

es.cla.**rez**.co

es.cla.**vis**.ta

es.cla.vi.**tud**

es.cla.vi.**zar**

es.**cla**.vo

es.cle.**ro**.sis

es.**clu**.sa

es.**co**.ba

es.**co**.**ba**.zo

es.co.**bén**

es.co.**bi**.lla

es.co.**cer** *(irr. v.
    escuece)*

es.co.**cés**

es.co.**ger**

es.co.**lar**

es.co.la.ri.**dad**

es.co.las.ti.**cis**.mo

es.**col**.ta

es.**co**.llo

es.**com**.bro

es.con.**der**

es.con.**di**.te

es.co.**pe**.ta

es.co.pe.**ta**.zo

es.**co**.plo

es.cor.**bu**.to

es.co.**rial**

es.cor.**pión**

es.**cor**.zo

es.co.**te**.ro

es.co.**ti**.lla

es.co.**zor**

es.cri.**ba**.no

es.cri.**bir**

es.**cri**.to

es.cri.**tor**

es.cri.**to**.rio

es.cri.**tu**.ra

es.**cró**.fu.la

es.**crú**.pu.lo

es.cru.pu.**lo**.so

es.cru.**ti**.nio

es.**cua**.dra

es.cua.**dri**.lla

es.cua.**drón**

es.cua.li.**dez**

es.cu.**char**

es.cu.**de**.ro

es.cu.**di**.lla

es.**cu**.do

es.cu.dri.**ñar**

es.**cue**.la

es.**cue**.to

es.**cue**.ce

es.**cue**.za

es.**cue**.zo

es.cul.**pir**

es.cul.**tor**

es.cul.**tu**.ra

es.cu.**pir**

es.cu.rri.**di**.zo

es.cu.**rrir**

es.**drú**.ju.lo

e.**se**

e.**sen**.cia

e.sen.**cial**

e.sen.**cial**.**men**.te

es.fe.**noi**.des

es.**fe**.ra

es.**fé**.ri.co

es.**fin**.ge

es.**fín**.ter

es.for.**za**.do

es.for.**zar**.se *(irr.)*

es.**fuer**.ce

es.**fuer**.zo

es.fu.**mar**

es.fu.**mi**.no

es.gri.**mir**

es.gua.**zar**

es.**guin**.ce

es.la.**bón**

es.**la**.vo

es.lo.**va**.co

es.lo.**ve**.no

es.mal.**tar**

es.**mal**.te

es.me.**ra**.do

es.me.**ral**.da

es.me.**rar**.se

es.me.**ril**

es.**me**.ro

es.mi.**rria**.do

es.no.**bis**.mo

e.**so**

e.**só**.fa.go

e.so.**té**.ri.co *(oculto)*

es.pa.bi.**lar**

es.pa.cia.**dor**

es.pa.**cial**

es.pa.**ciar**

es.**pa**.cio

es.**pa**.**cio**.so

es.**pa**.da

es.**pal**.da

es.pan.ta.**di**.zo

es.pan.**ta**.jo

es.pan.**tar**

es.**pan**.to

es.pan.**to**.so

es.pa.**ñol**
es.pa.ño.li.**zar**
es.pa.ra.**dra**.po
es.pa.ra.**vel**
es.par.ci.**mien**.to
es.par.**cir**
es.par.**ta**.no
es.par.ti.**zal**
es.**pas**.mo
es.**pe**.cia
es.**pe**.**cial**
es.pe.cia.li.**dad**
es.pe.cia.**lis**.ta
es.pe.cia.li.za.**ción**
es.pe.**cial**.**men**.te
es.**pe**.cie
es.pe.cie.**rí**.a
es.pe.ci.fi.**car**
es.pe.**cí**.fi.co
es.**pé**.ci.men
es.pe.**cio**.so
es.pec.ta.cu.**lar**
es.pec.**tá**.cu.lo
es.pec.ta.**dor**
es.**pec**.tro
es.pe.cu.la.**ción**
es.pe.cu.**lar**
es.pe.cu.la.**ti**.vo
es.pe.je.**ar**
es.pe.**jis**.mo
cs.**pe**.jo
es.pe.**jue**.lo
es.pe.luz.**nan**.te
es.pe.**ran**.za
es.pe.**rar**
es.per.ma.to.**zoi**.de
es.**pe**.so
es.pe.**sor**
es.pe.**su**.ra
es.pe.**tar**
es.**pí**.a
es.**piar**
es.**pi**.ga

es.pi.**ga**.do
es.pi.ga.**dor**
es.**pi**.na
es.pi.**na**.ca
es.pi.**na**.zo
es.pi.**ni**.lla
es.pi.**no**.so
es.pio.**na**.je
es.pi.ra.**ción**
es.pi.**ral**
es.pi.ri.**tis**.mo
es.pi.ri.**tis**.ta
es.pi.ri.**to**.so
es.**pí**.ri.tu
es.pi.ri.**tual**
es.pi.ri.tua.li.**dad**
es.pi.ri.tua.li.**zar**
es.pi.ri.**tuo**.so
es.pi.ro.**que**.ta
es.plen.**den**.te
es.plen.di.**dez**
es.**plén**.di.do
es.plen.**dor**
es.plen.do.**ro**.so
es.po.le.**ar**
es.pol.vo.re.**ar**
es.pon.**gia**.rio
es.**pon**.ja
es.pon.**jo**.so
es.pon.**sa**.les
cs.pon.ta.nei.**dad**
es.pon.**tá**.neo
es.**po**.ra
es.po.**rá**.di.co
es.po.**sar** *(sujetar con
    esposas)*
es.**po**.so
es.**pue**.la
es.**puer**.ta
es.pul.**gar**
es.**pu**.ma
es.pu.ma.**de**.ra
es.pu.ma.je.**ar**

es.pu.**mo**.so
es.**pu**.rio
es.**que**.je
es.**que**.la
es.que.**le**.to
es.que.ma.ti.**zar**
es.**quí**
es.qui.**lar**
es.quil.**mar**
es.qui.**lón**
es.qui.**mal**
es.**qui**.na
es.qui.**na**.zo
es.qui.**rol**
es.qui.**var**
es.qui.**vez**
es.qui.zo.**fre**.nia
es.**tá**, -**tán**
es.ta.bi.li.**dad**
es.ta.bi.li.za.**ción**
es.ta.bi.li.**zar**
es.**ta**.ble
es.ta.ble.**cer** *(irr.)*
es.ta.ble.ci.**mien**.to
es.ta.**blez**.ca
es.ta.**blez**.co
es.**ta**.blo
es.ta.bu.la.**ción**
es.**ta**.ca
es.ta.**ca**.zo
es.ta.**ción**
es.ta.cio.na.**mien**.to
es.ta.cio.**nar**
es.ta.cio.**na**.rio
es.**ta**.da
es.**ta**.dio
es.ta.**dis**.ta
es.ta.**dís**.ti.ca
es.**ta**.do
es.ta.do.u.ni.**den**.se
es.ta.**far**
es.tag.na.**ción**
es.ta.lac.**ti**.ta

es.ta.lag.**mi**.ta
es.ta.**llar**
es.ta.**lli**.do
es.**tam**.bre
es.ta.**men**.to
es.ta.**me**.ña
es.**tam**.pa
es.tam.**par**
es.tam.**pi**.lla
es.tan.**car**
es.**tan**.cia
es.**tan**.**cie**.ro
es.**tán**.dar
es.tan.da.ri.za.**ción**
es.tan.**dar**.te
es.**tan**.que
es.**tan**.**qui**.llo
es.**tan**.te
es.tan.**ti**.gua
es.**ta**.ño
es.**tar** *(irr.v. está,*
　esté, estoy, estuve)
es.tar.**cir**
es.ta.**tal**
es.**tá**.ti.co
es.ta.**tis**.mo
es.**ta**.tua
es.**ta**.**tua**.ria
es.ta.**tu**.ra
es.ta.**tu**.to
és.te
es.**te**.la
es.te.**lar**
es.te.no.gra.**fí**.a
es.ten.**tó**.re.o
es.**te**.ra
es.ter.co.**le**.ro
es.te.re.os.**co**.pio
es.te.re.o.**ti**.pia
es.**té**.ril
es.te.ri.li.**dad**
es.te.ri.li.za.**ción**
es.ter.**tor**

es.**té**.ti.ca
es.**té**.ti.co
es.te.tos.**co**.pio
es.te.**va**.do
es.ti.ba.**dor**
es.**tiér**.col
es.**tig**.ma
es.ti.**lis**.ta
es.ti.li.za.**ción**
es.**ti**.lo
es.ti.ma.**ción**
es.ti.**ma**.do
es.ti.**mar**
es.ti.mu.**lar**
es.**tí**.mu.lo
es.**tí**.o
es.ti.pu.la.**ción**
es.ti.pu.**lar**
es.ti.**rar**
es.**tir**.pe
es.ti.ti.**quez**
es.ti.**val**
es.toi.**cis**.mo
es.**toi**.co
es.to.li.**dez**
es.to.ma.**cal**
es.**tó**.ma.go
es.to.que.**ar**
es.tor.**bar**
es.**tor**.bo
es.tor.nu.**dar**
es.**toy**
es.tra.**bis**.mo
es.tra.fa.**la**.rio
es.tra.**gar**
es.**tra**.go
es.tram.**bó**.ti.co
es.tran.gu.**lar**
es.tra.**per**.lo
es.tra.ta.**ge**.ma
es.tra.**te**.ga
es.tra.**te**.gia
es.tra.**té**.gi.co

es.tra.**te**.go
es.tra.ti.fi.ca.**ción**
es.tra.tos.**fe**.ra
es.**tra**.za
es.tre.**char**
es.tre.**chez**
es.**tre**.cho
es.tre.**chu**.ra
es.tre.**gar** *(irr.*
　estriego)
es.**tre**.lla
es.tre.**llar**
es.tre.me.**cer** (irr.)
es.tre.**mez**.ca &
es.tre.**mez**.co
es.tre.**nar**
es.**tre**.no
es.**tre**.nuo
es.tre.ñi.**mien**.to
es.**tré**.pi.to
es.trep.to.**co**.co
es.trep.to.mi.**ci**.na
es.**trí**.a
es.tri.ba.**ción**
es.tri.**bar**
es.tri.**bi**.llo
es.**tri**.bo
es.tri.**bor**
es.tric.**ni**.na
es.tric.ta.**men**.te
es.**tric**.to
es.tri.**den**.cia
es.tri.**den**.te
es.**trie**.go
es.**trie**.gue
es.**tro**.fa
es.**tró**.ge.no
es.tro.pa.**jo**.so
es.tro.pe.**ar**
es.tro.**pi**.cio
es.truc.**tu**.ra
es.truc.tu.ra.**ción**
es.**truen**.do

es.tru.**jar**
es.**tu**.co
es.**tu**.che
es.tu.dian.**ta**.do
es.tu.**dian**.te
es.tu.dian.**til**
es.tu.**diar**
es.**tu**.dio
es.tu.**dio**.so
es.**tu**.fa
es.tul.**ti**.cia
es.tu.pe.fac.**ción**
es.tu.pe.fa.**cien**.te
es.tu.pe.**fac**.to
es.tu.**pen**.do
es.tu.pi.**dez**
es.**tú**.pi.do
es.**tu**.ve
es.tu.**vie**.ra
e.ta *(letra griega)*
e.**ta**.pa
et.**cé**.te.ra
é.ter
e.**té**.re.o
e.**ter**.na.**men**.te
e.ter.**nal**.**men**.te
e.ter.ni.**dad**
e.ter.ni.**zar**
e.**ter**.no
é.ti.ca
e.ti.mo.lo.**gí**.a
e.tio.lo.**gí**.a
e.**tí**.o.pe
e.ti.**que**.ta
et.**moi**.des
ét.ni.co
et.no.lo.**gí**.a
e.**trus**.co
eu.ca.**lip**.to
eu.ca.ris.**tí**.a
eu.fe.**mis**.mo
eu.fo.**ní**.a
eu.**fo**.ria

eu.ge.**ne**.sia
eu.**rit**.mia
eu.ro.**dó**.lar
eu.ro.pei.**zar**
eu.ro.**pe**.o
eu.ta.**na**.sia
e.va.cua.**ción**
e.**va**.cuo
e.va.**dir**
e.va.lua.**ción**
e.va.**lú**.o
e.van.**gé**.li.co
E.van.**ge**.lio
e.van.ge.**lis**.ta
e.van.ge.li.za.**ción**
e.va.po.ra.**ción**
e.va.po.**rar**
e.va.**sión**
e.va.**sión** tri.bu.**ta**.ria
e.va.**si**.vo, -va
e.**ven**.to
e.ven.**tual**
e.ven.**tual**.**men**.te
e.vic.**ción**
e.vi.**den**.cia
e.vi.**den**.te
e.vi.**tar**
e.vo.ca.**ción**
e.vo.**car**
e.vo.lu.**ción**
e.vo.lu.**ti**.vo
ex a.**brup**.to
ex **cá**.the.dra
ex **li**.bris
ex pro.**fe**.so
ex.ac.**ción**
ex.a.cer.**bar**
ex.ac.ta.**men**.te
ex.ac.ti.**tud**
ex.**ac**.to
ex.a.ge.ra.**ción**
ex.a.ge.**ra**.do
ex.a.ge.**rar**

ex.al.ta.**ción**
ex.al.**tar**
ex.**a**.men
ex.a.mi.**nar**
ex.**an**.güe
ex.**á**.ni.me
ex.as.pe.ra.**ción**
ex.car.ce.la.**ción**
ex.ca.va.**ción**
ex.ce.**den**.te
ex.ce.**der**
ex.ce.**len**.cia
ex.ce.**len**.te
ex.cel.si.**tud**
ex.**cel**.so
ex.cen.tri.ci.**dad**
ex.**cén**.tri.co
ex.cep.**ción**
ex.cep.cio.**nal**
ex.**cep**.to
ex.cep.**tuar**
ex.ce.**si**.vo
ex.**ce**.so
ex.ci.**pien**.te
ex.ci.**sión**
ex.ci.ta.bi.li.**dad**
ex.ci.**tar**
ex.cla.ma.**ción**
ex.cla.**mar**
ex.claus.**tra**.do
ex.**cluir** *(irr. v.*
   excluya)
ex.clu.si.va.**men**.te
ex.clu.si.**ve**
ex.clu.si.**vo**
ex.**clu**.ya
ex.**clu**.yo
ex.clu.**yó**
ex.co.gi.**tar**
ex.co.mul.**gar**
ex.co.ria.**ción**
ex.cre.**cen**.cia
ex.cre.**ción**

ex.cre.men.**ti**.cio
ex.**cre**.ta
ex.cur.**sión**
ex.**cu**.sa
ex.**cu**.sar
ex.e.cra.**ción**
ex.e.**crar**
ex.**é**.ge.sis
ex.e.**ge**.ta
ex.en.**ción**
ex.en.**tar**
ex.**en**.to
ex.e.**quá**.tur
ex.e.**quias**
ex.e.**qui**.ble
ex.fo.lia.**dor**
ex.ha.la.**ción**
ex.ha.**lar**
ex.haus.**ti**.vo
ex.**haus**.to
ex.hi.bi.**ción**
ex.hi.**bir**
ex.hor.ta.**ción**
ex.hor.**tar**
ex.hu.ma.**ción**
ex.hu.**mar**
ex.i.**gen**.cia
ex.i.**gen**.te
ex.i.gi.bi.li.**dad**
ex.i.**gir**
ex.i.güi.**dad**
ex.i.guo
ex.i.**la**.do
ex.i.**lia**.do
ex.i.**liar**
ex.i.lio
ex.i.mio
ex.i.**mir**
ex.is.**ten**.cia
ex.is.ten.cia.**lis**.mo
ex.is.**tir**
éx.i.to
éx.o.do

ex.o.ne.ra.**ción**
ex.or.bi.**tan**.te
ex.or.**cis**.mo
ex.or.ci.**zar**
ex.**or**.dio
ex.or.**nar**
ex.o.**té**.ri.co *(común)*
ex.**ó**.ti.co
ex.pan.**dir**
ex.pan.**sión**
ex.pan.si.vo
ex.pa.tria.**ción**
ex.pec.ta.**ción**
ex.pec.ta.**ti**.va
ex.pec.to.**rar**
ex.pe.di.**ción**
ex.pe.**dien**.te
ex.pe.**dir** *(irr. v. expida)*
ex.pe.di.**ti**.vo
ex.pe.**di**.to
ex.pe.**ler**
ex.**pen**.dio
ex.**pen**.sas
ex.pe.**rien**.cia
ex.pe.ri.men.ta.**dor**
ex.pe.ri.men.**tal**
ex.pe.ri.men.**tar**
ex.pe.ri.**men**.to
ex.**per**.to
ex.pia.**ción**
ex.**piar**
ex.**pi**.da
ex.pi.**dien**.do
ex.pi.**die**.ra
ex.pi.**dió**
ex.**pi**.do
ex.pi.**rar**
ex.pla.na.**ción**
ex.pla.na.**do**.ra
ex.pla.**yar**
ex.ple.**ti**.vo
ex.pli.ca.**ción**

ex.pli.**car**
ex.pli.ca.**ti**.vo
ex.**plí**.ci.to
ex.plo.ra.**ción**
ex.plo.ra.**dor**
ex.plo.**rar**
ex.plo.**sión**
ex.plo.**si**.vo
ex.plo.ta.**ción**
ex.plo.**tar**
ex.po.lia.**ción**
expon.**dré**
ex.pon.**drí**.a
ex.po.**nen**.te
ex.po.**ner** *(irr. v. t. expondré, expuse)*
ex.**pon**.ga
ex.**pon**.go
ex.por.ta.**ción**
ex.por.**tar**
ex.po.si.**ción**
ex.po.si.**ti**.vo
ex.**pó**.si.to
ex.pre.**mi**.jo
ex.pre.sa.**men**.te
ex.pre.**sar**
ex.pre.**sión**
ex.pre.sio.**nis**.ta
ex.pre.**si**.vo
ex.**pre**.so
ex.pri.**mir**
ex.pro.pia.**ción**
ex.**pues**.to
ex.pug.**na**.ble
ex.pul.**sar**
ex.pul.**sión**
ex.pur.ga.**ción**
ex.**pu**.se
ex.qui.**si**.to
ex.ta.**siar**.se
éx.ta.sis
ex.**tá**.ti.co
ex.tem.po.ra.nei.**dad**

ex.tempo.**rá**.neo
ex.ten.**der** *(irr. v.*
 extienda)
ex.**ten**.sa.**men**.te
ex.ten.**sión**
ex.ten.**si**.vo
ex.**ten**.so
ex.te.nua.**ción**
ex.te.nua.**ti**.vo
ex.te.**rior**
ex.te.rio.ri.**zar**
ex.ter.mi.**nar**
ex.ter.**mi**.nio
ex.**ter**.no
ex.**tien**.da
ex.**tien**.do
ex.tin.**ción**
ex.tin.**guir**
ex.**tin**.to
ex.tin.**tor**
ex.tir.**par**
ex.tor.**sión**
ex.tor.sio.**nis**.ta

ex.tra
ex.trac.**ción**
ex.**trac**.to
ex.tra.di.**ción**
ex.tra.**er** *(irr. v. t.*
 extrayendo)
ex.**trai**.ga
ex.**trai**.go
ex.**tra**.je
ex.tra.**je**.ra
ex.tra.ju.di.**cial**
ex.tra.li.mi.ta.**ción**
ex.tra.**mu**.ros
ex.tran.je.ri.**zar**
ex.tran.**je**.ro
ex.tra.**ñar**
ex.tra.**ñe**.za
ex.**tra**.ño
ex.tra.or.di.**na**.rio
ex.tra.po.**lar**
ex.tra.va.**gan**.cia
ex.tra.va.**gan**.te
ex.tra.va.sa.**ción**

ex.tra.ve.**nar**.se
ex.tra.ver.**sión**
ex.tra.**ver**.so
ex.tra.**viar**
ex.tra.**ví**.o
ex.tra.**yen**.do
ex.tre.**ma**.da.**men**.te
ex.tre.**ma**.do
ex.**tre**.ma.**men**.te
ex.tre.**mar**
ex.tre.maun.**ción**
ex.tre.**me**.ño
ex.tre.mi.**dad**
ex.tre.**mis**.mo
ex.**tre**.mo
ex.**trín**.se.co
ex.u.be.**ran**.cia
ex.u.da.**ción**
ex.ul.ta.**ción**
ex.**vo**.to
e.ya.cu.la.**ción**
e.yec.**tor**

F

fa
fa.**ba**.da
fá.bri.ca
fa.bri.ca.**ción**
fa.bri.**can**.te
fa.bri.**car**
fá.bu.la
fa.bu.**lo**.so
fac.**ción**
fac.**cio**.so
fa.**ce**.ta
fa.**cial**
fá.cil
fa.ci.li.**dad**
fa.ci.li.**tar**

fá.cil.**men**.te
fa.ci.ne.**ro**.so
fac.**sí**.mil
fac.ti.bi.li.**dad**
fac.**tor**
fac.to.**rí**.a
fac.**tu**.ra
fac.tu.ra.**ción**
fa.cul.**tad**
fa.**cun**.dia
fa.**cha**.da
fa.chen.**do**.so
fa.**e**.na
fa.go.**ci**.to
fai.**sán**

fa.ja
fa.jar
fa.**ji**.na
fa.**la**.cia
fa.**lan**.ge
fa.**laz**
fal.**cón**
fal.da
fa.**len**.cia
fa.li.bi.li.**dad**
fal.se.**ar**
fal.se.**dad**
fal.**se**.te
fal.si.fi.ca.**ción**
fal.so

fal.ta
fal.tar
fal.to
fal.tri.que.ra
fa.lla
fa.llar
fa.lle.ba
fa.lle.cer *(irr.)*
fa.lle.ci.mien.to
fa.llez.ca
fa.llez.co
fa.llo
fa.ma
fa.mé.li.co
fa.mi.lia
fa.mi.liar
fa.mi.lia.ri.dad
fa.mi.lia.ri.zar
fa.mo.so
fa.ná.ti.co
fa.na.tis.mo
fa.na.ti.zar
fa.ne.ga
fan.fa.rrón
fan.go
fan.go.so
fan.ta.se.ar
fan.ta.sí.a
fan.tas.ma
fan.tás.ti.co
fan.to.che
fa.quir
fa.ra.lá
fa.ra.llón
fa.ra.ma.lla
fa.rán.du.la
fa.ra.ón
far.da.je
far.do
fár.fa.ra
far.fo.lla
far.fu.llar
fa.rin.ge

fa.rin.gi.tis
fa.ri.sai.co
fa.ri.se.o
far.ma.céu.ti.co
far.ma.cia
far.ma.co.lo.gí.a
fa.ro
fa.rol
fa.ro.le.ar
fa.rra
fá.rra.go
far.sa
far.san.te
fas.ces *(insignia)*
fas.cí.cu.lo
fas.ci.na.ción
fas.ci.nar
fas.cis.ta
fa.se *(astr.)*
fas.ti.diar
fas.ti.dio.so
fas.tos
fas.tuo.si.dad
fa.tal
fa.ta.li.dad
fa.ti.ga
fa.ti.gar
fa.ti.go.so
fa.tuo
fau.ces
fa.vi.la
fa.vor
fa.vo.ra.ble
fa.vo.ra.ble.men.te
fa.vo.re.cer *(irr.)*
fa.vo.rez.ca
fa.vo.rez.co
fa.vo.ri.tis.mo
fa.vo.ri.to
fax
faz
fe
fe.al.dad

fe.be.o
fe.bre.ro
fe.bri.ci.tan.te
fe.brí.fu.go
fe.bril
fe.cu.len.to
fe.cun.da.ción
fe.cun.dar
fe.cun.di.dad
fe.cun.di.zar
fe.cun.do
fe.cha
fe.cha.ción
fe.de.ra.ción
fe.de.ral
fe.de.ra.ti.vo
fe.é.ri.co
fé.fe.res
fe.ha.cien.te
fe.li.ci.dad
fe.li.ci.ta.ción
fe.li.ci.tar
fe.li.grés
fe.liz
fe.liz.men.te
fe.lo.ní.a
fe.me.nil
fe.me.ni.no
fe.mi.nei.dad
fe.mi.ni.dad
fe.ne.cer *(irr. v.*
fenezca)
fe.ne.ci.mien.to
fe.nes.tra.ción
fe.nez.ca
fe.nez.co
fe.ni.cio
fé.nix
fe.no.me.nal
fe.nó.me.no
fe.no.ti.po
fe.o
fe.ra.ci.dad

fé.re.tro
fe.ria
fer.men.ta.**ción**
fer.men.**tar**
fe.ro.ci.**dad**
fe.**roz**
fé.**rre**.o
fe.rre.te.**rí**.a
fe.rro.ca.**rril**
fe.rro.**via**.rio
fe.rru.gi.**no**.so
fér.til
fer.ti.li.za.**ción**
fer.ti.li.**zar**
fé.ru.la
fér.vi.do
fer.**vien**.te
fer.**vor**
fer.vo.**ro**.so
fes.te.**jar**
fes.**te**.jo
fes.**tín**
fes.ti.**val**
fes.ti.vi.**dad**
fes.**ti**.vo
fe.ti.**dez**
feu.**dal**
feu.da.**lis**.mo
fez
fiam.**bre**.ra
fian.za
fiar
fias.co
fi.bra
fi.**bro**.so
fic.**ción**
fic.**ti**.cio
fi.cha
fi.de.**dig**.no
fi.dei.co.**mi**.so
fi.de.li.**dad**
fi.de.**lí**.si.mo *(muy
  fiel)*

fi.**de**.o
fi.du.**cia**.rio
fi.e
fi.**é**
fie.bre
fiel
fiel.**men**.te
fie.ra
fie.**re**.za
fie.ro
fies.ta
fi.gu.**li**.no
fi.**gu**.ra
fi.**gu**.ra.**ción**
fi.**gu**.**rar**
fi.**gu**.ra.**ti**.vo
fi.ja.**men**.te
fi.**jar**
fi.**je**.za
fi.jo
fi.la
fi.la.**men**.to
fi.lar.**mó**.ni.co
fi.la.**te**.lia
fi.**le**.te
fi.lia.**ción**
fi.**lial**
fi.li.bus.**te**.ro
fi.li.**pen**.se
fi.li.**pi**.no
fi.lis.**te**.o
fil.ma.**ción**
fil.**mar**
fi.lo
fi.lo.lo.**gí**.a
fi.lo.so.**fí**.a
fi.**lo**.só.fi.co
fi.**ló**.so.fo
fi.lox.**e**.ra
fil.tra.**ción**
fil.**trar**
fil.tro
fin

fi.**na**.do
fi.**nal**
fi.na.li.**dad**
fi.na.li.**zar**
fi.nan.cia.**ción**
fi.nan.**ciar**
fi.nan.**cie**.ro
fi.nan.**cis**.ta
fi.**nan**.zas
fin.ca
fin.**car**
fi.**ne**.za
fin.**gi**.do
fin.**gir**
fi.ni.**qui**.to
fi.no
fi.**nu**.ra
fir.ma
fir.ma.**men**.to
fir.**man**.te
fir.**mar**
fir.me
fir.me.**men**.te
fir.**me**.za
fis.**cal**
fis.ca.li.za.**ción**
fis.ca.li.**zar**
fis.go.ne.**ar**
fi.**si**.ble
fi.si.ca
fi.si.ca.**men**.te
fi.si.co
fi.sio.lo.**gí**.a
fi.sio.**ló**.gi.co
fi.**sión**
fi.so.no.**mí**.a
fi.**su**.ra
fi.to.ge.**né**.ti.ca
fi.to.pa.**tó**.lo.go
flac.ci.**dez**
fla.co
fla.**cu**.cho
fla.ge.la.**ción**

fla.**gran**.cia
fla.**gran**.te
fla.ma
fla.**man**.te
fla.**men**.co
fla.**mí**.ge.ro
flan
flan.co
fla.**que**.za
fla.tu.**len**.cia
flau.ta
flau.**tis**.ta
fle.**bi**.tis
fle.cha
fle.**cha**.zo
fle.je
fle.**tar**
fle.te
flex.**i**.ble
flex.**ión**
flir.**te**.o
flo.jo
flor
flo.ra
flo.ra.**ción**
flo.**ral**
flo.re.**cer** *(irr. v.*
florezca)
flo.res.**cien**.te
flo.**re**.ro
flo.res.**cen**.cia
flo.**res**.ta
flo.re.**ta**.zo
flo.**rez**.ca
flo.**rez**.co
flo.ri.cul.**tu**.ra
flo.**ri**.do
flo.ri.**le**.gio
flo.ta
flo.ta.**ción**
flo.**tan**.te
flo.**tar**
flo.**ti**.lla

fluc.tua.**ción**
flui.**dez**
flui.do
fluir *(irr. v. fluya)*
flu.jo
flú.or
fluo.res.**cen**.cia
flu.**vial**
flux
flux.**ión**
flu.ya
flu.**yen**.do
flu.yo
flu.**yó**
fo.bia
fo.ca
fo.**ci**.no
fo.co
fo.**ga**.je
fo.**ga**.ta
fo.**gón**
fo.go.**na**.zo
fo.**go**.so
fo.**gue**.o
fo.lia.**ción**
fol.klo.**ris**.ta
fo.**lla**.je
fo.lle.**tín**
fo.**lle**.to
fo.**llón**
fo.men.**tar**
fo.**men**.to
fon.da
fon.de.**ar**
fon.**di**.llos *(fundillo)*
fon.do
fo.**né**.ti.co
fo.**nó**.gra.fo
fo.no.**grá**.fi.co
fo.no.lo.**gí**.a
fon.ta.**nal**
fon.ta.**nar**
fon.ta.**ne**.ro

fon.te.**zue**.la
fo.ra.**ji**.do
fo.**rá**.ne.o
fo.ras.**te**.ro
fór.ceps
fo.res.ta.**ción**
fo.res.**tal**
for.**jar**
for.je
for.ma
for.ma.**ción**
for.**mal**
for.ma.li.**dad**
for.ma.li.**zar**
for.**mar**
for.ma.**ti**.vo
for.mi.**da**.ble
for.**món**
fór.mu.la
for.mu.**lar**
for.ni.ca.**ción**
for.ni.**car**
for.**ni**.do
fo.ro
fo.**rra**.je
fo.**rra**.je.ro
fo.**rrar**
fo.rro
for.ta.le.**cer** *(irr.)*
for.ta.**lez**.co
for.ti.fi.ca.**ción**
for.ti.fi.**car**
for.**tín**
for.**tí**.si.mo
for.**tu**.na
fo.**rún**.cu.lo
for.**za**.do
for.**zar**
for.**zo**.so
for.**zu**.do
fo.sa
fos.co
fos.fo.re.**cer**

fos.fo.res.**cen**.cia
fos.fo.res.**cer**
fós.fo.ro
fó.sil
fo.si.li.za.**ción**
fo.so
fo.to.co.pia.**do**.ra
fo.to.e.**léc**.tri.co
fo.to.**gé**.ni.co
fo.to.gra.**ba**.do
fo.to.gra.**fí**.a
fo.to.**grá**.fi.co
fo.**tó**.gra.fo
fo.**tón**
fo.to.pe.rio.**dis**.mo
fo.tos.**fe**.ra
fo.to.**sín**.te.sis
fo.tos.**tá**.ti.co
frac
fra.ca.**sar**
fra.**ca**.so
frac.**ción**
frac.cio.na.**mien**.to
frac.cio.**nar**
frac.cio.**na**.rio
frac.**tu**.ra
frac.tu.**rar**
fra.**gan**.cia
fra.**gan**.te
frá.gil
frag.men.ta.**ción**
frag.men.**ta**.rio
frag.**men**.to
fra.**gor**
fra.**go**.so
fra.gua
fra.guar
frai.le
frai.**les**.co
fram.**bue**.sa
fran.ca.**men**.te
fran.**cés**
fran.cis.**ca**.no

franc.ma.**són**
fran.co
fran.ja
fran.**que**.o
fran.**que**.za
fran.**qui**.cia
fras.co
fra.se
fra.ter.**nal**
fra.ter.ni.**dad**
fra.ter.ni.**zar**
fra.tri.**ci**.da
frau.de
fray
fra.**za**.da
fre.**cuen**.cia
fre.cuen.ta.**ción**
fre.cuen.**tar**
fre.**cuen**.te
fre.ga.**de**.ro
fre.**gar** *(irr. v. friego)*
fre.**ír** *(irr. v. fría,*
  friendo, frío)
fre.ne.**sí**
fre.**né**.ti.co
fre.**ni**.llo
fre.no
fren.te
fre.sa
fre.**sar**
fres.**ca**.les
fres.co
fres.**cu**.ra
fres.no
frí.a, -as
frial.**dad**
fri.ca.**ción**
fri.ca.**sé**
fric.**ción**
frie.go
frie.gue
frien.do
frie.ra

fri.gi.**dez**
fri.go.**rí**.fi.co
fri.**jol**, **frí**.jol
frí.o
fri.**ó**
frio.**len**.to
frio.**le**.ra
fri.sa
fri.**sar**
fri.**sol**
frí.vo.lo
fron.da
fron.**do**.so
fron.**te**.ra
fron.te.**ri**.zo
fron.tis.**pi**.cio
fro.ta.**ción**
fro.**tar**
fruc.ti.fi.**car**
fru.**gí**.vo.ro
frui.**ción**
fru.i.**ción** *(Ac.)*
frun.**cir**
frus.le.**rí**.a
frus.tra.**ción**
fru.ta
fru.**tal**
fru.**te**.ro
fru.to
fu.ci.**la**.zo
  (relámpago)
fuc.sia
fue.go
fue.lle
fuen.te
fue.ra
fuer.ce
fue.ro
fuer.te
fuer.te.**men**.te
fuer.za
fuer.zo
fu.ga

fu.ga.ci.**dad**
fu.**gar**.se
fu.**gaz**
fu.gi.**ti**.vo
fui
fu.**la**.no
ful.cro
ful.**gen**.te
fúl.gi.do
ful.**gor**
ful.gu.**rar**
fu.li.gi.**no**.so
ful.mi.na.**ción**
fu.**lle**.ro
fu.**mar**
fu.mi.ga.**ción**
fu.nam.bu.**les**.co
fun.**ción**
fun.cio.**nal**
fun.cio.na.**mien**.to
fun.cio.**nar**
fun.cio.**na**.rio
fun.da
fun.da.**ción**
fun.da.**dor**
fun.da.men.**tal**
fun.da.**men**.to
fun.**dar**
fun.di.**ción**
fun.**di**.llo *(fondillos)*
fun.**dir**
fun.do
fú.ne.bre
fu.ne.**ral**
fu.ne.**ra**.rio
fu.**nes**.to
fun.**gi**.ble
fu.ni.cu.**lar**
fu.ria
fu.ri.**bun**.do
fu.**rio**.so
fu.**ror**
fur.**ti**.vo
fu.**rún**.cu.lo
fu.sa
fus.co
fu.se.**la**.je
fu.**si**.ble
fu.**sil**
fu.si.**lar** *(tiro de fusil)*
fu.**sión**
fu.sio.**nar**
fus.**tán**
fus.te
fus.ti.ga.**ción**
fút.bol
fú.til
fu.**tu**.ro

G

ga.**ba**.cho
ga.**bán**
ga.bar.**di**.na
ga.**ba**.rra
ga.**be**.la
ga.bi.**ne**.te
ga.**ce**.la
ga.**ce**.ta
ga.ce.**ti**.lla
ga.cho
ga.fas
ga.go
ga.je
ga.jo
ga.la
ga.**lán**
ga.**la**.no
ga.**lan**.te
ga.lan.**te**.o
ga.lan.te.**rí**.a
ga.lar.**dón**
ga.**lax**.ia
gal.**ba**.na
ga.**le**.no
ga.**le**.ra
ga.le.**rí**.a
ga.**lés**
gal.go
gá.li.bo
ga.li.**cis**.mo
ga.li.**le**.o
ga.**lo**
ga.**lo**.cha
ga.**lón**
ga.**lo**.par
ga.**lo**.pe
gal.va.ni.za.**ción**
ga.llar.**dí**.a
ga.**llar**.do
ga.**lle**.go
ga.**lle**.ra
ga.**lle**.ta
ga.**lli**.na
ga.lli.**ná**.ce.o
ga.lli.**na**.zo
ga.lli.**ne**.ro
ga.lli.**ne**.ta
ga.llo
ga.ma *(gradación)*
gam.ba
gám.ba.ro
gam.**be**.ta
gam.**bi**.to
ga.**me**.to

gam.ma *(letra griega)*
ga.mo.**nal**
ga.**mu**.za
ga.na
ga.na.de.**rí**.a
ga.na.**de**.ro
ga.**na**.do
ga.na.**dor**
ga.**nan**.cia
ga.nan.**cio**.so
ga.**nar**
gan.cho
gan.**dul**
gan.ga
gan.glio
gan.**go**.so
gan.gre.**no**.so
gan.**sa**.da
gan.so
gan.**zú**.a
ga.**ñi**.do
ga.ra.**ba**.to
ga.ra.**bi**.to
ga.**ra**.je
ga.ram.**bai**.na
ga.**ran**.te
ga.ran.**tí**.a
ga.ran.**tir** *(def. como abolir)*
ga.ran.ti.**zar**
gar.**ban**.zo
gar.bo
gar.**bo**.so
gar.**bu**.llo
gar.**de**.nia
gar.**gan**.ta
gár.ga.ra
gar.ga.ri.**zar**
gar.**gue**.ro
gar.**güe**.ro
ga.rra
ga.**rra**.fa

ga.rra.**pa**.ta
ga.rro.**cha**.zo
ga.rro.**ta**.zo
ga.**rro**.te
gá.rru.lo
gar.zo, -za
gar.**zón**
gar.**zo**.ta
gas
ga.sa
ga.sei.**for**.me
ga.se.**o**.so
ga.si.fi.ca.**ción**
ga.so.**duc**.to
ga.**só**.ge.no
ga.**so**.li.na
gas.**tar**
gas.to
gas.**tral**.gia
gás.tri.co
gas.**tri**.tis
gas.tro.en.te.**ri**.tis
gas.tro.**nó**.mi.co
ga.**ta**.zo
ga.te.**ar**
ga.**ti**.llo
ga.to
gau.**cha**.je
gau.cho
gau.de.**a**.mus
ga.**ve**.la
ga.**ve**.ta
ga.via
ga.vi.**lán**
ga.**vi**.lla
ga.**vio**.ta
ga.**vo**.ta
ga.yo
ga.za.pa.**tón**
ga.za.**pe**.ra
ga.**za**.po
gaz.**mo**.ño
gaz.**ná**.pi.ro

gaz.na.**ta**.da
gaz.**na**.te
gaz.**pa**.cho
ga.**zu**.za
géi.ser
ge.la.**ti**.na
gé.li.do
ge.ma
ge.ma.**ción**
ge.me.**bun**.do
ge.**me**.lo
ge.**mi**.do
Gé.mi.nis
ge.**mir** *(irr. v. gima)*
gen.**cia**.na
gen.**dar**.me
ge.ne (gen)
ge.ne.a. lo.**gí**.a
ge.ne.ra.**ción**
ge.ne.ra.**dor**
ge.ne.**ral**
ge.ne.ra.li.**dad**
ge.ne.ra.li.**zar**
ge.ne.**ral**.**men**.te
ge.ne.**rar**
ge.ne.ra.**ti**.vo
ge.ne.ra.**triz**
ge.**né**.ri.co
gé.ne.ro
ge.ne.ro.si.**dad**
ge.ne.**ro**.so
Gé.ne.sis *(libro)*
gé.ne.sis *(origen)*
ge.**né**.ti.ca
ge.ne.**tis**.ta
ge.**nial**
ge.nio
ge.ni.**tal**
ge.ni.**ti**.vo
ge.no.**ci**.dio
ge.**no**.ma
ge.no.**vés**
gen.te

gen.**til**
gen.ti.**le**.za
gen.til.**hom**.bre
gen.ti.**li**.cio
gen.**til.men**.te
gen.**tí**.o
gen.**tu**.za
ge.nu.flex.**ión**
ge.**nui**.no
ge.o.**de**.sia
ge.o.**ge**.nia
ge.o.gra.**fí**.a
ge.o.**grá**.fi.co
ge.o.lo.**gí**.a
ge.o.me.**trí**.a
ge.o.po.**lí**.ti.ca
ge.**ra**.nio
ge.**ren**.cia
ge.**ren**.te
ge.**ria**.tra
ge.ria.**trí**.a
ge.ri.**fal**.te
ger.ma.**ní**.a
ger.**ma**.no
ger.men
ger.mi.na.**ción**
ger.mi.**nal**
ger.mi.**nar**
ger.mi.na.**ti**.vo
ge.ron.to.lo.**gí**.a
ge.**run**.dio
ges.ta.**ción**
ges.ta.**to**.rio
ges.ti.cu.la.**ción**
ges.**tión**
ges.tio.**nar**
ges.to
ges.**tor**
gha.**na**.ta
ghet.to
gi.ba
gi.be.**li**.no
gi.**bo**.so

gi.**gan**.te
gi.gan.**tes**.co
gi.ma
gi.**mien**.do
gi.**mie**.ra
gi.**mió**
gim.**na**.sia
gim.**na**.sio
gim.**no**.to
gi.mo
gi.mo.te.**ar**
gi.ne.**bri**.no
gi.ne.**ce**.o
gi.ne.co.lo.**gí**.a
gin.gi.**val**
gi.ra *(excursión)*
gi.ra.**dor**
gi.**rán**.du.la
gi.**rar**
gi.ra.**sol**
gi.ra.**to**.rio
gi.ro
gis
gi.**ta**.no
gla.bro
gla.**cial**
gla.**ciar**
glán.du.la
gla.**sé**
glau.**co**.ma
gle.ba
gli.ce.**ri**.na
gli.**ci**.na
glo.bo
glo.bu.**lar**
gló.bu.lo
glo.ria
glo.**riar**.se
glo.**rie**.ta
glo.ri.fi.ca.**ción**
glo.**rio**.so
glo.**sar**
glo.**sa**.rio

glo.**tón**
glo.tis
glu.**co**.sa
glu.ti.**no**.so
gno.mo (nomo)
gno.mon (nomon)
go.ber.na.**ción**
go.ber.na.**dor**
go.ber.**na**.lle
go.ber.**nan**.te
go.ber.**nar** *(irr.)*
go.**bier**.ne
go.**bier**.no
go.ce
go.**le**.ta
gol.fo
go.**li**.lla
go.lon.**dri**.na
go.lo.**si**.na
go.**lo**.so
gol.**pa**.zo
gol.pe
gol.pe.**ar**
gol.pe.**te**.o
go.lle.**ta**.zo
go.ma
go.**mo**.so
gón.do.la
go.no.**co**.co
gor.**da**.na
gor.do
gor.**go**.jo
gor.go.**ri**.to
go.**ri**.la
gor.je.**ar**
gor.**je**.o
go.rra
go.rre.**ar**
go.**rrión**
go.rro
go.ta
go.**te**.ra
gó.ti.co

84

go.**to**.so
go.**yes**.co
go.**zar**
goz.ne
go.zo
go.**zo**.so
goz.que
gra.ba.**ción**
gra.**ba**.do
gra.**bar** *(labrar)*
gra.**ce**.jo
gra.cia
grá.cil
gra.**cio**.so
gra.da
gra.da.**ción**
gra.de.**rí**.a
gra.**dien**.te
gra.**di**.lla
gra.do
gra.dua.**ción**
gra.**duan**.do
gra.**dual**
gra.**dual**.men.te
gra.**duar**
grá.fi.co
gra.**fi**.to
gra.fo.lo.**gí**.a
gra.**ge**.a
gra.jo
gra.ma
gra.**má**.ti.ca
gra.mo
gra.na
gra.**na**.da
gra.na.**di**.lla
gran.de
gran.de.**men**.te
gran.**de**.za
gran.di.lo.**cuen**.cia
gran.**dio**.so
gra.ne.**a**.do
gra.**ne**.ro

gra.**ní**.ti.co
gra.ni.**zar**
gra.**ni**.zo
gran.ja
gran.je.**ar**
gran.**je**.ro
gra.no
gra.**nu**.ja
gra.nu.**jien**.to
gra.nu.la.**ción**
gran.zas
gra.pa
gra.so, -sa
gra.ti.fi.ca.**ción**
gra.ti.fi.**car**
gra.tis
gra.ti.**tud**
gra.to
gra.**tui**.ta.**men**.te
gra.**tui**.to
gra.va
gra.**va**.ble
gra.**va**.men
gra.**var** *(imponer
gravamen)*
gra.ve
gra.ve.**dad**
gra.ve.**men**.te
gra.vi.**dez**
gra.vi.ta.**ción**
gra.**vo**.so
graz.**nar**
gre.da
gre.**do**.so
gre.ga.**ris**.mo
gre.**gües**.cos
gre.mio
gre.**ñu**.do
gres.ca
grey
grie.go
grie.ta
gri.fo

gri.**lle**.te
gri.llo
grin.go
gri.pe
gris
gri.**sá**.ce.o
gri.**sú**
gri.**tar**
gri.te.**rí**.a
gri.to
gri.**tón**
gro.**se**.lla
gro.**se**.ro
gro.**sí**.si.mo
gro.**sor**
gro.**su**.ra
gro.**tes**.co
grú.a
grue.so, -sa
gru.lla
gru.**me**.te
gru.**mo**.so
gru.**ñen**.do
gru.**ñe**.ra
gru.**ñir** *(irr.)*
gru.**ñó**
gru.**ñón**
gru.**pe**.ra
gru.po
gru.ta
gua.ba
gua.**bá**
gua.**bi**.na
gua.ca (huaca)
gua.**cal** (huacal)
gua.ca.**ma**.yo
gua.co (huaco)
gua.chi.**nan**.go
gua.cho
gua.**da**.ña
gua.da.ña.**do**.ra
gua.dua
gua.gua

gua.**ji**.ro
gua.jo.**lo**.te
gual.dra.**pa**.zo
gua.ma
gua.**ná**.ba.na
gua.**ná**.ba.no
gua.**na**.co
gua.**na**.jo
gua.no
guan.**ta**.zo
guan.te
gua.pe.**tón**
gua.**pe**.za
gua.po
gua.**ra**.cha
gua.**ra**.che (huarache)
gua.ra.**gua**.o
gua.ra.**ní**
gua.**ra**.po
guar.da.**ba**.rros
guar.da.**bos**.que
guar.da.**cos**.tas
guar.da.es.**pal**.das
guar.da.**gu**.jas
guar.dal.ma.**cén**
guar.da.**me**.ta
guarda.**pol**.vo
guar.**dar**
guar.da.**rro**.pa
guar.da.**ví**.a
guar.de.**rí**.a
guar.dia
guar.**dián**

gua.re.**cer** *(irr.)*
gua.**rez**.ca
gua.**rez**.co
gua.**ri**.da
gua.**ris**.mo
guar.ne.**cer** *(irr.)*
guar.**nez**.ca
guar.**nez**.co
guar.ni.**ción**
guar.**niel**
gua.sa
guas.ca
gua.so (huaso)
gua.te.mal.**te**.co
gua.**ya**.ba
gua.ya.**be**.ra
gua.**ya**.bo
gua.ya.**cán**
gua.**yu**.le
gu.ber.na.men.**tal**
gu.bia
gue.**de**.ja
güe.**mul**
gue.rra
gue.rre.**ar**
gue.**rre**.ro
gue.**rri**.lla
gue.rri.**lle**.ro
guí.a
guiar
gui.**ja**.rro
gui.llo.**ti**.na
guin.**dar**

guin.**di**.lla
gui.**ne**.a
gui.**ne**.o
gui.**ña**.po
gui.**ñar**
gui.**ñol**
guión
guio.**nis**.ta
güi.ra
gui.ri.**gay**
guir.**nal**.da
güi.ro
gui.sa
gui.san.**de**.ro
gui.**san**.te
gui.**sar**
gui.so
gui.**ta**.rra
gui.ta.**rri**.llo
gui.ta.**rris**.ta
gu.la
gu.sa.**ne**.ra
gu.**sa**.no
gu.sa.**ra**.po
gus.ta.**ción**
gus.**tar**
gus.**ta**.zo
gus.**ti**.llo
gus.to
gus.**to**.so
gu.ta.**per**.cha
gu.tu.**ral**
guz.la

H

ha.ba
ha.**ba**.no
há.be.as **cor**.pus
ha.**ber** *(irr. v. habré,*
   has, hay, he, hube)

ha.bi.**chue**.la
há.bil
ha.bi.li.**dad**
ha.bi.li.**do**.so
ha.bi.li.**tar**

ha.bi.**ta**.ble
ha.bi.ta.**ción**
ha.bi.**tan**.te
ha.bi.**tar**
há.bi.tat

há.bi.to
ha.bi.**tual**
ha.bi.**tuar**
ha.bla.**dor**
ha.**blar**
ha.**bli**.lla
ha.**bré**
ha.**brí**.a *(de haber)*
ha.ca.**ne**.a
ha.ce.**de**.ro
ha.ce.**dor**
ha.cen.**da**.do
ha.cen.**dis**.ta
ha.cen.**do**.so
ha.**cer** *(irr. v. haga,*
   haré, haz, hice,
   hizo)
ha.cia
ha.**cien**.da
ha.ci.na.**mien**.to
ha.cha
ha.**cha**.zo
ha.che
ha.**chón**
ha.da
ha.do
haf.nio
ha.ga
ha.go
hai.**tia**.no
ha.la ga.**dor**
ha.la.**gar**
ha.**la**.go
ha.**lar**
hal.**cón**
há.li.to
ha.lo
ha.**ló**.ge.no
ha.**llar**
ha.**llaz**.go
ha.**ma**.ca
ham.bre
ham.**brien**.to

ham.bur.**gués**
ham.pa
ham.**pón**
han.**gar**
ha.**ploi**.de
ha.ra.**gán**
ha.**ra**.po
ha.**ré**
ha.**rén**
ha.**rí**.a
ha.**ri**.na
har.mo.**ní**.a (armonía)
har.**ne**.ro
har.pa (arpa)
har.pi.**lle**.ra
har.**tar**
har.**taz**.go
har.to
har.**tu**.ra
has *(de haber)*
has.ta *(prep.)*
has.**tial**
has.**tiar**
has.**tí**.o
ha.**ta**.ca
ha.**ta**.jo *(hato)*
ha.**ti**.llo
ha.to
hay *(de haber)*
ha.ya *(de haber)*
ha.ya *(árbol)*
ha.**ya**.ca
haz *(atado, luz)*
haz *(de hacer)*
ha.**za**.ña
haz.me.rre.**ír**
he *(de haber)*
he a.**quí**
heb.do.ma.**da**.rio
he.**bi**.lla
he.bi.**lla**.je
he.bra
he.bra.**ís**.mo

he.**bre**.o
he.**bro**.so
he.ca.**tom**.be
hec.**tá**.re.a
hec.to.**gra**.mo
hec.to.**li**.tro
hec.**tó**.me.tro
he.chi.**ce**.ro
he.chi.**zar**
he.**chi**.zo
he.cho
he.**chu**.ra
he.den.**ti**.na
he.**der** *(irr. v. hieda)*
he.dion.**dez**
he.do.**nis**.mo
he.**dor**
he.ge.mo.**ní**.a
hé.gi.ra, **hé**.ji.ra
he.la.**de**.ro, -ra
he.**la**.do, -da
he.**lar** *(irr. v. hiele)*
he.**le**.cho
he.le.**nis**.mo
he.**le**.ro
hé.li.ce
he.li.coi.**dal**
he.li.**cón**
he.li.**cóp**.te.ro
he.lio
he.lio.**gá**.ba.lo
he.lio.gra.**ba**.do
he.lio.**tro**.po
he.li.**puer**.to
hel.**min**.to
he.ma.**ti**.tes
he.ma.**to**.ma
he.ma.**to**.sis
hem.bra
hem.**bra**.je
he.me.ro.**te**.ca
he.mi.**ci**.clo
he.mi.ple.**jí**.a

he.mis.**fe**.rio
he.mo.**fi**.lia
he.mo.glo.**bi**.na
he.mo.**rra**.gia
he.mo.**rroi**.de
he.mos.**tá**.ti.co
he.mo.**ti**.sis
he.**nar**
hen.**chir** *(irr. v.*
   hincha, hinche)
hen.**der** *(irr. v.*
   hienda)
hen.**di**.do
hen.di.**du**.ra
hen.**di**.ja *(rendija)*
he.ne.**quén**
he.no
he.**pá**.ti.co
hep.ta.go.**nal**
he.**rál**.di.ca
he.**ral**.do
her.**bá**.ce.o
her.**ba**.je
her.**ba**.rio
her.ba.**zal**
her.bi.**ci**.da
her.**bí**.vo.ro
her.bo.**la**.rio
her.bo.ri.**zar**
her.**bo**.so
her.**cú**.leo
he.re.**dad**
he.re.**dar**
he.re.**de**.ro
he.re.di.**ta**.rio
he.re.**jí**.a
he.**ren**.cia
he.re.**siar**.ca
he.**ri**.da
he.**ri**.do
he.**rir** *(irr. v. hiera,*
   hiero, hiriendo)
her.ma.fro.**di**.ta

her.man.**dad**
her.**ma**.no
her.**mé**.ti.co
her.mo.se.**ar**
her.**mo**.so
her.mo.**su**.ra
her.nia
hé.roe
he.roi.ci.**dad**
he.**roi**.co
he.ro.**í**.na
he.ro.**ís**.mo
her.pes
he.**rra**.da *(cubo)*
he.rra.**dor**
he.rra.**du**.ra
he.**rra**.je
he.rra.**mien**.ta
he.**rrar** *(con hierro;*
   irr. v. hierre)
he.rre.**rí**.a
he.**rre**.ro
he.**rre**.te
he.**rrum**.bre
her.vi.**de**.ro
her.**vir** *(irr. v. hierva)*
her.**vor**
he.te.ro.ci.**gó**.ti.co
he.te.ro.**dox**.o
he.te.ro.**gé**.ne.o
hé.ti.co *(flaco)*
heu.**rís**.ti.co
hex.a.e.dro
hex.**á**.go.no
hex.**á**.me.tro
hez
hia.to
hi.ber.na.**ción**
hi.bri.da.**ción**
hí.bri.do
hi.**ca**.co
hi.ce
hi.**cie**.ra

hi.co.**te**.a
hi.**dal**.go
hi.dal.**guí**.a
hi.dra.ta.**ción**
hi.**dráu**.li.co
hi.dro.a.**vión**
hi.dro.car.**bu**.ro
hi.dro.ce.**fa**.lia
hi.**dró**.fi.lo
hi.dro.**fo**.bia
hi.**dró**.ge.no
hi.dro.gra.**fí**.a
hi.dro.**mel**
hi.dro.pe.**sí**.a
hi.dro.**pla**.no
hi.dro.**pó**.ni.co
hi.dros.**tá**.ti.co
hi.dro.te.**ra**.pia
hie.da
hie.do
hie.dra (yedra)
hiel
hie.le
hie.lo
hie.**mal**
hie.na
hien.da
hien.do *(de hender)*
hie.**rá**.ti.co
hier.ba (yerba)
hier.ba.**bue**.na
hie.ro
hie.rre
hie.rro
hie.rro *(metal)*
hier.va *(de hervir)*
hier.vo
hí.ga.do
hi.**gie**.ne
hi.**gié**.ni.co
hi.gie.ni.**zar**
hi.go
hi.**gró**.me.tro

hi.gros.**co**.pio
hi.**gue**.ra
hi.gue.**re**.ta
hi.**jas**.tro
hi.jo
hi.**jue**.la
hi.**la**.cha
hi.**la**.da
hi.la.**di**.llo
hi.lan.**de**.ro
hi.**lar**
hi.la.ri.**dad**
hi.**la**.za
hi.**le**.ra
hi.lo
hil.**ván**
hil.va.**nar**
hi.me.**ne**.o
him.no
him.**plar**
hin.ca.**pié**
hin.**car**
hin.cha
hin.**char**
hin.cha.**zón**
hin.che
hin.**chien**.do *(de
    henchir)*
hin.**chie**.ra *(de
    henchir)*
hin.cho
hin.**dú**
hi.**no**.jo
hi.**par**
hi.**pér**.bo.la *(curva)*
hi.**pér**.bo.le
    (exageración)
hi.pe.res.**te**.sia
hi.per.**só**.ni.co
hi.per.ten.**sión**
hi.per.**tro**.fia
hí.pi.co
hi.**pi**.do

hip.**no**.sis
hip.no.**tis**.mo
hip.no.ti.za.**dor**
hip.no.ti.**zar**
hi.po
hi.po.con.**drí**.a
hi.po.cre.**sí**.a
hi.**pó**.cri.ta
hi.po.**dér**.mi.co
hi.**pó**.dro.mo
hi.po.**gas**.trio
hi.po.**ge**.o
hi.po.**pó**.ta.mo
hi.po.**te**.ca
hi.po.te.**ca**.rio
hi.po.te.**nu**.sa
hi.**pó**.te.sis
hi.**rien**.do
hi.**rien**.te
hi.**rie**.ra
hir.**su**.to
hir.**vien**.te
hi.**so**.po
his.**pá**.ni.co
his.pa.ni.**dad**
his.pa.**nis**.ta
his.pa.ni.**zar**
his.**pa**.no
his.pa.no.a.me.ri.**ca**.no
hís.pi.do
his.**plr**
his.ta.**mi**.na
his.**té**.ri.co
his.to.lo.**gí**.a
his.**to**.ria
his.to.ria.**dor**
his.to.**rial**
his.to.ri.ci.**dad**
his.**tó**.ri.co
his.to.**rie**.ta
his.**trión**
hi.to
hi.zo

ho.ba.**chón**
ho.ci.**car**
ho.**ci**.co
ho.**ci**.no
ho.ga.ño
ho.**gar**
ho.**ga**.za
ho.**gue**.ra
ho.ja
ho.ja.**la**.ta
ho.ja.la.**te**.ro
ho.**jal**.dre
ho.ja.**ras**.ca
ho.je.**ar** *(mover las
    hojas de un libro)*
¡**ho**.la!
ho.**lán**
ho.lan.**dés**
hol.**ga**.do
hol.**gan**.za
hol.**gar** *(irr. v.
    huelga)*
hol.ga.**zán**
hol.**go**.rio
hol.**gu**.ra
ho.lo.**caus**.to
ho.**llar** *(irr. v. huella)*
ho.**lle**.jo
ho.**llín**
hom.**bra**.da
hom.bre
hom.bro
ho.me.**na**.je
ho.me.o.pa.**tí**.a
ho.**mé**.ri.co
ho.mi.**ci**.da
ho.mi.**ci**.dio
ho.mi.**lí**.a
ho.mi.ni.**ca**.co
ho.mo.ci.**gó**.ti.co
ho.**mó**.fo.no
ho.mo.**gé**.ne.o
ho.mo.ge.nei.**dad**

ho.mo.ge.nei.**zar**
ho.**mó**.lo.go
ho.**mó**.ni.mo
ho.mo.sex.**ual**
hon.da (arma)
hon.da.**men**.te
hon.**da**.zo
hon.do
hon.do.**na**.da
hon.**du**.ra
hon.du.**re**.ño
ho.nes.ti.**dad**
ho.**nes**.to
hon.go
ho.**nor**
ho.no.ra.bi.li.**dad**
ho.no.**ra**.ble
ho.no.**ra**.rio
ho.**no**.ris **cau**.sa
hon.ra
hon.**ra**.da.**men**.te
hon.ra.**dez**
hon.**ra**.do
hon.**rar**
hon.**ro**.so
ho.pe.**ar**
ho.ra
ho.ra.**dar**
ho.**ra**.rio
ho.**ra**.rio flex.**i**.ble
hor.ca
hor.ca.**ja**.das
hor.**cón**
hor.**cha**.ta
hor.da
ho.ri.zon.**tal**
ho.ri.**zon**.te
hor.ma
hor.**mi**.ga
hor.mi.**gón**
hor.mi.**gue**.o
hor.mi.**gue**.ro
hor.mi.**gui**.llo

hor.**mo**.na
hor.na.**ci**.na
hor.**na**.cho
hor.**na**.da
hor.na.**gue**.ra
hor.**na**.za
hor.**ne**.ro
hor.**ni**.lla
hor.**ni**.llo
hor.no
ho.**rós**.co.po
hor.**que**.ta
hor.**qui**.lla
ho.**rren**.do
hó.rre.o
ho.**rri**.ble
ho.rri.pi.**lar**
ho.**rrí**.so.no
ho.rro
ho.**rror**
ho.rro.ri.**zar**
ho.rro.**ro**.so
hor.ta.**li**.za
hor.te.**la**.no
hor.**ten**.se
hor.**ten**.sia
hor.**te**.ra
hor.ti.cul.**tu**.ra
ho.**san**.na
hos.co
hos.pe.**da**.je
hos.pe.**dar**
hos.pe.de.**rí**.a
hos.**pi**.cio
hos.pi.**tal**
hos.pi.ta.**la**.rio
hos.pi.ta.li.**dad**
hos.pi.ta.li.za.**ción**
hos.pi.ta.li.**zar**
hos.te.**le**.ro
hos.te.**rí**.a
hos.tia
hos.ti.**gar**

hos.**til**
hos.ti.li.**dad**
hos.ti.li.**zar**
ho.**tel**
ho.te.**le**.ro
ho.ten.**to**.te
hoy
ho.ya
ho.yan.ca
ho.yo
ho.**yue**.lo
hoz
ho.**zar**
hua.ca (guaca)
hua.cal (guacal)
hua.co (guaco)
hua.**ra**.che (guarache)
hua.so (guaso)
hu.be
hu.**bie**.ra
hu.cha
hue.co
hue.la
huel.ga
huel.go
huel.gue
huel.**guis**.ta
hue.lo
hue.lla
hue.lle
hue.llo
hue.**mul**
huér.fa.no
hue.ro
huer.ta
huer.to
hue.sa
hue.so
hués.ped
hues.te
hue.**ve**.ro, -ra
hue.vo
hu.go.**no**.te

hu.**i**.da
hui.**di**.zo
huir *(irr. v. huya)*
hu.**ir** *(Ac.)*
hu.le
hu.lla
hu.ma.ni.**dad**
hu.ma.**nis**.mo
hu.ma.ni.**ta**.rio
hu.ma.ni.**zar**
hu.**ma**.no
hu.ma.**re**.da
hu.**ma**.zo
hu.me.**ar**
hu.mec.**tan**.te
hu.me.**dad**
hu.me.de.**cer** *(irr.)*
hu.me.**dez**.ca
hu.me.**dez**.co
hú.me.do

hú.me.ro
hu.mil.**dad**
hu.**mil**.de
hu.mi.lla.**ción**
hu.mi.lla.**de**.ro
hu.mi.**llar**
hu.**mi**.ta
hu.mo
hu.**mor**
hu.mo.**ra**.do, -da
hu.mo.**rís**.ti.co
hu.mus
hun.di.**mien**.to
hun.**dir**
hún.ga.ro
hu.no
hu.ra.**cán**
hu.**ra**.ño
hur.**gar**
hur.go.ne.**ar**

hur.gue
hu.**rí**
hu.**rón**
hu.ro.**ne**.ra
¡**hu**.rra!
hur.ta.**di**.llas (a)
hur.**tar**
hur.to
hú.**sar**
hus.me.**ar**
hu.so *(para hilar)*
hu.**tí**.a
¡huy!
hu.ya
hu.**yen**.do
hu.**ye**.ra
hu.**yo**
hu.**yó**

I

i.ba
i.**bé**.ri.co
i.be.ro.a.me.ri.**ca**.no
í.bi.ce
í.bis
i.co.no.**clas**.ta
i.co.no.gra.**fí**.a
i.co.sa.**e**.dro
ic.te.**ri**.cia
ic.tio.lo.**gí**.a
i.da
i.**de**.a
i.de.**al**
i.de.a.li.**zar**
i.de.**ar**
i.de.**a**.rio
í.dem
i.**dén**.ti.co

i.den.ti.**dad**
i.den.ti.fi.ca.**ción**
i.den.ti.fi.**car**
i.de.o.lo.**gí**.a
i.**di**.lio
i.**dio**.ma
i.dio.sin.**cra**.sia
i.**dio**.ta
i.dio.**tez**
i.dio.**tis**.mo
i.do.la.**trar**
i.do.la.**trí**.a
í.do.lo
i.do.nei.**dad**
i.**dó**.neo
i.**gle**.sia
i.**glú**
ig.**na**.ro

íg.ne.o
ig.ni.**ción**
ig.no.**mi**.nia
ig.no.**ran**.cia
ig.no.**ran**.te
ig.no.**rar**
ig.**no**.to
i.**gual**
i.**gua**.la
i.gua.**lar**
i.gual.**dad**
i.gua.li.**ta**.rio
i.**gual**.men.te
i.**ja**.da
i.**jar** *(ijada)*
i.la.**ción**
i.le.**gal**
i.le.ga.li.**zar**

i.le.**gi**.ble
i.le.**gí**.ti.mo
i.**le**.so
i.**lí**.ci.to
i.li.**mi.ta**.do
i.**ló**.gi.co
i.lu.mi.na.**ción**
i.lu.mi.**nar**
i.lu.**sión**
i.lu.sio.**nis**.ta
i.**lu**.so
i.lu.**so**.rio
i.lus.tra.**ción**
i.lus.**tra**.do
i.lus.**trar**
i.lus.tra.**ti**.vo
i.**lus**.tre
i.**ma**.gen
i.ma.gi.na.**ción**
i.ma.gi.**nar**
i.ma.gi.**na**.rio
i.ma.gi.na.**ti**.vo
i.ma.gi.**ne**.ro
i.**mán**
i.man.**tar**
im.**bé**.cil
im.**ber**.be
im.bu.**ir**
i.mi.ta.**ción**
i.mi.**tar**
i.mi.ta.**ti**.vo
im.pa.**cien**.cia
im.pa.cien.**tar**
im.pa.**cien**.te
im.**pac**.to
im.par.**cial**
im.par.**tir**
im.pa.**si**.ble
im.pa.vi.**dez**
im.pe.**ca**.ble
im.pe.**dan**.cia
im.pe.di.**men**.to
im.pe.**dir**

im.pe.**ler**
im.pe.ne.**tra**.ble
im.pe.**rar**
im.per.a.**ti**.vo
im.per.cep.**ti**.ble
im.per.**di**.ble
im.per.do.**na**.ble
im.pe.re.ce.**de**.ro
im.per.fec.**ción**
im.per.**fec**.to
im.pe.**rial**
im.pe.ria.**lis**.mo
im.pe.**ri**.cia
im.**pe**.rio
im.pe.**rio**.so
im.per.me.a.bi.li.**zar**
im.per.so.**nal**
im.per.**té**.rri.to
im.per.ti.**nen**.cia
im.**pé**.ti.go
im.pe.tra.**ción**
ím.pe.tu
im.pe.**tuo**.so
im.pie.**dad**
im.**pí**.o
im.pla.**ca**.ble
im.plan.**tar**
im.ple.**men**.tos
im.pli.**car**
im.**plí**.ci.to
im.plo.**rar**
im.**plu**.me
im.**plu**.vio
im.pon.de.**ra**.ble
im.pon.**dré**
im.pon.**drí**.a
im.po.**nen**.te
im.po.**ner** *(irr. v.t.*
   impuse)
im.**pon**.ga
im.**pon**.go
im.por.ta.**ción**
im.por.**tan**.cia

im.por.**tan**.te
im.por.**tar**
im.**por**.te
im.por.**tu**.no
im.po.si.bi.li.**tar**
im.po.**si**.ble
im.po.si.**ción**
im.pos.**tor**
im.po.**ten**.cia
im.po.**ten**.te
im.pre.ca.**ción**
im.pre.**ci**.so
im.preg.**nar**
im.pre.me.di.ta.**ción**
im.**pren**.ta
im.pres.cin.**di**.ble
im.pre.**sión**
im.pre.sio.**nan**.te
im.pre.sio.**nar**
im.pre.sio.**nis**.mo
im.**pre**.so
im.pre.**sor**
im.pre.vi.**sión**
im.pri.**má**.tur
im.pri.**mir**
im.pro.**bar** *(irr. v.*
   impruebe)
ím.pro.bo
im.pro.ce.**den**.te
im.**pron**.ta
im.**pro**.pio
im.**pró**.vi.do
im.pro.vi.sa.**ción**
im.pro.vi.**sar**
im.pro.**vi**.so
im.pru.**den**.cia
im.pru.**den**.te
im.**prue**.be
im.**prue**.bo
im.**pú**.ber
im.pu.**den**.cia
im.pu.**di**.cia
im.**pues**.to

im.pug.**na**.ble
im.pul.**sar**
im.pul.**sión**
im.pul.**si**.vo
im.**pul**.so
im.pul.**sor**
im.pu.ni.**dad**
im.pu.**re**.za
im.**pu**.ro
im.**pu**.se
im.pu.**sie**.ra
im.pu.ta.**ción**
im.pu.**tar**
*in.ac.ce.**si**.ble
*in.ac.**ción**
*in.a.cep.**ta**.ble
*in.a.de.**cua**.do
*in.ad.ver.**ten**.cia
*in.ad.ver.**ti**.do
*in.a.go.**ta**.ble
*in.a.lie.**na**.ble
*in.al.te.**ra**.ble
*in.a.mo.**vi**.ble
i.na.ni.**ción**
*in.a.pe.**ten**.cia
*in.a.pla.**za**.ble
*in.a.pre.**cia**.ble
*in.a.ten.**ción**
i.nau.**di**.to
*in.au.gu.ra.**ción**
*in.au.gu.**ral**
*in.au.gu.**rar**
in.cal.cu.**la**.ble
in.can.des.**cen**.cia
in.can.**sa**.ble
in.ca.pa.ci.**dad**
in.ca.**paz**
in.cau.ta.**ción**
in.cen.**diar**
in.cen.**dia**.rio

in.**cen**.dio
in.cen.**sa**.rio
in.cen.**ti**.vo
in.cer.ti.**dum**.bre
in.ce.**san**.te
in.**ces**.to
in.ces.**tuo**.so
in.ci.**den**.cia
in.ci.den.**tal.men**.te
in.ci.**den**.te
in.ci.**dir**
in.**cien**.so
in.**cier**.to
in.ci.ne.**rar**
in.ci.**pien**.te
in.ci.**sión**
in.ci.**si**.vo
in.**ci**.so
in.ci.**tar**
in.ci.**vil**
in.cle.**men**.cia
in.cli.na.**ción**
in.cli.**nar**
in.**cluir** *(irr. v.*
    inlcuya)
in.clu.**sión**
in.clu.**si**.ve
in.**clu**.so
in.clu.**ya**
in.clu.**yen**.do
in.clu.**ye**.ra
in.**clu**.yo
in.clu.**yó**
in.**cóg**.ni.to
in.co.he.**ren**.cia
in.co.**lo**.ro
in.co.mo.**dar**
in.co.mo.di.**dad**
in.**có**.mo.do
in.com.pa.**ra**.ble

in.com.pa.**ti**.ble
in.com.pe.**ten**.cia
in.com.**ple**.to
in.com.pren.**si**.ble
in.com.pren.**sión**
in.co.mu.ni.ca.**ción**
in.con.ce.**bi**.ble
in.con.**cien**.cia
in.con.di.cio.**nal**
in.con.du.**cen**.te
in.co.nex.**ión**
in.con.fun.**di**.ble
in.con.**gruen**.cia
in.con.men.su.**ra**.ble
in.con.mo.**vi**.ble
in.cons.**cien**.te
in.con.se.**cuen**.cia
in.con.sis.**ten**.cia
in.cons.**tan**.cia
in.cons.ti.tu.cio.**nal**
in.con.**ta**.ble
in.con.ti.**nen**.cia
in.con.ti.**nen**.te
in.con.tro.ver.**ti**.ble
in.con.ve.**nien**.cia
in.**cor**.dio
in.cor.po.ra.**ción**
in.cor.**pó**.re.o
in.co.**rrec**.to
in.cre.du.li.**dad**
in.**cré**.du.lo
in.cre.**í**.ble
in.cre.**par**
in.**cruen**.to
in.crus.ta.**ción**
in.crus.**tar**
in.cu.ba.**ción**
in.cu.ba.**do**.ra
ín.cu.bo
in.cul.**car**

in.**cul**.to
in.cum.**ben**.cia
in.cum.**bir**
in.cu.**na**.ble
in.cu.**ra**.ble
in.cu.**rrir**
in.cur.**sión**
in.da.**gar**
in.de.**cen**.te
in.de.**ci**.ble
in.de.ci.**sión**
in.de.fec.**ti**.ble
in.de.**fen**.so
in.de.fi.**ni**.ble
in.de.fi.**ni**.da.**men**.te
in.de.fi.**ni**.do
in.de.li.be.**ra**.do
in.de.li.ca.**de**.za
in.**dem**.ne
in.dem.ni.za.**ción**
in.de.pen.**den**.cia
in.de.pen.den.**tis**.ta
in.de.pen.**dien**.te
in.de.pen.di.**zar**
in.des.ci.**fra**.ble
in.des.crip.**ti**.ble
in.de.se.**a**.ble
in.des.truc.**ti**.ble
in.di.ca.**ción**
in.di.**car**
in.di.ca.**ti**.vo
ín.di.ce
in.**di**.cio
ín.di.co
in.di.fe.**ren**.cia
in.di.fe.**ren**.te
in.**dí**.ge.na
in.di.**gen**.cia
in.di.ge.**nis**.ta
in.di.ges.**tión**

in.dig.na.**ción**
in.dig.**nar**
in.**dig**.no
ín.di.go
in.dio
in.di.**rec**.to
in.dis.cer.**ni**.ble
in.dis.ci.**pli**.na
in.dis.cu.**ti**.ble
in.dis.pen.**sa**.ble
in.dis.po.si.**ción**
in.dis.**pues**.to
in.di.vi.**dual**
in.di.**vi**.duo
in.di.**vi**.si.ble
in.di.**vi**.so
in.di.**zar**
in.**dó**.cil
ín.do.le
in.do.**len**.cia
in.do.**ma**.ble
in.**dó**.mi.to
in.do.**ne**.sio
in.du.bi.**ta**.ble
in.duc.**ción**
in.du.**cir** *(irr. induje,*
   induzca)
in.duc.**ti**.vo
in.du.**da**.ble
in.du.**da**.ble.**men**.te
in.**du**.je
in.du.**je**.ra
in.dul.**gen**.cia
in.dul.**gen**.te
in.**dus**.tria
in.**dus**.**trial**
in.**dus**.tria.li.za.**ción**
in.**dus**.**trio**.so
in.**duz**.ca
in.**duz**.co

*in.**é**.di.to
i.ne.**fa**.ble
*in.e.fï.**ca**.cia
i.ne.luc.**ta**.ble
i.ne.na.**rra**.ble
i.**nep**.to
*in.e.**quí**.vo.co
i.**ner**.cia
i.ner.va.**ción**
*in.es.pe.**ra**.do
*in.es.ti.**ma**.ble
*in.e.vi.**ta**.ble
*in.ex.**ac**.to
*in.ex.cu.**sa**.ble
*in.ex.e.**qui**.ble
*in.ex.**haus**.to
*ine.ex.o.**ra**.ble
*in.ex.**per**.to
*in.ex.pli.**ca**.ble
*in.ex.pug.**na**.ble
*in.ex.tin.**gui** ble
*in.ex.tri.**ca**.ble
in.fa.li.bi.li.**dad**
in.fa.**li**.ble
in.fa.ma.**ción**
in.**fa**.me
in.**fa**.mia
in.**fan**.cia
in.**fan**.te
in.fan.te.**rí**.a
in.fan.ti.**ci**.dio
in.fan.**til**
in.fan.**zón**
in.**far**.to
in.fa.tua.**ción**
in.**faus**.to
in.fec.**ción**
*in.fec.**cio**.so
in.fec.**tar**
in.fe.**cun**.do

in.fe.li.ci.**dad**
in.fe.**liz**
in.fe.**ren**.cia
in.fe.**rior**
in.fe.rio.ri.**dad**
in.fe.**rir** *(irr. v.*
infiera, infiriendo)
in.fer.**nal**
in.fes.**tar**
in.fi.cio.**nar**
in.fi.de.li.**dad**
in.fi.**den**.cia
in.**fiel**
in.**fie**.ra
in.**fier**.no
in.**fie**.ro
in.fil.tra.**ción**
in.fi.ni.**dad**
in.fi.**ni**.ta.**men**.te
in.fi.ni.**ti**.vo
in.fi.**ni**.to
in.fi.**rien**.do
in.fi.**rie**.ra
in.fi.**rió**
in.fla.**ción**
in.fla.**ma**.ble
in.fla.ma.**ción**
in.fla.**mar**
in.**flar**
in.flex.**i**.ble
in.flex.**ión**
in.fli.**gir**
in.**fluen**.cia
in.**fluen**.za *(gripe)*
in.**fluir**
in.**flu**.jo
in.flu.**yen**.te
in.for.ma.**ción**
in.for.**mar**
in.for.**má**.ti.ca
in.for.ma.**ti**.vo
in.**for**.me
in.for.**tu**.nio

in.frac.**ción**
in.frac.**tor**
in.fra.es.truc.**tu**.ra
in.fra.hu.**ma**.no
in.fran.**gi**.ble
in.fra.**rro**.jo
in.frin.**gir**
in.fruc.**tuo**.so
ín.fu.las
in.fun.**dir**
in.fu.**sión**
in.**fu**.so
in.ge.**niar**
in.ge.nie.**rí**.a
in.ge.**nie**.ro
in.**ge**.nio
in.ge.**nio**.so
in.**gé**.ni.to
in.**gen**.te
in.ge.nui.**dad**
in.**ge**.nuo
in.ge.**ren**.cia
in.ge.**rir** *(comer; irr.)*
in.ges.**tión**
in.**gie**.ra
in.**gie**.ro
in.gi.**rien**.do
in.gi.**rie**.ra
in.gi.**rió**
in.gle
in.**glés**
in.gra.ti.**tud**
in.**gra**.to
in.gra.vi.**dez**
in.gre.**dien**.te
in.gre.**sar**
in.**gre**.so
in.**gre**.so
dis.po.**ni**.ble
in.gur.gi.**tar**
in.**há**.bil
in.ha.bi.**ta**.ble
in.ha.la.**ción**

in.he.**ren**.te
in.hi.bi.**ción**
in.hos.pi.ta.**la**.rio
in.**hós**.pi.to
in.hu.ma.**ción**
in.hu.**ma**.no
i.ni.cia.**ción**
i.ni.**cial**
i.ni.**ciar**
i.ni.cia.**ti**.va
i.ni.cia.**ti**.vo
i.**ni**.cio
i.**ni**.cuo
i.nin.te.li.**gi**.ble
in.in.te.li.**gi**.ble
i.ni.qui.**dad**
in.je.**rir** *(meter, irr.)*
in.jer.**tar**
in.**ju**.ria
in.ju.**rio**.so
in.jus.**ti**.cia
in.jus.ti.fi.**ca**.do
in.**jus**.to
in.ma.cu.**la**.do
in.ma.du.**rez**
in.ma.**nen**.cia
in.mar.ce.**si**.ble
in.me.dia.**ción**
in.me.**dia**.ta.**men**.te
in.me.dia.**tez**
in.me.**dia**.to
in.me.mo.**ra**.ble
in.men.si.**dad**
in.**men**.so
in.men.su.**ra**.ble
in.me.re.**ci**.do
in.mer.**sión**
in.mi.gra.**ción**
in.mi.**nen**.te
in.mo.de.**ra**.do
in.mo.la.**ción**
in.mo.**lar**
in.mo.**ral**

in.mor.**tal**
in.mor.ta.li.**zar**
in.mo.**vi**.ble
in.**mó**.vil
in.mo.vi.li.za.**ción**
in.**mue**.ble
in.mun.**di**.cia
in.**mun**.do
in.**mu**.ne
in.mu.ni.**dad**
in.mu.ni.za.**ción**
in.mu.no.te.**ra**.pia
in.mu.**ta**.ble
in.**na**.to
in.ne.ce.**sa**.rio
in.**no**.ble
in.**no**.cuo (inocuo)
in.**no**.va.**ción**
in.nu.me.**ra**.ble
i.no.**cen**.cia
i.no.cen.**ta**.da
i.no.**cen**.te
i.no.cu.la.**ción**
i.no.cu.**lar**
i.**no**.cuo (innocuo)
*in.o.**do**.ro
*in.o.fen.**si**.vo
*in.ol.vi.**da**.ble
in.**quie**.ra
in.**quie**.ro
in.quie.**tar**
in.**quie**.to
in.quie.**tud**
in.qui.**li**.no
in.qui.**rir** *(irr. v. inquiera)*
in.qui.si.**ción**
in.sa.**cia**.ble
in.sa.**lu**.bre
ins.cri.**bir**

ins.crip.**ción**
ins.**cri**.to
in.sec.ti.**ci**.da
in.**sec**.to
in.sen.**sa**.to
in.sen.si.bi.li.**zar**
in.sen.**si**.ble
in.se.pa.**ra**.ble
in.ser.**tar**
in.ser.**vi**.ble
in.si.**dio**.so
in.**sig**.ne
in.**sig**.nia
in.sig.ni.fi.**can**.te
in.sin.**ce**.ro
in.si.nua.**ción**
in.si.**nuar**
in.si.pi.**dez**
in.sis.**ten**.cia
in.sis.**tir**
in.so.**cia**.ble
in.so.la.**ción**
in.so.**len**.cia
in.so.**len**.te
in.**só**.li.to
in.sol.**ven**.cia
in.**som**.nio
in.so.por.**ta**.ble
ins.pec.**ción**
ins.pec.cio.**nar**
ins.pec.**tor**
ins.pi.ra.**ción**
ins.pi.ra.**dor**
ins.pi.**rar**
ins.ta.la.**ción**
ins.ta.**lar**
ins.**tan**.cia
ins.tan.**tá**.ne.o
ins.**tan**.te
ins.**tar**

ins.tau.ra.**ció**·
ins.ti.ga.**ción**
ins.tin.**ti**.vo
ins.**tin**.to
ins.ti.tu.**ción**
ins.ti.**tuir** *(irr v. instituya)*
ins.ti.**tu**.to
ins.ti.tu.**tor**
ins.ti.tu.**triz**
ins.ti.**tu**.ya
ins.ti.tu.**yen**.do
ins.ti.tu.**ye**.ra
ins.ti.**tu**.yo
ins.ti.tu.**yó**
ins.truc.**ción**
ins.truc.**ti**.vo
ins.truc.**tor**
ins.tru.**í**.do
ins.**truir** *(irr. v. instruya)*
ins.tru.men.ta.**ción**
ins.tru.**men**.to
ins.**tru**.ya
ins.tru.**yen**.do
ins.tru.**ye**.ra
ins.**tru**.yo
ins.tru.**yó**
in.su.bor.di.na.**ción**
in.su.fi.**cien**.cia
ín.su.la
in.su.**lar**
in.su.**li**.na
in.sul.**sez**
in.sul.**tar**
in.**sul**.to
in.**su**.mo
in.su.pe.**ra**.ble
in.sur.**gen**.te
in.su.rrec.**ción**

***Nota:** Los compuestos de **in** y una palabra castellana pueden dividirse como se indica aquí o por sílabas: in.ac.**ción** o i.nac.**ción**

96

in.tac.to
in.tan.gi.ble
in.te.gé.rri.mo
in.te.gra.ción
in.te.gral
in.te.gran.te
in.te.grar
in.te.gri.dad
ín.te.gro
in.te.lec.tual
in.te.li.gen.cia
in.te.li.gen.te
in.te.li.gi.ble
in.tem.pe.ran.cia
in.tem.pe.rie
in.tem.pes.ti.vo
in.ten.ción
in.ten.cio.nal
in.ten.den.cia
in.ten.si.dad
in.ten.si.fi.ca.ción
in.ten.si.vo
in.ten.so
in.ten.tar
in.ten.to
in.ter.cam.bio
in.ter.ce.der
in.ter.cep.tar
in.ter.ce.sión
in.ter.de.pen.den.cia
in.ter.dic.ción
in.te.rés
in.te.re.san.te
in.te.re.sar
in.ter.faz
in.ter.fec.to
in.ter.fe.ren.cia
in.ter.fo.no
in.te.ri.no
in.te.rior
in.te.rio.ri.zar
in.te.rior.men.te
in.ter.jec.ción

in.ter.lu.dio
in.ter.me.dio
in.ter.mi.na.ble
in.ter.mi.sión
in.ter.mi.ten.cia
in.ter.na.cio.nal
in.ter.na.cio.na.li.zar
in.ter.na.do
in.ter.nar
in.ter.no
in.ter.o.ce.á.ni.co
in.te.ro.ce.á.ni.co
in.ter.pe.la.ción
in.ter.pon.dré
in.ter.pon.drí.a
in.ter.po.ner *(irr. v.t. interpuse)*
in.ter.pon.ga
in.ter.pon.go
in.ter.pre.ta.ción
in.ter.pre.tar
in.tér.pre.te
in.ter.pues.to
in.ter.pu.se
in.ter.pu.sie.ra
in.te.rreg.no
in.te.rro.ga.ción
in.te.rro.gar
in.te.rro.ga.ti.vo
in.te.rrum.pir
in.te.rrup.ción
in.te.rrup.tor
in.ter.sec.ción
in.ters.ti.cio
in.ter.va.lo
in.ter.ven.ción
in.ter.ven.dré
in.ter.ven.drí.a
in.ter.ven.ga
in.ter.ven.go
in.ter.ve.nir *(irr.)*
in.ter.ven.tor
in.ter.vi.ne

in.ter.vi.nie.ra
in.tes.ti.nal
in.tes.ti.no
in.ti.ma.ción
ín.ti.ma.men.te
in.ti.mar
in.ti.mi.dad
ín.ti.mo
in.ti.tu.lar
in.to.le.ran.cia
in.ton.so
in.tox.i.ca.ción
in.tra.du.ci.ble
in.tran.qui.li.zar
in.tran.si.gen.cia
in.tran.si.ta.ble
in.tran.si.ti.vo
in.tras.cen.den.te
in.tra.ve.no.so
in.tre.pi.dez
in.tré.pi.do
in.tri.ga
in.trin.ca.do
in.trín.se.co
in.tro.duc.ción
in.tro.du.cir *(irr.)*
in.tro.duc.tor
in.tro.du.je
in.tro.du.je.ra
in.tro.duz.ca
in.tro.duz.co
in.troi.to
in.tro.mi.sión
in.tros.pec.ti.vo
in.tro.ver.sión
in.tru.sión
in.tru.so
in.tui.ción
in.tu.ir
in.tui.ti.vo
in.tu.mes.cen.cia
i.nun.da.ción
i.nun.dar

i.nu.si.**ta**.do
*in.**ú**.til
*in.u.ti.li.**zar**
*in.**ú**.til.**men**.te
in.va.**dir**
in.va.gi.**nar**
in.**vá**.li.do
in.va.**ria**.ble
in.va.**ria**.ble.**men**.te
in.va.**sión**
in.va.**sor**
in.vec.**ti**.va
in.ven.**ci**.ble
in.ven.**ción**
in.ven.**tar**
in.ven.**ta**.rio
in.ven.**ti**.va
in.**ven**.to
in.ven.**tor**
in.ve.re.**cun**.do
in.ver.**ná**.cu.lo
in.ver.na.**de**.ro
in.ver.**nal**
in.ver.**nar** (*irr. v. invierne*)
in.ve.ro.**sí**.mil
in.ver.**sión**
in.ver.sio.**nis**.ta
in.**ver**.so
in.ver.**tir** (*irr. v. invierta*)
in.ves.ti.**du**.ra
in.ves.ti.ga.**ción**
in.ves.ti.ga.**ción** y des.a.**rro**.llo
in.ves.ti.ga.**dor**
in.ves.ti.**gar**

in.ves.**tir**
in.ve.te.**ra**.do
in.**vic**.to
in.**vier**.ne
in.**vier**.no
in.**vier**.ta
In.**vier**.to
in.vi.**si**.ble
in.vi.ta.**ción**
in.vi.**ta**.do
in.vi.**tar**
in.vo.ca.**ción**
in.vo.**car**
in.vo.lu.**crar**
in.vul.ne.**ra**.ble
in.yec.**ción**
in.yec.**tar**
io.ni.za.**ción**
io.nos.**fe**.ra
ip.so **fac**.to
ir (*irr. v. fuera, fui, vas, vaya, voy yendo*)
i.ra
i.ra.**cun**.do
i.ras.**ci**.ble
ir.**guien**.do
ir.**guie**.ra
ir.**guió**
i.ri.dis.**cen**.cia
i.ris
i.ri.sa.**ción**
ir.lan.**dés**
i.ro.**ní**.a
i.rra.cio.**nal**
i.rra.**diar**
i.rre.a.li.**za**.ble

i.rre.cu.**sa**.ble
i.rre.flex.**i**.vo
i.rre.gu.**lar**
i.rre.mi.**si**.ble
i.rre.pren.**si**.ble
i.rre.sis.**ti**.ble
i.rre.so.lu.**ción**
i.rres.pe.**tuo**.so
i.rres.pon.**sa**.ble
i.rre.ve.**ren**.cia
i.rri.ga.**ción**
i.rri.**sión**
i.rri.ta.**ción**
i.rri.**tar**
í.rri.to
i.rrup.**ción**
is.la
is.**lá**.mi.co
is.**lo**.te
i.**sós**.ce.les
i.so.**ter**.ma
i.**só**.to.po
is.ra.e.**lí**
is.ra.e.**li**.ta
ist.**me**.ño
ist.mo
i.ta.**lia**.no
í.tem
i.te.ra.**ti**.vo
i.**ter**.bio
i.ti.ne.**ra**.rio
i.trio
i.zar
iz.quier.de.**ar**
iz.quier.**dis**.mo
iz.**quier**.do

J

ja.ba.**lí**
ja.**bón**
ja.bon.**ci**.llo
ja.bo.**ne**.ra
ja.ca.ran.**do**.so
ja.**cin**.to
jac.tan.**cio**.so
ja.de.**an**.te
ja.**ez**
ja.gua
ja.**guar**
ja.ha.**rrar**
jal.**be**.gue
ja.**le**.a
ja.lis.**cien**.se
ja.mai.**ca**.no
ja.**más**
ja.**món**
ja.po.**nés**
ja.que.**ar**
ja.**que**.ca
ja.**ra**.be
ja.**ra**.na
jar.cia
jar.**dín**
jar.di.**ne**.ro
ja.rra
ja.**rre**.te
ja.rro
jas.pe.**a**.do
jau.ja
jau.la
jau.**rí**.a
ja.va.**nés**
ja.**yán**
jaz.**mín**
je.be
je.fa.**tu**.ra
je.fe

Je.ho.**vá**
je.**jén**
je.me
jen.**gi**.bre
je.**ní**.za.ro
je.rar.**quí**.a
je.re.**za**.no
jer.ga
jer.**gón**
je.ri.**gon**.za
je.**rin**.ga
je.rin.**ga**.zo
je.rin.**gui**.lla
je.ro.**glí**.fi.co
je.**ró**.ni.mo
Je.su.**cris**.to
je.**sui**.ta
Je.**sús**
je.ta
jí.ba.ro
ji.bia
jí.ca.ra
ji.**fe**.ro
jil.**gue**.ro
ji.**ne**.ta
ji.**ne**.te
ji.ra *(jirón, tira)*
ji.**ra**.fa
ji.**rón**
jo.bo
jo.co.**se**.rio
jo.**co**.so
jo.**fai**.na
jol.**go**.rio
jor.**na**.da
jor.**nal**
jor.na.**le**.ro
jo.**ro**.ba
jo.ro.**ba**.do

jo.ta
jo.ven
jo.ven.**zue**.lo
jo.**vial**
jo.ya
jo.**yel**
jo.ye.**rí**.a
jo.**ye**.ro
ju.bi.la.**ción**
ju.bi.**le**.o
jú.bi.lo
ju.**bón**
ju.dai.**zar**
ju.**dí**.a
ju.di.**cial**
ju.**dí**.o
jue.go, &
jue.gue, &
juer.**guis**.ta
jue.ves
juez
ju.**ga**.da
ju.ga.**dor**
ju.**gar** *(irr. v. juego)*
ju.**glar**
ju.go
ju.**go**.so
ju.**gue**.te
ju.gue.te.**ar**
ju.gue.**tón**
jui.**cie**.ro
jui.cio
jui.**cio**.so
ju.lio
ju.**men**.to
jun.co
ju.nio
jú.nior
jun.ta

jun.ta.**men**.te
jun.**tar**
jun.to
ju.ra.**men**.to
ju.**rar**
ju.**rí**.di.co
ju.ris.con.**sul**.to
ju.ris.dic.**ción**

ju.ris.pe.**ri**.cia
ju.ris.pru.**den**.cia
ju.**ris**.ta
jus.ta.**men**.te
jus.**ti**.cia
jus.ti.**cie**.ro
jus.ti.fi.ca.**ción**
jus.ti.fi.**ca**.do

jus.ti.fi.**car**
jus.ti.fi.ca.**ti**.vo
jus.ti.pre.**ciar**
jus.to
ju.ve.**nil**
ju.ven.**tud**
juz.**ga**.do
juz.**gar**

K

ka.ki (caqui)
kan.**tis**.mo
kap.pa (*letra griega*)
ker.mes (quermes)
key.ne.**sia**.no
ki.li.**á**.re.a
ki.lo (quilo)

ki.lo.**ci**.clo
ki.lo.**gra**.mo
ki.lo.**li**.tro
ki.lo.me.**tra**.je
ki.lo.**mé**.tri.co
ki.**ló**.me.tro
ki.lo.**va**.tio

ki.lo.**vol**.tio
ki.**mo**.no (quimono)
kin.der.**gar**.ten
kios.co (quiosco)
ki.rie.lei.**són**
krau.**sis**.mo

L

la
lá.ba.ro
la.be.**rin**.to
la.bia
la.bio
la.**bor**
la.bo.**ra**.ble
la.bo.**rar**
la.bo.ra.**to**.rio
la.bo.rio.si.**dad**
la.bo.**rio**.so
la.bo.**ris**.mo
la.bra.**dor**
la.**bran**.za
la.**brar**
la.**brie**.go
la.**ca**.yo
la.ce.ra.**ción**

la.cio
la.cre
la.cri.**mó**.ge.no
lac.ta.**ción**
lac.**tan**.cia
lác.ti.co
la.**cus**.tre
la.**de**.ra
la.do
la.**drar**
la.**dri**.do
la.dri.**lla**.zo
la.**dri**.llo
la.**drón**
la.**ga**.ña
la.gar.**ti**.ja
la.**gar**.to
la.go

lá.gri.ma
la.**gu**.na
lai.ci.**zar**
la.ja
la.ma
la.men.**ta**.ble
la.men.ta.**ción**
la.men.**tar**
la.**men**.to
la.**mer**
lá.mi.na
lám.pa.ra
la.na
lan.ce
lan.ce.**ar**
lan.ce.o.**la**.do
lan.**ce**.ta
lan.ce.**ta**.zo

lan.ci.**nan**.te
lan.cha
lan.**gos**.ta
lan.gui.de.**cer**
lan.gui.**dez**
lán.gui.do
lan.**guor**
la.**ni**.lla
la.**nu**.do
lan.za
lan.za.**de**.ra
lan.za.**dor**
lan.za.**mien**.to
lan.**zar**
lan.**za**.zo
lan.**zón**
la.pi.**ce**.ro
lá.pi.da
la.pi.da.**ción**
la.pis.**lá**.zu.li
lá.piz
lap.so
lap.sus **cá**.la.mi
lap.sus **lin**.guae
lar
lar.**gar**
lar.go
lar.**gue**.za
lar.gui.**ru**.cho
la.**rin**.ge
la.rin.go.lo.**gí**.a
lar.va
la.**sa**.ña
las.**ci**.via
la.si.**tud**
la.so *(cansado)*
lás.ti.ma
las.ti.**mar**
las.ti.**me**.ro
las.tre
la.ta
la.**ten**.te
la.te.**ral**

la.te.**ral.men**.te
lá.tex
la.**ti**.do
la.ti.**fun**.dio
la.ti.**ga**.zo
lá.ti.go
la.ti.**gui**.llo
la.**tín**
la.**ti**.no
la.ti.no.a.me.ri.**ca**.no
la.**tir**
la.ti.**tud**
la.**tón**
la.**to**.so
la.tro.**ci**.nio
la.**úd**
lau.re.**ar**
lau.**rel**
la.va
la.**va**.bo
la.va.**de**.ro
la.va.**ma**.nos
la.van.de.**rí**.a
la.van.**de**.ro
la.**ván**.du.la
la.**var**
la.va.**ti**.va
la.va.**to**.rio
la.**va**.zas
la.vo.te.**ar**
lax.a.**ción**
lax.**an**.te
lax.o
la.**ya**
la.**za**.da
la.za.**re**.to
la.za.**ri**.no
la.zo *(cuerda)*
le
le.**al**
le.al.**tad**
le.**brel**
lec.**ción**

lec.**ti**.vo
lec.**tor**
lec.**tu**.ra
le.che
le.che.**rí**.a
le.**che**.ro
le.cho
le.**chón**
le.**cho**.so
le.**chu**.ga
le.chu.**gui**.no
le.**chu**.za
le.**er**
le.ga.**ción**
le.**gal**
le.ga.li.za.**ción**
le.ga.li.**zar**
le.**gar**
le.gen.**da**.rio
le.**gi**.ble
le.**gión**
le.gis.la.**ción**
le.gis.la.**dor**
le.gis.**lar**
le.gis.la.**ti**.vo
le.gis.la.**tu**.ra
le.**gis**.ta
le.gi.ti.ma.**ción**
le.gi.ti.**mar**
le.gi.ti.mi.**dad**
le.**gí**.ti.mo
le.go
le.gua
le.gu.**le**.yo
le.**gum**.bre
le.gu.mi.**no**.so
le.**í**.do
le.**ja**.no
le.**jí**.a
le.jos
le.ma
lem.**pi**.ra
len.ce.**rí**.a

len.**dro**.so
len.gua
len.**gua**.je
len.gua.**raz**
len.**güe**.ta
le.ni.**ti**.vo
le.no.**ci**.nio
len.ta.**men**.te
len.te
len.**te**.ja
len.ti.**tud**
len.to
le.ña
le.ña.**dor**
le.**ña**.zo
le.**ño**.so
le.**ón**
le.o.**ni**.no
le.o.**par**.do
le.po.**ri**.no
le.pra
le.pro.**co**.mio
le.**pro**.so
ler.do
les.bio
le.**sión**
le.sio.**nar**
le.**si**.vo
le.so
le.ta.**ní**.a
le.**tár**.gi.co
le.tra
le.**tra**.do
le.**tre**.ro
le.**tri**.na
leu.**ce**.mia
leu.co.**ci**.to
leu.**dar**
le.va
le.va.**di**.zo
le.va.**du**.ra
le.van.ta.**mien**.to
le.van.**tar**

le.**van**.te
le.van.**tis**.co
le.**var**
le.ve
le.via.**tán**
le.**vi**.ta
le.**ví**.ti.co
léx.i.co
lex.i.co.gra.**fí**.a
lex.i.co.lo.**gí**.a
ley
le.**yen**.da
lez.na
liar
li.**ar** *(Ac.)*
li.ba.**ción**
li.**bar**
li.be.**lis**.ta
li.**be**.lo
li.**bé**.lu.la
li.be.ra.**ción**
li.be.**ral**
li.be.ra.li.**zar**
li.**bé**.rri.mo
li.ber.**tad**
li.ber.ta.**dor**
li.ber.**tar**
li.ber.ti.**ci**.da
li.ber.ti.**na**.je
li.bi.di.**no**.so
li.**bi**.do
li.bra
li.bra.**ción**
li.**bran**.za
li.**brar**
li.**bra**.zo
li.**bre**.a
li.**bre**.jo
li.bre.**men**.te
li.bre.**rí**.a
li.**bres**.co
li.**bre**.ta
li.**bre**.to

li.bro
li.ce.**ís**.ta
li.**cen**.cia
li.cen.**cia**.do
li.cen.**ciar**
li.cen.**cio**.so
li.**ce**.o
li.ci.ta.**ción**
li.ci.**tan**.te
lí.ci.to
li.**cor**
li.co.re.**rí**.a
li.co.**ris**.ta
li.cua.**ción**
li.cua.**do**.ra
li.cue.fac.**ción**
lid
lí.der
li.de.**raz**.go
li.**diar**
lie.bre
lien.zo
li.ga
li.ga.**ción**
li.**gar**
li.ga.**zón**
li.**ge**.ra.**men**.te
li.**ge**.**re**.za
li.**ge**.ro
líg.num **cru**.cis
li.ja
li.la
li.li.pu.**tien**.se
li.ma
li.ma.**du**.ra
lim.bo
li.mi.ta.**ción**
li.mi.**tar**
lí.mi.te
li.**mí**.tro.fe
li.**món**
li.mo.**na**.da
li.mo.**ne**.ro

li.**mos**.na
li.mos.**ne**.ro
lim.pia.**bo**.tas
lim.pia.**dor**
lim.pia.pa.ra.**bri**.sas
lim.**piar**
lím.pi.do
lim.**pie**.za
lim.pio
li.mu.**si**.na
li.**na**.je
li.**na**.za
lin.ce
lin.**de**.za
lin.**du**.ra
lí.ne.a
li.ne.**al**
lin.fa
lin.**güis**.ta
li.ni.**men**.to
li.no
li.**nó**.le.o
lin.**ter**.na
lí.o
li.quen
li.qui.da.**ción**
li.qui.**dar**
li.qui.**dez**
lí.qui.do
li.ra
lí.ri.co
li.rio
li.sa (*pez*)
li.**sia**.do
li.so
li.**son**.ja
li.**son**.je.**ar**
li.**son**.je.ro
lis.ta
lis.to
li.tar.**gi**.rio
li.te.**ra**.rio
li.te.**ra**.to

li.te.ra.**tu**.ra
li.ti.ga.**ción**
li.**ti**.gio
li.to.**ral**
li.tro
li.**tur**.gia
li.vian.**dad**
li.**via**.no
li.vi.**dez**
lí.vi.do
lix.i.via.**ción**
li.za (*pelea*)
lo.**ar**
lo.ba.**ni**.llo
lo.**bez**.no
lo.bo
ló.bre.go
lo.bre.**guez**
lo.bu.**la**.do
ló.bu.lo
lo.**cal**
lo.ca.li.**dad**
lo.ca.li.**zar**
lo.ca.**men**.te
lo.ca.**ta**.rio
lo.**ción**
lo.co
lo.co.mo.**ción**
lo.co.mo.**to**.ra
lo.co.mo.**triz**
lo.cro
lo.cua.ci.**dad**
lo.**cuaz**
lo.cu.**ción**
lo.**cu**.ra
lo.cu.**tor**
lo.da.**zal**
lo.do
lo.gia
ló.gi.ca
lo.**gís**.ti.ca
lo.**grar**
lo.ma

lom.**briz**
lo.mo
lo.na
lon.ga.**ni**.za
lon.ge.vi.**dad**
lon.gi.**tud**
lon.ja
lon.ta.**nan**.za
lo.**or**
lo.ro
lo.sa (*piedra*)
lo.**san**.ge
lo.te
lo.te.**rí**.a
lo.to
lo.za (*barro cocido*)
lo.za.**ní**.a
lo.**za**.no
lu.bri.ca.**ción**
lu.bri.ci.**dad**
lu.**cer**.na
lu.**ce**.ro
lu.ci.**dez**
lú.ci.do
lu.**cien**.te
lu.**ciér**.na.ga
lu.cio
lu.**cir** (*irr. v. luzca*)
luc.**tuo**.so
lu.cha
lu.cha.**dor**
lue.go
luen.go
lu.**gar**
lú.gu.bre
lu.**jo**.so
lum.bre
lum.**bre**.ra
lu.mi.nis.**cen**.cia
lu.mi.**no**.so
Lu.na (*planeta*)
lu.na (luz)
lu.na.**ción**

lu.**nar**
lu.**ná**.ti.co
lu.nes
lun.**far**.do
lú.nu.la
lu.pa.**nar**
lú.pu.lo

lu.si.**ta**.no
lus.tra.**ción**
lus.**trar**
lus.tre
lus.**tro**.so
lu.**te**.cio
lu.to

lux.a.**ción**
luz
Luz.**bel**
luz.ca
luz.co

LL

lla.ga
lla.ma
lla.**ma**.da
lla.**ma**.**mien**.to
lla.**mar**
lla.ma.**ra**.da
lla.ma.**ti**.vo
lla.me.**ar**
lla.na
lla.na.**men**.te
lla.**ne**.ro
lla.**ne**.za
lla.no
llan.ta
llan.**tén**

llan.to
lla.**nu**.ra
lla.ve
lla.**ve**.ro
lla.**vín**
lle.**ga**.da
lle.**gar**
lle.na
lle.**nar**
lle.no
lle.**nu**.ra
lle.va.**de**.ro
lle.**var**
llo.ra.**de**.ra
llo.**rar**

llo.**re**.ra
llo.ri.que.**ar**
llo.ro
llo.**rón**
llo.**ro**.so
llo.ve.**di**.zo
llo.**ver** (*irr. v. llueva*)
llo.**viz**.na
llo.viz.**nar**
llue.ca
llue.va, &
llue.ve, &
llu.via
llu.**vio**.so

M

ma.**ca**.bro
ma.ca.da.mi.**zar**
ma.**ca**.na
ma.ca.**rrón**
ma.ce.**do**.nio
ma.ce.**rar**
ma.**ce**.ta
ma.ci.**cez**
ma.ci.**len**.to
ma.ci.**zar**
ma.ci.**zo**

ma.cro.e.co.no.**mí**.a
má.cu.la
ma.cha.**car**
ma.che.**ta**.zo
ma.**che**.te
ma.chi.hem.**brar**
ma.**chi**.na
ma.cho
ma.**de**.ja
ma.de.**ra**.je
ma.de.**ra**.men

Ma.**do**.na
ma.**dras**.tra
ma.dre
ma.dre.**per**.la
ma.dre.**sel**.va
ma.dri.**gal**
ma.dri.**gue**.ra
ma.dri.**le**.ño
ma.**dri**.na
ma.**dro**.ño
ma.dru.**ga**.da

ma.dru.ga.**dor**
ma.dru.**gar**
ma.du.**rar**
ma.du.**rez**
ma.**du**.ro
ma.**e**.se
ma.es.**tran**.za
ma.es.tre.**sa**.la
ma.es.**trí**.a
ma.**es**.tro
ma.ga.**zi**.ne
ma.gia
ma.**giar**
má.gi.co
ma.**gín**
ma.gis.**te**.rio
ma.gis.**tra**.do
ma.gis.**tral**
mag.**ná**.ni.mo
mag.**na**.te
mag.**ne**.sia
mag.**ne**.sio
mag.**né**.ti.co
mag.ne.**tis**.mo
mag.ne.ti.**za**.ble
mag.ne.ti.za.**ción**
mag.ne.**tó**.fo.no
mag.ni.fi.**cen**.cia
mag.**ní**.fi.co
mag.ni.**tud**
mag.**no**.lia
ma.**grez**
ma.**guer**
ma.**guey**
ma.ho.me.**ta**.no
mai.**ce**.na
ma.**íz**
mai.**zal**
ma.ja.**de**.ro
ma.ja.**gran**.zas
ma.**jar**
ma.je.**rí**.a
ma.jes.**tad**

ma.jes.**tuo**.so
ma.**je**.za
ma.la.ba.**ris**.ta
ma.la.**men**.te
ma.lan.**dan**.za
ma.**la**.ria
ma.la.ven.tu.**ran**.za
mal.ba.ra.**tar**
mal.**cria**.do
mal.**dad**
mal.de.**cir** (irr.)
mal.di.**cien**.do
mal.di.**cien**.te
mal.di.**ción**
mal.**di**.ga
mal.**di**.go
mal.**di**.je
mal.di.**je**.ra
mal.**di**.to
ma.le.**cón**
ma.le.di.**cen**.cia
ma.le.fi.**cen**.cia
ma.le.**fi**.cio
ma.les.**tar**
ma.**le**.ta
ma.le.vo.**len**.cia
ma.**le**.za
mal.for.ma.**ción**
mal.gas.**tar**
mal.ha.**bla**.do
mal.ha.**da**.do
mal.he.**chor**
mal.hu.mo.**ra**.do
ma.**li**.cia
ma.li.**cio**.so
ma.**lig**.no
ma.**li**.lla
ma.lo.**grar**
mal.que.**ren**.cia
mal.ta
mal.tra.**tar**
mal.**tre**.cho
mal.va

mal.**va**.do
mal.va.**sí**.a
mal.va.**vis**.co
mal.ver.**sar**
ma.lla
ma.**lle**.te
ma.llor.**quín**
ma.**má**
ma.**mar**
ma.ma.**rra**.cho
ma.me.**lu**.co
ma.**mey**
ma.**mí**.fe.ro
ma.mo.**tre**.to
mam.**pa**.ra
mam.pos.te.**rí**.a
ma.**ná**
ma.**na**.da
ma.nan.**tial**
ma.**nar**
man.**ce**.bo
man.**ci**.lla
man.co
man.co.mu.ni.**dad**
man.**cor**.na
man.cor.**nar**
man.**cuer**.na
man.**cha**.do
man.**char**
man.da.**mien**.to
man.**dar**
man.da.**ta**.rio
man.**da**.to
man.**dí**.bu.la
man.do
ma.**ne**.a
ma.ne.**ci**.lla
ma.ne.**jar**
ma.**ne**.jo
ma.**ne**.ra
ma.ne.**zue**.la
man.ga
man.ga.**ne**.so

man.**glar**
man.gle
man.go
man.**gue**.ra
ma.**ní**
ma.**ní**.a
ma.**niá**.ti.co
ma.ni.**co**.mio
ma.ni.fes.ta.**ción**
ma.ni.fes.**tar** *(irr.)*
ma.ni.**fies**.te
ma.ni.**fies**.to
ma.**ni**.lla
ma.**nio**.bra
ma.ni.pu.la.**ción**
ma.ni.**quí**
ma.ni.**se**.ro
ma.ni.**ve**.la
man.**jar**
ma.no
ma.**no**.jo
ma.**nó**.me.tro
ma.no.**se**.o
ma.no.**ta**.zo
man.que.**ar**
man.que.**dad**
man.**que**.ra
man.**sal**.va (a)
man.se.**dum**.bre
man.**sión**
man.so
man.ta
man.**te**.ca
man.**te**.ca.do
man.**tel**
man.ten.**dré**
man.ten.**drí**.a
man.te.ne.**dor**
man.te.**nen**.cia
man.te.**ner** *(irr. v.*
  mantendré,
  mantuve)
man.te.ni.**mien**.to

man.te.**qui**.lla
man.**ti**.lla
man.**ti**.llo
man.**tón**
man.**tu**.ve
man.tu.**vie**.ra
ma.**nual**
ma.**nu**.brio
ma.nu.fac.**tu**.ra
ma.nu.fac.tu.**re**.ro
ma.nu.mi.**sión**
ma.nus.**cri**.to
ma.nu.ten.**ción**
man.**za**.na
man.za.**nar**
man.za.**ni**.lla
man.**za**.no
ma.ña
ma.**ña**.na
ma.**ño**.so
ma.pa.**mun**.di
ma.quia.**vé**.li.co
ma.qui.la.**do**.ra
ma.qui.**lla**.je
má.qui.na
ma.qui.na.**ción**
ma.qui.**na**.ria
ma.qui.**ni**.lla
ma.qui.**nis**.ta
ma.**ra**.ca
ma.ra.**ga**.to
ma.**ras**.mo
ma.ra.ve.**dí**
ma.ra.**vi**.lla
ma.ra.vi.**llar**
ma.ra.vi.**llo**.so
mar.**be**.te
mar.ca
mar.**car**
mar.**cial**
mar.**cia**.no
mar.co
mar.**cha**

mar.**chan**.te
mar.**char**
mar.chi.**tar**
mar.**chi**.to
ma.re **mág**.num
ma.**re**.a
ma.re.**ar**
ma.**re**.o
ma.re.**ta**.zo
mar.**fil**
mar.**fuz**
mar.ga.**ri**.na
mar.ga.**ri**.ta
mar.gen
mar.gi.**na**.do
mar.gi.**nal**
ma.**ria**.chi
ma.ri.**da**.je
ma.**ri**.do
ma.ri.**gua**.na
ma.ri.**hua**.na
ma.**rim**.ba
ma.ri.**ne**.ro
ma.**ri**.no, -na
ma.rio.**ne**.ta
ma.ri.**po**.sa
ma.ri.**qui**.ta
ma.ris.**cal**
ma.**rí**.ti.mo
már.mol
mar.mo.**lis**.ta
mar.**mó**.re.o
ma.**ro**.ma
ma.ro.**me**.ro
mar.**qués**
mar.**que**.sa
mar.que.**si**.na
ma.**rra**.no
ma.rras.**qui**.no
ma.rro
ma.**rrón**
ma.rru.lle.**rí**.a
mar.se.**llés**

mar.tes
mar.ti.**lla**.zo
mar.**ti**.llo
mar.ti.**ne**.te
már.tir
mar.**ti**.rio
mar.ti.ri.**zar**
mar.ti.ro.**lo**.gio
marx.**is**.mo
mar.zo
mas *(pero)*
más *(adv.)*
ma.sa
ma.**sa**.je
mas.ca.**ba**.do
mas.**car**
más.ca.ra
mas.ca.**ri**.lla
mas.**co**.ta
mas.cu.**li**.no
mas.cu.**llar**
ma.**si**.vo
mas.lo
ma.so.ne.**rí**.a
ma.so.**quis**.mo
mas.ti.**car**
más.til
mas.to.**don**.te
mas.**tuer**.zo
ma.ta.**de**.ro
ma.ta.**dor**
ma.ta.lo.**ta**.je
ma.**tan**.za
ma.**tar**
ma.ta.**se**.llos
ma.ta.**sie**.te
ma.te.**má**.ti.co
ma.**te**.ria
ma.te.**rial**
ma.te.ria.**lis**.mo
ma.te.ria.li.**zar**
ma.ter.**nal**
ma.ter.ni.**dad**

ma.**ter**.no
ma.ti.**nal**
ma.ti.**né**
ma.**tiz**
ma.**to**.jo
ma.to.**rral**
ma.tri.**ci**.da
ma.**trí**.cu.la
ma.tri.cu.**lar**
ma.tri.mo.**nial**
ma.tri.**mo**.nio
ma.tri.**ten**.se
ma.**triz**
ma.tu.sa.**lén**
ma.tu.**ti**.no
mau.**llar**
mau.so.**le**.o
max.i.**lar**
máx.i.me
max.i.mi.**zar**
máx.i.mo
máx.i.mum
ma.ya
ma.**yar**
ma.yo
ma.**yó**.li.ca
ma.yo.**ne**.sa
ma.**yor**
ma.yo.**ral**
ma.yo.**raz**.go
ma.yor.**do**.mo
ma.yo.**re**.o (al)
ma.yo.**rí**.a
ma.yo.**ris**.ta
ma.**yús**.cu.lo
ma.za
ma.za.**co**.te
ma.za.**mo**.rra
ma.za.**pán**
ma.**za**.zo
maz.**mo**.rra
ma.zo
ma.**zor**.ca

ma.**zur**.ca
me.**cá**.ni.ca
cuán.ti.ca
me.**cá**.ni.ca
on.du.la.**to**.ria
me.ca.ni.**cis**.mo
me.**cá**.ni.co
me.ca.**nis**.mo
me.ca.ni.za.**ción**
me.ca.**nó**.gra.fo
me.ce.**do**.ra
me.**ce**.nas
me.**cer** *(reg.)*
me.cha
me.**da**.lla
me.dia
me.dia.**ción**
me.dia.**dor**
me.**dia**.dos
me.**dia**.no
me.dia.**no**.che
me.**dian**.te
me.**diar**
me.dia.ti.za.**ción**
me.di.ca.**ción**
me.di.**ci**.na
me.di.ci.**nal**
me.di.ci.**nar**
me.di.**ción**
mé.di.co
me.**di**.da
me.dic.**val**
me.**die**.vo
me.dio
me.**dio**.cre
me.dio.**dí**.a
me.dio.e.**val**
me.dio.e.vo
me.**dir** *(irr. v. mida)*
me.di.ta.**ción**
me.di.**tar**
me.di.te.**rrá**.ne.o
mé.dium

me.**drar**
me.**dro**.so
me.**du**.la, **mé**.du.la
me.**fí**.ti.co
me.ga.**ci**.clo
me.**gá**.fo.no
me.ga.**hertz**
me.ji.ca.**nis**.mo
me.ji.**ca**.no
  (mexicano)
me.**ji**.lla
me.**jor**
me.jo.ra.**mien**.to
me.jo.**rar**
me.jo.**rí**.a
me.**jun**.je
me.**la**.do
me.lan.co.**lí**.a
me.**la**.za
me.**le**.na
me.li.fi.**car**
me.**li**.fluo
me.lin.**dro**.so
me.lio.ra.**ti**.vo
me.lo.co.**tón**
me.lo.**dí**.a
me.lo.**dio**.so
me.lo.ma.**ní**.a
me.**lón**
me.lo.si.**dad**
me.lla
me.**lli**.zo
mem.**bra**.na
mem.bra.**no**.so
mem.**bri**.llo
me.mo.**ra**.ble
me.mo.**ran**.do
me.mo.**rán**.dum
me.**mo**.ria
me.mo.**rial**
me.**na**.je
men.**ción**
men.cio.**nar**

men.da.ci.**dad**
men.**daz**
men.di.**can**.te
men.di.ci.**dad**
men.**di**.go
men.do.**ci**.no
me.ne.**ar**
me.nes.**ter**
me.nes.te.**ro**.so
men.**guan**.te
men.**guar**
men.**hir**
me.**nin**.ges
me.nin.**gi**.tis
men.**jur**.je
me.no.**pau**.sia
me.**nor**
me.no.**rra**.gia
me.nos.ca.**bar**
me.nos.pre.**ciar**
me.nos.**pre**.cio
men.**sa**.je
men.sa.**je**.ro
mens.trua.**ción**
men.**sual**
men.ta
men.**tal**.**men**.te
men.**tar** (*irr. v.*
  mienta)
men.te
men.te.ca.**tez**
men.**tir** (*irr. v.*
  mienta, mintiendo)
men.**ti**.ra
men.ti.ri.**ji**.llas (de)
men.ti.**ro**.so
me.**nú**
me.nu.**den**.cia
me.nu.**de**.o
me.nu.**di**.llo
me.**nu**.do
me.**ñi**.que
me.**o**.llo

mer.ca.**chi**.fle
mer.ca.**de**.o
mer.ca.**der**
mer.**ca**.do
mer.**ca**.do **ne**.gro
mcr.ca.do.**tec**.nia
mer.can.**cí**.a
mer.**can**.te
mer.can.**til**
mer.can.ti.li.**zar**
mer.**ced**
mer.ce.**da**.rio
mer.ce.**na**.rio
mer.ce.**rí**.a
mer.ce.ri.**zar**
mer.**cu**.rio
me.re.**cer** (*irr. v.*
  merezca)
me.re.ci.**mien**.to
me.ren.**dar** (*irr.v.*
  merienda)
me.**ren**.gue
me.re.**triz**
me.**rez**.ca
me.**rez**.co
me.ri.**dia**.no
me.ri.dio.**nal**
me.**rien**.de
me.**rien**.do
mé.ri.to
me.ri.**to**.rio
mer.**lu**.za
mer.**mar**
me.ro
me.ro.**de**.o
me.sa
me.**sar**
me.**se**.ta
Me.**sí**.as
mes.me.**ris**.mo
me.so.**cra**.cia
me.**són**
me.so.**ne**.ro

me.so.**zoi**.co
mes.ti.**za**.je
mes.**ti**.zo
me.ta.bo.**lis**.mo
me.**tal**
me.**tá**.li.co
me.ta.li.**zar**
me.ta.**lur**.gia
me.ta.mor.**fo**.sis
me.te.o.**ri**.to
me.te.o.ri.za.**ción**
me.te.o.ro.lo.**gí**.a
me.te.o.ro.**ló**.gi.co
me.**ter**
me.to.**dis**.ta
me.to.di.**zar**
mé.to.do
me.to.do.lo.**gí**.a
me.**tra**.lla
me.tra.**lla**.zo
mé.tri.co
me.tri.fi.ca.**ción**
me.tro
me.tro.lo.**gí**.a
me.**tró**.po.li
me.tro.po.li.**ta**.no
mex.i.**ca**.no
  (mejicano)
me.za *(de mecer)*
mez.cla
mez.**clar**
mez.**cli**.lla
mez.co.**lan**.za
mez.**qui**.no
mez.**qui**.ta
mez.**qui**.te
mez.zo.so.**pra**.no
mí*(pron. personal)*
mi *(posesivo, nota)*
mias.ma
miau
mic.**ción**
mi.cra

mi.**cro**.bio
mi.cro.bio.lo.**gía**
mi.cro.ce.**fa**.lia
mi.cro.**cli**.ma
mi.cro.e.co.no.**mí**.a
mi.cro.**fi**.cha
mi.cro.**film**
mi.cro.**fí**.si.ca
mi.**cró**.fo.no
mi.cro.**on**.das
mi.cro.or.ga.**nis**.mo
mi.cro.pe.**lí**.cu.la
mi.cros.**co**.pio
mi.**dria**.sis
mie.do
mie.**do**.so
miel
miem.bro
mien.ta
mien.te
mien.to
mien.tras
miér.co.les
mies
mi.ga
mi.gra.**ción**
mi.gra.**to**.rio
mi.jo
mi.**la**.gro
mi.la.**gro**.so
mi.**lé**.si.mo
mi.**li**.cia
mi.li.**cia**.no
mi.**lí**.me.tro
mi.li.**tar**
mi.li.ta.**ris**.mo
mi.li.ta.ri.za.**ción**
mi.**lon**.ga
mi.lla
mi.**llar**
mi.**llón**
mi.llo.**na**.ri.o
mi.llo.**né**.si.mo

mi.**mar**
mim.bre
mi.me.ti.**zar**
mi.**mo**.so
mi.na
mi.**nar**
mi.ne.**ral**
mi.ne.ra.lo.**gí**.a
mi.**ne**.ro
mi.**ner**.va
min.gi.**to**.rio
mi.nia.**tu**.ra
mi.ni.**fun**.dio
mi.ni.mi.**zar**
mí.ni.mo *(muy
  pequeño)*
mí.ni.mum *(lo más
  pequeño)*
mi.nis.**te**.rio
mi.**nis**.tro
mi.no.**rí**.a
mi.no.ri.**dad**
mi.no.**ris**.ta
min.**tien**.do
min.**tie**.ra
mi.nu.**cio**.so
mi.**nús**.cu.lo
mi.nus.**vá**.li.do
mi.nu.**te**.ro
mi.**nu**.to
mí.o
mio **pi**.a
mio.**so**.ta
mio.**so**.tis
mi.**ra**.da
mi.ra.**dor**
mi.**rar**
mi.ra.**sol**
mi.**riá**.po.do
mi.**ri**.lla
mi.ri.**ña**.que
mir.lo, -la
mi.rra

mi.sa
mi.san.tro.**pí**.a
mis.ce.ge.na.**ción**
mis.ce.**lá**.ne.o, -a
mi.se.**ra**.ble
mi.se.**re**.re
mi.se.ria
mi.se.ri.**cor**.dia
mí.se.ro
mi.**sé**.rri.mo
mi.**sión**
mi.sio.**ne**.ro
mi.si.vo, -va
mis.mo
mi.**só**.gi.no
mis.**te**.la
mis.**te**.rio
mis.te.**rio**.so
mis.ti.**cis**.mo
mís.ti.co
mi.**tad**
mi.ti.**gar**
mi.ti.ga.**ti**.vo
mi.tin
mi.to
mi.to.lo.**gí**.a
mix.to
mix.**tu**.ra
mo.a.**ré** (muaré)
mo.bi.**lia**.rio
mo.**bla**.je
mo.ca.**sín**
mo.ce.**dad**
mo.ce.**ril**
mo.ce.**tón**
mo.**ción**
mo.**ci**.to
mo.cho
mo.**chue**.lo
mo.da
mo.**dal**
mo.de.**lar**
mo.de.lo

mo.dem
mo.de.ra.**ción**
mo.de.**ra**.do
mo.de.**rar**
mo.de.ra.**ti**.vo
mo.der.ni.za.**ción**
mo.**der**.no
mo.**des**.tia
mó.di.co
mo.di.fi.ca.**ción**
mo.di.fi.ca.**ti**.vo
mo.**dis**.ta
mo.dis.**ti**.lla
mo.do
mo.**do**.so
mo.du.la.**ción**
mó.du.lo
mo.dus vi.**ven**.di
mo.fa
mo.**far**.se
mo.go.**llón** *(de)*
mo.**hín**
mo.**hí**.no
mo.ho
mo.**ho**.so
mo.**jar**
mo.ji.**cón**
mo.ji.**gan**.ga
mo.ji.**ga**.to
mol.de
mol.de.**ar**
mo.**lé**.cu.la
mo.**ler** *(irr. v. muela)*
mo.les.**tar**
mo.les.tia
mo.les.**to**.so
mo.lib.**de**.no
mo.**li**.cie
mo.**lien**.da
mó.li.fi.ca.**ción**
mo.li.**ne**.ro
mo.li.**ni**.llo
mo.**li**.no

mo.**lus**.co
mo.**llar**
mo.**lle**.ja
mo.**lle**.ra
mo.**lle**.te
mo.**lliz**.na
mo.men.**tá**.ne.o
mo.**men**.to
mo.mi.fi.ca.**ción**
mo.na.**ci**.llo
mo.na.**gui**.llo
mo.**nar**.ca
mo.nar.**quí**.a
mo.nas.**te**.rio
mon.da.**dien**.tes
mon.**dar**
mon.**don**.go
mo.**ne**.da
mo.ne.**rí**.a
mo.ne.ta.**ris**.ta
mo.ne.ti.za.**ción**
mon.**gol**
mo.**ni**.llo
mon.je, -ja
mon.**jil**
mon.**jí**.o
mo.no
mo.no.cul.**ti**.vo
mo.no.**ga**.mia
mo.no.**gra**.ma
mo.**nó**.lo.go
mo.no.ma.**ní**.a
mo.no.**po**.lio
mo.no.po.li.**zar**
mo.no.**rrít**.mi.co
mo.no.**sí**.la.bo
mo.**nó**.to.no
mo.no.va.**len**.te
mon.**ser**.ga
mons.truo
mons.**truo**.so
mon.**ta**.je
mon.**tan**.te

mon.**ta**.ña
mon.ta.**ño**.so
mon.**tar**
mon.ta.**raz**
mon.te
mon.**tés**
mon.te.vi.de.**a**.no
mon.**tí**.cu.lo
mon.**tón**
mon.**tu**.no
mon.**tuo**.so
mo.nu.**men**.to
mon.**zón**
mo.ño
mo.**qui**.llo
mo.ra.**bi**.to
mo.**ra**.da
mo.**ra**.do, -da
mo.ra.**dor**
mo.ra.**le**.ja
mo.ra.li.**dad**
mo.ra.li.za.**ción**
mo.**ral**.**men**.te
mo.**rar**
mo.ra.**to**.ria
mor.bi.**dez**
mor.**bo**.so
mor.**ci**.lla
mor.**ci**.llo, -lla
mor.da.ci.**dad**
mor.**daz**
mor.**da**.za
mor.**der** *(irr. v.*
   muerda)
mor.**dis**.co
mo.**re**.no
mor.fi.**nó**.ma.no
mor.fo.lo.**gí**.a
mo.ri.**bun**.do
mo.ri.ge.ra.**ción**
mo.**ri**.llo
mo.**rir** *(irr. v. muera,*
   muero, muriendo)

mo.**ris**.co
mo.**ris**.ma
mo.ris.**que**.ta
mo.ro
mo.ro.si.**dad**
mo.**rral**
mo.**rra**.lla
mo.**rri**.llo
mo.**rrión**
mo.rro
mo.rro.**coy**
mor.ta.**de**.la
mor.**tal**
mor.ta.li.**dad**
mor.**tal**.**men**.te
mor.te.**ci**.no
mor.**te**.ro
mor.ti.fi.ca.**ción**
mor.ti.fi.**car**
mo.sai.**cis**.ta
mo.**sai**.co
mo.sa.**ís**.mo
mos.ca
mos.co.**vi**.ta
mos.que.**a**.do
mos.que.**ta**.zo
mos.qui.**te**.ro
mos.**qui**.to
mos.ta.**ce**.ro
mos.ta.**ci**.lla
mos.**ta**.za
mos.to
mos.tra.**dor**
mos.**trar** *(irr. v.*
   muestra)
mos.**tren**.co
mo.ta
mo.te.**ar**
mo.te.**jar**
mo.**tín**
mo.ti.va.**ción**
mo.ti.**var**
mo.**ti**.vo

mo.to.ci.**cle**.ta
mo.to.**na**.ve
mo.to.**ne**.ta
mo.to.ni.ve.la.**do**.ra
mo.**tor**
mo.to.ri.za.**ción**
mo.**triz**
mo.tu **pro**.prio
mo.**ver** *(irr. v.*
   mueva)
mo.**vi**.ble
mó.vil
mo.vi.li.**zar**
mo.vi.**mien**.to
mo.zal.**be**.te
mo.**zá**.ra.be
mo.zo
mua.**ré** (moaré)
mu.**cí**.la.go
mu.co.si.**dad**
mu.**cha**.cho
mu.che.**dum**.bre
mu.cho
mu.da.**di**.zo
mu.**dan**.za
mu.**dar**
mu.**dé**.jar
mu.**dez**
mu.do
mue.ble
mue.ble.**rí**.a
mue.ca
mue.**cín**
mue.la
mue.lo
mue.lle
mue.ra
muer.da
muer.do
mue.ro
muer.te
muer.to
mues.ca

mues.tra
mues.**tra**.rio
mues.tre
mues.**tre**.o
mues.tro
mue.va
mue.vo
mu.**gir**
mu.**jer**
mu.jer.**ci**.lla
mu.je.**rie**.go
mu.jer.**zue**.la
mu.**jic**
mu.**la**.to
mu.**le**.ta
mu.le.**ti**.lla
mu.lo, -la
mul.**tar**
mul.ti.co.**lor**
mul.ti.mi.llo.**na**.rio
mul.ti.na.cio.**nal**
múl.ti.ple
múl.ti.plex
mul.ti.pli.ca.**ción**
mul.ti.pli.**car**
multi.pli.ci.**dad**

múl.ti.plo
mul.ti.**tud**
mu.**llen**.do
mu.**lle**.ra
mu.**llir** *(irr.)*
mu.**lló**
mun.**da**.no
mun.**dial**
mun.do
mu.ni.**ción**
mu.ni.ci.**pal**
mu.ni.**ci**.pio
mu.ni.fi.**cen**.cia
mu.**ñe**.co, -ca
mu.**ñi**.dor
mu.**ra**.lla
mu.ra.**llón**
mur.**cié**.la.go
mur.ga
mú.ri.ce
mu.**rien**.do
mu.**rie**.ra
mu.**rió**
mur.**mu**.llo
mur.mu.ra.**ción**
mur.mu.**rar**

mu.**ra**.lla
mu.sa
mu.sa.**ra**.ña
mus.cu.**lar**
mús.cu.lo
mus.cu.**lo**.so
mu.se.**li**.na
mu.**se**.o
mus.go
mu.si.**cal**
mú.si.co, -ca
mu.si.**tar**
mus.lo
mus.tio
mu.sul.**mán**
mu.ta.**ción**
mu.**tan**.te
mu.**ta**.tis mu.**tan**.dis
mu.ti.la.**ción**
mu.**tis**.mo
mu.tua.li.**dad**
mu.tua.**men**.te
mu.tuo
muy
my *(letra griega)*

N

na.**bab**
na.bo
ná.car
na.**cer** *(irr. v. nazca)*
na.**ci**.do
na.**cien**.te
na.ci.**mien**.to
na.**ción**
na.cio.**nal**
na.cio.na.li.**dad**
na.cio.na.**lis**.ta
na.cio.na.li.za.**ción**

na.da
na.da.**dor**
na.**dar**
na.de.**rí**.a
na.die
na.**dir**
naf.ta
ná.huatl
na.na
na.**ran**.ja
na.ran.**jal**
nar.ci.**sis**.mo

nar.co.**sín**.te.sis
nar.**co**.sis
nar.**có**.ti.co
nar.co.ti.za.**ción**
nar.co.tra.fi.**can**.te
nar.co.**trá**.fi.co
nar.do
na.ri.**gón**
na.**riz**
na.ri.**zón**
na.rra.**ción**
na.**rrar**

na.rra.**ti**.vo, -va
nar.**val**
na.sa
na.sa.li.za.**ción**
na.so.fa.**rín**.ge.o
na.ta
na.ta.**ción**
na.**tal**
na.ta.**li**.cio
na.**ti**.lla
na.ti.vi.**dad**
na.**ti**.vo
na.tu.**ral**
na.tu.ra.**le**.za
na.tu.ra.li.**dad**
na.tu.ra.**lis**.ta
na.tu.ra.li.za.**ción**
nau.fra.**gar**
nau.**fra**.gio
náu.fra.go
náu.se.a
náu.ti.co
na.va
na.**va**.ja
na.va.**ja**.zo
na.**val**
na.**va**.rro
na.ve
na.ve.**ga**.ble
na.ve.ga.**ción**
na.ve.**gan**.te
na.ve.**gar**
na.**ve**.ta
Na.vi.**dad**
na.vi.**de**.ño
na.**vie**.ro
na.**ví**.o
ná.ya.de
na.za.**re**.no
na.zi
ne.**bli**.na
ne.bu.**lo**.so
ne.ce.**ar**

ne.ce.**dad**
ne.ce.**sa**.rio
ne.ce.**ser**
ne.ce.si.**dad**
ne.ce.si.**tar**
ne.cio
ne.**cró**.fa.go
néc.tar
ne.er.lan.**dés**
ne.**fas**.to
ne.**fri**.tis
ne.ga.**ción**
ne.**gar** *(irr. v. niega)*
ne.ga.**ti**.vo, -va
ne.gli.**gen**.cia
ne.go.cia.**ción**
ne.go.**cia**.do
ne.go.**cian**.te
ne.go.**ciar**
ne.**go**.cio
ne.**gri**.lla
ne.gro
ne.**gruz**.co
ne.gus
ne.mo.**tec**.nia
ne.ne
ne.o.ce.lan.**dés**
ne.o.**ge**.no
ne.o.lo.**gis**.mo
ne.o.**pla**.sia
ne.o.pla.**tó**.ni.co
ne.o.yor.**qui**.no
ne.o.ze.lan.**dés**
ne.po.**tis**.mo
ne.**quá**.quam
ner.va.**du**.ra
ner.vio
ner.**vio**.so
ner.**vu**.do
nes.**cien**.cia
ne.to
neu.**má**.ti.co
neu.mo.**ní**.a

neu.mo.**tó**.rax
neu.**ral**.gia
neu.ro.lo.**gí**.a
neu.**ro**.na
neu.**ro**.sis
neu.**tral**
neu.tra.li.**zar**
neu.**trón**
ne.**va**.do, -da
ne.**var** *(irr. v. nieva)*
ne.**ve**.ra
ne.vis.**car**
nex.o
ni.ca.ra.**güen**.se
nic.**tá**.lo.pe
nic.to.**fo**.bia
ni.cho
ni.**dal**
ni.do
nie.bla
nie.go
nie.gue
nie.to
nie.va
nie.ve
ni.hi.**lis**.mo
nim.bo
nin.fa
nin.fo.ma.**ní**.a
nin.**gu**.no
ni.**ñe**.ra
ni.**ñez**
ni.no
ní.quel
nir.**va**.na
nís.pe.ro
ní.ti.do
ni.tro.gli.ce.**ri**.na
ni.**vel**
ni.**vel** fre.**á**.ti.co
ni.ve.**lar**
ní.ve.o
no.**be**.lio

no.bi.**lia**.rio
no.ble
no.**ble**.za
no.**ción**
no.**ci**.vo
noc.**tí**.va.go
noc.**tur**.no
no.che
No.che.**bue**.na
no.cher.**nie**.go
no.**dri**.za
nó.du.lo
no.**gal**
no.li.**ción**
nó.ma.da
nom.bra.**dí**.a
nom.bra.**mien**.to
nom.**brar**
nom.bre
no.me.ol.**vi**.des
no.mi.na.**ción**
no.mi.na.**ti**.vo
no.na.**gé**.si.mo
no.mo (gnomo)
no.mon (gnomon)
nor.**des**.te
nor.ma
nor.**mal**
nor.ma.li.**zar**
no.ro.**es**.te
nor.te
nor.te.a.me.ri.**ca**.no
no.so.**co**.mio
no.so.lo.**gí**.a
nos.**o**.tros,
no.**so**.tros
nos.**tal**.gia

nos.ti.**cis**.mo
no.ta
no.ta **be**.ne
no.**ta**.ble
no.**ta**.ble.**men**.te
no.**ta**.**ción**
no.**tar**
no.**ta**.rio
no.**ti**.cia
no.ti.**cia**.rio
no.ti.**cie**.ro
no.ti.**cio**.so
no.ti.fi.ca.**ción**
no.**to**.rio
no.va
no.**va**.to
no.ve.**cien**.tos
no.ve.**dad**
no.ve.**do**.so
no.**vel**
no.**ve**.la
no.**ve**.**le**.ro
no.ve.**les**.co
no.ve.**lis**.ta
no.ve.li.**zar**
no.ve.**na**.rio
no.**ve**.no, -na
no.**ven**.ta
no.**viaz**.go
no.**vi**.**cia**.do
no.**vi**.cio
no.**viem**.bre
no.vi.**lu**.nio
no.vi.**lla**.da
no.**vi**.llo
no.vio
no.**ví**.si.mo

no.vo.ca.**í**.na
nu.ba.**rrón**
nu.be
nú.bil
nu.**blar**.se
nu.**blo**.so
nu.ca
nu.cle.**ar**
nú.cle.o
nu.**di**.llo
nu.**dis**.ta
nu.do
nu.do.si.**dad**
nue.ra
nues.tro
nue.va.**men**.te
nue.ve
nue.vo, -va
nuez
nu.li.**dad**
nu.me.ra.**ción**
nu.me.**rar**
nu.**mé**.ri.co
nú.me.ro
nu.me.**ro**.so
nu.mis.**má**.ti.ca
nun.ca
nun.cia.**tu**.ra
nun.cio
nup.**cial**
nup.cias
nu.ta.**ción**
nu.**tri**.cio
nu.tri.**ción**
nu.**trir**
nu.tri.**ti**.vo

Ñ

ña.me
ñan.du.**bay**

ñá.ñi.go
ña.pa

ña.to
ño.**ñez**

O

o.**a**.sis
ob.ce.ca.**ción**
o.be.de.**cer** *(irr.)*
o.be.**dez**.ca
o.be.**dez**.co
o.be.**dien**.cia
o.be.**dien**.te
o.be.**lis**.co
o.ber.**tu**.ra
o.**be**.so
ó.bi.ce
o.**bis**.po
ó.bi.to
ob.je.**ción**
o.bje.**tar**
o.bje.**ti**.vo
ob.**je**.to
o.bla.**ción**
o.**bli**.cuo
o.bli.ga.**ción**
o.bli.**gar**
o.bli.ga.**to**.rio
o.bli.te.ra.**ción**
o.**blon**.go
ob.nu.bi.la.**ción**
o.**bo**.e
ó.bo.lo
o.**bra**
o.**bra**.je
o.**brar**
o.**bre**.ro
obs.**ce**.no

ob.se.**cuen**.cia
ob.se.**quiar**
ob.**se**.quio
ob.ser.va.**ción**
ob.ser.va.**dor**
ob.ser.**van**.cia
ob.ser.**var**
ob.ser.va.**to**.rio
ob.se.**sión**
ob.si.**dia**.na
obs.ta.cu.li.**zar**
obs.**tá**.cu.lo
obs.**tan**.te
obs.**tar**
obs.te.**tri**.cia
obs.ti.na.**ción**
obs.ti.**na**.do
obs.ti.**nar**.se
obs.truc.**ción**
obs.**truir** (irr.)
obs.**tru**.ya
obs.tru.**yen**.do
obs.tru.**ye**.ra
obs.**tru**.yo
obs.tru.**yó**
ob.te.**ner** *(irr. v. t.
obtuve)*
ob.ten.**dré**
ob.ten.**drí**.a
ob.**ten**.ga
ob.**ten**.go
ob.tu.ra.**ción**

ob.tu.ra.**dor**
ob.**tu**.so
ob.**tu**.ve
ob.**tu**.**vie**.ra
o.**bús**
ob.ven.**ción**
ob.vio
o.ca.**sión**
o.ca.sio.**nar**
o.**ca**.so
oc.ci.den.**tal**
oc.ci.**den**.te
oc.ci.**pu**.cio
oc.**ci**.so
o.**cé**.a.no
o.ce.**lo**.te
o.cio
o.cio.si.**dad**
o.**cio**.so
o.clu.**sión**
oc.ta.go.**nal**
oc.**ta**.vo, -va
oc.to.ge.**na**.rio
oc.to.**gé**.si.mo
oc.to.**sí**.la.bo
oc.**tu**.bre
o.cu.**lar**
o.cul.ta.**ción**
o.**cul**.to
o.cu.pa.**ción**
o.cu.**par**
o.cu.**rren**.cia

o.cu.**rren**.te
o.cu.**rrir**
o.**cha**.vo
o.chen.**ta**.vo
o.**cho**
o.cho.**cien**.tos
o.da.**lis**.ca
o.**diar**
o.**dio**
o.**dio**.so
o.di.**se**.a
o.don.to.lo.**gí**.a
o.**es**.te
o.fen.**der**
o.**fen**.sa
o.**fen**.si.vo, -va
o.**fer**.ta
o.**fer**.**to**.rio
o.fi.**cial**
o.fi.**cial**.**men**.te
o.fi.**ciar**
o.fi.**ci**.na
o.fi.ci.**nis**.ta
o.**fi**.cio
o.fi.**cio**.so
o.fre.**cer** *(irr. v.*
ofrezca)
o.fre.ci.**mien**.to
o.**fren**.da
o.fren.**dar**
o.**frez**.ca
o.**frez**.co
o.fus.ca.**ción**
o.**gro**
o.**í**.do
oi.ga
oi.go
o.**ír** *(irr. v.t. oye)*
o.**jal**
o.ja.**lá**
o.je.**a**.da
o.je.**ar** *(mirar)*
o.**je**.ra

o.je.**ri**.za
o.**ji**.va
o.ji.**zar**.co
o.jo
o.la
o.le.a.gi.**no**.so
o.le.**a**.je
o.le.o.gra.**fí**.a
o.**ler** *(irr. v. huela)*
ol.fa.**ción**
ol.fa.te.**ar**
ol.**fa**.to
o.li.gar.**quí**.a
o.li.go.**ce**.no
o.lim.**pia**.da
o.**lím**.pi.co
o.lis.**car**
o.**li**.va
o.**li**.var
o.**li**.vo
ol.mo
o.**lor**
o.lo.**ro**.so
ol.vi.da.**di**.zo
ol.vi.**dar**
ol.**vi**.do
o.lla
om.**bli**.go
om.**bú**
o.mi.**no**.so
o.mi.**sión**
o.mi.**tir**
óm.ni.bus
om.ni.po.**ten**.cia
om.ni.po.**ten**.te
om.ni.pre.**sen**.cia
om.nis.**cien**.cia
om.**ní**.vo.ro
on.ce
on.ce.**a**.vo
on.**ce**.no
on.da *(ola)*
on.du.la.**ción**

on.du.**lar**
o.ne.**ro**.so
ó.ni.ce
ó.nix
o.no.**más**.ti.co
o.no.ma.to.**pe**.ya
on.to.lo.**gí**.a
on.za
on.**za**.vo
o.**pa**.co
o.pa.les.**cen**.cia
op.**ción**
ó.pe.ra
o.pe.ra.**ción**
o.pe.**rar**
o.pe.**ra**.rio
o.pe.ra.**ti**.vo
o.pe.**re**.ta
o.**piá**.ce.o
o.pi.la.**ción**
o.pi.**nar**
o.pi.**nión**
o.pio.ma.**ní**.a
o.**pí**.pa.ro
o.pon.**dré**
o.pon.**drí**.a
o.po.**ner** *(irr. v.t.*
opuesto, opuse)
o.**pon**.ga
o.**pon**.go
o.por.**tu**.na.**men**.te
o.por.tu.ni.**dad**
o.po.si.**ción**
o.po.si.**tor**
o.pre.**sión**
o.pre.**si**.vo
o.pre.**sor**
o.pri.**mir**
o.**pro**.bio
op.**tar**
op.ta.**ti**.vo
óp.ti.co, -ca
op.ti.**mis**.ta

op.ti.mi.**zar**
op.to.me.**tris**.ta
o.**pues**.to
o.pug.**nar**
o.pu.**len**.cia
o.pu.**len**.to
o.**pu**.se
o.pu.**sie**.ra
o.que.**dad**
o.ra.**ción**
o.ra.**dor**
o.**ra**.je
o.**ral**
o.**rar**
o.ra.**to**.ria
o.ra.**to**.rio
or.be
or.bi.cu.**lar**
ór.bi.ta
or.den
or.de.na.**ción**
or.de.na.**dor**
  (computador)
or.de.nan.**cis**.ta
or.de.**nan**.za
or.de.**nar**
or.de.**ñar**
or.di.na.**riez**
or.di.**na**.rio
o.**ré**.ga.no
o.**re**.ja
o.re.**je**.ro, -ra
or.fa.**na**.to
or.fan.**dad**
or.fe.bre.**rí**.a
or.ga.ni.ci.**dad**
or.ga.**ni**.llo
or.ga.**nis**.mo
or.ga.**nis**.ta
or.ga.ni.za.**ción**
or.ga.ni.za.cio.**nal**
or.ga.ni.**zar**
ór.ga.no

or.**gas**.mo
or.**gí**.a
or.**gu**.llo
o.rien.ta.**ción**
o.rien.ta.**ción**
  vo.ca.cio.**nal**
o.rien.**tal**
o.rien.**tar**
o.**rien**.te
o.ri.fi.ca.**ción**
o.**rí**.fi.ce
o.ri.**fi**.cio
o.**ri**.gen
o.ri.gi.**nal**
o.ri.gi.na.li.**dad**
o.ri.gi.**nar**
o.ri.gi.**na**.rio
o.**ri**.lla
o.**riun**.do
or.na.men.ta.**ción**
or.**na**.to
or.ni.to.lo.**gí**.a
o.ro
o.ro.**ge**.nia
o.**ro**.ya
o.ro.**zuz**
or.**ques**.ta
or.**ques**.ta.**ción**
or.**quí**.de.a
or.**qui**.tis
or.to.**don**.cia
or.to.**dox**.ia
or.to.gra.**fí**.a
or.to.lo.**gí**.a
or.to.pe.**dis**.ta
o.**ru**.ga
or.**zar**
or.**zue**.lo
o.sa.**dí**.a
o.sa.do
o.**sar**
os.ci.la.**ción**
ós.cu.lo

os.cu.ran.**tis**.mo
os.cu.re.**cer** *(irr.)*
os.cu.re.ci.**mien**.to
os.cu.**rez**.ca
os.cu.**rez**.co
os.cu.ri.**dad**
os.**cu**.ro
o.**sez**.no
o.si.fi.ca.**ción**
os.**mo**.sis (**ós**.mo.sis)
o.so
os.ten.**si**.ble
os.ten.**si**.vo
os.ten.ta.**ción**
os.ten.**tar**
os.ten.**to**.so
os.te.o.pa.**tí**.a
os.tra
os.tra.**cis**.mo
o.**tal**.gia
o.**ti**.tis
o.to.lo.**gí**.a
o.**to**.ño
o.**tor**.gue
o.to.rri.no.la.rin.go.lo.**gí**.a
o.tos.**co**.pia
o.tro
o.va
o.va.**ción**
o.va.**la**.do
ó.va.lo
o.va.rio
o.**ve**.ja
o.ve.**je**.ro
o.**ve**.ro
o.ve.**rol**
ó.vi.dos
o.**vi**.llo
o.**vi**.no
o.**ví**.pa.ro
o.**voi**.de
o.vu.la.**ción**
ó.vu.lo

ox.e.**ar**
ox.i.da.**ción**
ox.i.ge.**nar**
ox.**í**.ge.no

¡**ox**.te!
o.ye
o.**yen**.do
o.**yen**.te

o.**ye**.ra
o.**zo**.no

P

pa.be.**llón**
pa.**bi**.lo
pá.bu.lo
pa.**cer** *(irr. v. pazca)*
pa.**cien**.cia
pa.**cien**.te
pa.cien.**zu**.do
pa.ci.fi.ca.**ción**
pa.**cí**.fi.co
pa.co.**ti**.lla
pac.to
pa.de.**cer** *(irr.)*
pa.de.ci.**mien**.to
pa.**dez**.ca
pa.**dez**.co
pa.**dras**.tro
pa.**dra**.zo
pa.dre
pa.dre.**nues**.tro
pa.dri.**naz**.go
pa.**dri**.no
pa.e.lla
pa.ga.**nis**.mo
pa.**ga**.no
pa.ga.**ré**
pá.gi.na
pa.gi.na.**ción**
pa.go
pa.gro (pargo)
pa.**ís**
pai.**sa**.je
pai.sa.**jis**.ta
pai.sa.**na**.je
pai.**sa**.no

pa.**jar**
pá.ja.ro, -ra
pa.ja.**rra**.co
pa.je
pa.**ji**.zo
pa.la
pa.**la**.bra
pa.**la**.bre.o
pa.la.**ce**.te
pa.la.**cial**
pa.la.**cie**.go
pa.**la**.cio
pa.la.**dar**
pa.la.**dín**
pa.**lan**.ca
pa.lan.**ga**.na
pa.**la**.zo
pal.co
pa.**len**.que
pa.le.o.**lí**.ti.co
pa.le.on.to.lo.**gí**.a
pa.le.o.**zoi**.co
pa.**le**.ta
pa.le.**ti**.lla
pa.le.**tó**
pa.lia.**ción**
pa.lia.**ti**.vo
pa.li.de.**cer** *(irr.)*
pa.li.**dez**
pa.li.**dez**.ca
pa.li.**dez**.co
pá.li.do
pa.**li**.llo
pa.limp.**ses**.to

pa.lin.ge.**ne**.sia
pa.li.**san**.dro
pa.**li**.za
pa.li.**za**.da
pal.ma
pal.**ma**.da
pal.**mar**
pal.**me**.ra
pal.me.**ta**.zo
pal.mo
pal.mo.te.**ar**
pa.lo
pa.lo.**mar**
pa.lo.**mi**.lla
pal.pa.**ción**
pal.**par**
pal.pi.ta.**ción**
pal.pi.**tan**.te
pal.pi.**tar**
pa.**lú**.di.co
pa.lu.**dis**.mo
pa.**lus**.tre
pa.**llar**
pam.pa
pám.pa.no
pam.ple.**mu**.sa
pa.na
pa.na.**ce**.a
pa.na.de.**rí**.a
pa.na.**di**.zo
pa.**nal**
pa.na.**me**.ño
pa.na.me.ri.**ca**.no
pan.**cis**.ta

pan.de.**mó**.nium
pan.de.**re**.ta
pan.**de**.ro
pan.**di**.lla
pa.ne.**ci**.llo
pa.ne.**gí**.ri.co
pa.**nel**
pan.es.la.**vis**.mo
pan.ger.ma.**nis**.mo
pa.nia.**gua**.do
pá.ni.co
pa.**ní**.cu.lo
pa.ni.fi.ca.**ción**
pa.**ni**.zo
pa.**no**.plia
pa.**nóp**.ti.co
pa.no.**ra**.ma
pan.ta.**lón**
pan.**ta**.lla
pan.**ta**.no
pan.ta.**no**.so
pan.te.**ís**.mo
pan.te.**ón**
pan.**te**.ra
pan.to.**rri**.lla
pan.za
pa.**ñal**
pa.**ñe**.te
pa.ñi.**zue**.lo
pa.ño
pa.**ñue**.lo
Pa.pa (el)
pa.pa *(patata)*
pa.**pá**
pa.pa.**di**.lla
pa.pa.**ga**.yo
pa.pa.**hí**.go
pa.pa.**na**.tas
pa.**pa**.ya
pa.**pel**
pa.pe.**le**.ta
pa.pia.**men**.to
pa.**pi**.lla

pa.**pi**.ro
pa.pi.ro.**ta**.zo
pa.que.**bot**
pa.que.**bo**.te
pa.**que**.te
par
pa.ra
pa.ra.**bién**
pa.**rá**.bo.la
pa.ra.**bri**.sas
pa.ra.ca.**í**.das
pa.**ra**.da
pa.ra.**dig**.ma
pa.ra.**dó**.ji.co
pa.ra.dox.**al**
pa.ra.fra.se.**ar**
pa.**rá**.fra.sis
pa.**ra**.guas
pa.ra.**gua**.yo
pa.ra.**güe**.ro
pa.ra.**hú**.so
pa.ra.**í**.so
pa.**ra**.je
pa.ra.**la**.je
pa.ra.**le**.lo
pa.**rá**.li.sis
pa.ra.**lí**.ti.co
pa.ra.li.**zar**
pa.ra.lo.**gis**.mo
pa.**rá**.me.tro
pa.ra.**nin**.fo
pa.ra.**no**.ia
pa.ra.**noi**.co
pa.ra.ple.**jí**.a
pa.**rar**
pa.ra.**rra**.yos
pa.**rá**.si.to
pa.ra.si.to.lo.**gí**.a
pa.ra.**sol**
par.**ce**.la
par.ce.la.**ción**
par.**cial**
par.cia.li.**dad**

par.do
par.**dus**.co
pa.re.**cer** *(irr. v.*
  parezca)
pa.re.**ci**.do
pa.**red**
pa.**re**.ja
pa.re.**je**.ro
pa.**re**.jo
pa.re.mio.lo.**gí**.a
pa.**rén**.te.sis
pa.**rez**.ca
pa.**rez**.co
par.go (pagro)
par.hi.**le**.ra
pa.**ri**.da
pa.**rien**.te
pa.ri.**hue**.la
pa.**rir**
pa.ri.**sien**.se
par.la.men.**ta**.rio
par.la.**men**.to
par.lan.**chín**
par.**le**.ro
par.me.**sa**.no
par.na.**sia**.no
pa.ro
pa.ro.**diar**
pa.ro.no.**ma**.sia
pa.**ró**.ti.da
pa.rox.**is**.mo
par.pa.de.**ar**
púr.pa.do
par.que *(jardín)*
par.**qué** *(piso)*
par.que.**ar**
pa.rra
pá.rra.fo
pa.**rran**.da
pa.**rri**.ci.da
pa.**rri**.ci.dio
pa.**rri**.lla
pa.**rro**.quia

pa.rro.**quial**
pa.rro.**quia**.no
par.si.**mo**.nia
par.si.mo.**nio**.so
par.te
par.te.**luz**
par.te.no.**gé**.ne.sis
par.**te**.rre
par.ti.**ción**
par.ti.ci.pa.**ción**
par.ti.ci.**pan**.te
par.ti.ci.**par**
par.**tí**.ci.pe
par.ti.**ci**.pio
par.**tí**.cu.la
par.ti.cu.**lar**
par.ti.cu.la.ri.**zar**
par.ti.cu.**lar**.**men**.te
par.**ti**.da
par.ti.**da**.rio
par.ti.**dis**.ta
par.**ti**.do
par.**tir**
par.ti.**ti**.vo
par.ti.**tu**.ra
par.to
par.va
par.ve.**dad**
par.vo
pár.vu.lo
pa.sa.**ca**.lle
pa.**sa**.da
pa.sa.**di**.zo
pa.**sa**.do
pa.**sa**.je
pa.sa.**je**.ro
pa.sa.**por**.te
pa.**sar**
pa.sa.**re**.la
pa.sa.**tiem**.po
Pas.cua
pas.**cual**
pa.se.**ar**

pa.**se**.o
pa.**si**.llo
pa.**sión**
pa.sio.**na**.ria
pa.si.vi.**dad**
pa.**si**.vo
pas.**mar**
pas.**mo**.so
pa.so
pa.so.**do**.ble
pas.**quín**
pas.ta
pas.**tar**
pas.**tel**
pas.te.ri.za.**ción**
pas.**ti**.lla
pas.to
pas.**tor**
pas.to.re.**ar**
pas.to.si.**dad**
pas.tu.**ra**.je
pa.ta
pa.**ta**.da
pa.**tán**
pa.**ta**.ta
pa.ta.**tús**
pa.te.**ar**
pa.**ten**.te
pa.ten.ti.**zar**
pa.ter.**nal**
pa.**ter**.no
pa.ter.**nós**.ter
pa.te.**tis**.mo
pa.ti.bu.**la**.rio
pa.**tí**.bu.lo
pa.**ti**.lla
pa.**tín**
pá.ti.na
pa.ti.**nar**
pa.ti.**na**.zo
pa.tio
pa.ti.**zam**.bo
pa.to

pa.**tó**.ge.no
pa.to.**je**.ra
pa.to.lo.**gí**.a
pa.tria
pa.**triar**.ca
pa.**tri**.cio
pa.tri.**mo**.nio
pa.trio
pa.**trio**.ta
pa.**trió**.ti.co
pa.trio.**tis**.mo
pa.tro.ci.**nar**
pa.tro.**ci**.nio
pa.tro.lo.**gí**.a
pa.**trón**
pa.tro.**nal**
pa.**tro**.no
pa.**tru**.lla
pau.**jil**
pau.pe.ri.**zar**
pau.**pé**.rri.mo
pau.sa
pau.ta
pa.va
pa.**va**.na
pa.**ve**.sa
pa.**vez**.no
pá.vi.do
pa.vi.men.ta.**ción**
pa.vi.**po**.llo
pa.vo
pa.**vón**
pa.vo.**nar**
pa.vo.ne.**ar**
pa.**vor**
pa.vo.**ro**.so
pa.ya.**dor**
pa.**ya**.so
pa.yo
paz
paz.ca, -co
paz.**gua**.to
paz.**puer**.ca

120

pe.**a**.je
pe.a.**tón**
pe.be.**te**.ro
pe.ca
pe.**ca**.do
pe.**ca**.**dor**
pe.**car**
pec.**blen**.da
pe.**ce**.ra
pe.**ci**.na
pe.cio.**la**.do
pe.**cí**.o.lo
pec.to.**ral**
pe.cu.**liar**
pe.cu.**nia**.rio
pe.cho
pe.da.go.**gí**.a
pe.da.**gó**.gi.co
pe.da.**go**.go
pe.dan.**tes**.co
pe.**da**.zo
pe.der.**nal**
pe.dia.**trí**.a
pe.di.**cu**.ro
pe.di.**güe**.ño
pe.di.**lu**.vio
pe.**dir** *(irr. v. pida)*
pe.**dra**.da
pe.dre.**go**.so
pe.**drls**.co
pe.**drus**.co
pe.**dún**.cu.lo
pe.ga.**di**.zo
pe.ga.**jo**.so
pe.ga.**mien**.to
pe.**gar**
pei.**nar**
pei.ne
pei.**ne**.ta
pei.**ni**.lla
pe.je
pe.je.**rrey**
pe.ji.**gue**.ra

pe.la.**di**.lla
pe.**la**.do
pe.**la**.fus.**tán**
pe.**la**.je
pe.**lam**.bre
pe.**la**.men
pe.lan.**dus**.ca
pe.**lar**
pe.**le**.a
pe.**le**.a.**dor**
pe.**le**.ar
pe.lia.**gu**.do
pe.**lí**.cu.la
pe.**li**.gro
pe.**li**.**gro**.so
pe.**li**.llos
pe.**li**.**rro**.jo
pel.**ma**.zo
pe.lo
pe.**lón**
pe.**lo**.ta
pe.**lo**.**ta**.zo
pe.**lo**.**te**.ro
pe.**lo**.**tón**
pel.tre
pe.**lu**.ca
pe.**lu**.do
pe.**lu**.sa
pel.vis
pe.lla
pe.**lle**.jo
pe.**lli**.ca
pe.**lli**.za
pe.**lliz**.**car**
pe.**lliz**.co
pe.**llón**
pe.na
pe.**na**.cho
pe.**nal**
pe.na.li.**dad**
pe.**nar**
pen.ca
pen.**den**.cia

pen.**der**
pen.**dien**.te
pen.**dón**
pén.du.lo
pe.ne.tra.**ción**
pe.ne.**tran**.te
pe.ne.**trar**
pe.ni.ci.**li**.na
pe.**nín**.su.la
pe.nin.su.**lar**
pe.ni.**ten**.cia
pe.ni.ten.cia.**rí**.a
pe.ni.ten.**cia**.rio
pe.ni.**ten**.te
pe.no.lo.**gí**.a
pe.**no**.so
pen.sa.**dor**
pen.sa.**mien**.to
pen.**sar** *(irr. v.
piense)*
pen.sa.**ti**.vo
pen.**sil**
pen.**sión**
pen.sio.**na**.do
pen.**tá**.go.no
pen.ta.**gra**.ma
Pen.ta.**teu**.co
pen.ta.**tlón**
Pen.te.cos.**tés**
pe.**núl**.ti.mo
pe.**num**.bra
pe.num.**bro**.so
pe.**nu**.ria
pe.ña
pe.**ñas**.co
pé.ño.la
pe.**ón**
pe.o.**na**.je
pe.**on**.za
pe.**or**
pe.**pi**.no
pe.**pi**.ta
pep.si.na

pep.**to**.na
pe.que.**ñez**
pe.**que**.ño
pe.ra
per.**cal**
per.**can**.ce
per.**ce**.be
per.cep.**ción**
per.cep.**ti**.vo
per.ci.**bir**
per.cu.**sión**
per.cha
per.de.**dor**
per.**der** *(irr. v. pierda)*
per.di.**ción**
pér.di.da
per.di.**di**.zo
per.**di**.do
per.di.**do**.so
per.**diz**
per.**dón**
per.do.**nar**
per.du.**ra**.ble
per.du.**rar**
pe.re.ce.**ar**
pe.re.**cer** *(irr. v. perezca)*
pe.re.gri.na.**ción**
pe.re.gri.**na**.je
pe.re.**gri**.no
pe.re.**jil**
pe.ren.**ce**.jo
pe.ren.**nal**
pe.**ren**.ne
pe.**re**.za
pe.**rez**.ca
pe.**rez**.co
pe.re.**zo**.so
per.fec.**ción**
per.fec.cio.na.**mien**.to
per.fec.cio.**nar**
per.fec.cio.**nis**.ta

per.fec.ta.**men**.te
per.**fec**.to
pér.fi.do
per.**fil**
per.fi.**la**.do
per.fi.**lar**
per.fo.**rar**
per.fu.**mar**
per.**fu**.me
per.**fu**.me.**rí**.a
per.ga.**mi**.no
per.**ge**.nio
per.ge.**ñar**
pe.**ri**.cia
pe.**ri**.co
pe.ri.**fe**.ria
pe.ri.**fé**.ri.co
pe.ri.fo.ne.**ar**
pe.**rí**.fra.sis
pe.ri.**ge**.o
pe.ri.**he**.lio
pe.**ri**.lla
pe.**rí**.me.tro
pe.ri.**no**.la
pe.rio.di.ci.**dad**
pe.**rió**.di.co
pe.rio.**dis**.mo
pe.rio.**dis**.ta
pe.**rí**.o.do, pe.**rio**.do
pe.**rios**.tio
pe.ri.**pe**.cia
pe.ris.**tál**.ti.co
pe.ris.tal.**tis**.mo
pe.ri.ta.**ción**
pe.ri.**ta**.je
pe.**ri**.to
pe.ri.to.**ne**.o
per.ju.di.**cial**
per.ju.di.**car**
pér.jui.cio
per.**ju**.rio
per.la
per.le.**sí**.a

per.ma.ne.**cer** *(irr. v. permanezca)*
per.ma.**nen**.cia
per.ma.**nen**.te
per.ma.**nez**.ca
per.ma.**nez**.co
per.man.ga.**na**.to
per.me.a.bi.li.**dad**
per.mi.**si**.ble
per.mi.**si**.vo
per.**mi**.so
per.**mi**.tir
per.**mu**.ta
per.mu.**tar**
per.ni.**cio**.so
per.**nil**
per.no
per.noc.**tar**
pe.ro
pe.ro.gru.**lla**.da
pe.ro.ra.**ción**
pe.**róx**.i.do
per.pen.di.cu.**lar**
per.pe.tra.**ción**
per.pe.**tuar**
per.**pe**.tuo
per.ple.ji.**dad**
pe.**rre**.ra
pe.rro
per.sa
per.se.cu.**ción**
per.se.gui.**dor**
per.se.**guir** *(irr. v. persiga)*
per.se.ve.**ran**.cia
per.se.ve.**ran**.te
per.**sia**.na
pér.si.co
per.**si**.ga
per.sig.**nar**
per.**si**.go
per.si.**guien**.do
per.si.**guie**.ra

122

per.si.**guió**
per.sis.**ten**.cia
per.sis.**tir**
per.**so**.na
per.so.**na**.je
per.so.**nal**
per.so.na.li.**dad**
per.so.na.li.**zar**
per.so.nal.**men**.te
per.so.ni.fi.**car**
pers.pec.**ti**.va
pers.pi.**ca**.cia
pers.pi.**caz**
per.sua.**dir**
per.sua.**sión**
per.sua.**si**.vo
per.te.ne.**cer** *(irr. v.*
  pertenezca)
per.te.ne.**cien**.te
per.te.**nen**.cia
per.te.**nez**.ca
per.te.**nez**.co
per.ti.**na**.cia
per.ti.**naz**
per.ti.**nen**.te
per.tur.ba.**ción**
per.tur.**bar**
pe.**rua**.no
per.ver.si.**dad**
per.ver.**sión**
per.**ver**.so
per.ver.**tir** *(irr.)*
per.**vier**.ta
per.**vier**.to
per.vir.**tien**.do
per.vir.**tie**.ra
per.vir.**tió**
pe.sa
pe.sa.**di**.lla
pe.**sa**.do
pe.sa.**dum**.bre
pé.sa.me
pe.san.**tez**

pe.**sar**
pe.**sar** (a)
pe.sa.**ro**.so
pes.ca
pes.**ca**.do
pes.ca.**dor**
pes.**car**
pes.co.**za**.da
pes.co.**zón**
pes.**cue**.zo
pe.**se**.bre
pe.**se**.ta
pe.si.**mis**.ta
pé.si.mo
pe.so
pes.**qui**.sa
pes.**ta**.ña
pes.te
pes.ti.**ci**.da
pes.ti.**len**.cia
pes.**ti**.llo
pe.**su**.ña
pe.**ta**.ca
pé.ta.lo
pe.**tar**.do
pe.**ta**.te
pe.ti.**ción**
pe.ti.**grís**
pe.ti.**me**.tre
pe.ti.**rro**.jo
pe.tri.fi.ca.**ción**
pe.tri.fi.**car**
pe.**tró**.le.o
pe.tro.li.**zar**
pe.tu.**lan**.cia
pe.yo.ra.**ti**.vo
pez
pe.**zón**
pe.**zu**.ña
pia.**do**.so
pia.**nis**.ta
pia.no
piar

pi.**ar** *(Ac.)*
pi.**ca**.da
pi.ca.**di**.llo
pi.ca.**du**.ra
pi.ca.**flor**
pi.**can**.te
pi.ca.pe.**dre**.ro
pi.**car**
pi.ca.**res**.co
pí.ca.ro
pi.**ca**.zo
pi.ca.**zón**
pi.co
pi.co.**ta**.da
pi.co.**ta**.zo
pic.**tó**.ri.co
pi.**chón**
pi.da
pi.**dien**.do
pi.**die**.ra
pi.**dió**
pi.do
pie
pie.**dad**
pie.dra
piel
pié.la.go
pien.se
pien.so
pier.da
pier.do
pier.na
pie.za
pig.**men**.to
pig.**me**.o
pig.no.ra.**ción**
pi.**ja**.ma (piyama)
pi.la
pi.**lar**
píl.do.ra
pi.lon.**ci**.llo
pi.lo.**ta**.je
pi.lo.**tar**

pi.lo.te.**ar**
pi.**lo**.to
pi.**lla**.je
pi.**llar**
pi.lle.**rí**.a
pi.llo
pi.**mien**.ta
pi.**mien**.to
pim.**po**.llo
pi.na.co.**te**.ca
pi.**ná**.cu.lo
pi.**na**.da
pi.**nar**
pin.**cel**
pin.ce.**la**.da
pin.**char**
pin.che
pin.güe
pin.**güi**.no
pi.no
pin.**tar**
pin.ta.rra.je.**ar**
pin.**tor**
pin.to.**res**.co
pin.**tu**.ra
pin.zas
pi.ña
pi.**ña**.ta
pí.o
pio.**jen**.to
pio.jo
pi.pa
pi.que
pi.**qué** *(tela)*
pi.**que**.te
pi.**rá**.mi.de
pi.**ra**.ta
pi.ra.te.**rí**.a
pi.re.**nai**.co
pi.ro.gra.**ba**.do
pi.ro.pe.**ar**
pi.**ro**.sis
pi.ro.**tec**.nia

pi.**sa**.da
pi.**sar**
pi.sa.**ver**.de
pis.ci.cul.**tor**
pis.ci.**for**.me
pis.**ci**.na
Pis.cis
pis.co.**la**.bis
pi.so
pi.**són**
pi.so.te.**ar**
pis.ta
pis.**ti**.lo
pis.**to**.la
pis.to.le.**ta**.zo
pis.**tón**
pi.ta.**ha**.ya
pi.**tan**.za
pi.**tar**
pi.**ti**.llo
pi.**ti**.rre
pi.to
pi.to.**ni**.sa
pi.**ya**.ma (pijama)
pi.**za**.rra
piz.ca
piz.pi.**re**.ta
pla.ca
pla.**ce**.bo
plá.ce.me
pla.**cen**.ta
pla.cen.**te**.ro
pla.**cer** *(irr. v. plazca,*
    plugo)
pla.**ce**.ro, -ra
pla.**ci**.ble
plá.ci.do
pla.**fón**
pla.ga
pla.**giar**
pla.gio
plan
planc.ton

plan.cha
plan.cha.**dor**
plan.**char**
pla.ne.**ar**
pla.**ne**.ta
pla.**ni**.cie
pla.ni.fi.ca.**ción**
pla.ni.fi.ca.**ción**
    fa.mi.**liar**
pla.**ni**.lla
pla.nis.**fe**.rio
pla.no
plan.ta
plan.ta.**ción**
plan.**tar**
plan.te.**ar**
plan.**tel**
plan.**ti**.lla
pla.**ñen**.do
pla.**ñe**.ra
pla.**ñir** *(irr.)*
pla.**ñó**
plas.ma
plas.te.**cer** *(irr.)*
plas.**tez**.ca
plas.**tez** .co
plas.ti.ci.**dad**
plás.ti.co
pla.ta
pla.ta.**for**.ma
pla.ta.**nal**
plá.ta.no
pla.**te**.a
pla.te.**a**.do
pla.te.**res**.co
pla.**te**.ro
plá.ti.ca
pla.ti.**car**
pla.**ti**.llo
pla.**ti**.no
pla.to
pla.**tó**.ni.co
plau.**si**.ble

pla.ya
pla.**ye**.ro
pla.za
plaz.ca
plaz.co
pla.zo
pla.zo.**le**.ta
pla.**zue**.la
ple.be.**yez**
ple.bis.**ci**.to
plec.tro
ple.ga.**di**.zo
ple.**gar** *(irr. v.*
   pliega)
ple.**ga**.ria
pleis.to.**ce**.no
plei.te.**sí**.a
plei.to
ple.na.**men**.te
ple.ni.**lu**.nio
ple.ni.po.ten.**cia**.rio
ple.ni.**tud**
ple.no
ple.o.**nas**.mo
pleu.re.**sí**.a
plex.o
plé.ya.de
plie.ga
plie.go
plie gue
plio.**ce**.no
pli.**sar**
plom.ba.**gi**.na
plo.me.**rí**.a
plo.**me**.ro
plo.**mi**.zo
plo.mo
plu.go
plu.**guie**.ra
plu.ma
plu.**ma**.je
plu.**ma**.zo
plúm.be.o

plu.**me**.ro
plu.**ral**
plu.ra.li.**zar**
plus **ul**.tra
plus.va.**lí**.a
plú.te.o
plu.to.**cra**.cia
plu.**vial**
plu.**vió**.me.tro
plu.**vio**.so
po.bla.**ción**
po.**bla**.do
po.bla.**dor**
po.**bla**.no
po.**blar** *(irr. v.*
   puebla)
po.bre
po.bre.**tón**
po.**bre**.za
po.**cil**.ga
po.**ci**.llo
pó.ci.ma
po.**ción**
po.co
po.**chis**.mo
po.cho
po.da
po.**dar**
po.**den**.co
po.**der** *(irr. v. podré,*
   pude, pudiendo,
   pueda)
po.**der** ad.qui.si.**ti**.vo
po.de.**rí**.o
po.de.**ro**.so
po.**dia**.tra
po.**dó**.me.tro
po.**dré**
po.dre.**dum**.bre
po.**drí**.a
po.**dri**.do
po.**drir** (pudrir)
po.**e**.ma

po.e.**sí**.a
po.**e**.ta
po.**é**.ti.co
po.e.**ti**.sa
po.e.ti.**zar**
pó.ker (póquer)
po.**la**.co
po.**lar**
po.la.ri.**zar**
po.**le**.a
po.**lé**.mi.ca
po.le.mi.**zar**
po.len
po.**le**.o
po.**lian**.dria
po.li.**cí**.a
po.li.**cí**.a.co
po.li.cro.**mí**.a
po.li.fa.**cé**.ti.co
po.li.**fa**.gia
po.li.fo.**ní**.a
po.**lí**.ga.mo
po.**lí**.glo.ta
po.li.**glo**.to, -ta
po.**lí**.go.no
po.**li**.lla
po.**lí**.me.ro
po.li.ni.za.**ción**
po.li.**no**.mio
po.lio.mie.**li**.tis
po.li.**són** *(armazón)*
po.li.**téc**.ni.co
po.li.te.**ís**.mo
po.**lí**.ti.ca
po.**lí**.ti.co
po.li.ti.que.**ar**
po.li.ti.za.**ción**
po.li.**tó**.lo.go
po.li.va.**len**.te
po.li.**val**.vo
pó.li.za
po.li.**zón**
   (vagabundo)

po.li.**zon**.te
po.lo
pol.tro.ni.**zar**.se
po.lu.**ción**
pol.va.**re**.da
pol.vo
pol.vo.**rien**.to
pol.vo.**rín**
pol.vo.**ris**.ta
pol.vo.**ro**.so
po.**lla**.da
po.**lle**.ro, -ra
po.**lli**.no
po.llo
po.**ma**.da
po.ma.**rro**.sa
pó.mez *(piedra)*
pom.pa
pom.**po**.so
pó.mu.lo
pon.**ce**.ño
pon.che
pon.**che**.ra
pon.de.ra.**ción**
pon.de.**rar**
pon.de.ra.**ti**.vo
pon.de.**ro**.so
pon.**dré**
pon.**drí**.a
po.ne.**dor**
po.**nen**.cia
po.**ner** *(irr. v.*
    pondré, puesto,
    puse)
pon.ga
pon.go
po.**nien**.te
pon.**qué**
pon.**taz**.go
pon.ti.fi.**car**
pon.**tí**.fi.ce
pon.**zo**.ña
po.pa

po.pu.**lar**
po.pu.la.ri.**dad**
po.pu.la.ri.**zar**
po.pu.**lis**.ta
po.pu.**lo**.so
po.pu.**rrí**
pó.quer, (poker)
por
por.ce.**la**.na
por.cen.**ta**.je
por.**ci**.no
por.**ción**
por.**ciún**.cu.la
por.che
por.dio.**se**.ro
por.**fí**.a
por.**fia**.do
por.**fiar**
pór.fi.do
por.**fo**.lio
por.me.**nor**
por.me.no.ri.**zar**
por.no.**grá**.fi.co
po.ro
po.**ro**.so
por.que *(conj.)*
por.**qué** *(motivo)*
por.que.**rí**.a
por.que.**ri**.zo
pó.rra.zo
por.ta.a.**vio**.nes
por.**ta**.da
por.**ta**.dor
por.**tal**
por.ta.**lám**.pa.ra
por.ta.mo.**ne**.das
por.ta.ob.**je**.to
por.**tar**
por.ta.**vian**.das
por.ta.**voz**
por.**taz**.go
por.**ta**.zo
por.te

por.**ten**.to
por.ten.**to**.so
por.**te**.ño
por.**te**.ro
por.te.**zue**.la
pór.ti.co
por.**tier**
por.**ti**.llo
por.**tua**.rio
por.tu.**gués**
por.ve.**nir**
pos (en)
po.**sa**.da
po.sa.**de**.ro
po.**sar**
pos.ca.**fé**
pos.co.mu.**nión**
pos.**da**.ta (postdata)
po.se
po.se.e.**dor**
po.se.**er**
po.se.**í**.do
po.se.**sión**
po.se.**si**.vo
pos.**gra**.do
pos.**gue**.rra
po.si.bi.li.**dad**
po.**si**.ble
po.si.**ción**
po.si.ti.va.**men**.te
po.si.ti.**vis**.mo
po.si.**ti**.vo
po.si.**trón**
pos.me.ri.**dia**.no
    (postmeridiano)
po.so *(sedimento)*
pos.po.**ner** *(irr. v.*
    poner)
pos.po.si.**ción**
pos.ta
pos.**tal**
post.**da**.ta (posdata)
post.di.lu.**via**.no

pos.te
pos.**te**.ma
pos.ter.ga.**ción**
pos.te.ri.**dad**
pos.te.**rior**
pos.te.**rior**.**men**.te
pos.ti.**llón**
pos.ti.**zo**
post.me.ri.**dia**.no
   (posmeridiano)
pos.tra.**ción**
   ner.**vio**.sa
pos.**trar**
pos.tre
pos.**tre**.ro
pos.tu.la.**ción**
pós.tu.mo
pos.**tu**.ra
po.**ta**.ble
po.**ta**.je
po.**ta**.sa
po.**ta**.sio
po.te
po.**ten**.cia
po.**ten**.cial
po.ten.cia.li.**dad**
po.ten.**ta**.do
po.**ten**.te
po.tes.**tad**
po.tes.ta.**ti**.vo
po.**tre**.ro
po.tro
po.yo *(banco)*
po.za
po.**zal**
po.zo
po.**zue**.lo
prác.ti.ca
prác.ti.ca.**men**.te
prac.ti.**can**.te
prac.ti.**car**
prác.ti.co
pra.**de**.ra

pra.do
prag.ma.**tis**.mo
pre.**ám**.bu.lo
pre.**ben**.da
pre.**bos**.te
pre.**ca**.rio
pre.cau.**ción**
pre.ca.**ver**
pre.ca.**vi**.do
pre.ce.**den**.cia
pre.ce.**den**.te
pre.ce.**der**
pre.cep.**ti**.vo, -va
pre.**cep**.to
pre.ces
pre.**cia**.do
pre.**ciar**
pre.cio
pre.cio.**sis**.mo
pre.**cio**.so
pre.ci.**pi**.cio
pre.ci.pi.ta.**ción**
pre.ci.pi.ta.**ción**
   nu.cle.**ar**
pre.ci.pi.**ta**.da.**men**.te
pre.ci.pi.**ta**.do
pre.ci.pi.**tar**
pre.**ci**.sa.**men**.te
pre.**ci**.sar
pre.ci.**sión**
pre.**ci**.so
pre.**ci**.to *(réprobo)*
pre.co.ci.**dad**
pre.cog.ni.**ción**
pre.co.lom.**bi**.no
pre.con.ce.**bir**
pre.co.ni.**zar**
pre.cor.te.**sia**.no
pre.**coz**
pre.cur.**sor**
pre.de.ce.**sor**
pre.de.**cir** *(irr. v.*
   decir)

pre.des.ti.na.**ción**
pre.des.ti.**na**.do
pre.di.ca.**ción**
pre.di.**ca**.do
pre.di.ca.**dor**
pre.di.**car**
pre.dic.**ción**
pre.di.lec.**ción**
pre.di.**lec**.to
pre.dio
pre.dis.po.**ner** *(irr. v.*
   poner)
pre.dis.po.si.**ción**
pre.do.mi.**nar**
pre.e.mi.**nen**.cia
pre.ex.is.**tir**
pre.**fa**.cio
pre.fec.**tu**.ra
pre.fe.**ren**.cia
pre.fe.**ren**.te
pre.fe.**ri**.ble
pre.fe.**rir** *(irr.)*
pre.**fie**.ra
pre.**fie**.ro
pre.**fi**.jo
pre.fi.**rien**.do
pre.fi.**rió**
pre.**gón**
pre.go.**nar**
pre.**gra**.do
pre.**gue**.rra
pre.**gun**.ta
pre.gun.**tar**
pre.gun.**tón**
pre.his.**tó**.ri.co
pre.**jui**.cio
pre.juz.**gar**
pre.la.**ción**
pre.**la**.do
pre.li.mi.**nar**
pre.**lu**.dio
pre.lu.**sión**
pre.ma.**tu**.ro

pre.me.di.ta.**ción**
pre.**miar**
pre.**mier**
pre.mio
pre.**mio**.so
pre.**mi**.sa
pre.na.**tal**
pren.da
pren.**da**.rio
pren.de.**dor**
pren.**der**
pren.de.**rí**.a
pren.sa
pren.**sil**
pren.**sión**
pre.**ñez**
pre.o.cu.pa.**ción**
pre.o.cu.**par**
pre.pa.ra.**ción**
pre.pa.**rar**
pre.pa.ra.**ti**.vo
pre.pa.ra.**to**.rio
pre.pon.de.**ran**.cia
pre.po.si.**ción**
pre.**pó**.si.to
pre.po.**ten**.cia
pre.**pu**.cio
pre.rra.fa.e.**lis**.ta
pre.rro.ga.**ti**.va
pre.sa
pre.**sa**.gio
pres.**bi**.cia
prés.bi.ta, -te
pres.bi.te.**ria**.no
pres.**bí**.te.ro
pres.**cien**.cia
pres.cin.**dir**
pres.cri.**bir** *(irr. v.*
prescrito)
pres.crip.**ción**
pres.**cri**.to
pre.**se**.a
pre.**sen**.cia

pre.sen.**ciar**
pre.sen.ta.**ción**
pre.sen.**tar**
pre.**sen**.te
pre.sen.ti.**mien**.to
pre.sen.**tir**
pre.ser.va.**ción**
pre.ser.va.**ti**.vo
pre.si.**den**.cia
pre.si.den.**cial**
pre.si.**den**.te
pre.si.**dia**.rio
pre.**si**.dio
pre.si.**dir**
pre.**sí**.dium
pre.**si**.lla
pre.**sión**
pre.sio.**nar**
pre.so
pres.ta.**ción**
pres.ta.**mis**.ta
prés.ta.mo
pres.**tan**.cia
pres.**tar**
pres.**te**.za
pres.ti.di.gi.ta.**ción**
pres.ti.**giar**
pres.**ti**.gio
pres.ti.**gio**.so
pres.to
pre.su.**mir**
pre.sun.**ción**
pre.sun.**ti**.vo
pre.sun.**tuo**.so
pre.su.po.**ner** *(irr. v.*
poner)
pre.su.po.si.**ción**
pre.su.pues.**tár**
pre.su.**pues**.to
pre.su.**ro**.so
pre.ten.**der**
pre.ten.**dien**.te
pre.ten.**sión**

pre.te.ri.**ción**
pre.te.**rir** *(def. como*
abolir)
pre.**té**.ri.to
pre.**tex**.to
pre.**til**
pre.va.le.**cer** *(irr.)*
pre.va.**lez**.ca
pre.va.**lez**.co
pre.va.ri.ca.**ción**
pre.va.ri.**ca**.to
pre.**ve**.a
pre.ve.**í**.a
pre.ven.**ción**
pre.ven.**dré**
pre.**ven**.ga
pre.ve.**ni**.do
pre.ve.**nir** *(irr. v.*
venir)
pre.ven.**ti**.vo
pre.**ver** *(irr. v. ver)*
pre.via.**men**.te
pre.**vi**.ne
pre.vi.**nien**.do
pre.vio
pre.vi.**si**.ble
pre.vi.**sión**
pre.vi.**sor**
pre.**vis**.to
prez
prie.to
pri.ma.**cía**
pri.ma. **fa**.cie
pri.**ma**.rio
pri.ma.**ve**.ra
pri.ma.ve.**ral**
pri.**me**.ra.**men**.te
pri.me.**ri**.zo, -za
pri.**me**.ro
pri.**me**.vo
pri.**mi**.cia
pri.mi.**ge**.nio
pri.mi.**ti**.vo

pri.mo
pri.mo.gé.ni.to
pri.mor
pri.mor.dial
pri.mo.ro.so
prin.ce.sa
prin.ci.pa.do
prin.ci.pal
prin.ci.pal.men.te
prín.ci.pe
prin.ci.pes.co
prin.ci.piar
prin.ci.pio
prin.go.so
prior
prio.ri.dad
pri.sa
pri.sión
pri.sio.ne.ro
pris.ma
prís.ti.no
pri.va.ción
pri.va.do
pri.van.za
pri.var
pri.va.ti.vo
pri.va.ti.za.ción
pri.vi.le.giar
pri.vi.le.gio
pro
pro in.di.vi.so
pro.a
pro.ba.bi.li.dad
pro.ba.ble
pro.ba.ble.men.te
pro.bar *(irr. v.
    pruebe)*
pro.ba.to.rio
pro.be.ta
pro.bi.dad
pro.ble.ma
pro.bo
pro.bos.ci.dios

pro.ca.ci.dad
pro.caz
pro.ce.den.cia
pro.ce.den.te
pro.ce.der
pro.ce.di.mien.to
pro.ce.lo.so
pró.cer
pro.ce.sa.mien.to
pro.ce.sar
pro.ce.sión
pro.ce.so
pro.cla.ma
pro.cla.ma.ción
pro.cla.mar
pro.cli.ve
pro.cre.a.ción
pro.cu.ra.ción
pro.cu.ra.dor
pro.cu.ra.du.rí.a
pro.cu.rar
pro.di.ga.li.dad
pro.di.gar
pro.di.gio
pro.di.gio.so
pró.di.go
pro.duc.ción
pro.du.cir *(irr. v.
    produje)*
pro.duc.ti.vi.dad
pro.duc.ti.vo
pro.duc.to
pro.duc.tor
pro.du.je
pro.du.je.ra
pro.duz.ca
pro.duz.co
pro.e.za
pro.fa.na.ción
pro.fe.cí.a
pro.fe.rir *(irr. v.
    profiera,
    profiriendo)*

pro.fe.sar
pro.fe.sión
pro.fe.sio.nal
pro.fe.sio.na.lis.mo
pro.fe.sor
pro.fe.so.ra.do
pro.fe.ta
pro.fe.ti.zar
pro.fi.cien.te
pro.fie.ra
pro.fie.ro
pro.fi.lác.ti.co
pro.fi.lax.is
pro.fi.rien.do
pro.fi.rie.ra
pro.fi.rió
pró.fu.go
pro.fun.da.men.te
pro.fun.di.dad
pro.fun.di.zar
pro.fun.do
pro.fu.sión
pro.ge.nie
pro.ge.ni.tor
prog.no.sis
pro.gra.ma
pro.gra.ma.ción
pro.gre.sar
pro.gre.sión
pro.gre.sis.ta
pro.gre.si.vo
pro.gre.so
pro.hi.bi.ción
pro.hi.bir
pro.hi.bi.ti.vo
pro.hi.jar
pro.hom.bre
pro.in.di.vi.sión
pró.ji.mo
pro.lap.so
pro.le.ta.ria.do
pro.li.fe.ra.ción
pro.lí.fi.co

pro.**li**.jo
pró.lo.go
pro.lon.ga.**ción**
pro.lon.**gar**
pro.**me**.dio
pro.**me**.sa
pro.me.te.**dor**
pro.me.**ter**
pro.me.**ti**.do
pro.mi.**nen**.cia
pro.mi.**nen**.te
pro.mis.cui.**dad**
pro.mi.**sión**
pro.mi.**so**.rio
pro.mo.**ción**
pro.mo.**tor**
pro.mo.**ver**
pro.mul.ga.**ción**
pro.**nom**.bre
pro.nos.ti.**car**
pron.ti.**tud**
pron.to
pron.**tua**.rio
pro.nun.cia.**ción**
pró.nun.cia.**mien**.to
pro.nun.**ciar**
pro.pa.ga.**ción**
pro.pa.**gan**.da
pro.pa.**gar**
pro.pen.**sión**
pro.pia.**men**.te
pro.pi.cia.**to**.rio
pro.**pi**.cio
pro.pie.**dad**
pro.pie.**ta**.rio
pro.**pi**.na
pro.pi.**nar**
pro.**pin**.cuo
pro.pio
pro.pon.**dré**
pro.pon.**drí**.a
pro.po.**ner** *(irr. v.t.*
 propuse)

pro.**pon**.ga
pro.**pon**.go
pro.por.**ción**
pro.por.cio.**nal**
pro.por.cio.**nar**
pro.po.si.**ción**
pro.**pó**.si.to
pro.**pues**.ta, -to
pro.pul.**sión**
pro.**pu**.se, ^
pro.rra.te.**ar**
pró.rro.ga
pro.rrum.**pir**
pro.sa
pro.**sai**.co
pro.**sa**.pia
pros.**ce**.nio
pros.**cri**.bir
pros.**cri**.to
pro.se.**guir** *(irr. v.*
 prosiga)
pro.se.li.**tis**.mo
pro.**si**.ga
pro.**si**.go
pro.si.**guien**.do
pro.si.**guie**.ra
pro.si.**guió**
pro.**sis**.ta
pro.**so**.dia
pro.so.po.**pe**.ya
pros.pec.**ción**
pros.**pec**.to
pros.pe.**rar**
pros.pe.ri.**dad**
prós.pe.ro
pros.ta.**ti**.tis
pros.ter.**nar**.se
pros.**tí**.bu.lo
pros.ti.**tuir** *(irr.)*
pros.ti.tu.**ción**
pros.ti.**tu**.ya
pros.ti.tu.**yen**.do
pros.ti.tu.**ye**.ra

pros.ti.tu.**yó**
pro.ta.go.**nis**.ta
pro.ta.go.ni.**zar**
pro.tec.**ción**
pro.tec.cio.**nis**.mo
pro.tec.**tor**
pro.te.**ger**
pro.te.**í**.na
pro.**ter**.vo
pró.te.sis
pro.**tes**.ta
pro.tes.ta.**ción**
pro.tes.**tan**.te
pro.tes.**tar**
pro.to.co.li.**zar**
pro.**tón**
pro.to.**plas**.ma
pro.to.zo.**a**.rio
pro.**trác**.til
pro.tu.be.**ran**.cia
pro.**vec**.to
pro.**ve**.cho
pro.**ve**.**cho**.so
pro.ve.e.**dor**
pro.ve.**er**
pro.ven.**dré**
pro.ven.**drí**.a
pro.**ven**.ga
pro.**ven**.go
pro.ve.**nien**.te
pro.ve.**nir** *(irr. v.t.*
 provine)
pro.ven.**zal**.
pro.ver.**bial**
pro.**ver**.bio
pro.vi.**den**.cia
pro.vi.den.**ciar**
pro.vi.**den**.te
pró.vi.do
pro.**vin**.cia
pro.vin.cia.**lis**.mo
pro.vin.**cia**.no
pro.**vi**.ne

pro.vi.**nien**.do
pro.vi.**nie**.ra
pro.vi.**sión**
pro.vi.sio.**nal**
pro.vi.**sor**
pro.**vis**.to
pro.vo.ca.**ción**
pro.vo.**car**
pro.vo.ca.**ti**.vo
prox.e.**ne**.ta
próx.i.ma.**men**.te
prox.i.mi.**dad**
próx.i.mo
pro.yec.**ción**
pro.yec.**ción**
   e.lec.**tró**.ni.ca
pro.yec.**tar**
pro.**yec**.to
pro.yec.**tor**
pru.**den**.cia
pru.**den**.te
prue.ba
prue.be
prue.bo
pru.**ri**.to
*psi.co.a.**ná**.li.sis
*psi.co.lo.**gí**.a
*psi.**có**.pa.ta
*psi.**co**.sis
*psi.co.te.**ra**.pia
*psi.**quia**.tra
*psi.quia.**trí**.a
*****psí**.qui.co
*****psi**.quis
*psi.ta.**co**.sis
*pso.**ria**.sis
¡pu!
pú.a
pu.ber.**tad**
pu.bes.**cen**.cia

pu.bis
pu.bli.ca.**ción**
pu.bli.**ca**.no
pu.bli.**car**
pu.bli.ci.**dad**
pu.bli.**cis**.ta
pu.bli.ci.**ta**.rio
pú.bli.co
pu.**che**.ro
pu.de
pu.de.la.**ción**
pu.di.bun.**dez**
pu.**dien**.do
pu.**dien**.te
pu.do.**ro**.so
pu.dri.**ción**
pu.**drir** *(irr. v.*
   podrido)
pue.bla
pue.ble
pue.blo
pue.da
pue.do
puen.te
puer.co
pue.**ri**.cia
pue.ri.cul.**tu**.ra
pue.**ril**
puer.pe.**ral**
puer.ta
puer.to
puer.to.rri.**que**.ño
pues
pues.ta
pues.to
pú.gil
pu.gi.**la**.to
pu.gi.**lis**.ta
pug.na
pug.na.ci.**dad**

pug.**naz**
pu.**jan**.za
pu.ja.**van**.te
pul.cri.**tud**
pul.ga
pul.**ga**.da
pul.**gar**
pu.**li**.do
pu.li.men.**tar**
pu.**lir**
pul.**món**
pul.mo.**ní**.a
pul.pa
pul.pe.**rí**.a
púl.pi.to
pul.po
pul.que
pul.**qué**.rri.mo
pul.sa.**ción**
pul.**se**.ra
pul.so
pu.lu.la.**ción**
pul.ve.ri.za.**ción**
pul.ve.ru.**len**.to
pu.lla
¡pum!
pu.ma
pun.**ción**
pun.do.no.**ro**.so
pun.**gen**.te
pu.ni.**ti**.vo
pun.ta
pun.**ta**.da
pun.**tal**
pun.ta.**pié**
pun.**te**.ro
pun.tia.**gu**.do
pun.**ti**.lla
pun.ti.**lla**.zo
pun.ti.**llo**.so

*****(Las palabras con "ps" inicial pueden escribirse también sin la "p": si.co.lo.**gí**.a, &).

pun.to
pun.tua.**ción**
pun.**tual**
pun.tua.li.**dad**
pun.tua.li.**zar**
pun.**za**.da
pun.**zar**
pun.**zó**
pun.**zón**
pu.**ña**.do
pu.**ñal**
pu.**ña**.la.da
pu.**ñe**.ta.zo
pu.ño

pu.**pi**.la
pu.pi.**la**.je
pu.**pi**.lo
pu.**pi**.tre
pu.ra.**men**.te
pu.**ré**
pu.**re**.za
pur.ga
pur.ga.**ción**
pur.**gan**.te
pur.ga.**to**.rio
pu.ri.fi.ca.**ción**
pu.ri.fi.**car**
pu.**ris**.ta

pu.ri.**ta**.no
pu.ro
púr.pu.ra
pur.**pú**.re.o
pu.ru.**len**.cia
pus
pu.se
pu.si.**lá** ni.me
pu.si.la.ni.mi.**dad**
pús.tu.la
pu.ta.**ti**.vo
pu.tre.fac.**ción**
pu.ya
pu.**ya**.zo

Q

que
que.**bra**.da
que.bra.**di**.zo
que.bran.**tar**
que.**bran**.to
que.**brar** *(irr. v.*
quiebra)
que.chua (quichua)
que.**dar**
que.**di**.to
que.ha.**cer**
que.ja
que.**jar**
que.**jar**.se
que.**ji**.do
que.jum.**bro**.so
que.ma.**du**.ra
que.**mar**
que.ma.**zón**
que.pa, -po
que.pis
que.**re**.lla
que.**ren**.cia

que.**rer** *(irr. v.*
querré, quiera,
quise)
que.**ri**.do
que.ru.**bín**
que.**rré**
que.**rrí**.a
que.sa.**di**.lla
que.**se**.ra
que.so
quet.**zal**
que.**ve**.dos
qui.**cial**
qui.cio
qui.chua (quechua)
quid pro quo
(pronún: cuid pro
cuó)
quí.dam *(pronún:*
cuídam)
quie.bra
quie.bre
quie.bro

quien
quién *(interr. y adm.)*
quie.nes.**quie**.ra
quien.**quie**.ra
quie.ra
quie.ro
quie.to
quie.**tud**
qui.**ja**.da
qui.jo.**ta**.da
qui.jo.**tes**.co
qui.**la**.te
qui.lo
qui.**ló**.me.tro
(kilómetro)
qui.lo.**gra**.mo
(kilogramo)
qui.lla
qui.**llan**.go
quim.bom.**bó**
(quingombó)
qui.**me**.ra
quí.mi.ca

quí.mi.co
qui.mio.te.**ra**.pia
qui.**mo**.no (kimono)
quin.**ca**.lla
quin.ca.**lle**.ro
quin.ce
quin.ce.**a**.vo
  (quinzavo)
quin.**ce**.na
quin.cua.ge.**na**.rio
quin.cua.**gé**.si.mo
quin.gen.**té**.si.mo
quin.gom.**bó**
  (quimbombó)
qui.**nien**.tos
qui.**ni**.na

quin.**qué**
quin.que.**nal**
quin.ta
quin.ta.co.lum.**nis**.ta
quin.ta.e.**sen**.cia
quin.**tal**
quin.**te**.to
quin.to
quin.tu.pli.ca.**ción**
quin.**za**.vo
  (quinceavo)
quios.co
qui.qui.ri.**quí**
qui.ri.**nal**
qui.**ró**.fa.no
qui.ro.**man**.cia

qui.ro.po.**dis**.ta
qui.ro.**prác**.ti.co
qui.**rúr**.gi.co
qui.se
qui.si.**co**.sa
qui.**sie**.ra
quis.qui.**llo**.so
qui.tai.**pón**
qui.**tan**.za
qui.ta.**pón** (de)
qui.**tar**
qui.**zá**
qui.**zás**
quó.rum

R

ra.ba.**dán**
ra.ba.**di**.lla
rá.ba.no
ra.ba.**zuz**
ra.**bel**
ra.**bí** (rabino)
ra.bia
ra.**biar**
ra.**bi**.no (rabí)
ra.**bio**.so
ra.**bi**.za
ra.bo
ra.**bón**
rá .bu.la
ra.**cial**
ra.**ci**.mo
ra.cio.**ci**.nio
ra.**ción**
ra.cio.**nal**
ra.cio.na.**lis**.mo

ra.cio.na.**mien**.to
ra.**cis**.mo
ra.**dar**
ra.dia.**ción**
ra.diac.ti.vi.**dad**
ra.diac.**ti**.vo
ra.**dial**
ra.**dian**.te
ra.**diar**
ra.di.**cal**
ra.di.**car**
ra.dio
ra.dio.car.**bo**.no
ra.dio.e.mi.**so**.ra
ra.dio.es.**cu**.cha
ra.dio.**fa**.ro
ra.dio.gra.**fí**.a
ra.dio.**gra**.ma
ra.dio.lo.**gí**.a
ra.dio.pe.**rió**.di.co

ra.dio.te.**ra**.pia
ra.dio.**yen**.te
ra.**er** (*irr. v. raiga*)
rá.fa.ga
ra.**hez**
ra.**í**.do, -da
rai.ga
rai.**gam**.bre
rai.go
ra.**iz**
ra.ja
ra.**jar**
ra.**le**.a
ra.**le**.za
ra.**llar**
ra.llo (*utensilio*)
ra.ma
ra.**ma**.je
ra.ma.**la**.zo
ra.ma.**zón**

ram.bla
ra.mi.fi.ca.**ción**
ra.mi.fi.**car**.se
ra.mi.**lle**.te
ra.mo
ra.mo.ne.**ar**
ram.plo.ne.**rí**.a
ra.na
ran.cio
ran.**che**.ro
ran.cho
ran.go
ra.pa.ci.**dad**
ra.**paz**
ra.pe
ra.**pé**
rá.pi.da.**men**.te
ra.pi.**dez**
rá.pi.do
ra.**pi**.ña
ra.**po**.so
rap.so.dia
rap.to
ra.**que**.ta
ra.**quí**.de.o
ra.qui.**tis**.mo
ra.re.fac.**ción**
ra.**re**.za
ra.ro
ras
ra.**sar**
ras.ca.**cie**.los
ras.**car**
ras.ca.**zón**
ra.**se**.ro
ra.**se**.te
ras.**ga**.do
ras.**gar**
ras.go
ras.**gón**
ras.gue.**ar**
ras.**gu**.ño
ra.so

ras.pa
ras.**par**
ras.po.**na**.zo
ras.**qui**.ña
ras.tre.**ar**
ras.tri.**lla**.je
ras.**tri**.llo
ras.tro
ras.tro.**je**.ra
ras.**tro**.jo
ra.su.ra.**ción**
ra.ta
ra.te.**rí**.a
ra.ti.fi.ca.**ción**
ra.ti.ha.bi.**ción**
ra.to
ra.**tón**
ra.to.**ne**.ra
rau.**dal**
rau.do
ra.**vio**.les
ra.ya
ra.**ya**.no
ra.**yar**
ra.yo *(línea, luz,
    chispa)*
ra.yos ca.**tó**.di.cos
ra.**yón**
ra.**yue**.la
ra.za
ra.**zón**
ra.zo.**na**.ble
ra.zo.na.**mien**.to
ra.zo.**nar**
re
re.a.**brir**
re.ac.**ción**
re.ac.cio.**nar**
re.ac.cio.**na**.rio
re.**a**.cio
re.ac.**ti**.vo
re.a.fir.**mar**
re.a.**jus**.te

re.**al**
re.**al**.ce
re.a.**le**.za
re.a.li.**dad**
re.a.**lis**.ta
re.a.li.za.**ción**
re.a.li.**zar**
re.**al**.men.te
re.al.**zar**
re.a.ni.**mar**
re.a.nu.**dar**
re.a.pa.re.**cer**
re.a.sun.**ción**
re.a.vi.**var**
re.**ba**.ba
re.**ba**.ja
re.ba.**jar**
re.ba.**la**.je
re.bal.**sar**
re.ba.**na**.da
re.ba.ña.**de**.ra
re.**ba**.ño
re.ba.**sar**
re.ba.**ti**.ña
re.ba.**tir**
re.**ba**.to
re.be.**lar**.se
re.**bel**.de
re.bel.**dí**.a
re.be.**lión**
re.ben.**ca**.zo
re.**ben**.que
re.blan.de.**cer** *(irr.)*
re.blan.**dez**.ca
re.blan.**dez**.co
re.**bo**.llo
re.bo.**llu**.do
re.bo.**sar**
    (derramarse)
re.bo.**tar**
re.bo.**zar** *(cubrir)*
re.**bo**.zo
re.bu.**jar**

re.**bu**.jo
re.bu.**llir**
re.bus.**car**
re.buz.**nar**
re.ca.**bar** *(conseguir)*
re.**ca**.do
re.ca.**er**
re.ca.**lar**
re.cal.ci.**tran**.te
re.**cá**.ma.ra
re.can.ta.**ción**
re.ca.pa.ci.**tar**
re.ca.pi.tu.la.**ción**
re.**ca**.to
re.cau.da.**ción**
re.**ca**.zo
re.**ce**.bo
re.**ce**.lo
re.**ce**.**lo**.so
re.cen.**sión**
re.cen.**tal**
re.cen.**tar** *(irr. v. reciente)*
re.cen.**tí**.si.mo
re.cep.**ción**
re.cep.cio.**nis**.ta
re.cep.**tá**.cu.lo
re.cep.ti.vi.**dad**
re.cep.**tor**
re.ce.**sión**
re.ce.**si**.vo
re.**ce**.so
re.**ce**.ta
re.ce.**tar**
re.ci.bi.**dor**
re.ci.bi.**mien**.to
re.ci.**bir**
re.ci.bo
re.ci.**clar**
re.**cién** *(sólo se usa ante el participio pasado: recién venido)*

re.**cien**.te
re.**cien**.te.**men**.te
re.**cien**.to
re.**cin**.to
re.cio
re.ci.pien.**da**.rio
re.ci.**pien**.te
re.ci.pro.ci.**dad**
re.**cí**.pro.co
re.ci.ta.**ción**
re.ci.**tal**
re.ci.**tar**
re.cla.ma.**ción**
re.cla.**mar**
re.**cla**.mo
re.cli.**nar**
re.**clu**.**ir** *(irr. v. recluya)*
re.**clu**.**sión**
re.**clu**.so
re.clu.ta.**mien**.to
re.**clu**.ya
re.**clu**.**yen**.do
re.**clu**.**ye**.ra
re.**clu**.yo
re.**clu**.**yó**
re.co.**brar**
re.co.**cer**
re.co.**ger**
re.co.gi.**mien**.to
re.co.lec.**ción**
re.co.lec.**tar**
re.co.men.**da**.ble
re.co.men.da.**ción**
re.co.men.**dar** *(irr.)*
re.co.men.**zar** *(irr. v. comenzar)*
re.co.**mien**.ce
re.co.**mien**.de
re.co.**mien**.do
re.co.**mien**.zo
re.com.**pen**.sa
re.com.pen.**sar**

re.con.cen.**trar**
re.con.ci.lia.**ción**
re.con.di.**tez**
re.co.no.**cer** *(irr.)*
re.co.no.ci.**mien**.to
re.co.**noz**.ca
re.co.**noz**.co
re.con.quis.**tar**
re.con.si.de.**rar**
re.cons.ti.tu.**ción**
re.cons.ti.tu.**ir**
re.cons.ti.tu.**yen**.te
re.cons.truc.**ción**
re.cons.tru.**ir** *(irr. v. construir)*
re.con.ven.**ción**
re.con.ven.**dré**
re.con.ven.**drí**.a
re.con.**ven**.ga
re.con.**ven**.go
re.con.ve.**nir** *(irr.)*
re.con.**vi**.ne
re.con.vi.**nien**.do
re.con.vi.**nie**.ra
re.co.pi.la.**ción**
re.cor.da.**ción**
re.cor.**dar** *(irr. v. recuerde)*
re.co.**rrer**
re.co.**rri**.do
re.cor.**tar**
re.**cor**.te
re.cos.**tar** *(irr. v. recueste)*
re.**co**.va
re.co.**ve**.co
re.cre.a.**ción**
re.cre.**ar**
re.cre.a.**ti**.vo
re.**cre**.o
re.cri.mi.na.**ción**
re.cru.de.**cer** *(irr.)*
re.cru.des.**cen**.cia

re.cru.**dez**.ca
re.cru.**dez**.co
rec.tan.gu.**lar**
rec.**tán**.gu.lo
rec.ti.fi.ca.**ción**
rec.ti.fi.**car**
rec.ti.**lí**.ne.o
rec.ti.**tud**
rec.to
rec.**tor**
re.**cuer**.de
re.**cuer**.do
re.**cues**.te
re.**cues**.to
re.cu.pe.ra.**ción**
re.cu.**rrir**
re.cur.**si**.vo
re.**cur**.so
re.cu.**sar**
re.cha.**zar**
re.**chi**.fla
re.chi.**nar**
red
re.dac.**ción**
re.dac.**tar**
re.dac.**tor**
re.de.**ci**.lla
re.de.**dor**
re.den.**ción**
re.den.**tor**
re.**dil**
re.di.**mir**
re.di.**vi**.vo
re.do.**blar**
re.**do**.ma
re.**do**.**ma**.do
re.**don**.da
re.don.de.**ar**
re.don.**del**
re.don.**dez**
re.don.**di**.lla
re.**don**.do
re.duc.**ción**

re.du.**ci**.do
re.du.**cir** *(irr. v.*
    reduje, reduzca)
re.**duc**.to
re.**du**.je
re.du.**je**.ra
re.dun.**dan**.cia
re.dun.**dar**
re.**duz**.ca
re.**duz**.co
re.e.di.fi.**car**
re.e.di.**tar**
re.e.du.**car**
re.e.le.**gir**
re.em.bol.**sar**
re.em.**bol**.so
re.em.pla.**zar**
re.em.**pla**.zo
re.en.car.na.**ción**
re.es.truc.tu.ra.**ción**
re.ex.a.mi.**nar**
re.ex.pe.di.**ción**
re.ex.por.ta.**ción**
re.fac.**ción**
re.**fa**.jo
re.fec.**ción**
re.fec.**to**.rio
re.fe.**ren**.cia
re.fe.**ren**.do
re.fe.**rén**.dum
re.fe.**ren**.te
re.fe.**rir** *(irr. v. t.*
    refiriendo)
re.**fie**.ro
re.fi.na.**ción**
re.fi.**na**.do
re.fi.na.**mien**.to
re.fi.**nar**
re.fi.ne.**rí**.a
re.fi.**rien**.do
re.fi.**rie**.ra
re.flec.**tor**
re.fle.**jar**

re.**fle**.jo
re.**fle**.jo
   con.di.cio.**na**.do
re.flex.**ión**
re.flex.io.**nar**
re.flex.**i**.vo
re.fo.ci.la.**ción**
re.fo.res.ta.**ción**
re.**for**.ma
re.for.**mar**
re.for.ma.**ti**.vo
re.for.**zar** *(irr. v.*
   refuerce)
re.frac.**ta**.rio
re.frac.**tor**
re.**frán**
re.fran.**gi**.ble
re.fre.**nar**
re.fren.da.**ción**
re.fres.**can**.te
re.fres.**car**
re.**fres**.co
re.**frie**.ga
re.fri.ge.ra.**dor**
re.fri.**ge**.rio
re.frin.**gir**
re.**fuer**.ce
re.**fuer**.zo
re.fu.**giar**
re.**fu**.gio
re.ful.**gen**.cia
re.fun.di.**ción**
re.fun.fu.**ñar**
re.fu.ta.**ción**
re.ga.**de**.ra
re.ga.**lar**
re.ga.**lí**.a
re.**ga**.lo
re.ga.**lón**
re.ga.ña.**dien**.tes
re.ga.**ñar**
re.ga.**ño**
re.**gar** *(irr. v. riego)*

re.**ga**.ta
re.ga.**te**.o
re.ga.**tón**
re.**ga**.zo
re.**gen**.cia
re.ge.ne.ra.**ción**
re.**gen**.tar
re.**gen**.te
re.gen.te.**ar**
re.gia.**men**.te
re.**gi**.**ci**.da
ré.gi.men
re.gi.men.ta.**ción**
re.gi.men.**tar** *(irr.)*
re.gi.**mien**.te
re.gi.**mien**.to
re.gio
re.**gión**
re.gio.**nal**
re.gio.na.**lis**.mo
re.**gir** *(irr. v. rige,*
   rigiendo, rija)
re.gis.tra.**dor**, -ra
re.gis.**trar**
re.**gis**.tro
re.gla
re.gla.men.ta.**ción**
re.gla.men.**tar**
re.gla.**men**.to
re.go.ci.**jar**
re.go.**ci**.jo
re.go.de.**ar** se
re.gol.**dar** *(irr. v.*
   regüelde)
re.gre.**sar**
re.**gre**.so
re.**güel**.de
re.**güel**.do
re.gu.**lar**
re.gu.la.ri.**dad**
re.gu.la.ri.**zar**
re.gu.**lar**.**men**.te
re.gur.gi.ta.**ción**

re.ha.bi.li.ta.**ción**
re.ha.bi.li.**tar**
re.ha.**cer**
re.**hén**
re.hen.**chir**
re.hen.**di**.ja (rendija)
rehi.**le**.te
re.**hi**.lo
re.ho.**gar**
re.hu.**ir**
re.hu.**sar**
reim.pre.**sión**
re.im.pre.**sión**
rei.na
rei.**na**.do
rei.**nan**.te
rei.**nar**
rein.ci.**den**.cia
re.in.ci.**den**.cia
re.in.**gre**.so
rei.no
rein.te.gra.**ción**
re.in.te.gra.**ción**
rein.te.**grar**
re.in.te.**grar**
re.in.ver.**sión**
re.**ír** *(irr. v. ría,*
   riendo, río)
rei.te.**rar**
rei.vin.di.ca.**ción**
re.ja
re.**ji**.lla
re.jo.**na**.zo
re.ju.ve.ne.**cer** *(irr.)*
re.ju.ve.**nez**.ca
re.ju.ve.**nez**.co
re.la.**ción**
re.la.cio.**nar**
re.la.cio.**nis**.ta
re.la.ja.**ción**
re.**lám**.pa.go
re.lam.pa.gue.**ar**
re.lam.pa.**gue**.o

re.la.**tar**
re.la.**ti**.va.**men**.te
re.la.ti.vi.**dad**
re.la.**ti**.vo
re.**la**.to
re.**lé** *(aparato)*
re.**le**.e *(lee de nuevo)*
re.le.**er**
re.le.ga.**ción**
re.**le**.je
re.le.**van**.te
re.le.**var**
re.**le**.vo
re.le.**yen**.do
re.le.**ye**.ra
re.li.**ca**.rio
re.**lie**.ve
re.li.**gión**
re.li.**gio**.so
re.lin.**char**
re.**li**.quia
re.**loj**
re.lo.je.**rí**.a
re.lo.**je**.ro
re.lu.**cir** *(irr. v.*
   reluzca)
re.luc.**tan**.cia
re.lum.**brón**
re.**luz**.ca
re.**luz**.co
re.lla.**nar**
re.**lla**.no
re.lle.**nar**
re.**lle**.no
re.ma.ne.**cer**
re.ma.**nez**.ca
re.ma.**nez**.co
re.man.**gar**
re.man.**sar**.se
re.**man**.so
re.**mar**
re.ma.**tar**
re.**ma**.te

rem.bol.**sar**
rem.**bol**.so
re.me.**cer** *(v.
remezón)*
re.men.**dar**
re.me.**diar**
re.**me**.dio
re.mem.**bran**.za
re.me.mo.ra.**ción**
re.men.**dar** *(irr. v.
remiende)*
re.**me**.ro
re.me.**sar**
re.me.**són** *(del
cabello)*
re.me.**zón** *(temblor)*
re.**mien**.de
re.**mien**.do
re.mil.**ga**.do
re.mi.nis.**cen**.cia
re.mi.**si**.ble
re.mi.**sión**
re.**mi**.so
re.mi.**tir**
re.mo
re.mo.**ción**
re.**mo**.jo
re.mo.**la**.cha
re.mol.**car**
re.mo.**li**.no
re.**mol**.que
re.mon.**tar**
ré.mo.ra
re.mor.**der** *(irr. v.
remuerda)*
re.mor.di.**mien**.to
re.**mo**.to
re.mo.**ver**
re.mo.**zar**
rem.pla.**zar**
rem.**pla**.zo
re.**muer**.da
re.**muer**.do

re.mu.ne.ra.**ción**
re.na.cen.**tis**.ta
re.na.**cer**
re.na.ci.**mien** to
re.na.**cua**.jo
ren.**ci**.lla
ren.**cor**
ren.**da**.je
ren.di.**ción**
ren.**di**.do
ren.**di**.ja
ren.di.**mien**.to
ren.**dir** *(irr. v. rinda)*
re.ne.**gar** *(irr. v.
reniego)*
ren.**glón**
re.**nie**.go
re.**nie**.gue
re.no
re.nom.**bra**.do
re.**nom**.bre
re.no.va.**ción**
re.no.**var** *(irr. v.
renueve)*
ren.que.**ar**
ren.ta
ren.ta.bi.li.**dad**
ren.**tar**
re.**nuen**.cia
re.**nue**.ve
re.**nue**.vo,. &
re.**nun**.cia
re.nun.**ciar**
re.**ñi**.do
re.**ñir** *(irr. v. riña)*
re.o
re.or.ga.ni.za.**ción**
re.or.ga.ni.**zar**
re.**ós**.ta.to
re.pan.ti.**gar**.se
re.pa.ra.**ción**
re.pa.**rar**
re.**pa**.ro

re.par.**tir**
re.**par**.to
re.pa.**sar**
re.**pa**.so
re.pe.**lar**
re.pe.**ler**.
re.pe.**lón**
re.pe.**llar**
re.**pen**.te
re.pen.**ti**.no
re.pen.ti.**zar**
re.per.cu.**sión**
re.per.cu.**tir**
re.per.**to**.rio
re.pe.ti.**ción**
re.pe.**tir** *(irr. v.
repita)*
re.**pi**.car
re.**pi**.sa
re.**pi**.ta
re.**pi**.**tien**.do
re.**pi**.**tie**.ra
re.**pi**.**tió**
re.**pi**.to
re.ple.**gar**.se *(reg.)*
re.**ple**.to
ré.pli.ca
re.pli.**car**
re.**plie**.gue *(sust.)*
re.po.bla.**ción**
re.po.**blar** *(irr. v.
repueble)*
re.**po**.llo
re.po.**llu**.do
re.pon.**dré**
re.pon.**drí**.a
re.po.**ner** *(irr. v. t.
repuse)*
re.**pon**.ga
re.por.**ta**.je
re.por.**tar**
re.**pór**.ter
re.por.**te**.ro

re.po.**sa**.do
re.po.**sar**
re.po.si.**ción**
re.**po**.so
re.pos.te.**rí**.a
re.pren.**der**
re.pren.**si**.ble
re.pren.**sión**
re.**pre**.sa
re.**pre**.**sa**.lia
re.pre.sen.ta.**ción**
re.pre.sen.**tan**.te
re.pre.sen.**tar**
re.pre.sen.ta.**ti**.vo
re.pre.**sión**
re.pre.**si**.vo
re.pri.**men**.da
re.pri.**mir**
re.pro.ba.**ción**
re.pro.**bar** *(irr. v.
  repruebe)*
ré.pro.bo
re.pro.**char**
re.pro.**che**
re.pro.duc.**ción**
re.pro.du.**cir**
re.pro.duc.**ti**.vo
re.**prue**.be
re.**prue**.bo
rep.**til**
re.**pú**.bli.ca
re.pu.bli.**ca**.no
re.pu.dia.**ción**
re.pu.**diar**
re.**pu**.dio
re.**pue**.ble
re.**pue**.blo
re.**pues**.to
re.pug.**nan**.cia
re.pug.**nan**.te
re.pug.**nar**
re.pu.**jar**
re.pul.**sión**

re.pul.**si**.vo
re.**pu**.se
re.pu.ta.**ción**
re.pu.**tar**
re.que.**brar** *(irr. v.
  requiebre)*
re.que.**rir** *(irr. v.
  requiera)*
re.que.**són**
re.**quie**.bre
re.**quie**.bro
ré.quiem
re.**quie**.ra
re.**quie**.ro
re.qui.**lo**.rio
re.**quin**.to
re.qui.**rien**.do
re.qui.**rie**.ra
re.qui.**rió**
re.**qui**.sa
re.qui.**sar**
re.qui.si.**ción**
re.qui.**si**.to
res
re.**sa**.bio
re.**sa**.ca
re.sal.**tar**
re.sa.**nar**
re.sar.ci.**mien**.to
res.ba.la.**di**.zo
res.ba.**lar**
res.ba.**lo**.so
res.ca.**tar**
res.**ca**.te
res.cin.**dir**
res.ci.**sión**
re.sen.**tir**.se *(irr. v.
  resienta,
  resintiendo)*
re.**se**.ña
re.**ser**.va
re.**ser**.**va**.do
re.**ser**.**var**

res.**fria**.do
res.guar.**dar**
res.**guar**.do
re.si.**den**.cia
re.si.den.**cial**
re.si.**den**.te
re.si.**dir**
re.**si**.duo
re.**sien**.ta
re.**sien**.to
re.sig.na.**ción**
re.sig.**nar**
re.**si**.na
re.sin.**tien**.do
re.sin.**tie**.ra
re.sin.**tió**
re.sis.**ten**.cia
re.sis.**ten**.te
re.sis.**tir**
res.ma
re.so.lu.**ción**
re.so.lu.**ti**.vo
re.sol.**ver** *(irr. v.
  resuelto)*
re.so.**llar** *(irr. v.
  resuelle)*
re.so.**nan**.cia
re.so.**nar** *(irr. v.
  resuene)*
re.so.**pli**.do
re.**sor**.te
res.pal.**dar**
res.**pal**.do
res.pec.**tar**
res.pec.**ti**.va.**men**.te
res.pec.**ti**.vo
res.**pec**.to
res.pe.**ta**.ble
res.pe.**tar**
res.**pe**.to
res.pe.**tuo**.so
rés.pi.ce
res.pi.ra.**ción**

res.pi.**rar**
res.**pi**.ro
res.plan.de.**cer** *(irr.)*
res.plan.de.**cien**.te
res.plan.**dez**.ca
res.plan.**dez**.co
res.plan.**dor**
res.pon.**der**
res.pon.sa.bi.li.**dad**
res.pon.**sa**.ble
res.**pon**.so
res.**pues**.ta
res.que.**mor**
res.**qui**.cio
res.ta
res.ta.ble.**cer** *(irr.)*
res.ta.ble.ci.**mien**.to
res.ta.**blez**.ca
res.ta.**blez**.co
res.ta.**llar**
res.**tan**.te
res.**tar**
res.tau.ra.**ción**
res.tau.**ran**.te
res.tau.**rar**
res.ti.tu.**ción**
res.ti.tu.**ir** *(irr.)*
res.ti.**tu**.ya
res.ti.tu.**yen**.do
res.ti.tu.**ye**.ra
res.ti.**tu**.yo
res.ti.tu.**yó**
res.to
res.tre.**gar** *(irr. v.*
   restriego)
res.tric.**ción**
res.tric.**ti**.vo
res.**trie**.go
res.**trie**.gue
res.trin.**gir**
re.su.ci.**tar**
re.**suel**.ta.**men**.te
re.**suel**.to

re.**suel**.va
re.**suel**vo
re.**sue**.lle
re.**sue**.llo
re.**sue**.ne
re.**sue**.no
re.sul.**ta**.do
re.sul.**tar**
re.**sul**.tas (de)
re.**su**.men
re.su.**mir**
re.sur.**gir**
re.su.rrec.**ción**
re.ta.ce.**rí**.a
re.ta.**dor**
re.ta.**guar**.dia
re.ta.**hí**.la
re.**tar**
re.tar.**dar**
re.**ta**.zo
re.ten.**dré**
re.ten.**drí**.a
re.te.**ner** *(irr. v. t.*
   retuve)
re.**ten**.ga
re.**ten**.go
re.ten.**ti**.va
re.ti.**cen**.cia
re.**tí**.cu.la
re.**ti**.na
re.tin.**tín**
re.ti.**ñir**
re.ti.**rar**
re.**ti**.ro
re.to
re.to.**bar**
re.to.**car** *(v. retoque)*
re.to.**ñar**
re.**to**.ño
re.**to**.que
re.tor.**cer** *(irr. v.*
   retuerce)
re.tor.ci.**jón**

re.**tó**.ri.ca
re.tor.**nar**
re.**tor**.no
re.tor.**sión**
re.tor.ti.**jón**
re.to.**zar**
re.**to**.zo
re.to.**zón**
re.trac.**ción**
re.trac.ta.**ción**
re.**trác**.til
re.tra.duc.**ción**
re.tra.du.**cir** *(irr. v.*
   traducir)
re.tra.**du**.je
re.tra.**duz**.co
re.tra.**er** *(irr. v. t.*
   retrayendo)
re.tra.**í**.do
re.**trai**.ga
re.**trai**.go
re.**tra**.je
re.tra.**je**.ra
re.trans.mi.**sión**
re.trans.mi.**tir**
re.tra.**sar**
re.tras.mi.**sión**
re.tras.mi.**tir**
re.tra.**tar**
re.**tra**.to
re.tra.**yen**.do
re.**tre**.ta
re.**tre**.te
re.tri.bu.**ción**
re.tri.bu.**ir** *(irr.)*
re.tri.**bu**.ya
re.tri.bu.**yen**.do
re.tri.bu.**ye**.ra
re.tri.**bu**.yo
re.tri.bu.**yó**
re.tro.ac.**ti**.vo
re.tro.ce.**der**
re.tro.**ce**.so

re.tro.cru.**zar**
re.tro.in.for.ma.**ción**
re.tro.pro.pul.**sión**
re.tros.pec.**ti**.vo
re.tro.**ven**.ta
re.tro.vi.**sor**
re.**tuer**.ce
re.**tuer**.za
re.**tuer**.zo
re.tum.**bar**
re.**tu**.ve
re.**tu**.**vie**.ra
reu.ma.**tis**.mo
reu.**nión**
re.u.**nión**
reu.**nir**
re.u.**nir**
re.va.li.da.**ción**
re.va.li.**dar**
re.**van**.cha
re.ve.**ce**.ro
re.ve.**ji**.do
re.ve.la.**ción**
re.ve.la.**dor**
re.ve.**lar** *(descubrir)*
re.ve.**llín**
re.ven.de.**dor**
re.ven.**dré**
re.ven.**drí**.a
re.**ven**.ga
re.ve.**nir** *(irr. v. t.*
revine)
re.ven.**tar** *(irr. v.*
reviente)
re.ven.**tón**
re.ver.be.ra.**ción**
re.ver.**be**.ro
re.ver.de.**cer** *(irr.)*
re.ver.**dez**.ca
re.ver.**dez**.co
re.ve.**ren**.cia
re.ve.**ren**.do
re.ver.**si**.ble

re.ver.**sión**
re.**ver**.so
re.ver.**tir** *(irr. v.*
revierta,
revirtiendo)
re.**vés**
re.ve.**sa**.do
re.ves.**tir**
re.**vie**.jo
re.**vien**.te
re.**vien**.to
re.**vier**.ta
re.**vier**.to
re.**vi**.ne
re.vi.**nien**.do
re.vi.**nie**.ra
re.vir.**tien**.do
re.vir.**tie**.ra
re.vi.**sar**
re.vi.**sión**
re.vi.**sor**
re.**vis**.ta
re.vis.**te**.ro
re.vi.**vir**
re.vo.ca.**ción**
re.vo.**car**
re.vol.**car** *(irr. v.*
revuelco,
revuelque)
re.vo.lo.te.**ar**
re.vol.**ti**.llo
re.vol.**to**.so
re.vo.lu.**ción**
re.vo.lu.cio.**na**.rio
re.**vól**.ver
re.vol.**ver** *(irr. v.*
revuelto)
re.**vo**.que
re.**vuel**.co
re.**vue**.lo
re.**vuel**.que
re.**vuel**.to, -ta
re.**vuel**.va

re.**vuel**.vo
re.vul.**sión**
rey
re.**yer**.ta
re.ye.**zue**.lo
re.**za**.go
re.zan.**de**.ro
re.**zar**
re.zo
re.zon.**gar**
re.zon.**gón**
re.zu.ma.**de**.ro
rho *(letra griega)*
rí.a
ria.**chue**.lo
ria.da
ri.**bal**.do
ri.**ba**.zo
ri.**be**.ra *(orilla)*
ri.be.**re**.ño
ri.**be**.te
ri.bo.fla.**vi**.na
ri.**ci**.no
ri.co
ric.tus
ri.di.cu.**lez**
ri.di.cu.li.**zar**
ri.**dí**.cu.lo
rie.go
rie.gue
riel
rien.da
rien.do
rien.te
rie.ra
ries.go
ri.fa
ri.**far**
ri.fi.**rra**.te
ri.fle
ri.ge
ri.gi.**dez**
rí.gi.do

ri.**gien**.do
ri.**gie**.ra
ri.go.**dón**
ri.**gor**
ri.go.**ris**.ta
ri.gu.**ro**.so
ri.gu.**ro**.sa.**men**.te
ri.ja
ri.jo
ri.**jo**.so
ri.**lar**
ri.ma
ri.**mar**
rim.bom.**ban**.cia
ri.**me**.ro
rin.**cón**
rin.da
rin.**dien**.do
rin.**die**.ra
rin.**dió**
rin.do
rin.**gle**.ra
ri.no.lo.**gí**.a
ri.ña
ri.**ñen**.do
ri.**ñe**.ra
ri.ño
ri.**ñó**
ri.**ñón**
rí.o
rio.pla.**ten**.se
ri.**pio**.so
ri.**que**.za
ri.sa
ris.co
ri.**si**.ble
ris.tre
ri.**sue**.ño
rít.mi.co
rit.mo
ri.to
ri.**val**
ri.va.li.**dad**

ri.va.li.**zar**
ri.**ve**.ra *(arroyo)*
ri.**zar**
ri.zo
ri.**zo**.ma
ri.**zó**.po.do
ri.**zo**.so
ro.**a**.no (ruano)
ró.ba.lo
ro.**bar**
ro.**ble**
ro.**bo**
ro.bo.ra.**ti**.vo
ro.**bot**
ro.bus.te.**cer** *(irr.)*
ro.bus.**tez**
ro.bus.**tez**.ca
ro.bus.**tez**.co
ro.**bus**.to
ro.ca
ro.ca.**llo**.so
ro.ce
ro.**ciar**
ro:**cín**
ro.**cí**.o
ro.**ción**
ro.**co**.so
ro.da.**ba**.llo
ro.**da**.je
ro.dar *(irr. v. rueda)*
ro.de.**ar**
ro.**de**.o
ro.**dez**.no
ro.**di**.lla
ro.di.**lla**.zo
ro.di.**lle**.ra
ro.**di**.llo
ro.do.**den**.dro
ro.e *(de roer)*
ro.e.**dor**
ro.**er** *(irr. v. roigo,*
  royera)
ro.es *(de roer)*

ro.ga.**ción**
ro.**gar** *(irr. v. ruego)*
ro.ga.**ti**.va
ro.**gue**.mos
roi.go *(de roer)*
ro.**ji**.zo
ro.jo
rol
ro.**lli**.zo
ro.llo
ro.ma.**di**.zo
ro.**ma**.na
ro.**man**.ce
ro.man.**cis**.ta
ro.**má**.ni.co
ro.ma.ni.**zar**
ro.**ma**.no
ro.man.ti.**cis**.mo
ro.**mán**.ti.co
ro.**man**.za
rom.**boi**.de
ro.me.**rí**.a
rom.pe.ca.**be**.zas
rom.pe.**hie**.los
rom.pe.**huel**.gas
rom.pe.**o**.las
rom.**per**
ron
ron.**car** *(v. ronque)*
ron.ce.**ar**
ron.co
ron.da
ron.**dar**
ron.que
ron.**que**.ra
ron.**qui**.do
ron.ro.ne.**ar**
ron.**zal**
ro.**ño**.so
ro.pa
ro.**pa**.je
ro.pa.ve.**je**.ro
ro.**pe**.ro

ro.**que**.te
ro.sa *(flor)*
ro.**sá**.ce.o
ro.**sa**.do
ro.**sal**
ro.**sa**.rio
ros.**bif**
ros.ca
ro.**sé**.o.la
ro.**si**.llo
ros.**qui**.lla
ros.tro
ro.ta
ro.ta.**ción**
ro.ta.**fo**.lio
ro.**tar**
ro.ta.ti.**vo**
ro.to
ró.tu.la *(rodilla)*
ro.tu.la.**ción**
ro.tu.**lar**
ró.tu.lo
ro.**tun**.do
ro.**tu**.ra
ro.tu.ra.**ción**
ro.tu.**rar**
ro.**ye**.ra *(de roer)*
ro.za *(de rozar)*
ro.za.**du**.ra
ro.za.**gan**.te
ro.za.**mien**.to
ro.**zar**
roz.**nar**
rua.na

rua.no (roano)
ru.be.fac.**ción**
rú.be.o
ru.**bé**.o.la
ru.bes.**cen**.te
ru.**bí**
ru.bi.**cán**
ru.bi.cun.**dez**
ru.**bi**.dio
ru.bio
ru.blo
ru.**bor**
ru.bo.ri.**zar**
ru.bo.**ro**.so
rú.bri.ca
ru.cio
ru.**de**.za
ru.di.men.**ta**.rio
ru.do
rue.ca
rue.da
rue.de
rue.do
rue.go
rue.gue
ru.fia.**nes**.co
rug.by
ru.**gi**.do
ru.gi.**no**.so
ru.**gir**
ru.go.si.**dad**
ru.**go**.so
rui.**bar**.bo
rui.do

rui.**do**.so
ruin
rui.na
ruin.**dad**
rui.**no**.so
rui.se.**ñor**
ru.**le**.ta
rum.ba
rum.be.**ar**
rum.bo
rum.**bo**.so
ru.**mian**.te
ru.**miar**
ru.**mor**
ru.mo.**rar**.se
ru.mo.re.**ar**.se
ru.mo.**ro**.so
run.fla
run.**rún**
run.ru.ne.**ar**.se
ru.**pes**.tre
rup.**tu**.ra
ru.**ral**
ru.so
rus.ti.ci.**dad**
rús.ti.co
rus.ti.**quez**
ru.ta
ru.**te**.nio
ru.ti.**lan**.te
ru.**ti**.na
ru.ti.**na**.rio
ru.ti.**ne**.ro

S

sá.ba.do
sá.ba.lo
sá.ba.na *(ropa)*
sa.**ba**.na *(llanura)*

sa.ban.**di**.ja
sa.ba.**ñon**
sa.**bá**.ti.co
sa.ba.**ti**.no

sa.be.lo.**to**.do
sa.**ber** *(irr. v. sabré,
sé, sepa, supe,
supiera)*

sa.bi.**di**.llo
sa.bi.du.**rí**.a
sa.**bien**.das (a)
sa.**bihon**.do
sa.**bi**.no
sa.bio
sa.**bion**.do
sa.ble
sa.bo.**ne**.ta
sa.**bor**
sa.bo.re.**ar**
sa.bo.**ta**.je
sa.bo.te.**ar**
sa.**bré**
sa.**brí**.a
sa.**bro**.so
sa.**bue**.so
sa.bu.**lo**.so
sa.ca.**pun**.tas
sa.**car**
sa.ca.**ri**.na
sa.ca.**ro**.sa
sa.cer.**do**.cio
sa.cer.**do**.te
sa.cer.**do**.**ti**.sa
sa.**ciar**
sa.co
sa.cra.**men**.to
sa.cri.fi.**car**
sa.cri.**fi**.cio
sa.cri.**le**.gio
sa.cris.**tán**
sa.cro
sa.cro.**san**.to
sa.cu.**dión**
sa.cu.**dir**
sa.cu.**dón**
sá.di.co
sa.**dis**.ta
sa.du.**ce**.o
sa.**e**.ta
sa.**fa**.ri
sa.ga.ci.**dad**

sa.**gaz**
sa.**gi**.ta
Sa.gi.**ta**.rio
sa.**gra**.do
sa.hor.**nar**.se
sahu.**mar**
sahu.**me**.rio
sa.**ín**
sai.**ne**.te
sa.**jón**
sal
sa.la
sa.la.ci.**dad**
sa.**la**.do
sa.la.man.**que**.za
sa.**lar**
sa.**la**.rio
sa.**laz**
sa.la.**zón**
sal.co.**char**
sal.**chi**.cha
sal.**dar**
sal.**dré**
sal.**drí**.a
sa.le.**ro**.so
sa.**le**.sa
sa.le.**sia**.no
sal.ga
sal.go
sa.li.**cí**.li.co
sa.**li**.da
sa.li.**di**.zo
sa.**lien**.te
sa.**li**.no
sa.**lir** *(irr. v. saldré,*
  salga)
sa.**li**.tre
sa.**li**.va
sa.li.va.**ción**
sa.li.**val**
sa.li.**var**
sa.li.**va**.zo
sal.mo

sal.**mo**.dia
sal.**món**
sal.**mue**.ra
sa.**lo**.bre
sa.**lón**
sal.pi.**car**
sal.pi.**cón**
sal.pi.men.**tar** *(irr.)*
sal.pi.**mien**.te
sal.pi.**mien**.to
sal.pre.**sar**
sal.pu.**lli**.do
sal.sa
sal.**tar**
sal.ta.**triz**
sal.te.a.**dor**
sal.te.**ar**
sal.**te**.rio
sal.tim.**ban**.qui
.**sal**.to
sa.lu.bri.**dad**
sa.**lud**
sa.lu.**da**.ble
sa.lu.**dar**
sa.**lu**.des
sa.**lu**.do
sa.lu.ta.**ción**
sa.lu.**tí**.fe.ro
sal.va
sal.va.**ción**
sal.**va**.do
sal.va.**dor**
sal.va.do.**re**.ño
sal.va.**guar**.da
sal.va.guar.**dar**
sal.va.**guar**.dia
sal.**va**.je
sal.va.**jez**
sal.va.**jis**.mo
sal.va.**men**.to
sal.**var**
sal.va.vi das
sal.ve

sal.ve.**dad**
sal.via
sal.**vi**.lla
sal.vo
sal.vo.con.**duc**.to
sa.ma.ri.**ta**.no
sam.ba *(baile)*
sam.be.**ni**.to
sa.mo.**var**
sa.mo.**ye**.do
san
sa.**nar**
sa.na.**to**.rio
san.**ción**
san.cio.**nar**
san.co.**char**
san.**co**.cho
sanc.ta.sanc.**tó**.rum
san.**da**.lia
sán.da.lo
san.**dez**
san.**dí**.a
san.dio
san.dun.**gue**.ro
sa.ne.a.**mien**.to
san.**grar**
san.**gra**.za
san.gre
san.**grí**.a
san.**grien**.to
san.**gua**.za
san.gui.**jue**.la
san.gui.**na**.rio
san.**guí**.ne.o
sa.ni.**dad**
sa.ni.**ta**.rio
sa.no
sáns.cri.to
san.se.a.ca.**bó**
san.ta.**bár**.ba.ra
san.**te**.ro
san.tia.**mén**
san.ti.**dad**

san.ti.fi.ca.**ción**
san.ti.fi.**car**
san.ti.**guar**
san.to
san.to.**ral**
san.**tua**.rio
san.tu.**rrón**
sa.ña
sa.**ñu**.do
sa.**pien**.cia
sa.po
sa.po.**ná**.ceo
sa.**po**.te (zapote)
sa.que *(de sacar)*
sa.que.**ar**
sa.ram.**pión**
sa.**ra**.pe
sar.**cas**.mo
sar.**di**.na
sar.di.**nel**
sar.**dó**.ni.ca
sar.ga
sar.**ga**.zo
sar.**gen**.to
sar.**mien**.to
sar.**no**.so
sar.pu.**lli**.do
sa.rra.**ce**.no
sa.rro
sar.ta
sar.**tén**
sar.te.**na**.zo
sa.sa.**frás**
sas.tre
Sa.**tán**
Sa.ta.**nás**
sa.**té**.li.te
sa.**tén** *(raso)*
sa.**tín** *(madera, raso)*
sa.ti.**nar**
sá.ti.ra
sa.ti.ri.**zar**
sa.tis.fac.**ción**

sa.tis.fa.**cer** *(irr. v.*
    satisfaga)
sa.tis.fac.**to**.rio
sa.tis.**fa**.ga
sa.tis.**fa**.go
sa.tis.fa.**ré**
sa.tis.fa.**rí**.a
sa.tis.**fe**.cho
sa.tis.**fi**.ce
sa.tis.fi.**cie**.ra
sa.tis.**fi**.zo
sá.tra.pa
sa.tu.**rar**
Sa.**tur**.no
sau.ce
sa.**ú**.co
sauz
sau.**zal**
sa.via
sáx.e.o
sax.**í**.fra.ga
sax.**ó**.fo.no
sa.ya
sa.**yal**
sa.**yón**
sa.**zón**
sa.zo.**nar**
se *(pron.)*
sé *(de ser o saber)*
se.a *(de ser)*
se.**bá**.ce.o
se.bo
se.**ca**.no
se.**can**.te
se.**car**
se.cas (a)
sec.**ción**
sec.cio.**nar**
se.ce.**sión**
se.co
se.**co**.ya
se.cre.**ción**
se.cre.ta.**rí**.a

se.cre.**ta**.rio
se.cre.te.**ar**
se.**cre**.to
sec.ta
sec.**ta**.rio
sec.**tor**
sec.**tor** in.for.**mal**
se.**cuaz**
se.**cue**.la
se.**cues**.tro
sé.cu.la. se.cu.**ló**.rum
se.cu.**lar**
se.cu.la.ri.za.**ción**
se.cun.**dar**
se.cun.**da**.rio
sed
se.da
se.da.**ción**
se.**dal**
se.**dan**.te
se.da.**ti**.vo
se.den.**ta**.rio
se.di.**ción**
se.**dien**.to
se.di.men.ta.**ción**
se.di.men.**tar**
se.di.**men**.to
se.**do**.so
se.duc.**ción**
se.du.**cir** (*irr. v.
seduje*)
se.duc.**ti**.vo
se.duc.**tor**
se.**du**.je
se.du.**je**.ra
se.**duz**.ca
se.**duz**.co
se.far.**dí**
se.far.**di**.ta
se.ga.**do**.ra
se.**gar** (*cosechar: irr.
v. siega*)
seg.men.ta.**ción**

seg.**men**.to
se.gre.ga.**ción**
se.gre.**gar**
se.**gue**.ta
se.**gui**.da
se.**gui**.da.**men**.te
se.gui.**di**.lla
se.gui.**dor**
se.**guir** (*irr. v. siga,
sigo*)
se.**gún**
se.gun.**de**.ro
se.**gun**.do
se.**gur**
se.**gu**.ra.**men**.te
se.gu.ri.**dad**
se.**gu**.ro
se.**gu**.ro so.**cial**
seis
sei.**sa**.vo
seis.**cien**.tos
se.**la**.cio
se.lec.**ción**
se.lec.cio.**nar**
se.lec.**ti**.vo
se.**lec**.to
se.**le**.nio
sel.va
sel.**vá**.ti.co
sel.**vo**.so
se.**llar**
se.**llo**
se.**má**.fo.ro
se.**ma**.na
se.ma.**nal**
se.ma.**na**.rio
se.**mán**.ti.ca
sem.**blan**.te
sem.**blan**.za
sem.bra.**dí**.o
sem.bra.**dor**
sem.**brar** (*irr. v.
siembre*)

se.me.**jan**.te
se.me.**jan**.za
se.me.**jar**
se.men.**tal**
se.men.**te**.ra
se.**mes**.tre
se.mi.**bre**.ve
se.mi.**cír**.cu.lo
se.mi.con.duc.**tor**
se.mi.cor.**che**.a
se.mi.**diós**
se.mi.fi.**nal**
se.mi.**fu**.sa
se.**mi**.lla
se.mi.**lle**.ro
se.mi.**na**.rio
se.**mí**.ni.ma
se.mi.**tis**.mo
sé.mo.la
se.mo.**vien**.te
sem.pi.**ter**.no
se.na (*del dado*)
se.**na**.do
se.na.**dor** (*del
senado*)
se.na.du.**rí**.a
se.na.to.**rial**
sen.**ci**.lla.men.te
sen.**ci**.llez
sen.**ci**.llo
sen.da
sen.**de**.ro
sen.dos, -das
se.nec.**tud**
se.**nil**
se.no
sen.sa.**ción**
sen.sa.cio.**nal**
sen.sa.**tez**
sen.si.bi.li.**dad**
sen.si.bi.li.**zar**
sen.**si**.ble
sen.si.**ti**.va

sen.si.**ti**.vo
sen.**sor** *(aparato)*
sen.**so**.rio
sen.**sual**
sen.**tar** *(irr. v. siente)*
sen.**ten**.cia
sen.ten.**ciar**
sen.ten.**cio**.so
sen.**ti**.do
sen.ti.men.**tal**
sen.ti.**mien**.to
sen.**ti**.na
sen.**tir** *(irr. v. sienta,*
   sintiendo)
se.ña
se.**ñal**
se.ña.**lar**
se.ña.li.za.**ción**
se.**ñe**.ro
se.**ñor**
se.ño.re.**ar**
se.ño.**rí**.a
se.ño.**rí.o**
se.ño.**ri**.to, -ta
se.**ñue**.lo
se.pa & *(de saber)*
sé.pa.lo
se.pa.ra.**ción**
se.pa.**rar**
se.pa.**ra**.ta
sc.pa.ra.**tis**.ta
se.**pe**.lio
se.pia
sep.ten.trio.**nal**
sep.ti.**ce**.mia
sép.ti.co
sep.**tiem**.bre
  (setiembre)
sép.ti.mo (sétimo)
sep.tua.ge.**na**.rio
sep.tua.**gé**.si.ma
sep.tu.pli.**car**
sép.tu.plo

se.**pul**.cro
se.pul.**tar**
se.pul.**tu**.ra
se.que.**dad**
se.que.**ro**.so
se.**quí**.a
sé.qui.to
ser *(sust.)*
ser *(irr. v. era, fuera,*
   fui, sea, soy)
se.ra *(espuerta)*
se.**rá**.fi.co
se.ra.**fín**
ser.**bal** *(árbol)*
se.re.**na**.ta
se.re.**ní**
se.re.ni.**dad**
se.**re**.no
se.ria.**men**.te
se.ri.cul.**tu**.ra
se.rie
se.rie.**dad**
se.rio
ser.**món**
se.ro.lo.**gí**.a
se.ro.si.**dad**
se.ro.te.**ra**.pia
ser.pe.**ar**
ser.pen.**ta**.rio
se.pen.te.**ar**
ser.pen.**tín**
ser.pen.**ti**.na
ser.**pien**.te
se.**rra**.llo
se.**rra**.**ní**.a
se.**rra**.no
se.**rrar** *(cortar; irr.*
   v. sierre)
se.rre.**rí**.a
se.**rrín** *(aserrín)*
se.**rru**.cho
ser.ven.**te**.sio
ser.**vi**.ble

ser.vi.**cial**
ser.**vi**.cio
ser.vi.**dor**
ser.vi.**dum**.bre
ser.**vil**
ser.vi.**lis**.mo
ser.vi.**lle**.ta
ser.vio
ser.**vir** *(irr. v. sirva,*
   sirviera)
ser.vo.mo.**tor**
se.**sen**.ta
se.**sen**.**ta**.vo
se.**se**.o
ses.go
se.**sión** *(reunión)*
se.sio.**nar**
se.so
ses.quin.cen.te.**na**.rio
ses.te.a.**de**.ro
se.**su**.do
se.ta *(hongo)*
se.te.**cien**.tos
se.**ten**.ta
se.ten.**ta**.vo
se.**tiem**.bre
  (septiembre)
sé.ti.mo (séptimo)
se.to
seu.**dó**.ni.mo
se.ve.ri.**dad**
se.**ve**.ro
se.**vi**.cia
se.**vi**.che (cebiche)
se.vi.**lla**.no
sex.a.ge.**na**.rio
sex.a.**gé**.si.mo
sex.a.go.**nal**
sex.cen.**té**.si.mo
sex.**e**.nio
sex.**is**.mo
sex.o
sex.**tan**.te

sex.**te**.to
sex.**ti**.lla
sex.to
sex.tu.pli.ca.**ción**
sex.**ual**
sí *(afirm. y pron.)*
si *(conj.)*
sia.**més**
si.ba.**ri**.ta
si.**bi**.la
si.bi.**lan**.te
si.bo.**ney**
si.ca.**líp**.ti.co
si.**ca**.rio
si.ci.**lia**.no
si.co.a.**ná**.li.sis
    (psicoanálisis)
si.co.lo.**gí**.a
    (psicología)
si.co.**ló**.gi.co
    (psicológico)
si.**có**.pa.ta (psicópata)
si.**co**.sis (psicosis)
si.co.te.**ra**.pia
    (psicoterapia)
si.de.**ral**
si.de.**rúr**.gi.co
si.dra
sie.ga *(de segar)*
sie.go
sie.gue
siem.bra
siem.bre
siem.bro
siem.pre
siem.pre.**vi**.va
sien
sien.ta
sien.to
sier.pe
sie.rra
sie.rre *(corte)*
sie.rro *(corto)*

sier.vo *(esclavo)*
sies.ta
sie.te
sie.te.me.**si**.no
sí.fi.lis
si.ga
si.gi.**lar**
si.**gi**.lo
si.gla
si.glo
sig.ma
sig.nar
sig.na.**ta**.rio
sig.ni.fi.ca.**ción**
sig.ni.fi.**ca**.do
sig.ni.fi.**car**
sig.ni.fi.ca.**ti**.vo
sig.no
si.go
si.**guien**.do
si.**guien**.te
si.**guie**.ra
si.**guió**
sí.la.ba
sil.**bar**
sil.**ba**.to
sil.**bi**.do
si.len.cia.**dor**
si.**len**.cio
si.**len**.**cio**.so
sí.li.ce
si.**li**.cio *(metaloide)*
si.li.**co**.sis
si.lo.**gis**.mo
si.**lue**.ta
sil.va *(versos)*
sil.**va**.no
si.**ves**.tre
sil.vi.cul.**tu**.ra
si.lla
si.**llar**
si.**llón**
si.ma *(abismo)*

si.ma.**rru**.ba
sim.**bio**.sis
sim.bo.li.**zar**
sím.bo.lo
si.me.**trí**.a
    bi.la.te.**ral**
si.**mé**.tri.co
si.**mien**.te
si.mi.**lar**
si.mio
sim.pa.**tí**.a
sim.**pá**.ti.co
sim.pa.ti.za.**dor**
sim.pa.ti.**zar**
sim.ple
sim.ple.**mén**.te
sim.**ple**.za
sim.pli.ci.**dad**
sim.pli.**cí**.si.mo
sim.**po**.sio
si.mu.**la**.cro
si.mu.**lar**
si.mul.**tá**.ne.o
si.**mún**
sin
si.na.**go**.ga
si.na.**pis**.mo
si.nar.**quis**.mo
sin.ce.ri.**dad**
sin.**ce**.ro
sín.co.pa *(Gram. &*
    Mús.)
sín.co.pe *(ataque)*
sin.cro.ni.**zar**
sin.**dé**.re.sis
sin.di.ca.**lis**.mo
sin.di.**car**
sin.di.**ca**.to
sín.di.co
si.**néc**.do.que
si.ne.**cu**.ra
si.**né**.re.sis
si.**ner**.gia

148

sin.**fín**
sin.fo.**ní**.a
sin.**fó**.ni.co
sin.**gar**
sin.gla.**du**.ra
sin.gu.**lar**
sin.gu.la.ri.**zar**
sin.**hue**.so
si.**nies**.tro
sin.**nú**.me.ro
si.no
si.**nó**.ni.mo
si.**nóp**.ti.co
si.**no**.via
sin.ra.**zón**
sin.sa.**bor**
sin.**son**.te (cenzontle)
sin.**tax**.is
sín.te.sis
sin.te.ti.**zar**
sin.**tien**.do
sin.**tie**.ra
sin.**tió**
sin.to.**ís**.ta
sín.to.ma
sin.to.ni.za.**ción**
sin.to.ni.**zar**
si.nuo.si.**dad**
si.nu.**si**.tis
sin.ver.**güen**.za
sio.**nis**.mo
si.**quia**.tra
  (psiquiatra)
si.quia.**trí**.a
  (psiquiatría)
si.**quie**.ra
sí.qui.co (psíquico)
si.quis (psiquis)
si.**re**.na
si.**rin**.ga
si.rio
sir.va
sir.**vien**.do

sir.**vien**.ta
sir.**vien**.te
sir.**vie**.ra
sir.**vió**
sir.vo
si.sa
si.**sal**
si.**se**.o
sís.mi.co
sis.mo.lo.**gí**.a
sis.**te**.ma
sis.te.**má**.ti.co
sis.te.ma.ti.**zar**
sís.to.le
sis.tro
si.ta.**co**.sis
  (psitacosis)
si.**tial**
si.**tiar**
si.ti.**bun**.do
si.tio
si.to
si.tua.**ción**
si.**tuar**
smog
so
so.a.**sar**
so.ba
so.**ba**.co
so.ba.**jar**
so.ban.**de**.ro
so.ba.**que**.ra
so.**bar**
so.bar.**car**
so.be.ra.**ní**.a
so.be.**ra**.no
so.**ber**.bia
so.**ber**.bio
so.**bor**.do
so.bor.**nal**
so.bor.**nar**
so.**bor**.no
so.bra

so.bran.**ce**.ro
so:**bran**.te
so.**brar**
so.bre
so.bre.**ca**.ma
so.bre.**car**.ga
so.bre.**car**.go
so.bre.**cin**.cha
so.bre.co.**ger**
so.bre.ex.ci.**tar**
so.bre.gi.**rar**
so.bre.hu.**ma**.no
so.bre.lle.**var**
so.bre.**me**.sa
so.bre.na.tu.**ral**
so.bre.**nom**.bre
so.bre.pa.**sar**
so.bre.pe.**lliz**
so.bre.pon.**dré**
so.bre.pon.**drí**.a
so.bre.po.**ner** *(irr. v.t.*
  sobrepuesto)
so.bre.**pon**.ga
so.bre.**pon**.go
so.bre.**pre**.cio
so.bre.pro.duc.**ción**
so.bre.**pues**.to
so.bre.**pu**.se
so.bre.sal.**dré**
so.bre.sal.**drí**.a
so.bre.**sal**.ga
so.bre.**sal**.go
so.bre.sa.**lien**.te
so.bre.sa.**lir** *(irr.)*
so.bre.**sal**.to
so.bres.**drú**.ju.lo
so.bre.se.**er**
so.bre.**se**.llo
so.bres.**tan**.te
so.bre.**suel**.do
so.bre.**to**.do
so.bre.ven.**drá**
so.bre.ven.**drí**.a

so.bre.**ven**.ga
so.bre.ve.**nir** *(irr.)*
so.bre.vi.**nien**.do
so.bre.vi.**nie**.ra
so.bre.**vi**.no
so.bre.**vi.vir**
so.bre.vo.**lar**
so.brie.**dad**
so.**bri**.no
so.brio
so.**cai**.re
so.ca.li.**ñar**
so.**ca**.pa
so.ca.**rrón**
so.ca.**var**
so.ca.**vón**
so.cia.bi.li.**dad**
so.**cial**
so.cia.**lis**.ta
so.cia.li.**zar**
so.cie.**dad**
so.cio
so.cio.lo.**gí**.a
so.co.**lor**
so.co.**nus**.co
so.co.**rrer**
so.**co**.rro
so.da
so.do.**mí**.a
so.**ez**
so.**fá**
so.**fis**.ma
so.fis.ti.ca.**ción**
so.fo.ca.**ción**
so.fo.**car**
so.fo.**cón**
so.fo.**qui**.na
so.fre.**ír** *(irr.)*
so.**frí**.a
so.**frien**.do
so.**frie**.ra
so.**frí**.o
so.fri.**ó**

so.ga
so.juz.**gar**
Sol *(astro)*
sol. *(luz)*
so.la.**men**.te
so.**la**.pa
so.la.**pa**.do
so.**lar** *(irr. v. suele)*
so.**laz**
so.**la**.zo
sol.da.**des**.ca
sol.**da**.do
sol.**dar** *(irr. v.
suelde)*
so.le.**ar**
so.le.**cis**.mo
so.le.**dad**
so.**lem**.ne
so.lem.ni.**dad**
so.lem.ni.**zar**
so.**ler** *(def. v. solí,
suela, suelo)*
so.**le**.ra
so.le.va.**ción**
so.le.van.**tar**
sol.fa
sol.fa.**ta**.ra
sol.**fe**.o
so.**lí**
so.li.ci.ta.**dor**
so.li.ci.**tan**.te
so.li.ci.**tar**
so.**lí**.ci.to
so.li.ci.**tud**
so.li.da.ri.**dad**
so.li.da.ri.**zar**
so.li.**de**.o
so.li.**dez**
só.li.do
so.li.**lo**.quio
so.lio
so.**lis**.ta
so.li.**ta**.rio

so.li.vian.**tar**
so.li.**viar**
so.lo
só.lo *(solamente)*
sols.**ti**.cio
sol.**tar** *(irr. v. suelte)*
sol.**te**.ro
sol.**tú**.ra
so.lu.bi.li.**dad**
so.lu.**ción**
so.lu.cio.**nar**
sol.**ven**.cia
sol.ven.**tar**
sol.**ven**.te
so.**lla**.do
so.**llo**.zar
so.**llo**.zo
so.ma.**tén**
so.**má**.ti.co
som.bra
som.**bra**.je
som.bre.**ar**
som.bre.**ra**.zo
som.**bre**.ro
som.**bri**.lla
som.**brí**.o
som.**bro**.so
so.**me**.ro
so.me.**ter**
som.no.**len**.cia
son
so.na.**je**.ro
so.nam.bu.**lis**.mo
so.**nám**.bu.lo
so.**nar** *(irr. v. suene)*
so.**na**.ta
so.na.**ti**.na
son.da
so.ne.**ti**.llo
so.**ne**.to
só.ni.co
so.**ni**.do
so.**no**.ro

son.re.**ír** *(irr.)*
son.**rí**.a
son.**rien**.do
son.**rien**.te
son.**rie**.ra
son.**ri**.sa
son.**ro**.jo
son.ro.**sa**.do
son.sa.**car**
son.so.**ne**.te
so.ña.**dor**
so.**ñar** *(irr. v. sueñe)*
so.ño.**len**.cia
so.ño.**lien**.to
so.pa
so.**pa**.po
so.**pe**.ra
so.pe.**sar**
so.pe.**tón**
so.**plar**
so.**ple**.te
so.plo
so.plo.ne.**rí**.a
so.**pon**.cio
so.po.**rí**.fe.ro
so.por.**tal**
so.por.**tar**
so.**pra**.no
sor.**ber**
sor.**be**.te
sor.bo
sor.**de**.ra
sor.di.**dez**
sór.di.do
sor.**di**.na
sor.do
sor.do.mu.**dez**
so.**ria**.sis (psoriasis)
sor.na
sor.pren.**den**.te
sor.pren.**der**
sor.**pre**.sa
sor.te.**ar**

sor.**te**.o
sor.**ti**.ja
sor.ti.**le**.gio
so.sa
so.se.**ga**.do
so.se.**gar** *(irr. v.
sosiego)*
so.se.**rí**.a
so.**sie**.go
so.**sie**.gue
sos.**la**.yo (al)
so.so
sos.**pe**.cha
sos.pe.**char**
sos.pe.**cho**.so
sos.**tén**
sos.ten.**dré**
sos.ten.**drí**.a
sos.te.**ner** *(irr.)*
sos.**ten**.ga
sos.**ten**.go
sos.te.ni.**mien**.to
sos.**tu**.ve
sos.tu.**vie**.ra
so.ta
so.**ta**.na
só.ta.no
so.ta.**ven**.to
so.te.**rrar** *(irr.)*
so.**tie**.rre
so.**tie**.rro
so.to
so.**viet**
so.**vié**.ti.co
so.vie.ti.**zar**
so.**voz** (a)
soy
so.ya
sta.tu quo
su
sua.**so**.rio
sua.ve
sua.vi.**dad**

sua.vi.za.**dor**
sua.vi.**zar**
sub.al.**ter**.no
su.bal.**ter**.no
su.**bas**.ta
sub.**cla**.vio
sub.co.mi.**té**
sub.con.**cien**.cia
sub.cu.**tá**.ne.o
sub.de.le.ga.**ción**
sub.de.sa.rro.**lla**.do
sub.**diá**.co.no
sub.di.rec.**tor**
súb.di.to
sub.di.vi.**sión**
sub.em.**ple**.o
sub.es.ti.**mar**
su.bes.ti.**mar**
sub.ge.**ren**.te
su.**bi**.da
su.**bir**
sú.bi.ta.**men**.te
su.bi.**tá**.ne.o
sú.bi.to
sub.**je**.fe
sub.je.**ti**.vo
sub.jun.**ti**.vo
su.ble.va.**ción**
su.ble.**var**
su.bli.ma.**ción**
su.**bli**.me
sub.lu.**nar**
sub.ma.**ri**.no
sub.**múl**.ti.plo
sub.o.fi.**cial**
su.bo.fi.**cial**
su.bor.di.na.**ción**
su.bor.di.**nar**
sub.pro.**duc**.to
sub.ra.**yar**
su.brep.**ti**.cio
sub.ro.ga.**ción**
sub.sa.**nar**

*subs.cri.**bir**
*subs.crip.**ción**
*subs.**crip**.to
*subs.**crip.tor**
sub.se.cre.**ta**.rio
sub.se.**cuen**.te
  (*subsiguiente*)
sub.si.**dia**.rio
sub.si.**guien**.te
  (*subsecuente*)
sub.sis.**ten**.cia
sub.sis.**tir**
*subs.**tan**.cia
*subs.tan.**ti**.vo
*subs.ti.**tuir**
*subs.ti.**tu**.to
*subs.trac.**ción**
*subs.tra.**er**
subs.**tra**.to
sub.**sue**.lo
sub.te.**nien**.te
sub.ter.**fu**.gio
sub.te.**rrá**.ne.o
sub.ur.**ba**.no
su.bur.**ba**.no
su.**bur**.bio
sub.ven.**ción**
sub.ven.cio.**nar**
sub.ver.**sión**
sub.ver.**si**.vo
sub.yu.**gar**
suc.**ción**
su.ce.**dá**.neo
su.ce.**der**
su.ce.**sión**
su.ce.**si**.va.**men**.te
su.ce.**si**.vo
su.**ce**.so
su.ce.**sor**
su.cie.**dad**
su.cio

sú.cu.bo
su.cum.**bir**
su.cur.**sal**
sud
su.da.**de**.ro
sud.a.fri.**ca**.no
sud.a.me.ri.**ca**.no
su.da.**nés**
su.**dar**
su.**da**.rio
su.**des**.te
sud.**es**.te
sud.o.**es**.te
su.do.**es**.te
su.**dor**
su.do.**rí**.fi.co
su.do.**ro**.so
sue.co (*de Suecia*)
sue.gro
sue.la
suel.de
suel.do
sue.le
sue.lo
suel.te
suel.to
sue.ne
sue.no
sue.ñe
sue.ño
sue.ro
sue.ro.te.**ra**.pia
  (seroterapia)
suer.te
sues.te
sué.ter
sue.vo
su.fi.**cien**.te.
su.fi.**cien**.te.**men**.te
su.**fi**.jo
su.**fis**.mo

su.fra.**gá**.ne.o
su.**fra**.gio
su.**fra.gis**.mo
su.**fra.gis**.ta
su.fri.**mien**.to
su.**frir**
su.ge.**ren**.cia
su.ge.**rir** (*irr. v.
  sugiera*)
su.ges.**tión**
su.ges.tio.**nar**
su.ges.**ti**.vo
su.**gie**.ra
su.**gie**.ro
su.gi.**rien**.do
su.gi.**rie**.ra
su.gi.**rió**
sui **gé**.ne.ris
sui.**ci**.da
sui.ci.**dar**.se
sui.**ci**.dio
sui.zo
su.je.**ción**
su.je.**tar**
su.**je**.to
sul.fa.ni.la.**mi**.da
sul.fa.tia.**zol**
sul.**fhí**.dri.co
sul.fo.na.**mi**.da
sul.**fú**.ri.co
sul.fu.**ro**.so
sul.**tán**
su.ma
su.ma.**men**.te
su.**mar**
su.**ma**.rio
su.mer.**gir**
su.mer.**sión**
su.mi.**de**.ro
su.mi.nis.**trar**
su.mi.**nis**.tro

*También se escribe comenzando con "**sus**" en vez de "**subs**".

152

su.**mir**
su.mi.**sión**
su.**mi**.so
su.mo
sun.cho (zuncho)
sun.**tua**.rio
sun.**tuo**.so
su.pe *(de saber)*
su.pe.di.**tar**
su.per.a.bun.**dan**.cia
su.pe.ra.bun.**dan**.cia
su.pe.ra.**ción**
su.pe.**rar**
su.pe.**rá**.vit
su.per.che.**rí**.a
su.per.fe.ta.**ción**
su.per.fi.**cial**
su.per.**fi**.cie
su.**per**.fluo
su.per.**hom**.bre
su.per.in.ten.**den**.cia
su.pe.rin.ten.**den**.cia
su.pe.**rior**
su.pe.rio.ri.**dad**
su.per.la.**ti**.vo
su.per.mer.**ca**.do
su.per.po.bla.**ción**
su.per.po.si.**ción**
su.per.pro.duc.**ción**
su.per.**só**.ni.co
su.pers.ti.**ción**
su.pers.ti.**cio**.so
su.per.vi.**sar**
su.per.vi.**sión**
su.per.vi.**sor**
su.per.vi.**ven**.cia
su.**pie**.ra
su.pi.na.**ción**
su.plan.ta.**ción**
su.ple.men.**ta**.rio
su.**plen**.te

su.ple.**to**.rio
sú.pli.ca
su.pli.**can**.te
su.pli.**car**
su.**pli**.cio
su.**plir**
su.pon.**dré**
su.pon.**drí**.a
su.po.**ner** *(irr. v. t.*
   supuesto, supuse)
su.**pon**.ga
su.**pon**.go
su.po.si.**ción**
su.po.si.**ti**.vo
su.po.si.**to**.rio
su.pra.rre.**nal**
su.pra.sen.**si**.ble
su.pre.ma.**cí**.a
su.**pre**.mo
su.pre.**sión**
su.pri.**mir**
su.**pues**.to
su.pu.ra.**ción**
su.pu.ra.**ti**.vo
su.**pu**.se
sur
sur.a.fri.**ca**.no
sur.a.me.ri.**ca**.no
sur.**car**
sur.co
su.**rc**.ño
su.**res**.te
sur.**gir**
sur.o.**es**.te
su.ro.**es**.te
su.rre.a.**lis**.mo
sur.**ti**.do
sur.ti.**dor**
sur.**tir**
sus.cep.**ti**.ble
sus.ci.**tar**

*sus.cri.**bir**
*sus.crip.**ción**
*sus.crip.**tor**
*sus.**cri**.to
*sus.cri.**tor**
su.so.**di**.cho
sus.pen.**der**
sus.pen.**sión**
sus.pen.**si**.vo
sus.**pen**.so
sus.pi.**ca**.cia
sus.pi.**caz**
sus.pi.**rar**
sus.**pi**.ro
*sus.**tan**.cia
sus.tan.**cial**
sus.tan.**cio**.so
sus.tan.ti.**var**
*sus.tan.**ti**.vo
sus.ten.ta.**ción**
sus.ten.**tar**
sus.**ten**.to
sus.ti.tu.**ción**
sus.ti.**tuir** *(irr. v.*
   sustituya)
sus.ti.tu.**ti**.vo
*sus.ti.**tu**.to
*sus.ti.**tu**.ya
*sus.ti.tu.**yen**.do
*sus.ti.tu.**ye**.ra
*sus.ti.**tu**.yo
*sus.ti.tu.**yó**
sus.to
*sus.trac.**ción**
*sus.tra.**en**.do
*sus.tra.**er** *(irr.)*
*sus.**trai**.ga
*sus.**trai**.go
*sus.**tra**.je
*sus.tra.**je**.ra
*sus.tra.**yen**.do

*También se escribe comenzando con **"sus"** en vez de **"subs"**.

su.su.**rrar**
su.**su**.rro
su.**til**

su.ti.**le**.za
su.ti.li.**zar**
su.**tu**.ra

su.yo
svás.ti.ca

T

ta.ba
ta.ba.ca.**le**.ro
ta.**ba**.co
ta.ba.le.**ar**
ta.ba.**na**.zo
ta.**ban**.co
tá.ba.no
ta.ba.**que**.ra
ta.bar.**di**.llo
ta.**bar**.do
ta.**ber**.na
ta.ber.**ná**.cu.lo
ta.**bi**.que
ta.bla
ta.**bla**.je
ta.**bla**.zo
ta.bla.**zón**
ta.**ble**.ro
ta.ble.te.**ar**
ta.**bú**
ta.**bu**.co
ta.bu.la.**dor**
ta.bu.**re**.te
ta.**ca**.ño
ta.**ca**.zo
tá.ci.to
ta.ci.**tur**.no
ta.co
ta.**cón**
ta.co.**na**.zo
tác.ti.ca
tac.to
ta.**char**
ta.**chue**.la
ta.fi.**le**.te

ta.gua
ta.ha.**lí**
ta.**ho**.na
ta.**hur**
tai.ga
ta.**ja**.da
ta.ja.**mar**
ta.**jar**
ta.jo
tal
ta.la
ta.la.bar.te.**rí**.a
ta.**la**.dro
tá.la.mo
ta.lan.**que**.ra
ta.**lar**
ta.**le**.go -ga
ta.**len**.to
ta.lis.**mán**
ta.**lón**
ta.lo.**na**.zo
ta.lo.ne.**ar**
ta.**lud**
ta.lla
ta.**llar**
ta.lle
ta.lle.**cer** *(irr. v.*
   tallezca)
ta.**ller**
ta.**llez**.ca
ta.**llez**.co
ta.llo
ta.**mal**
ta.**ma**.ño
ta.ma.**rin**.do

tam.ba.le.**an**.te
tam.ba.le.**ar**
tam.**bién**
tam.**bor**
tam.bo.**re**.o
tam.bo.ri.le.**ar**
ta.**miz**
ta.mi.**zar**
tam.**po**.co
tam.**pón**
tan
ta.**na**.gra
tan.da
tan.ga
tan.**gen**.cia
tan.**gen**.te
tan.ge.**ri**.no
tan.**gi**.ble
tan.go
tan.que
tan.**te**.o
tan.to
ta.**ñen**.do
ta.**ñer** *(irr.)*
ta.**ñe**.ra
ta.**ñi**.do
ta.**ñó**
ta.o.**ís**.ta
ta.pa
ta.**par**
ta.pa.**rra**.bo
ta.**pe**.te
ta.pia
ta.pi.ce.**rí**.a
ta.pi.**ce**.ro

ta.**piz**
ta.pi.**zar**
ta.**pón**
ta.qui.**car**.dia
ta.qui.gra.**fí**.a
ta.**quí**.gra.fo
ta.**qui**.lla
ta.qui.**lle**.ro
ta.ra
ta.ra.**bi**.lla
ta.ra.**bi**.ta
ta.ra.**ce**.a
ta.ram.**ba**.na
ta.**rán**.tu.la
ta.ras.**cón**
tar.**dan**.za
tar.**dar**
tar.de
tar.de.**cer**
tar.**dí**.o
ta.**re**.a
ta.**ri**.fa
ta.**ri**.ma
tar.**je**.ta
tar.je.**te**.ro
ta.rro
tar.so
tar.ta.je.**ar**
tar.ta.mu.**dez**
ta.**ru**.go
ta.sa
ta.sa.**ción**
ta.**sar**
ta.ta.ra.**bue**.lo
ta.ta.ra.**nie**.to
ta.**tua**.je
tau *(letra griega)*
tau.ma.**tur**.gia
tau.**ri**.no
tau.ro.**ma**.quia
tax.a.**ti**.vo
tax.i
tax.i.**der**.mia

tax.**í**.me.tro
tax.**is**.ta
tax.o.no.**mí**.a
ta.za
ta.**zón**
te *(letra, pron.)*
té *(bebida)*
te.a.**tral**
te.**a**.tro
te.**cle**.o
tec.ni.**cis**.mo
téc.ni.co
tec.no.lo.**gí**.a
te.**char**
te.cho
tec.**tó**.ni.co
te.**dé**.um
te.**dio**.so
te.ja
te.ja.**di**.llo
te.**ja**.do
te.je.**dor**
te.je.ma.**ne**.je
te.**jer**
te.**ji**.do
te.la
te.**lar**
te.la.**ra**.ña
te.le.co.mu.ni.ca.**ción**
te.le.di.fu.**sión**
te.le.**fé**.ri.co
te.le.fo.**na**.zo
te.le.fo.ne.**ar**
te.le.**fó**.ni.co
te.le.fo.**nis**.ta
te.**lé**.fo.no
te.le.**grá**.fi.co
te.le.gra.**fis**.ta
te.**lé**.gra.fo
te.le.**gra**.ma
te.le.no.**ve**.la
te.le.o.lo.**gí**.a
te.le.pa.**tí**.a

te.les.**co**.pio
te.le.vi.**den**.te
te.le.vi.**sar**
te.le.vi.**sión**
te.le.vi.**sor**
te.**lón**
te.**lú**.ri.co
te.ma
tem.**blar** *(irr. v.*
    tiemble)
tem.**ble**.que
tem.**blor**
tem.blo.**ro**.so
te.**mer**
te.me.**ra**.rio
te.me.ri.**dad**
te.me.**ro**.so
te.**mi**.ble
te.**mor**
tém.pa.no
tem.pe.ra.**men**.to
tem.pe.**ran**.cia
tem.pe.ra.**tu**.ra
tem.pes.**tad**
tem.pes.**tuo**.so
tem.**pla**.do
tem.**plan**.za
tem.**plar**
tem.ple
tem.**ple**.te
tem.plo
tem.po.**ra**.da
tem.po.**ral**
tem.po.**ral**.**men**.te
tem.po.**re**.ro
tem.po.ri.**zar**
tem.**pra**.no
te.na.ce.**ar**
te.na.ci.**dad**
te.na.**ci**.llas
te.**naz**
te.**na**.za
ten.**den**.cia

ten.den.**cio**.so
ten.**der** *(irr. v.*
tienda)
ten.**de**.ro
ten.**dien**.te
ten.**dré**
ten.**drí**.a
te.ne.**bro**.so
te.ne.**dor**
te.ne.du.**rí**.a
te.**nen**.cia
te.**ner** *(irr. v. tendré,*
tenga, tuve)
te.ne.**rí**.a
ten.ga
ten.go
te.**nien**.te
te.nis
te.**nis**.ta
te.**nor**
ten.**sión**
ten.so
ten.ta.**ción**
ten.ta.**dor**
ten.**tar** *(irr. v. tiente)*
ten.ta.**ti**.vo, -va
ten.tem.**pié**
te.nue
te.**ñir** *(irr. v. tiña)*
te.o.**cra**.cia
te.o.di.**ce**.a
te.o.do.**li**.to
te.o.lo.**gí**.a
te.o.**re**.ma
te.o.**rí**.a
te.o.ri.**zan**.te
te.o.ri.**zar**
te.o.šo.**fí**.a
te.**qui**.la
te.ra.**péu**.ti.c
te.**ra**.pia
ter.ce.**rí**.a
ter.**ce**.ro

ter.**ce**.to
ter.cia
ter.**cia**.na
ter.**ciar**
ter.**cia**.rio
ter.cio
ter.cio.**pe**.lo
ter.co
te.re.**bin**.to
ter.gi.ver.sa.**ción**
ter.**mal**
tér.mi.co
ter.mi.na.**ción**
ter.mi.**nal**
ter.mi.**nar**
tér.mi.no
ter.mi.no.lo.**gí**.a
ter.mo (termos)
ter.mo.**ión**
ter.**mó**.me.tro
ter.mo.nu.cle.**ar**
ter.mo.**plás**.ti.co
ter.mos (termo)
ter.mos.**ta**.to
ter.**ne**.ro
ter.**ne**.za
ter.**ní**.si.mo
ter.**nu**.ra
ter.que.**dad**
te.rra.**co**.ta
te.**rra**.do
te.rra.**je**.ro
(terrazguero)
te.rra.**plén**
te.**rrá**.que.o
te.rra.te.**nien**.te
te.**rra**.za
te.rraz.**gue**.ro
(terrajero)
te.rre.**mo**.to
te.rre.**nal**
te.**rre**.no
té.rre.o

te.**rres**.tre
te.**rri**.ble
te.**rrí**.ge.no
te.rri.to.**rial**
te.rri.**to**.rio
te.**rrón**
te.**rror**
te.rro.**ris**.ta
te.**rro**.so
te.**rru**.ño
ter.so
ter.**tu**.lia
te.sis
te.si.**tu**.ra
te.so
te.**són**
te.so.**re**.ro
te.**so**.ro
tes.ta.**men**.to
tes.ta.ru.**dez**
tes.ti.fi.**car**
tes.**ti**.go
tes.ti.**mo**.nio
tes.**tuz**
te.ta
té.ta.no.
te.**te**.ra
te.**ti**.lla
te.tra.mo.**tor**
te.tra.**sí**.la.bo
té.tri.co
teu.**tó**.ni.co
tex.**til**
tex.to
tex.**tu**.ra
tez
the.ta *(letra griega)*
ti
tia.**mi**.na
tia.ra
ti.be.**ta**.no
ti.bio, -bia
ti.bu.**rón**

tic.**tac**
tiem.ble
tiem.blo
tiem.po
tien.da
tien.do
tien.ta
tien.te
tien.to
tier.no
tie.rra
tie.so
ties.to
ti.flo.lo.**gí**.a
ti.foi.**de**.a
ti.gre
ti.**gri**.llo
ti.**je**.ra
ti.**je**.**re**.ta
ti.**lín**
ti.lo
ti.ma.**dor**
tim.**brar**
tim.**bra**.zo
tim.bre
tí.mi.do
ti.mi.**dez**
ti.**món**
ti.mo.ne.**ar**
ti.mo.**ne**.ra
tím.pa.no
ti.na
ti.**na**.ja
ti.na.**je**.ro
ti.**nie**.bla
ti.no
tin.ta
tin.te
tin.te.**ra**.zo
tin.te.**ri**.llo
tin.**te**.ro
tin.to.re.**rí**.a
ti.ña

ti.**ñen**.do
ti.**ñe**.ra
ti.ño
ti.**ñó**
tí.o
tí.pi.co
ti.ple
ti.po
ti.po.gra.**fí**.a
ti.quis.**mi**.quis
ti.ra
ti.ra.bu.**zón**
ti.ra.**dor**
ti.ra.**lí**.ne.as
ti.ra.**ní**.a
ti.ra.ni.**ci**.da
ti.ra.ni.**zar**
ti.**ra**.no
ti.**ran**.te
ti.**ran**.tez
ti.**rar**
ti.ro
ti.**roi**.des
ti.**rón**
ti.ro.**te**.o
ti.rria
ti.**sa**.na
ti.sis
ti.**sú**
tí.te.re
ti.ti.la.**ción**
ti.ti.ri.**tai**.na
ti.ti.ri.**te**.ro
ti.tu.be.**ar**
ti.tu.**lar**
tí.tu.lo
ti.za
tiz.**nar**
tiz.ne
ti.**zón**
ti.**zo**.na
tlax.cal.**te**.ca
to.a

to.**a**.lla
to.ba
to.**be**.ra
to.**bi**.llo
to.bo.**gán**
to.ca.**dis**.cos
to.ca.**dor**
to.**car**
to.**ca**.yo
to.**ci**.no
to.co.lo.**gí**.a
to.**cón**
to.da.**ví**.a
to.do
to.do.po.de.**ro**.so
toi.**són**
tol.**di**.llo
tol.do
to.le.**ran**.cia
to.le.**ran**.te
to.le.**rar**
tol.va
tol.va.**ne**.ra
to.ma.co.**rrien**.te
to.ma.**í**.na
to.**mar**
to.ma.**ta**.zo
to.**ma**.te
tóm.bo.la
to.**mi**.llo
to.mo
to.**na**.da
to.na.**di**.lla
to.na.li.**dad**
to.**nan**.te
to.ne.**la**.da
to.ne.**la**.je
to.ni.ci.**dad**
tó.ni.co
to.ni.fi.ca.**ción**
to.no
ton.si.**li**.tis
ton.**su**.ra

ton.**tai**.na
ton.te.**rí**.a
ton.to
to.**pa**.cio
to.**par**
to.pe.**ta**.zo
tó.pi.co
to.po
to.po.gra.**fí**.a
to.que
to.**qui**.lla
to.**rá**.ci.co
tó.rax
tor.be.**lli**.no
tor.**caz, -za**
tor.ce.**du**.ra
tor.**cer** *(irr. v. tuerce,*
   tuerza)
tor.**ci**.do
tor.ci.**jón**
tor.do
to.re.**ar**
to.**re**.ro
tor.**men**.ta
tor.**men**.to
tor.men.**to**.so
tor.na.**di**.zo
tor.**nar**
tor.na.**sol**
tor.na.**via**.je
tor.na.**voz**
tor.**ne**.o
tor.**ni**.llo
tor.ni.**que**.te
tor.no
to.ro
to.**ron**.ja
to.ron.**jil**
to.ro.**zón**
tor.pe
tor.**pe**.do
tor.**pe**.za
to.rre

to.rre.fac.**ción**
to.**rren**.**cial**
to.**rren**.te
to.rren.**to**.so
to.**rrez**.no
tó.rri.do
tor.**sión**
tor.so
tor.ta
tor.**ti**.lla
tór.to.la
tor.**tu**.ga
tor.**tuo**.so
tor.**tu**.ra
tor.vo
tor.**zal**
tos
tos.**ca**.no
tos.co
to.**ser**
tó.si.go
tos.que.**dad**
tos.**ta**.da
tos.**tar** *(irr. v. tueste)*
tos.ta.**dor**
to.**tal**
to.ta.li.**dad**
to.ta.li.**ta**.rio
to.ta.li.**zar**
tó.ta.li.zar
to.**tal**.**men**.te
to.**tu**.ma
tox.i.ci.**dad**
tóx.i.co
tox.i.co.lo.**gí**.a
tox.i.na
to.**zu**.do
tra.ba
tra.ba.**cuen**.ta
tra.ba.ja.**dor**
tra.ba.**jar**
tra.**ba**.jo
tra.ba.**len**.guas
tra.**bar**

tra.ba.**zón**
tra.be
tra.bu.**ca**.zo
tra.**bu**.co
trá.ca.la
trac.**ción**
tra.ce.**rí**.a
trac.**tor**
tra.di.**ción**
tra.di.cio.**nal**
tra.di.cio.**nis**.ta
tra.duc.**ción**
tra.du.**cir** *(irr.)*
tra.duc.**tor**
tra.**du**.je
tra.du.**je**.ra
tra.**duz**.ca
tra.**duz**.co
tra.**er** *(irr. v. traiga,*
   traje, trayendo)
trá.fa.go
trá.fi.co
tra.ga.**luz**
tra.**gar**
tra.ga.**zón**
tra.**ge**.dia
trá.gi.co
tra.gi.co.**me**.dia
tra.go
trai.**ción**
trai.cio.**nar**
trai.cio.**ne**.ro
trai.**dor**
trai.ga
trai.go
tra.**í**.lla
tra.je
tra.je.**ar**
tra.**je**.ra
tra.**jín**
tra.lla
trá.mi.te
tra.mo

tra.**mo**.jo
tra.**mo**.ya
tram.pa
tram.pe.**ar**
tram.**po**.so
tran.ca
tran.**car**
tran.ce
tran.**que**.ra
tran.**qui**.la.**men**.te
tran.qui.li.**dad**
tran.qui.li.**zar**
tran.**qui**.lo
tran.sac.**ción**
*trans.an.**di**.no
*tran.san.**di**.no
*trans.at.**lán**.ti.co
*tran.sa.**tlán**.ti.co
*trans.bor.**dar**
*trans.crip.**ción**
*trans.cu.**rrir**
*trans.**cur**.so
tran.se.**ún**.te
*trans.fe.**ren**.cia
*trans.fe.**rir**
*trans.fix.**ión**
*trans.for.ma.**ción**
*trans.for.ma.**dor**
*trans.for.**mar**
*trans.for.**mis**.ta
*tr**áns**.fu.ga
*trans.fu.**sión**
*trans.gre.**dir**
*trans.gre.**sión**
tran.si.**ción**
tran.si.**gen**.cia
tran.sis.**tor**
tran.si.**tar**
tran.si.**ti**.vo
trán.si.to
tran.si.**to**.rio

*trans.la.**ción**
*trans.la.**ti**.cio
*trans.**lú**.ci.do
*trans.mi.gra.**ción**
*trans.mi.**sión**
*trans.mi.**sor**
*trans.mi.**tir**
*trans.mu.ta.**ción**
*trans.na.cio.**nal**
*trans.pa.**cí**.fi.co
*trans.pa.**ren**.cia
*trans.pa.**ren**.te
*trans.pi.ra.**ción**
*trans.por.ta.**ción**
*trans.por.**tar**
*trans.**por**.te
*trans.po.si.**ción**
trans.subs.tan.cia.**ción**
tran.sus.tan.cia.**ción**
*trans.va.**sar**
*trans.ver.be.ra.**ción**
*trans.ver.**sal**
tran.**ví**.a
tra.pa.ce.**ar**
tra.pa.ce.**rí**.a
tra.**pa**.za
tra.**pe**.cio
tra.**pen**.se
tra.pe.**zoi**.de
tra.**pi**.che
tra.pi.**son**.da
tra.po
trá.que.a
tra.que.ar.**te**.ri.a
tra.que.**te**.o
tras
*tras.an.**di**.no
*tra.san.**di**.no
tras.an.te.a.**no**.che
tra.san.te.a.**no**.che
tras.an.te.a.**yer**

tra.san.te.a.**yer**
tras.an.**tier**
tra.san.**tier**
*tras.at.**lán**.ti.co
tra.sa.**tlán**.ti.co
*tras.bor.**dar**
*tras.cen.**den**.cia
*tras.cen.den.**tal**
*tras.cen.**der** *(irr.)*
*tras.**cien**.da
*tras.**cien**.do
*tras.crip.**ción**
*tras.cu.**rrir**
*tras.**cur**.so
tra.**se**.ro
*tras.fe.**ren**.cia
tras.fe.**rir** *(irr. v.*
trasfiera)
*tras.**fie**.ra
*tras.**fie**.ro
*tras.fi.**rien**.do
*tras.fi.**rie**.ra
*tras.fi.**rió**
*tras.fix.**ión**
*tras.for.ma.**ción**
*tras.for.ma.**dor**
*tras.for.**mar**
*tras.for.**mis**.ta
*tr**ás**.fu.ga
*tras.fu.**sión**
*tras.gre.**dir** *(def. v.*
abolir)
*tras.gre.**sión**
tras.hu.man.te
tras.hu.**mar**
tra.**sie**.go
*tras.la.**ción**
tras.la.**dar**
tras.**la**.do
tras.la.**par**
*tras.la.**ti**.cio

---

*También se escribe comenzando con "**tras**" en vez de "**trans**".

*tras.la.**ti**.vo
*tras.**lú**.ci.do
tras.lu.**cien**.te
*tras.lu.**cir**.se *(irr. v.*
   trasluzca)
tras.**luz**
tras.**luz**,ca &
tras.**luz**.co
*tras.mi.gra.**ción**
*tras.mi.**sión**
*tras.mi.**sor**
*tras.mi.**tir**
*tras.mu.ta.**ción**
*tras.pa.**cí**.fi.co
*tras.pa.**ren**.cia
*tras.pa.**ren**.te
tras.pa.**sar**
tras.**pa**.tio
tras.**pié**
*tras.pi.ra.**ción**
tras.plan.**tar**
*tras.pon.**dré**
*tras.pon.**drí**.a
*tras.po.**ner** *(irr. v. t.*
   traspuse)
*tras.**pon**.ga
*tras.**pon**.go
*tras.por.ta.**ción**
*tras.por.**tar**
*tras.po.si.**ción**
tras.**pun**.te
*tras.**pu**.se
*tras.**pu**.**sie**.ra
tras.qui.la.**du**.ra
tras.qui.**lón**
tras.ta.bi.**llar**
tras.**ta**.zo
tras.te
tras.te.**ar**
tras.**tien**.da
tras.to

tras.tor.**nar**
tras.**tor**.no
tras.tra.bi.**llar**
tras.tro.ca.**mien**.to
tras.tro.**car** *(irr.)*
tras.**true**.co
tras.**true**.que
tra.su.**dar**
tra.**sun**.to
*tras.va.**sar**
tras.ve.**nar**.se
*tras.ver.be.ra.**ción**
*tras.ver.**sal**
tras.vo.**lar**
tra.**ta**.do
tra.ta.**mien**.to
tra.**tar**
tra.to
trau.ma
trau.ma.**tis**.mo
tra.**vés**
tra.ve.**sa**.ño
tra.ve.se.**ar**
tra.ve.**sí**.a
tra.ves.**tir**
tra.ve.**su**.ra
tra.**vie**.so, -sa
tra.**yec**.to
tra.yec.**to**.ria
tra.**yen**.do
tra.za
tra.zar
tra.zo
tré.be.des
tre.**be**.jo
tré.bol
tre.ce
tre.ce.**a**.vo
tre.**cien**.tos
tre.cho
tre.gua

trein.ta
trein.**ta**.vo
tre.me.**bun**.do
tre.me.**dal**
tre.**men**.do
tre.men.**ti**.na
tré.mo.lo *(música)*
tré.mu.lo *(que*
   tiembla)
tren
tren.**ci**.lla
tren.za
tren.zar
tre.pa.**dor**
tre.pa.na.**ción**
tre.pa.**nar**
tre.**par**
tre.pi.da.**ción**
tres
tres.bo.**li**.llo (a, o al)
tres.**cien**.tos
   (trecientos)
tre.**si**.llo
tre.**za**.vo (treceavo)
trian.**gu**.lar
trián.gu.lo
triá.si.co
tri.**bal**
tri.bu
tri.**bual**
tri.bu.la.**ción**
tri.**bu**.na
tri.bu.**nal**
tri.bu.**ni**.cio
tri.bu.**tar**
tri.bu.**ta**.rio
tri.**bu**.to
tri.cen.te.**na**.rio
tri.cen.**té**.si.mo
trí.ceps
tri.**ci**.clo

*Também se escribe comenzando con "**tras**" en vez de "**trans**".

tri.di.men.sio.**nal**
tri.**fá**.si.co
tri.**ful**.ca
tri.fur.ca.**ción**
tri.**gal**
tri.**gé**.si.mo
tri.go
tri.go.no.me.**trí**.a
tri.**gue**.ño
tri.**lin**.güe
tri.lo.**gí**.a
tri.lla
tri.**llón**
tri.men.**sual** *(3 veces
al mes)*
tri.mes.**tral** *(cada 3
meses)*
tri.**mes**.tre
tri.**nar**
trin.**car** *(atar, beber)*
trin.**char** *(cortar)*
trin.**che**.ra
tri.**ne**.o
tri.ni.**dad**
tri.ni.tro.to.**lue**.no
tri.no
tri.**no**.mio
trin.**que**.te
trí.o
tri.**óx**.i.do
tri.pa
tri.ple
tri.pli.**ca**.do
trí.po.de
tríp.ti.**co**
trip.**ton**.go
tri.pu.la.**ción**
tri.pu.**lan**.te
tri.**qui**.na
tri.qui.**ñue**.la
tri.qui.**tra**.que
tri.**sa**.gio
tris.**car**

tri.sec.**ción**
tri.**sí**.la.bo
tris.te
tris.te.**men**.te
tris.**te**.za
tri.tu.ra.**ción**
tri.tu.**rar**
triun.fa.**dor**
triun.**fal**
triun.**fan**.te
triun.**far**
triun.fo
triun.vi.**ra**.to
tri.va.**len**.te
tri.**vial**
tri.za
tro.**car** *(irr. v. trueco,
trueque)*
tro.**cis**.co
tro.cha
tro.che.**mo**.che (a)
tro.**fe**.o
tro.glo.**di**.ta
troj, **tro**.je
trom.**bón**
trom.**bo**.sis
trom.pa
trom.**pa**.da
trom.**pa**.zo
trom.pe.**ar**
trom.pe.**ta**.zo
trom.pe.te.**ar**
trom.pi.**cón**
trom.po
tro.**nar** *(imp. v.
truene)*
tron.**car** *(truncar)*
tron.co
tron.**char**
tro.**ne**.ra
tro.**ní**.o
tro.no
tron.**zar**

tro.pa
tro.**pel**
tro.pe.**zar** *(irr. v.
tropiece)*
tro.pe.**zón**
tro.pi.**cal**
tró.pi.co
tro.**pie**.ce
tro.**pie**.zo
tro.**pi**.lla
tro.po.**pau**.sa
tro.pos.**fe**.ra
tro.que.**lar**
tro.ta.con.**ven**.tos
tro.ta.**mun**.dos
tro.**tar**
tro.te
tro.va
tro.va.**dor**
tro.**ya**.no
tro.**zar**
tro.zo
tru.co
tru.cu.**len**.cia
tru.cha
true.co
true.ne
true.no
true.que
tru.**hán**
tru.**ís**.mo
trun.**car** (troncar)
tru.sa
tú *(pron. personal)*
tu *(posesivo)*
tu.ba
tu.**bér**.cu.lo
tu.ber.cu.**lo**.sis
tu.ber.cu.**lo**.so
tu.be.**rí**.a
tu.be.**ro**.so
tu.bo
tu.bu.**lar**

tuer.ca
tuer.ce
tuer.to
tuer.za
tuer.zo
tues.te
tues.to
tué.ta.no
tu.fo
tui.ción
tul
tu.li.pa
tu.li.pán
tu.llir
tum.ba
tum.bar
tu.me.fac.ción
tu.mor
tu.mul.to
tu.na

tun.dra
tu.ne.ci.no
tú.nel
tungs.te.no
tú.ni.ca
tun.jo
tu.pi.do
tur.ba
tur.ba.ción
tur.ban.te
tur.bar
tur.bie.za
tur.bin.to
tur.bio
tur.bión
tur.bu.len.cia
tur.co
tur.gen.cia
túr.gi.do
tu.ris.mo

tu.ris.ta
tur.ma.li.na
tur.no
tur.pial
tur.que.sa
tur.ques.co
tur.quí
tu.rrón
tu.ru.la.to
tu.sa
tu.sar
tu.te
tu.te.ar
tu.te.la
tu.ti.plén (a)
tu.tor
tu.ve
tu.vie.ra
tu.yo

U

u.bé.rri.mo
u.bi.ca.ción
u.bi.cui.dad
u.bre
u.ca.se
u.fa.no
u.jier
úl.ce.ra
ul.ce.ra.ción
ul.te.rior
úl.ti.ma.men.te
ul.ti.mar
ul.ti.má.tum
úl.ti.mo
ul.tra.je
ul.tra.ma.ri.no
ul.tran.za (a)

ul.tra.só.ni.co
ul.tra.tum.ba
ul.tra.vio.le.ta
ul.tra.vi.rus
u.lu.lar
um.bi.li.cal
um.bral
um.brí.o
um.bro.so
u.ná.ni.me
u.na.ni.mi.dad
un.ción
un.cir
un.dé.ci.mo
un.dí.va.go
ún.du.lan.te
un.gir

un.güen.to
ú.ni.ca.men.te
u.ni.ce.lu.lar
ú.ni.co
u.ni.cor.nio
u.ni.dad
u.ni.dad mo.ne.ta.ria
    eu.ro.pe.a (ECU)
u.ni.fi.ca.ción
u.ni.for.mar
u.ni.for.me
u.ni.for.mi.dad
u.ni.gé.ni.to
u.nión
u.nir
u.ní.so.no
u.ni.val.vo

u.ni.ver.**sal**
u.ni.ver.si.**dad**
u.ni.ver.si.**ta**.rio
u.ni.**ver**.so
u.no
un.**tar**
un.**tuo**.so
u.ña
u.**ñe**.ro
ur.ba.ni.**dad**
ur.ba.ni.za.**ción**
ur.ba.ni.**zar**
ur.**ba**.no
ur.be
ur.bi et **or**.bi
ur.**dir**

u.**re**.mia
u.**ré**.ter
u.**re**.tra
ur.**gen**.cia
ur.**gen**.te
ur.**gir**
u.ri.**na**.rio
u.ro.lo.**gí**.a
u.**rra**.ca
ur.su.**li**.na
u.ru.**gua**.yo
u.**san**.za
u.**sar**
u.**sí**.a
u.so
us.**ted**

us.**to**.rio
u.**sual**
u.**sua**.rio
u.su.**fruc**.to
u.su.**re**.ro
u.sur.**par**
u.ten.**si**.lio
ú.te.ro
ú.til
u.ti.li.**dad**
u.ti.li.**zar**
u.to.**pí**.a
u.va
ú.vu.la
ux.o.ri.**ci**.dio

V

va.ca
va.ca.**ción**
va.ca.cio.**nal**
va.**ca**.da
va.**can**.cia
va.**can**.te
va.**car**
va.**ciar**
va.cie.**dad**
va.ci.la.**clón**
va.ci.**lan**.te
va.ci.**lar**
va.cio, -cias
va.**cí**.o
va.cui.**dad**
va.cu.na.**ción**
va.cu.**nar**
va.**cu**.no, -na
va.cuo
va.de **re**.tro
va.de.**ar**
va.de.**mé**.cum

va.do
va.ga.bun.de.**ar**
va.ga.**bun**.do
va.ga.mun.de.**ar**
va.ga.**mun**.do
va.**gan**.cia
va.**gar**
va.ga.**ro**.so
va.**gi**.do
va.**gi**.na
vag.ne.**ria**.no
   (wagneriano)
va.go
va.**gón**
va.gue.**dad**
va.**har,** va.he.**ar**
va.ha.**ra**.da
va.**hí**.do
va.ho *(vapor)*
vai.na
vai.**ni**.lla
vai.**ni**.ta

vai.**vén**
va.**ji**.lla
val.**dré**
val.**drí**.a
va.le
va.le.**dor**
va.**len**.cia
va.len.**cia**.no
va.len.**tí**.a
va.len.**tón**
va.**ler** *(irr. v.t. valdré,*
   valga)
va.le.**ria**.na
va.le.**ro**.so
va.le.tu.di.**na**.rio
val.ga
val.go
va.**lí**.a
va.li.da.**ción**
vá.li.do
va.**li**.do
va.**lien**.te

va.**lien**.te.**men**.te
va.**li**.ja
va.li.**mien**.to
va.**lio**.so
va.**lor**
va.**lor** a.gre.**ga**.do
va.lo.ra.**ción**
va.lo.**rar**
va.lo.ri.za.**ción**
va.lo.ri.**zar**
val.**qui**.ria
vals
val.**sar**
va.lua.**ción**
va.**luar**
val.va
vál.vu.la
va.lla
va.lla.**dar**
va.**lla**.do
va.**llar**
va.lle
vam.**pi**.ro
va.na.**glo**.ria
van.da.**lis**.mo
ván.da.lo
van.**guar**.dia
van.guar.**dis**.mo
va.ni.**dad**
va.ni.**do**.so
va.ni.lo.**cuen**.cia
va.no
va.**por**
va.po.ri.za.**ción**
va.pu.la.**ción**
va.que.**rí**.a
va.**que**.ro
va.**que**.ta *(cuero)*
va.ra
va.ra.**de**.ro
va.ra.**pa**.lo
va.**rar**
va.**ra**.zo

va.re.a.**dor**
va.re.**ar**
va.re.**jón**
va.re.**ta**.zo
va.**ria**.ble
va.ria.**ción**
va.**ria**.do
va.**rian**.te
va.**riar**
va.ri.**ar** *(Ac.)*
vá.ri.ce
va.ri.**ce**.la
va.ri.**co**.so
va.rie.**dad**
va.**ri**.lla
va.ri.**lla**.je
va.rio
va.**rón** *(hombre)*
va.ro.**nil**
vas
va.sa.**lla**.je
va.**sa**.llo
va.**sar** *(poyo)*
vas.co
vas.con.**ga**.do
vas.**cuen**.ce
vas.cu.**lar**
va.se.**li**.na
va.**se**.ra
va.**si**.ja
va.so
vás.ta.go
vas.to, -ta *(dilatado)*
va.te
va.ti.**ca**.no
va.ti.ci.**nar**
va.ti.**ci**.nio
va.tio
va.ya
ve.a
ve.ci.**nal**
ve.cin.**dad**
ve.cin.**da**.rio

ve.**ci**.no
vec.**tor**
ve.**da**.do
ve.**dar**
ve.**di**.ja
ve.e.**dor**
ve.ga
ve.ge.ta.**ción**
ve.ge.**tal**
ve.ge.**tar**
ve.ge.ta.**ria**.no
ve.ge.ta.**ti**.vo
ve.he.**men**.cia
ve.**hí**.cu.lo
ve.**í**.a
vein.**ta**.vo *(una de 20 partes)*
vein.te
vein.**te**.na
vein.te.**na**.rio
vein.**te**.no
vein.**té**.si.mo
vein.ti.**cin**.co
vein.ti.**cua**.tro
vein.ti.**dós**
vein.ti.**nue**.ve
vein.**tio**.cho
vein.ti.**séis**
vein.ti.**sie**.te
vein.ti.**trés**
vein.**tiún** *(apócope)*
vein.**tiu**.no
ve.ja.**ción**
ve.**ja**.men
ve.jan.**cón**
ve.**jar**
ve.jes.**to**.rio
ve.**je**.te
ve.**jez**
ve.**ji**.ga
ve.ji.**ga**.zo
ve.la
ve.la.**ción**

ve.**la**.da
ve.**la**.dor
ve.**la**.men
ve.**lar**
ve.**lar**.te
ve.lei.**dad**
ve.lei.**do**.so
ve.**le**.ro
ve.**le**.ta
ve.lo
ve.lo.ci.**dad**
ve.lo.**cí**.me.tro
ve.lo.**cí**.pe.do
ve.**ló**.dro.mo
ve.**lón**
ve.**lo**.rio
ve.**loz**
ve.llo *(pelo)*
ve.llo.**ci**.no
ve.**llón**
ve.llo.si.**dad**
ve.**llu**.do
ve.na
ve.**na**.blo
ve.**na**.do
ve.**nal**
ve.**ná**.ti.co
ve.na.**to**.rio
ven.ce.**dor**
ven.**ce**.jo
ven.**cer**
ven.**ci**.do, -da
ven.ci.**mien**.to
ven.da
ven.**da**.je
ven.**dar**
ven.da.**val**
ven.de.**dor**
ven.de.**hú**.mos
ven.**der**
ven.**det**.ta
ven.**di**.ble
ven.**di**.mia

ven.**dré**
ven.**drí**.a
ven.**du**.ta
ve.ne.**cia**.no
ve.**ne**.no
ve.ne.**no**.so
ve.**ne**.ra
ve.ne.**ra**.ble
ve.ne.ra.**ción**
ve.ne.**rar**
ve.**né**.re.o
ve.**ne**.ro
vé.ne.to
ve.ne.zo.**la**.no
ven.ga
ven.go
ven.**gan**.za
ven.**gar**
ven.ga.**ti**.vo
ve.nia
ve.**nial**
ve.**ni**.da
ve.ni.**de**.ro
ve.**nir** *(irr. v. vendré,*
    venga, vine,
    viniendo)
ve.**no**.so
ven.ta
ven.**ta**.ja
ven.ta.**jis**.ta
ven.ta.**jo**.so
ven.**ta**.na
ven.ta.**na**.je
ven.ta.**na**.zo
ven.ta.**rrón**
ven.te.**ar**
ven.**te**.ro
ven.ti.la.**ción**
ven.ti.la.**dor**
ven.ti.**lar**
ven.**tis**.ca
ven.tis.**que**.ro
ven.to.**le**.ra

ven.to.**li**.na
ven.to.**rri**.llo
ven.**to**.sa
ven.to.si.**dad**
ven.**to**.so
ven.**tral**
ven.tre.**ga**.da
ven.**trí**.cu.lo
ven.**trí**.lo.cuo
ven.**tru**.do
ven.**tu**.ra
ven.**tu**.ro
ven.tu.**ro**.so
Ve.nus
ve.o
ver *(irr. v. vea, veía,*
    visto)
ve.ra
ve.ra.ci.**dad**
ve.ra.ne.**ar**
ve.ra.**nie**.go
ve.**ra**.no
ve.ras
ve.**raz**
ver.**bal**
ver.**be**.na
ver.bi.**gra**.cia
ver.bo
ver.bo.**rra**.gia
ver.bo.si.**dad**
ver.**dad**
ver.da.**de**.ro
ver.**dal**
ver.de
ver.de.**ar**
ver.de.**cer** *(irr.)*
ver.**dez**.ca
ver.**dez**.co
ver.**dín**
ver.di.**ne**.gro
ver.do.**la**.ga
ver.**dor**
ver.**do**.so

ver.**du**.go
ver.du.**gón**
ver.du.**le**.ro
ver.**du**.ra
ver.**dus**.co
ve.re.**cun**.dia
ve.**re**.da
ve.re.**dic**.to
ver.ga
ver.ga.**ja**.zo
ver.**gel**
ver.gon.**zan**.te
ver.gon.**zo**.so
ver.**güen**.za
ve.ri.**cue**.to
ve.**rí**.di.co
ve.ri.fi.ca.**ción**
ve.ri.fi.**car**
ve.**ri**.ja
ve.ri.**sí**.mil
ver.ja
ver.mi.**ci**.da
ver.mi.**for**.me
ver.**mí**.fu.go
ver.**mut**
ver.**ná**.cu.lo
ver.**nal**
ve.ro.**nés**
ve.**ró**.ni.ca
ve.ro.**sí**.mil
ve.**rra**.co
ve.**rrion**.do
ve.**rru**.ga
ver.**sa**.do
ver.**sal**
ver.**sar**
ver.**sá**.til
ver.**sí**.cu.lo
ver.si.fi.ca.**ción**
ver.**sión**
ver.so
vér.te.bra
ver.te.**bra**.do

ver.**ter** *(irr. v. vierta)*
ver.ti.**cal**
vér.ti.ce
ver.ti.**ci**.lo
ver.**tien**.te
ver.ti.gi.**no**.so
vér.ti.go
ve.**sa**.nia
ve.si.**can**.te
ve.**sí**.cu.la
ve.**sí**.cu.la bi.**liar**
Vés.pe.ro
ves.per.**ti**.no
ves.**tal**
ves.te
ves.**tí**.bu.lo
ves.**ti**.do
ves.ti.**du**.ra
ves.**ti**.gio
ves.**ti**.glo
ves.ti.**men**.ta
ves.**tir** *(irr. v. vista)*
ves.**tua**.rio
ve.ta *(vena)*
ve.**tar**
ve.te.**a**.do
ve.te.**ra**.no
ve.te.ri.**na**.rio
ve.to
ve.**tus**.to
vez
ví.a
via.ble
via.**duc**.to
via.**jar**
via.je
via.**je**.ro
vial
via.li.**dad**
vian.da
vian.**dan**.te
viá.ti.co
ví.bo.ra

vi.bo.**rez**.no
vi.bra.**ción**
vi.**bran**.te
vi.**brar**
vi.**brá**.til
vi.ca.**rí**.a
vi.**ca**.rio
vi.ce.al.mi.**ran**.te
vi.ce.**cón**.sul
vi.ce.pre.si.**den**.te
vice.rrec.**tor**
vi.ce.**ver**.sa
vi.**ciar**
vi.cio
vi.**cio**.so
vi.ci.si.**tud**
víc.ti.ma
vic.ti.**ma**.rio
vic.to.re.**ar**
vic.**to**.ria
vic.to.**rio**.so
vi.**cu**.ña
vid
vi.da
vi.da.**li**.ta
vi.**den**.te
ví.deo
vi.de.o.**cin**.ta
vi.de.o.gra.ba.**do**.ra
vi.**drie**.ra
vi.drio
vi.**drio**.so
vie.jo
vie.**nés**
vien.to
vien.tre
vier.nes
vier.ta
vier.to
viet.na.**més**
viet.na.**mi**.ta
vi.ga
vi.**gen**.te

vi.**gé**.si.mo
vi.**gí**.a
vi.gi.**lan**.cia
vi.gi.**lan**.te
vi.gi.**lar**
vi.**gi**.lia
vi.**gor**
vi.go.ri.**zar**
vi.go.**ro**.so
vi.gue.**rí**.a
vi.**gue**.ta
vi.**hue**.la
vil
vi.**le**.za
vi.li.**pen**.dio
vi.lo (en)
vil.tro.te.**ar**
vi.lla
vi.llan.**ci**.co
vi.lla.**ní**.a
vi.**lla**.no
vi.**llo**.rrio
vi.**na**.gre
vi.na.**gre**.ta
vi.na.**je**.ra
vi.na.**te**.ro
vi.**na**.zo
vin.cu.**lar**
vín.cu.lo
vin.di.ca.**ción**
vin.di.**car**
vin.**dic**.ta
vi.ne
vi.**ní**.co.la
vi.ni.cul.**tu**.ra
vi.**nien**.do
vi.**nie**.ra
vi.ni.fi.ca.**ción**
vi.**ni**.llo
vi.no
vi.no.**len**.to
vi.ña
vi.**ñe**.do

vi.**ñe**.ta
vio.la
vio.**lá**.ce.o
vio.la.**ción**
vio.**la**.do
vio.**lar**
vio.**len**.cia
vio.len.**tar**
vio.**len**.to
vio.**le**.ta
vio.**lín**
vio.li.**nis**.ta
vio.**lón**
vio.lon.**ce**.lo
vio.lon.**che**.lo
vi.pe.**ri**.no
vi.ra
vi.**ra**.go
vi.**ra**.je
vi.**rar**
vir.gen
vir.gi.**nal**
vir.gi.ni.**dad**
vir.go
vir.gu.**li**.lla
vi.**ril**
vi.ri.li.**dad**
vi.ri.po.**ten**.te
vi.**ro**.la
vi.ro.**len**.to *(de
viruela)*
vi.**ro**.te
vi.**rrei**.na
vi.rrei.**na**.to
vi.**rrey**
vir.**tual**
vir.**tud**
vir.**tuo**.so
vi.**rue**.la
vi.ru.**len**.cia
vi.ru.**len**.to *(de virus,
mordaz)*
vi.rus

vi.**ru**.ta
vi.sa
vi.**sa**.je
vi.**sar**
vís.ce.ra *(entraña)*
vis.**co**.so
vi.**se**.ra *(de gorra)*
vi.**si**.ble
vi.si.**go**.do
vi.**si**.llo
vi.**sión**
vi.sio.**na**.rio
vi.**sir**
vi.**si**.ta
vi.si.ta.**ción**
vi.si.**tan**.te
vi.si.**tar**
vis.lum.**brar**
vi.so
vi.**són**
vi.**so**.rio
vís.pe.ra
vis.ta
vis.**ta**.zo
vis.**tien**.do
vis.**tie**.ra
vis.**tió**
vis.to
vis.**to**.so
vi.su (de)
vi.**sual**
vi.**tal**
vi.ta.**li**.cio
vi.ta.li.**dad**
vi.ta.li.**zar**
vi.ta.**mi**.na
vi.**tan**.do
vi.**te**.la
vi.**tí**.co.la
vi.ti.cul.**tu**.ra
vi.**to**.la
vi.to.re.**ar**
vi.**tral**

ví.tre.o
vi.tri.fi.ca.**ción**
vi.**tri**.na
vi.**trió**.li.co
vi.**tua**.llas
vi.tu.pe.ra.**ción**
vi.tu.pe.**rar**
vi.tu.**pe**.rio
viu.**dez**
viu.do
¡**vi**.va!
vi.**vac**
vi.va.ci.**dad**
vi.va.**men**.te
vi.van.**de**.ro
vi.va.que.**ar**
vi.**var**
vi.va.**ra**.cho
vi.**vaz**
vi.**ven**.cia
ví.ve.res
vi.**ve**.ro
vi.**ve**.za
ví.vi.do
vi.vi.**dor**
vi.**vien**.da
vi.**vien**.te
vi.vi.fi.ca.**ción**
vi.**ví**.pa.ro
vi.**vir**
vi.vi.sec.**ción**
vi.vo
viz.ca.**í**.no
viz.**con**.de
vo.**ca**.blo
vo.ca.bu.**la**.rio
vo.ca.**ción**
vo.ca.çio.**nal**
vo.**cal**
vo.ca.li.za.**ción**
vo.ca.**ti**.vo
vo.ce.a.**dor**
vo.ce.**ar** *(dar voces)*

vo.**ce**.ro
vo.ci.**fe**.rar
vo.cin.gle.**rí**.a
vo.cin.**gle**.ro
vo.la.**di**.zo
vo.la.**dor**
vo.**lan**.das (en)
vo.lan.**de**.ro
vo.**lan**.te
vo.lan.**tín**
vo.lan.**tón**
vo.la.**pié**
vo.la.**puk**
vo.**lar** *(irr. v. vuela)*
vo.la.te.**rí**.a
vo.**lá**.til
vo.la.ti.li.**zar**
vo.la.**tín**
vo.la.ti.**ne**.ro
vol.**cán**
vol.**cá**.ni.co
vol.**car** *(irr. v.
vuelco, vuelque)*
vo.le.**ar** *(golpear en
el aire)*
vo.**le**.o *(de volear)*
vol.**fra**.mio
vo.li.**ción**
vo.li.**ti**.vo
vol.**que**.te
vol.**tai**.co
vol.**ta**.je
vol.te.**ar**
vol.te.**re**.ta
vol.te.**ria**.no
vol.tio
vo.**lu**.ble
vo.lu.bi.li.**dad**
vo.**lu**.men
vo.lu.mi.**no**.so
vo.lun.**tad**
vo.lun.**ta**.rio
vo.lun.ta.**rio**.so

vo.lup.**tuo**.so
vo.**lu**.ta
vol.**ver** *(irr.v. vuelva)*
vó.mi.co
vo.mi.**tar**
vo.mi.**ti**.vo
vó.mi.to
vo.mi.**to**.rio
vo.**qui**.ble
vo.ra.ci.**dad**
vo.**rá**.gi.ne
vo.**raz**
vór.ti.ce
vor.ti.gi.**no**.so
vos *(pron.)*
vo.se.**ar** *(tratar de
vos)*
vos.**o**.tros
vo.**so**.tros
vo.ta.**ción**
vo.**tan**.te
vo.**tar** *(dar el voto)*
vo.**ti**.vo
vo.to
voy
voz *(sonido)*
vo.za.**rrón**
vu.**dú**
vue.**cen**.cia
vue.la.**plu**.ma (a)
vuel.co
vue.le
vue.lo
vuel.que
vuel.ta
vuel.to, -ta
vuel.va
vuel.vo
vues.tro
vul.ca.ni.**zar**
vul.**gar**
vul.ga.ri.**dad**
vul.ga.ri.**zar**

Vul.**ga**.ta
vul.go
vul.ne.**ra**.ble

vul.ne.ra.**ción**
vul.ne.**rar**
vul.**pe**.ja

vul.va

wag.ne.**ria**.no
(vagneriano)

wat *(vatio)*
watt *(vatio)*

wol.**fram**
wol.fra.**mi**.ta

xe.no.**fi**.lia
xe.no.**fo**.bia
xe.no.ma.**ní**.a
xe.**nón**

xe.ro.**fa**.gia
xe.**ró**.fi.lo
xi *(letra griega)*
xi.**foi**.des

xi.**ló**.fa.go
xi.**ló**.fo.no
xi.lo.gra.**fi**.a
xi.**lór**.ga.no

Y

ya
ya.**cen**.te
ya.**cer** *(irr. v. yaga,*
　yazca)
ya.ci.**mien**.to
ya.ga *(de yacer)*
ya.go *(de yacer)*
ya.**gual**
yan.qui
yan.**tar**
ya.pa
ya.qui
ya.ra.**ví**

yar.da
ya.ta.**gán**
ya.te
yaz.ca *(de yacer)*
yaz.co *(de yacer)*
yaz.ga, *(de yacer)*
yaz.go *(de yacer)*
ye.dra (hiedra)
ye.gua
ye.güe.**ri**.zo
ye.**ís**.mo
yel.mo
ye.ma

yen.do *(de ir)*
yer.ba (hierba)
yer.ba.**te**.ro
yer.ga
yer.go
yer.gue
yer.mo
yer.no
ye.rra *(de errar)*
ye.rre *(de errar)*
ye.rro *(de errar)*
ye.rro *(error)*
yer.to

yes.ca
ye.so
yo
yo.do
yo.do.**for**.mo
yo.**du**.ro
yo.la

yp.si.lon *(letra griega)*
yu.ca
yu.ca.**te**.co
yu.go
yu.gos.**la**.vo
yu.gu.**lar**

yum.bo
yun.gla
yun.que
yun.ta
yu.te
yux.ta.po.si.**ción**
yu.yo

Z

za.bor.**dar**
za.bu.**car**
za.bu.**llir** (zambullir)
za.**ca**.te
za.**far**
za.fa.**rran**.cho
za.fio
za.**fi**.ro
za.fra
za.ga
za.**gal**
za.**guán**
za.**gue**.ro
za.ha.**re**.ño
za.he.**rir** *(irr.)*
za.**hie**.ra, &
za.**hie**.ro, &
za.hi.**rien**.do
za.hi.**rie**.ra, &
za.hi.**rió**
za.**ho**.nes
za.ho.**rí**
za.**hur**.da
za.la.me.**rí**.a
za.**le**.ma
za.ma.**cue**.ca
za.**ma**.rra
za.**ma**.rros
zam.bo
zam.**bom**.ba
zam.bom.**ba**.zo

zam.bo.ro.**tu**.do
zam.bra
zam.bu.**car**
zam.bu.**llir** (zabullir)
zam.**par**
zam.**po**.ña
za.na.**ho**.ria
zan.ca
zan.ca.**di**.lla
zan.ca.**rrón**
zan.co
zan.**cón**
zan.**cu**.do
zan.ga.ne.**ar**
zán.ga.no
zan.go.lo.te.**ar**
zan.**guan**.go
zan.ja
zan.**jar**
zan.**jón**
zan.que.**ar**
zan.qui.**lar**.go
za.pa
za.pa.**dor**
za.**pa**.llo
za.pa.**pi**.co
za.**pa**.ta
za.pa.**ta**.zo
za.pa.te.**a**.do
za.pa.te.**ar**
za.pa.te.**rí**.a

za.pa.**te**.ro
za.pa.**te**.ta
za.pa.**ti**.lla
za.**pa**.to
za.pa.**tón**
za.**po**.te (sapote)
za.que *(odre)*
za.que.**ar**
za.qui.za.**mí**
zar (czar)
za.ra.**ban**.da
za.ra.**ga**.ta
za.ra.**güe**.lles
za.ran.**da**.jas
za.ran.de.**ar**
za.**ra**.za
zar.**ci**.llo
zar.co
za.ri.**güe**.ya
zar.pa
zar.**par**
zar.**pa**.zo
za.rra.pas.**tro**.so
zar.za
zar.**zal**
zar.za.**mo**.ra
zar.za.pa.**rri**.lla
zar.zo
zar.**zue**.la
zas.can.**dil**
ze.bra (cebra)

ze.da *(letra «z»)*
ze.di.lla (cedilla)
ze.nit
ze.pe.lín
ze.ta *(letra «z»)*
zeu.ma
zeug.ma
zig.zag
zig.za.gue.ar
zinc (cinc)
zi.pi.za.pe
zó.ca.lo
zo.co
Zo.dia.co (dí.a.co)
zo.na
zo.na fran.ca
zon.zo
zo.ó.fi.to
zo.o.gra.fí.a

zo.o.ló.gi.co
zo.os.per.mo
zo.o.tec.nia
zo.pen.co
zo.pi.lo.te
zo.que.te
zo.rra
zo.rri.llo
zo.rro
zo.rru.no
zor.zal
zo.te
zo.zo.bra
zo.zo.brar
zua.vo *(soldado)*
zue.co *(zapato)*
zu.ma.que
zum.ba
zum.ba.dor

zum.bar
zum.bel
zum.bi.do
zum.bón
zu.mo
zun.cho (suncho)
zur.ci.do
zur.cir
zur.do
zu.ro
zu.rra
zu.rrar
zu.rria.ga.zo
zu.rri.ban.da
zu.rrón
zu.ru.llo
zu.rum.bá.ti.co
zu.ta.no

REGLAS DE PUNTUACIÓN

La coma (,) se usa en los siguientes casos:

1. Para separar los elementos análogos de una serie (palabras, frases u oraciones breves), si no están separados por las conjunciones y, e, o, u:

   Pedro, Juan, Diego y yo somos paisanos.
   Bien sea que resulte bueno, malo o mediano.

2. Para separar miembros independientes de una cláusula, vayan o no precedidos de conjunción:

   Todos mataban, todos se compadecían, ninguno sabía detenerse.
   Al apuntar el alba cantan las aves, y el campo se alegra, y el ambiente cobra movimiento y frescura.

3. Para separar una orden o súplica del sujeto a quien se dirige:

   Perdone usted que insistamos, señor Pérez.
   Amigo mío, sírvase contestarme pronto.

4. Para separar las palabras incidentales que se intercalan en una oración principal:

   El señor Díaz, nuestro gerente, volverá mañana.
   Esto, además, es muy difícil.
   El avión, que llega de París a mediodía, saldrá a la una.

5. Para indicar la elipsis de un verbo:

   Juan bebía vino; Pedro, agua.

6. Cuando se invierte el orden regular en una cláusula, adelantando lo que había de ir después, se pone coma al final de lo que se anticipa:

   Aunque se ponga el correo ahora, la carta no llegará a tiempo.

7. Se puede poner coma después del sujeto, para aclarar la construcción, cuando éste es muy complejo:

   El no haber recibido su carta del 21 de mayo ni la anterior del 10, fue la causa de esta demora.

El punto y coma (;) se usa en los siguientes casos:

1. Para separar los elementos semejantes de una serie, cuando éstos constan de más de una oración y llevan ya alguna coma:

   Nació en la capital del reino de Laos, de que era virrey su padre; se educó en las escuelas francesas de Hanoi, y fue enviado a completar sus estudios de ingeniería y arquitectura en Francia.

2. Antes de las conjunciones adversativas *mas, pero, aunque,* etc., en períodos de alguna extensión:

   Las primeras intentonas revolucionarias fueron aplastadas por el gobierno, y sus cabecillas sufrieron el martirio; pero dos años más tarde se iniciaba la lucha armada.

3. Entre dos oraciones enlazadas por una conjunción, cuando sólo se relacionan indirectamente:

   En 1905 el Sultán trasfirió a Italia la soberanía del territorio por 144.000 libras esterlinas; y fue de la Somalia Italiana de donde el mariscal Graziani lanzó su ataque contra Etiopía en 1935.

Los dos puntos (:) se emplean en los siguientes casos:

1. Cuando la oración que sigue a otra es consecuencia de lo que antecede, o para indicar una enumeración de elementos:

   No tenía remedio: había que hacerlo así.
   Tiene las cualidades indispensables: rapidez, durabilidad, economía.

2. Al citar palabras textuales, o al ofrecer un ejemplo:

   Bolívar dijo: mis últimos votos son por la felicidad de la Patria.
   El prefijo tri denota tres elementos: triángulo, tricornio.

3. Después de las expresiones con que se da comienzo a una carta, discurso, proclama, manifiesto, etc.

   Muy señores nuestros:
   Señor presidente, señoras, señores:

El vocablo que sigue a los dos puntos puede escribirse con letra mayúscula o con minúscula, como puede observarse en varios ejemplos citados arriba.

El punto final (.) se usa al terminar una oración completa que no está relacionada con la próxima de modo inmediato.

Se comienza un nuevo párrafo después del punto ("punto y

aparte") cuando se pasa a diverso asunto, o a considerar el mismo asunto por otro aspecto.

El punto final va fuera del paréntesis y generalmente fuera de las comillas.

Los puntos suspensivos (...) se emplean en los casos siguientes:

1. Cuando conviene dejar la oración incompleta y el sentido suspenso:

   Serían unos...¡Bueno!... No sé cuántos serían.
   Conoce muchos países de América: Chile, Perú, Brasil, México...

2. En una frase de completo sentido gramatical, para indicar un final inesperado:

   Se citó a junta, distribuyéronse centenares de esquelas y llegamos a reunirnos... cuatro personas.

3. Cuando al citar un texto se quiere indicar que se omite parte de él:

   El nuevo hecho social que aquí se analiza es éste: ...el hombre vulgar, antes dirigido, ha resuelto gobernar el mundo.

El paréntesis, ( ), se usa para encerrar palabras, frases y oraciones alclaratorias o incidentales que interrumpen el sentido de una oración:

   Este es (entre otros) un gran defecto en la clasificación.
   Como ya les hemos hecho varios despachos (el último, el 6 de enero), suponemos que tienen a mano suficiente material.

Obsérvese que en el ejemplo anterior la coma, que normalmente se insertaría entre despachos y suponemos, va después del paréntesis. Igualmente, cuando el paréntesis termina la cláusula de que depende, el punto irá fuera.

El guión menor (-) se emplea así:

1. Para indicar que una palabra que se corta al final de renglón continúa al comienzo del siguiente.

2. Para unir gentilicios que entran en un compuesto que implica oposición:

   guerra hispano-americana; convenio anglo-argentino

Pero no en compuestos que implican fusión:

música hispanoamericana; cultura grecolatina

3. Para unir elementos (adjetivos, prefijos, sustantivos, etc.) que
    entran en compuestos de nueva formación o que no se registran
    como palabras simples en los diccionarios:

teórico-práctico, económico-social, ex-presidente,
super-poblado, seudo-profeta, extra-rápido, etc.

El guión mayor o raya (—) se emplea así:

1. Para separar oraciones intercalares desligadas, por el sentido,
    del período en que se introducen:

Este despacho —como les dijimos en nuestra carta del 20 — se hizo
por correo ordinario.

2. Para indicar el diálogo:

—¿A dónde vas? —preguntó él. —No sé —repuso ella.
—¿Cuándo llegaste? —Hoy. —¿A dónde vas? —No sé.

3. En diccionarios, etc., para suplir una palabra que se repite.

Las comillas (" ") se usan generalmente para encerrar citas
extensas de palabras ajenas. Cuando la cita incluye varios
párrafos, se ponen las comillas al principio de cada uno y al
final del último.

La diéresis o crema (ü) se usa para indicar que se pronuncia la
letra **u** en las combinaciones gue y gui: vergüenza, argüir.
También se usa en poesía para dar una sílaba más a una palabra
deshaciendo un diptongo:

Qué descansada vida
la del que huye el mundanal rüido (ru.i.do)

El USO DE LAS MAYÚSCULAS

Se escriben con letra inicial mayúscula:

1. La primera palabra de un escrito; la que va después de punto
    final, y frecuentemente la que sigue a los dos puntos.

2. Todo nombre propio, inclusive los apodos:

Dios, Jehová, Andrés, Rodríguez, Buenos Aires, La Paz, el Gran Capitán, Don Quijote.

3. Los atributos divinos:

Criador, Rendentor, Todopoderoso, El (refiriéndose a Dios)

4. Los títulos de dignidad cuando sustituyen al nombre, pero no cuando van antepuestos a éste:

La Reina acostumbra inaugurar el Parlamento.
La reina Isabel no pudo asistir a la inauguración este año.

5. Los sustantivos y adjetivos que componen el nombre de un establecimiento o entidad determinada; de una calle, puente, etc.

Corte Suprema de Justicia, Ministerio de Hacienda, Colegio Naval, Calle Real, Mar Adríatico, Puente de los Suspiros.

6. Estado se escribe con mayúscula cuando equivale a la Nación y con minúscula en los demás casos:

Los teléfonos son de propiedad del Estado.
Monterrey es capital del estado de Nuevo León.

7. Gobierno se escribe con mayúscula únicamente cuando equivale a Estado o Poder Público, o sea los cuerpos ejecutivo, legislativo y judicial; con minúscula en los demás casos:

La emisión de moneda es privativa del Gobierno.
Fulano hizo un buen gobierno
Tenemos un gobierno representativo.

8. República, corona, imperio, etc. llevan mayúscula cuando se refieren a una entidad de derecho público:

El gobernador de la colonia representa a la Corona.
La constitución de la República se promulgó en 1875.
Dicha ley rige en toda la república.

9. Llevan mayúscula los nombres de las fiestas:

Día de la Raza
Viernes Santo

10. Los puntos cardinales cuando tengan carácter de nombre propio:

> la pugna entre Oriente y Occidente

11. Se pueden escribir con mayúscula los nombres de movimientos, religiones y partidos políticos:

> La Iglesia Católica
> el Impresionismo
> el Partido Radical

12. El Sol y la Luna van con mayúscula cuando se refieren a los astros, y con minúscula cuando se trata de su luz:

> Un tibio sol de primavera.
> noche de luna.

No se consideran nombres propios, y por tanto se escriben con minúscula: los días de la semana, nombres de los meses, épocas del año, nombres geodésicos y geológicos, nombres de idiomas, artes, ciencias y gentilicios.

OBSERVACIONES VARIAS

División de las palabras. Está sujeta a las siguientes reglas:

1. Al final de un renglón, se puede partir una palabra pasando una o más sílabas completas al renglón siguiente. En la lista de palabras que antecede, las sílabas están separadas por puntos, así: *no.so.tros, tra.san.di.no, de.sam.pa.ro*.

2. Un compuesto formado de palabras completas, o de una palabra y un prefijo, se puede dividir separando los componentes, aunque esta división no coincida con las sílabas: *nos.o.tros, tras.an.di.no, des.am.pa.ro*. Esta división, igualmente correcta, se indica también en la lista de palabras.

3. La *h* muda entre dos vocales no rompe la sílaba: *de.sahu.cio, sahu.me.rio*.

4. Cuando al dividir por sílabas haya de quedar en principio de línea una *h* precedida de consonante, se deja ésta al fin del

renglón anterior y se comienza el siguiente con la *h*, así: *al-haraca, in-humación, clor-hidrato, des-hidratar.*

5. La x se deja al final de renglón *(inex-acto, sax-ófono)* cuando sea necesario dividir entre sílabas en que entra la x. Sin embargo, es preferible dividir por otra parte *(in-exacto, saxó-fono)*

6. Al dividir una palabra, se evitará dejar una letra sola al final o al comienzo de renglón; así, palabras como *ola, frío,* etc. no deben dividirse en lo escrito, aunque sean bisílabas.

Cambios en las conjunciones **y, o**

1. La conjunción **y** se cambia por **e** cuando la palabra siguiente comienza por *i* o por *hi* que no forman diptongo: *descolorido e insípido, padre e hijo* (en cambio, se dice: *estratosfera y ionosfera, agua y hielo, sinalefa y hiato,* por haber diptongo en *io, hie, hia*).

2. La conjunción **o** se cambia por **u** siempre que la palabra siguiente comience por aquella vocal o por *ho*; así se dice: *mandar u obedecer, palabra u obra, juez u oidor, ayer u hoy, casa u hogar.*

Simplificación ortográfica. Por acuerdo de las Academias de la lengua, se ha autorizado la simplificación de los grupos iniciales de consonantes en palabras que empiezan con *ps-, mn-, gn-;* así se puede escribir *psicología o sicología, mnemotecnia o nemotecnia, gnomo o nomo.*

También se ha autorizado el uso de *tras-* en vez de *trans-* (*trasporte o transporte,* etc.); *sus-* en vez de *subs-* (*sustancia o substancia,* etc.)

Igualmente se ha autorizado el uso de las formas contractas *remplazo, remplazar, rembolso, rembolsar, costreñir, oscuro, oscuridad, posdata, posguerra, posmeridiano, pospalatal, setiembre, sétimo, suscrito.*

De las cantidades. En español se acostumbra separar con coma (,) los decimales, y con punto (.) los millares, millones etc. Así la cantidad de mil millones de dólares se escribe: US$1.000.000.000,00 (en los Estados Unidos esta cantidad se llamaría "a billion dollars" y se escribiría: $1,000,000,000.00).

No se acostumbra dividir con punto al escribir los años: 1965 (en vez de 1.965). También se está generalizando la costumbre de prescindir del punto en otras cantidades de cuatro cifras: *2630 metros*.

Las fracciones decimales, cuando no hay enteros, van precedidas por un cero: $0,60 (60 centavos); 0,25 litros (25 centilitros).

En lo impreso, algunas publicaciones modernas acostumbran escribir con letras los números del uno al nueve, y con cifras del 10 en adelante.

Capitalize the first person singular pronoun in the nominative: I.

Capitalize *God* and the various names of God, both nouns and adjectives (the Saviour, the Almighty, etc.)

Capitalize the names of the days of the week (Monday, Tuesday, etc.) and the names of the months (January, February, etc.)

The apostrophe

The apostrophe is used in spelling possessive forms: *'s* when the word ends in any sound except *s;* alone, when the word ends in *s*, or an *s* sound: *companies', conscience'*.

The exception to the above rule is that singulars ending in *s* add *'s:*

    The Jones's house
    the moss's color

The apostrophe is also used to show the omission of one or more letters:

    I'm
    can't
    it'll

Plurals of numbers, letters or initials are spelled with an apostrophe:

    two a's
    three 3's
    the 1960's
    four GI's

Parenthesis and the dash

Added information which is very loosely related to the sentence should be set off by either parentheses or paired dashes, rather than commas:

    Mr. Jones — who suffered an accident last month — was one of
    the guests.
    Dick Jones (no relation to Tom) is the man to see.